한국의 노동시장과 정치시장

강명세 지음

2006
백산서당

책을 내면서

　이 책은 내가 노동과 정당, 그리고 민주주의에 대해 지난 10년 동안 진행해온 연구를 반영하고 있다. 제목을 구성하는 두 범주, 즉 '노동시장'과 '정치시장'은 민주주의의 핵심적 구성요소라 할 수 있다. 정치시장은 현대 대의제 민주주의를 움직이는 주 엔진이며, 노동시장은 그 엔진에 동력을 제공해주는 가장 커다란 연료탱크이기 때문이다. 이 두 가지는 민주주의를 역동적 정치기제로 만든다. 민주주의는 사회의 여러 세력이 참여할 수 있는 다양한 통로가 보장될 때 역동적으로 발전한다. 한국 현대정치를 지배해온 지역주의는 여러 통로의 하나일 뿐이다. 지역주의는 한국의 정치시장을 아주 경직시켜왔다. 한국의 민주주의가 보편화의 요구를 담아내자면 폐쇄적 정치시장 구조를 부수어야 한다. 정치시장의 경직성을 완화하기 위해서는 다양한 사회균열이 정치적으로 표출되고 전개될 수 있는 제도적 장치를 마련해야 한다. 민주주의의 보편화 과정에서 노동의 정치세력화는 빼놓을 수 없는 핵심이다.
　이 프로젝트가 책으로 나오기까지 많은 분들의 도움이 있었다. 첫째로 사회문제(social questions)의 중요성을 깨닫게 해 준 고려대학교 최장집 교수를 언급하지 않을 수 없다. 나의 대학원 스승인 최장집 교수는 노동문제와 민주주의 변화 분야에서 중대한 연구를 통해 나의 사고 형성에 결정적 영향을 주었다.

두 번째는 홉스봄(Eric H. Hobsbawm) 교수이다. 뉴스쿨(New School for Social Research) 재학 당시 홉스봄(Eric J. Hobsbawm) 교수에게 배운 19세기 및 20세기사, 그리고 역사학 방법론은 두고두고 나의 학문적 정서를 결정하는 방향타 역할을 해 왔다. 최장집과 홉스봄은 민족문제(national questions)에 대한 과도한 집착과 사회문제의 방기가 늘 역사를 좋지 않은 방향으로 인도했다고 강조했는데, 이 말은 내가 한국정치를 되새김질하는 데 귀중한 지침의 역할을 했다.

세 번째는 얼마 전 작고한 마이클 월러스틴(Michael Wallerstein) 교수이다. 그는 나의 박사 학위논문 지도교수로서 학문적으로는 물론 인간적으로 스승의 역할이 무엇인지를 일깨워 주었다. UCLA에서 수학하면서 그에게 정치적 현상에 대한 경제학적 접근법을 배웠는데, 제2장과 제3장은 그 결과물이다. 전반적 관점은 제목으로 정한 '노동시장과 정치시장'에서 나타나듯이 경쟁의 관점을 강조하고자 했다.

네 번째는 심지연 및 손호철 교수의 따뜻한 조언이다. 공사석에서 한국정치를 비판적 관점에서 볼 것을 강조한 손호철은 나로 하여금 최종 순간 한국 정치시장의 구조와 행태적 특수성에 대해 다시 한번 생각토록 했다. 또한 이 책에 포함된 한국 정당정치에 대한 연구는 경남대 심지연 교수의 정감어린 격려와 조언이 역시 큰 힘이 되었다.

또한 지난 10년간 마인섭, 안재홍과의 교류는 나의 학문적 관심사와 관련해서 학문적 투철함과 아울러 사회적 소수에 대한 규범성을 풍부히 하는 데 소홀함이 없게 만들었다. 아울러 나는 이들로부터 학문적 엄격성과 따스한 인격이 어떻게 공존하는지를 배웠다.

그밖에 이 책을 준비하는 오랜 과정에서 많은 학자들이 유무형 그리고 직간접의 도움을 주었다. 그들에게 진 빚은 두고두고 갚을 수 없을 만큼 크다. 너무 많아서 다 적지 못하지만 다시 한번 감사드린다. 또한 한국정치연구회 회원들은 자칫 빠지기 쉬운 타성적 분석에서 벗어날 수 있도록 해주었다. 함께 일하며 자주 토론을 벌였던 세종 연구소 동료들에게도 고마움을 전한다.

책 내용은 부분적으로 여러 경로를 통해 출간 또는 발표된 것들이다. 제3장 "세계경제의 대변동과 국내적 대응구조"는 『한국과 국제정치』 12권 2호(1996)에 게재되었다. 제7장 "노동시장과 정치시장의 교환"은 박기덕 편, 『한국민주주의 10년: 변화와 지속』(세종연구소, 1998)의 제3장이다. 제8장은 『국가전략』 4권 2호(1998)에 실렸다. 제9장 "지역주의는 언제 시작되었는가?"는 『한국과 국제정치』 17권 2호(2001)에, 제10장 『한국정당의 구조와 변화: 지역정당체제의 대두』는 세종연구소, 『정책연구』(2001-1)에 게재되었다. 제11장 "지역주의 정치와 한국정당체제의 재편"은 2004년 한국정치학회 춘계학술회의 발표문인데, 나중에 『한국정당학회보』 4권 2호(2005)에 실렸다.

마지막으로 이 책은 힘들고 외로운 시절 언제나 나를 지켜 준 아내 구영주가 아니었다면 나올 수 없었을 것이다. 두 사내자식 동균과 동현이가 아비의 소홀함을 참아 준 것에 대해서도 고마울 따름이다.

교정 작업을 꼼꼼하게 도와준 아주대 대학원생 김지환 군에게 감사한다. 백산서당 이범 사장 역시 흠집 없는 책을 만들기 위해 노력을 아끼지 않아 주었다. 깊이 감사드린다.

2006년 9월 23일
판교에서
강명세

한국의 노동시장과 정치시장 / 차례

책을 내면서 · 3

제1장 정치시장과 노동시장 ··· 13

제1부 노동시장 제도와 거시경제

제2장 OECD의 노동시장제도: 노동조직의 성장과 쇠퇴, 1960~1987 ······ 49
  1. 문제의식 · 49
  2. 쟁점과 개괄 · 53
  3. 노동조합 조직률에 관한 일반적 설명 · 57
  4. 노동조합 성장에 대한 제도의 영향 · 59
  5. 방법론 및 자료 · 74
  6. 결과 및 논의 · 83
  7. 맺음말 · 89

제3장 세계경제의 대변동과 국내적 대응구조 ····························· 91
  1. 문제제기 · 91
  2. 문헌탐색 · 97
  3. 노사협상의 수준과 노동시장구조 · 100
  4. 노동조합과 실업 · 108

5. 시장제도와 임금자제 · 111
6. 모델 설정 · 114
   1) 시장구조의 제도효과와 변화 · 115
   2) 임금협정제도, 임금탄력성, 그리고 실업 · 119
7. 맺음말 · 126

▷ <부 록> · 130

제4장 **탈산업화, 세계화, 그리고 노노갈등** ································· 137
1. 경제위기, 구조조정과 고용위기 · 138
2. 노사정협약 실험과 노동시장의 변화 · 141
3. 노동시장 유연화와 노노갈등 · 146
4. 결론: 한국형 노사정모델의 일차적 조건 · 158

제2부 한국에는 왜 사회당이 존재하지 않는가?

제5장 **한국에서 왜 노동정당은 존재하지 못했고 또 존재하지 못하는가?** ·· 161
1. 문제제기 · 162
2. 정치시장과 노동시장 · 166
3. 정치세력화의 요인 · 168
4. 노동정당의 진입장벽: 정치체제의 제도적 제약 · 170
5. 한국노동의 선택 · 176
   1) 노동시장의 전국화: 맥시멀리스트의 악순환 · 176
   2) 정치시장의 전국화: 미니멀리스트의 선순환 · 179
   3) 정치시장의 변화: 비례대표제와 노동정당의 의회진출 · 181
   4) 시민운동과 정치제도의 변화 · 184

제6장 권력구조와 지역균열, 선거제도 ……………………………… 187
　1. 정치제도, 사회균열 및 정치엘리트 · 188
　2. 대통령제 대 내각제: 효율성과 대표성 · 196
　　1) 임기 고정에 따른 유연성 결여 · 202
　　2) 승자독식 · 203
　　3) 이중권력 문제 · 205
　3. 선거제도와 권력구조 · 207
　4. 맺음말 · 214

제7장 노동시장과 정치시장의 교환 ……………………………… 217
　1. 노동시장의 민주화 · 219
　2. 정치시장과 산업민주화 · 230
　3. 정치적 교환?: 1996/7년의 노동법개정 · 240
　4. 결론: 한국의 산업민주주의는 가능한가? · 255

제8장 여야 균열구조와 한국 정당체제의 역사적 변화: 1948~1996 … 263
　1. 문헌탐색과 한국정당사를 보는 새로운 관점 · 265
　2. 정당체제의 총유동성 · 274
　3. 여야균열과 정당체제 · 279
　4. 결론: 새로운 연구과제 · 288

제3부 한국 지역주의 정치의 시원과 확대

제9장 지역주의는 언제 시작되었는가?: 역대 대통령선거를 기반으로 …… 295
　1. 역대 대통령선거와 지역주의 투표성향 · 296
　2. 한국 정당체제의 연속성과 변화 · 307
　3. 지역정당체제의 형성 · 312

4. 맺음말 · 323

제10장 한국정치체제의 구조와 변화: 지역정당체제의 동학 ·············· 325
1. 한국의 정치경쟁과 정치적 결속체제 · 327
2. 한국의 정당과 정당체제 · 331
   1) 구조정당과 비구조정당 · 331
   2) 지역정당체제의 성립 · 332
3. 맺음말 · 343

제11장 지역주의 정치구조와 한국 정당체제의 재편 ················· 347
1. 지역균열, 정당의 몰락, 정당체제의 유동성 · 348
2. 한국 지역정당의 등장과 강화 · 354
3. 한국의 지역정당체제 · 358
4. 제17대 선거는 재편선거였는가? · 364

▷ 참고문헌 · 369
▷ 찾아보기 · 383

그림차례

<그림 2-1> 국가별 노동조직률과 변화 ··· 51
<그림 2-2> 조직률이 낮은 나라들 (%, 1960~1989) ························· 51
<그림 2-3> 겐트 체제 국가들의 높은 조직률 (%, 1960~1989) ············ 52
<그림 2-4> 정당이념과 조직률의 분포 ··· 64
<그림 3-1> OECD 평균실업률 (%, 1960~1990) ···························· 93
<그림 3-2> 실업률 비교 (%, 1960~1989) ·································· 93
<그림 3-3> 노동손실일수, 1960~1989 ·· 104
<그림 3-4> 협상수준과 실업률, 1960~1989 ································· 107
<그림 3-5> 정당이념과 실업률 (1960~1989) ······························· 112
<그림 4-1> 금융위기 이후 월별 실업자 증가 (천 명) ······················ 139
<그림 4-2> 금융위기 이후 분기별 실업자 증가 (천 명) ··················· 139
<그림 4-3> 고용구조의 변화 (1963~2000) ·································· 147
<그림 5-1> 역대 친노동정당의 득표율 (%, 1950~2000) ·················· 163
<그림 6-1> 정치체제의 효율성과 대표성 ····································· 198
<그림 6-2> 정부형태와 선거제도 ·· 210
<그림 7-1> 한국의 노동조직률 (%, 1963~2002) ··························· 221
<그림 7-2> 고용구조의 변화 (%, 1965~1995) ······························ 223
<그림 7-3> 조합원 증가와 고용증가율 (%, 1963~1996) ·················· 225
<그림 7-4> 파레토 우월의 노사협상 ·· 235
<그림 7-5> 일차 노동법개정의 정치적 교환 ································· 246
<그림 7-6> 노동시장과 정치시장의 게임 ···································· 251
<그림 8-1> 전후 OECD 국가들의 선거유동성 (%, 1945-1997) ········· 267
<그림 8-2> 총유동성과 여야유동성 (1948~1992) ·························· 276
<그림 8-3> 무소속의 유동성 (1948~1996) ·································· 278
<그림 8-4> 총유동성과 여야유동성의 분포 (%, 1948-1996) ············· 282
<그림 8-5> 여야균열의 역사적 전개 (1948~1996) ························· 285
<그림 9-1> 역대 대선의 지역주의 효과 (1963~2002) ····················· 301
<그림 9-2> 제7대 및 13대 김대중 후보의 득표 ···························· 303

<그림 9-3> 역대 대선의 지역주의 경향 (1952~2002) ············· 305
<그림 9-4> 역대 대선으로 본 김대중의 지역주의 경향 ············· 306
<그림 9-5> 역대 총선으로 본 의석정당의 수 (1952~2000) ············· 309
<그림 9-6> 구조정당과 비구조정당의 득표율 (%, 1948~2000) ············· 311
<그림 9-7> 한국 정당체제의 분절화 추이 (1948~2004) ············· 316
<그림 10-1> 역대 대선으로 본 지역균열 (1962~2002) ············· 336
<그림 10-2> 역대 총선의 유동성 (1948~2004) ············· 339
<그림 10-3> 한국 정당체제의 분절지수 (1948~2004) ············· 342
<그림 11-1> 역대 총선에 나타난 선거유동성 (1948~2004) ············· 352
<그림 11-2> 역대 대선과 지역정당체제 (1963~2002) ············· 362

표차례

<표 2-1> OECD 17개국의 노동조직률과 변화 ············· 54
<표 2-2> 실업보험의 유무 및 설치연도 ············· 63
<표 2-3> 단체협정의 특성 ············· 65
<표 2-4> 노동조합의 성장 (1970~1987) ············· 86
<표 2-5> 산업구조의 변동과 노동조합의 성장 (1970~1987) ············· 87
<표 2-6> 파업과 노동조합의 성장 (1970~1987) ············· 88
<표 3-1> 표준 평균실업률 (%) ············· 102
<표 3-2> 임금협정 구조별 실업률 ············· 105
<표 3-3> 실업률과 임금협정구조 ············· 107
<표 3-4> 실업률과 제도 ············· 117
<표 3-5> 실질임금 방정식 ············· 123
<표 7-1> 경제지표 (1987~1996) ············· 226
<표 7-2> 정치적 교환의 핵심쟁점 ············· 245
<표 8-1> 제헌의회의 의석 및 지지율 분포 (%) ············· 275
<표 9-1> 대선후보의 지역별 지지도 (%) ············· 298
<표 9-2> 제15대 대선에서 후보가 승리한 투표구 수 ············· 299
<표 9-3> 대선후보의 득표 지역별 표준편차 ············· 303
<표 9-4> 역대 후보의 지역 간 지지도 격차 ············· 304

<표 9-5> 역대 정당체제의 구도	308
<표 9-6> 1, 2위 후보의 평균격차	317
<표 9-7> 지역별 평균격차	319
<표 9-8> 정당경쟁의 변화	319
<표 9-9> 정당지지의 시기별 지역효과	322
<표 9-10> 13대 이후의 정당별 지역효과	322
<표 10-1> 정당의 수	329
<표 10-2> 평민당 창당과 지역정당체제	334
<표 10-3> 제12대 국회의원선거와 지역균열지수	334
<표 10-4> 지역균열지수 (1948~2000)	335
<표 10-5> 제13대 대선의 지역균열	337
<표 10-6> 제15대 국회의원선거와 지역균열	338
<표 10-7> 제16대 국회의원선거와 지역균열	339
<표 10-8> 평균격차	341
<표 11-1> 정당의 전국화지수 (제3~17대)	356
<표 11-2> 역대 대선후보의 전국화 정도 (1963~2002)	359
<표 11-3> 역대 총선 정당체제의 전국화지수	360
<도표 8-1> 유동성과 정당체제 유형	281
<도표 8-2> 여야균열과 정당정치	284

제1장 정치시장과 노동시장

이 책은 정치시장과 노동시장 두 제도 사이의 복합적 상호작용을 추적하는 프로젝트이다. 정치시장과 노동시장은 민주주의를 형성하는 핵심 줄기이다. 이 줄기에 대한 탐구는 총 3부로 구성돼 있다.

제1부는 기본적으로 노동시장과 직접 관련된 3편의 논문으로 구성돼 있다. 노동조합의 성장과 쇠퇴, 이들의 거시경제에 대한 영향, 그리고 한국 노동운동에 관한 글이다. 노동문제는 경제, 사회 및 정치 등 노동과 관계를 형성하는 영역에 대한 광범한 지식을 요구한다. 세계적인 역사가 에릭 홉스봄이 영국의 노동문제로부터 시작하여 세계사가로 발돋움한 것은 우연이 아니다.[1] 노동의 요구는 작업장을 넘어 정치세력화로 가는데, 이는 시간과 장소를 떠나 공통된 현상이다. 노동에 대한 연구는 자연히 정당에 대한 관심으로 이어진다.

제2부는 한국의 정치시장에 관련된 글을 담았다. "한국에는 왜 사회주의 정당이 존재하지 않는가?"를 포함하여 노동의 정치세력화와 밀접한 연관이 있는 정치시장의 구조를 다루었다. 양대 보수주의 정당이

---

[1] 홉스봄의 1948년 최초의 주요 저작에 해당하는 *Labour's Turning Point, 1880-1900*은 바로 영국 노동문제를 본격적으로 다루었는데, 노동문제에 대한 새로운 접근법을 제공한 것으로 평가를 받았다. 1950년 캠브리지 학위논문은 페이비언 사회주의에 관한 것이었다. 이후 홉스봄은 세계사의 3부작으로 일컬어지는 『자본의 역사』(1975), 『제국의 역사』(1989) 및 『극단의 시대』(1996)를 발표했다.

장기 집권하는 가운데 노동에 절실한 사회문제(social questions)는 부각되지 못하고 민족문제(national questions)가 지배적 언술로 군림하게 됐다. 이 같은 '민족문제'에 대한 과잉 및 중복투자는 나중에 사회영역에 쉽사리 치유할 수 없는 상처를 남겼다. 시장의 실패와 사회문제는 결정적인 국면마다 가볍게 처리되고 소외돼 오면서 오늘날 크게 문제로 떠오른 '사회적 양극화'를 향해 걸어갔던 것이다.

제3부의 문제의식은 한국 정치시장의 가장 핵심적인 구조로 부상한 지역주의이다. 우선 제9장에서 지역주의가 언제부터 시작되었는지를 경험적으로 분석하고자 했다. 지역주의에 대한 장탄식과 비난에도 불구하고 그 기원에 대한 경험적 연구는 거의 전무한 상태이다. 그리고 제10, 11장에서 지역주의 정치가 대선과 총선을 거듭하면서 어떻게 강고한 성을 쌓았는가를 파악하고자 했다. 끝으로 지역주의라는 분석적 렌즈를 통해 역대 총선 가운데 가장 주목을 끌었던 지난 16대 대선과 17대 총선의 성격을 규명하고자 했다.

한국의 노동시장과 경제성과

제1부의 핵심적 주제는 성장과 쇠퇴, 그리고 노동의 실업 등 거시적 경제업적에서의 역할이다. 이 두 가지 주제를 비교국가적 또는 국제적 전망에서 바라보고 분석하려고 했다. 첫 번째 주제와 관련해서 우선 언급돼야 할 것은 제도로서 노동조직의 힘을 어떻게 정의하고 측정하는가 하는 것이다. 노동조합 구조의 사회적 및 경제적 결과는 올슨이 처음으로 제기한 집합행동 이론에 뿌리가 있다(Olson 1965). 노동자 개인은 기업과 협상을 맺을 때 하나의 집합이익으로 행위하여 단체협약을 통해 보다 계급적 이익을 증대시킬 수 있다. 노동계급은 자신을 조직화하고 자신의 이익을 증진시킬 목적으로 조직된 힘을 사용하거나

시위하기 위해 계속해서 보다 많은 노동자의 조직화를 추구한다. 노동조합원이 전체 노동력 중에서 차지하는 비율이 작을 때 노동의 힘은 위협적이지 못하기 때문이다. 그래서 노동계급의 힘을 알기 위해서는 파업 시 작업장에서의 힘을 의미하는 노동계급의 조직률을 우선적으로 분석한 것이다.

제2장과 제3장은 1995년 UCLA에 제출한 박사학위논문인데, 정치시장이 노동시장에 미치는 정치적 및 경제적 결과에 주목했다. 제2장에서는 노동조합의 성장이 종속변수로 취급되며 이는 정치경제 문헌의 주요 변수에 의해 설명된다. 관심의 중심은 조합은 언제, 어떻게, 그리고 어떤 조건 하에서 성장 또는 쇠퇴하는가이다. 제2장 및 제3장을 쓸 당시 1990년대 초반은 정치경제학적 접근이 강력한 힘을 발휘하고 있었는데, 그 중에서도 코포라티즘 문헌이 마지막 맹위를 떨치고 있었다. 10년 전에 쓴 학위논문을 다시 실은 이유는 세 가지가 있다.

첫째는 1990년대 이후 나타난 코포라티즘이 부활했기 때문이다. 코포라티즘의 화려한 부활은 제2장 및 제3장의 의미를 다시 살려 준다. 1990년대 후반 이후 코포라티즘이 유럽에서 노사 또는 노사정협약의 형식으로 부활하고 연구 또한 다시 활력을 받고 있다(Auer 2000; Fajertag and Pochet 2000; Schmiitter and Grote 1997).[2] 코포라티즘의 기본틀은 노동조직화의 양대 기둥, 즉 노조와 친노동정당의 정치적 세력이 거시경제적

---

[2] 1990년대 후반 이후 코포라티즘은 다양하게 뻗어 나갔다. 세계화 및 탈산업화의 압력이 거세짐에 따라 각국은 구조조정을 하는 과정에서 노동의 동의를 얻지 않으면 안 되었다. 특히 유럽은 전반적으로 사회협약을 통해 개혁을 시도했다. 사회협약에 대한 문헌조사 또는 논의는 Berger and Compston, eds(2002), Fajertag and Pochet, eds(2000) 참고. 그밖에 코포라티즘과 직간접으로 연결되는 글 가운데 대표적인 것 일부를 꼽으면 다음과 같다: Compston(2003), Casey and Gold(2000), Iversen(1999), Mares(2005), Moene and Wallerstein(2003), Swenson(2002), Wallerstein and Moene(2003).

으로 중대한 결과를 함축한다는 가정이다(Garrett 1998; Garrett and Mitchell 2001; Golden, Wallerstein, and Lange 1999; Lange and Garrett 1985; Wallerstein 1999).

둘째는 학위논문에서 다루었던 코포라티즘은 그간 한국에 널리 소개된 코포라티즘과 대상이나 내용이 다르기 때문이다. 한국에서는 아직까지 남미 등에 적용되었던 국가 코포라티즘이 주로 소개돼 있는 실정이나 사민주의 혹은 서유럽대륙의 코포라티즘은 아직도 본격적으로 도입되지 않고 있다는 점에서 제2장과 제3장은 의미를 갖는다.

셋째는 제2·3장이 이용한 주된 통계적 기법은 당시 사회과학 분야에서는 최신 기법인 패널데이터 분석법이기 때문이었다. 패널회귀분석은 다음과 같은 몇 가지 장점을 갖고 있다(Baltagi 2001).[3] 가장 분명한 것은 패널데이터가 이용될 때 사례의 수가 대폭 증가한다는 점이다. 사례의 증가는 파라메타 추정을 보다 신뢰할 수 있게 하며, 가장 중요하게는 고급 회귀분석의 사용을 가능하게 만든다. 둘째, 사용 가능한 자료의 확장은 다중공변의 위험을 제거시켜 준다. 셋째, 패널데이터의 사용으로 순전히 횡단면분석이나 시계열분석에서는 포착 불가능한 효과를 파악할 수 있다. 횡단면자료가 장기적 균형점, 그리고 시계열자료가 단기적 균형을 말해 준다면 패널데이터는 이러한 두 가지 측면 모두를 하나의 구조 내로 편입시키기 때문이다.

노동시장의 주요 행위자는 노동조합과 기업이다. 1970년대 후반 이후 선진 산업국가에서 노동조합운동이 정치 및 경제에 미치는 영향력에 대한 정치경제학 문헌은 방대하며 극히 논쟁적이다. 역사적으로 서구의 근대적 정치균열은 노동·자본을 양축으로 하는 계급균열이 지

---

3) 패널데이터기법에 대한 최근의 길잡이로는 Baltagi(2001, 2003) 참고. Baltagi의 연구는 패널데이타를 이용하는 다양한 기법에 대한 상세히 소개서인 동시에 이론적 논의를 담고 있다.

배적이었기 때문이다. 19세기의 노동운동은 작업장 노동세력의 권력자원을 증대시키는 데 전력을 기울였다. 파업을 통한 임금향상과 고용조건 개선을 작업장 수준에서 해결하기 위해 노동조합은 합법화를 위해 투쟁하고 조합원을 기반으로 한 조직확충에 노력했다. 그 후 노동운동은 선거권 획득을 위시로 한 정치적 투쟁에 몰두하여 1870~1920년에 서유럽에서는 남성노동자에게 투표권이 부여되었다. 투표권이 확보되자 노동운동은 노동자의 권익을 제도적이고 장기적으로 보호하고 신장시키기 위해 사회당 같은 친노동정당 결성을 추진했다. 노동시장과 정치시장에서 노동계급의 성장은 전후 서유럽의 많은 나라에서 복지국가로 진행할 수 있는 기반을 제공했던 것이다. 노동조합은 임금, 고용, 인플레, 생산성, 그리고 선거 및 복지체제의 발전 같은 정치구조에 영향을 준다고 믿어져 왔다. 이러한 지적 전통은 탈산업화 시대의 도래로 다시 주목을 받고 있다(Boeri 등 2001; Calmfors 등 2001; Casey and Gold 2000; Esping-Anderson 1990, 1999; Garrett and Way 1999; Traxler, Blaschke, and Kittel 2001). 이처럼 노동조합의 힘은 조합활동이 합법적으로 보장되는 선진 자본주의 민주주의체제 하의 정치경제 여러 분야를 규정하는 가장 주요한 요인의 하나이다. 제2장의 목적은 이렇게 중요한 역할을 하는 노동운동의 성쇠를 결정짓는 요인을 발견하는 것이다.

첫째, 노동조합의 성장에서 나타나는 국가 간 차이는 제도주의적 시각에서 설명된다. 노동조합은 노동조합이 잠재적 노동자들에게 선택적 인센티브를 줌으로써 가입하도록 만들 때 성장한다. 예들 들어 벨기에, 덴마크, 핀란드 및 스웨덴과 같이 조합이 국가를 대신하여 실업보험을 관장하는 소위 '겐트'체제 하에서 조합원의 증대는 두드러진다. 이와 같이 노동시장이 노동조직에 의해 통제되는 겐트제도를 하나의 그룹으로 묶어 여타 그룹과 비교할 때 제도적 특징의 효과는 보다 강하게 지지될 수 있다. 노동시장의 또 하나의 제도적 특성으로는 노동조직화된 부문에서 맺어진 단체협약이 비조직부문으로 확장되는 것이 법적으로 보장되는가 하는 점이다. 비조직부문에서 조합부문의 임금을 포함한 경제적 혜택이 가능할 때 노동조합은 결성되거나 성장하기 어렵다는 가설이 가능하다.

올슨의 집합이론은 제도주의학파에 강력한 영향을 주었다.[4] 코포라티즘학파는 노동시장제도의 정치경제적 결과에 주목했다. 이들은 노동시장이 하나의 잘 조직화된 노동조합에 의해 관리될 때 실업은 적고 인플레는 안정적이라고 주장했다(Layard, et al. 1991; Sachs and Bruno 1985). 경제학자들은 또 중앙은행의 독립성이 제도화될 때 물가안정이 이룩된다고 주장했다(Cuckierman 1992; Canzoneri, 외 1991). 중앙은행의 독립을 반대하는 주장은 경직된 규칙은 금융시장의 유연성을 저해하여 효율성이 떨어진다고 강조한다. 최저임금제도는 노동자에게 최소한의 생활을 보장하지만, 다른 한편 고용을 축소시키기 때문에 전체 노동자의 복지를 증대시키기보다는 조직노동자의 임금을 높이는 결과를 가져온다. 복지국가 연구는 사회당의 장기집권이 복지국가 구축에 기여한다고 주장한다(Alvarez, et al. 1991; Hicks 1994; Swank 2002).

제2장과 제3장은 제도를 주어진 것으로 가정한 뒤 이에 따른 경제적 결과가 국제비교적으로 어떻게 다른가를 설명하려 한다. 최근에 와서 노동조합과 관련된 경제성과의 모델은 임금인플레와 실업 등을 설명하는 데 조합변수가 중심이라고 주장한다(Boeri 2001; Holmlund 1989; Moene, 등 1993; Olson 1982; Traxler 외 2001). 실업과 인플레의 국가 간 차이

---

[4] 최근 르네상스를 맞고 있는 정치경제학과 제도주의 이론은 '자본주의의 다양성'(varieties of capitalism)에 주목하여 제도주의적 차이가 지속적으로 각국의 정치경제에 지대한 영향을 미친다는 주장을 제기하고 있다. 이에 대한 최근 논의는 Mares(2003, 2005), Streeck and Yamamura, eds.(2001), Hall and Soskice, eds.(2001), Schmidt(2002), Yamamura and Streeck, eds.(2003) 참고.

를 밝히기 위해 제도적 특성, 특히 노동조합의 힘과 구조 등이 집중적으로 연구되어 왔다(Calmfors 2002; McCullum 1983, 1986; Newell과 Symons 1987; Layard 등 1991). 브루노와 삭스(Bruno and Sachs 1985)는 중앙집중화된 노동조직이 낮은 실업률을 지키기 위해 임금을 자제할 줄 아는 코포라티스 체제 하에서 보다 건실한 경제성과가 가능하다는 명제를 대중화시키는 데 기여했다. 또 다른 학자들은 국가 간의 실업률 차이는 임금협상의 지점(전경제적, 산업별, 기업별)에 따라 역U자 형태를 띤다고 주장한다(Calmfors와 Driffill 1988; Calmfors 2001; Mares 2005).

제2장이 목적으로 하고 있는 노동조합의 역할에 대한 연구는 노동조합이 추구하는 두 목표, 즉 고용과 임금을 중심으로 진행된다. 노동조합의 힘과 협정전략이 거시경제에 미치는 효과를 분석하기 위해 개발된 모델은 최근 보다 정교화되고 이러한 양자관계에 대한 미시적 기초를 제공한다.[5]

제3장의 관심은 노동조직의 거시경제적 수행도에 끼치는 역할에 두고 비교적 관점에서 분석하는 것이다. 제3장은 국가 간의 실업률 차이를 새롭게 설명하는데, 이는 기존의 설명에 비해 설명력이 높을 뿐 아니라 이론적으로 정당하다. 제3장은 OECD 16개국의 자료분석을 기반으로 정치의 거시경제적 효과를 보여주려 했다. 즉 좌파정부의 존재유무는 노동력 규모의 변화와 고용상승의 효과가 같다면 실업의 국제적 및 국내적 편차를 설명한다. 좌파정당은 고실업의 정치적 부담을 걱정한다는 점에서 낮은 실업률을 선호하는 반면 보수정당은 그렇지 않다. 이에 관한 방대한 문헌에도 불구하고 캄포스가 말하듯 우리는 아직도 '코포라티즘 등식'을 밝혀야 한다. 전후시기에 오직 코포라티즘에서만 낮은 실업과 높은 임금탄력성의 효율적 결합이 달성되었다

---

[5] 이 부분에 대한 문헌조사 및 상세한 자료는 Calmfors(2001), Moene and Wallerstein (1993), Visser(2004) 그리고 Mares(2005) 참고.

는 사실은 사회과학자들에게 중대한 퍼즐이었다. 사회과학자들은 이 퍼즐을 풀기 위해 국가별로 특유한 제도적 조건에 초점을 두었다. 그러나 대부분의 연구는 개별국가를 대상으로 한 시계열분석이거나 또는 일정 시점에 기초한 횡단면분석에 머문다. 문헌에서 잘 인정되듯이 개별국가 연구는 관찰사례가 적기 때문에 부적합하다. 이 분야의 주도적인 연구자들은 연구의 진전을 위해 패널데이터를 이용할 것을 권고한다(Calmfors 1991; Pencavel 1985). 제3장은 코포라티즘 체제 하의 임금형성 과정을 조사함으로써 위의 퍼즐을 풀어 보고자 한다. 임금형성의 코포라티즘 등식은 국민경제에 미치는 제도적 장치의 효과가 어떤 메커니즘인가를 밝히고자 했다.

제3장의 중심과제는 노동조직의 힘이 실업률의 국가 간 편차를 설명하는 데 있어서의 역할을 밝히는 데 있다.[6] 두 가지의 상이하지만 그러나 긴밀히 연관된 가설을 취급한다. 첫째, 노동의 힘과 좌파정부 사이의 관계가 국가 간 실업률의 차이를 통해 새롭게 조사된다. 사실 이는 정치경제 분야의 핵심적 논쟁을 차지해 왔다. 실업률의 국제적 비교는 실업이 발생하는 노동시장구조를 통제할 때 고도의 분석적 면밀성을 가질 수 있다. 덧붙여 말하면 실질임금을 통제할 때 노동조직과 좌파정부의 제도적 효과는 보다 정확하게 포착 가능하다. 고용은 부분적으로 실질임금의 함수이기 때문이다. 둘째, 코포라티즘 이슈는 '코포라티즘 등식'의 분석을 통해 명확해진다. 이 등식에서 코포라티스트 체제 하의 피고용층은 실업자가 되지 않기 위해 실질임금을 조절한다고 가정된다. 세계수요가 통제된 상태 하에서 이 국가군의 낮은 실업률은 임금탄력성에 의해 결정된다. 코포라티즘 체제 하의 임금등식과 여타 국가의 임금행태와 비교하면, 국가간 경제성과의 편차를 이

---

[6] 노동시장제도의 경제성과(실업, 고용 및 물가 등 거시경제지표)에 대한 최근의 동향분석은 Mares(2005) 참고.

해하는 데 임금결정의 제도적 변수가 결정적임을 알 수 있다.

제4장에는 외환위기 이후 대대적으로 도입된 구조조정 이후 심화된 노동시장의 이원화가 어떻게 노노갈등을 낳았는가를 분석하고자 했다. 그러나 경제위기는 단순히 세계 금융시장의 갑작스런 변덕만이 아니라 산업구조의 재편을 뜻하는 탈산업화의 모순을 촉발시킨 것으로 이해돼야 한다. 노노갈등의 구조적 원인은 탈산업화 또는 후기산업화에 있다는 것이다(Baumol 1967; Fuchs 1968; Iversen and Wren 1998; Iversen 2001; Pierson 2000). 제조업의 쇠퇴와 서비스업의 확장으로 요약되는 후기산업화에서 비롯되었다는 것이다. 금융위기를 맞아 한국 정부가 적극적으로 추진했던 노사정협약은 노동에게는 불확실한 장래의 정치적 입지를 강화해 준 반면 기업에게는 현실적 이해인 노동시장의 유연화를 허용해 주었다. 이처럼 인력조절에 대한 기업의 요구가 수용되면서 노동시장의 유연성이 높아졌으며 그 결과 고용구조의 패턴은 대폭 변하고 있다. 이는 사회적 양극화의 출발점으로 고용패턴이 획기적으로 바뀌게 한다. 금융위기 발생 직후인 1998년에 한국의 고용패턴은 중대한 분수령을 형성한다. 위기 직전인 1997년까지 가장 많은 부분을 차지하던 상용근로자의 수는 감소하기 시작한다. 2000년 이후 다시 증가세로 돌아섰지만 위기 이전의 수준에는 훨씬 미달하고 있다. 한편 임시직과 일용직근로자의 절대적 수는 계속하여 증가하고 있다. 특히 일용직의 갑작스런 증가에 주목해야 한다. 1996년 180만이던 일용직노동자 수는 1999년에는 약 230만 명으로 3년 만에 40만 이상 불어났다. 비정규직의 급증은 정규직 대 비정규직의 갈등이 본격화할 것임을 예고하는 것이었다.

시장경제체제에서 경제구조의 변화는 노동자구성을 변화시키며 이는 잠재적으로 노노갈등 문제를 낳기 쉽다. 서비스부문 종사자나 화이트칼라 노동자와 제조업 노동자는 임금과 일자리 차원에서 서로 다른 이해를 갖는다. 마찬가지로 수출부문과 내수부문 노동자는 서로 상반된 입장에 서기 쉽다. 스웨덴의 역사적 경험은 노노갈등의 생생한 자료를 보여주는데, 이는 한국에도 시사하는 바가 크다. 스웨덴 사례에서 우리는 노노갈등의 두 가지 역사적 경험을 읽는다(Swenson 1989; 2002). 첫 번째 노노갈등은 1930년대에 발생한 현상으로 건설부문과 금속부문 노동자 사이의 갈등을 말한다. 국내의 건설부문은 해외기업과 경쟁이 거의 없는 대표적 국내부문이라면, 금속부문은 해외시장에 의존해야 하는 전형적인 교역부문에 해당한다. 스웨덴은 국내시장이 협소한 전형적 개방경제이다. 스웨덴같이 작은 규모의 경제가 살아남고, 나아가 높은 생활수준을 영위하자면 경쟁력을 갖춰야 한다. 노사가 타협하지 않으면 경쟁력은 유지되지 못한다. 역사적 대타협으로 불리는 1938년 살쯔요바덴 협약은 바로 경쟁력 연합의 전형이었다. 당시 스웨덴 노동운동은 전투적인 건설업 노동자들이 주도하고 있었다. 건설업은 대표적인 국내부문으로서 외국기업과 경쟁할 필요가 없고, 따라서 건설노동자는 과격한 임금인상을 요구해 왔다. 건설노동자의 임금요구는 다른 부문, 특히 수출에 의존해야 하는 금속부문으로 파급되어 금속산업의 경쟁력을 약화시키고 금속부문 노동자의 일자리를 위협했다. 이에 제조업 노동자 위주로 짜여졌던 LO를 중심으로 수출부문의 자본과 노동이 협력해 국내부문의 노자연합을 격퇴시켰다(Clayton and Pontusson 1998).

두 번째 노노갈등은 1980년대 후반에 나타났다(Stephens 2000). 스웨덴이 겪었던 1980년대 이후의 고통이 과거의 화려했던 성공 때문에 일어났다는 것은 아이러니이다. 전통적 스웨덴모델이 붕괴되기 시작한 것이다. 붕괴는 두 가지 측면에서 일어났다. 첫째는 내부적 도전으로 경제구조의 변화 자체 때문이었다. 이는 제조업의 쇠퇴와 서비스업의 확장으로 요약되는 후기산업화에서 비롯되었다. 이는 노동조직의 분산화와 다원화로 표출되었고, 공공부문 노조가 스웨덴 전국노총(LO)과 별도의 독자적 협상을 추진함으로써 내부갈등은 극에 달했다. 이처럼 후기산업사회의 도래와 함께 스웨덴 노동 전체를 대표하던 유일한 조직 LO의 위상은 약화되었다. 서비스부문의 팽창으로 이 부문에서 독자적 조직화가 강화됨에 따라 LO는 더 이상 대표성을 독점할 수 없게 됐고, 코포라티즘을 가능하게 했던 중앙집중화는 더 이상 가능하지 않게 됐다(Kjlleberg 1998; Swenson 2002). 서비스 및 공공부문의 사무직 노동자는 제조업 위주의 LO가 아니라 전문노조(TCO) 혹은 전문노련(SACO)에 가입했다. 특히 주목할 사실은 과거 수십 년간 LO가 주도했던 연대임금제가 사무직노조의 반대로 와해되었다는 것이다. 사무직노조는 사무직 내에서만 연대임금을 주장함으로써 제조업 노동자의 임금과는 격차가 생겼다. 스웨덴의 높은 생산성에 기여해 온 임금자제는 그 효력을 상실했고, 스웨덴 노사관계의 핵심으로서 스웨덴의 국제경쟁력 유지에 기여했던 전국협상은 분산화의 위기를 맞았다.

한국 역시 탈산업화 구조는 위기를 계기로 노동조직의 분해를 촉진시켰다. 1998년 2월 6일 결성된 '경제위기 극복을 위한 사회협약'의 10대 과제 가운데 핵심쟁점은 노동시장의 유연성 및 노동기본권 강화 두 가지 사항이었다. 노동시장의 유연성은 정리해고의 즉각 실시와 파견근로제의 허용을 의미한다. 당시 한국은 정규직 노동시장의 경직성 면에서 OECD 27개국 중 26번째를 차지하고 있었다(OECD 2000). 바꿔 말해 한국의 정규직 노동시장은 두 번째로 유연하다는 뜻이다. 한편 계약직, 임시직 및 일용직을 포함하는 비정규직이 한국의 노동시장에서 차지하는 비중은 절반을 넘으며 이는 OECD 회원국 중 가장 높은 비율이다. 구조조정의 와중에서 노조의 투쟁력은 크게 약화되었다. 노조는 소속 조합원의 일자리를 위협하는 유연화에 양보하지 않을 수 없었다. 노조 지도부가 할 수 있는 최선의 과제는 노동기본권 같은 정치적 권리의 회복 내지 확장과 실업대책의 확대 등 가능한 것을 확보하는 것이었다. 공무원의 노동2권 보장, 교원노조 합법화 및 정치활동 보장 등 노동기본법 합의는 장기적으로 노동의 조직화나 정치세력화에 중요한 자원이다.

　이처럼 한국 노동은 경제위기의 대가로서 노동시장의 통제권을 상실하는 막대한 비용을 지불했다. 노동시장의 유연화는 그간 잠재돼 있던 노노갈등의 폭발로 나타났다. 노동시장의 유연성은 해고비용이 많은가 혹은 적은가를 의미한다. 한편 해고비용은 노동시장의 조직화 정도에 달려 있다. 노동조합이 노동시장을 장악하고 있다면 해고가 어렵기 때문에 경영의 해고비용은 높아진다. 구조조정의 여파는 정규직 축소와 비정규직 확산으로 번져 갔다. 고용 및 해고비용이 많이 드는 정규직을 줄이고 이를 비정규직으로 전환시켰다. 비정규직은 계약기간의 측면에서 일용직, 임시직 또는 계약직을 말하며, 고용형태별로는 파견, 하청, 용역노동자들과 특수 고용된 학습지 교사, 지입차주, 보험모집인 등 다양하다. 고용안정의 측면에서 비정규직은 극히 열악한 상황에 있다. 기존의 노동조합은 주로 정규직 위주로 조직되었으며 조합의 일차적 목표는 정규직 조합원을 보호하는 것이었다. 기업별노조가 지배적인 한국의 경우 스웨덴과는 달리 전국적 노동시장의 조직화가 없었기 때문에 노노갈등은 더욱 심각하게 진행했다. 대기업 중심의 기업별노조 제도 하에서 노동시장의 이중화는 급격히 진행되었다.

　심각한 노노갈등을 봉합하여 사회적 통합을 이루자면 과감한 사회정책을 실시해야 한다. 비정규직 노동자가 전체 노동자의 절반을 넘는 상황에서 사회정책의 제도화를 통해 새로운 노사관계를 만들어야 한다. 새로운 노사관계는 비정규직 노동자의 이해를 반영해야 한다. 세계화와 탈산업화 시대에는 노동의 유연성이 강조된다. 노동시장이 유연화된 상태에서 비정규직 노동자의 일자리를 안정시키는 것이 필요하다. 이를 위해서는 인사이더와 아웃사이더의 구분을 완화해야 한다. 지금처럼 위기의 고통을 비정규직 노동자만이 지불하는 것이 아니라, 인사이더와 아웃사이더 모두가 고통을 분담하는 사회정책이 필요하다. 이러한 일은 국가의 몫이다.

한국에는 왜 사회당이 존재하지 않는가?

제2부는 그 큰 주제로 정치시장의 민주화를 담고 있다. 제5~7장에서는 각각 노동의 정치세력화, 정치균열의 구조와 전략, 그리고 민주화 과정의 특징을 다룬다. 제5장에서는 한국적 예외성을 제기했다. 한국적 예외성의 발상은 '미국의 예외성'에 착안한 것이었다. 미국의 예외성은 독일 학자 좀바르트가 20세기 초 "왜 미국에는 사회주의가 없는가?"라는 화두를 던진 이후 미국 학계에서 끊임없이 주제가 되었다.7) 나 역시 비슷한 관점에서 "왜 한국에서는 노동정당이 출현하는 데 실패하고 있는가"를 논하고자 했다. 자유민주주의 체제를 채택하고 있는 나라 가운데 사회당 또는 노동당이 존재하지 않는 나라는 극소수에 불과하다. 시장은 한 사회의 정치적 균열 가운데 가장 기초적이고 보편적인 기능적 균열이기 때문이다. 미국을 제외한 모든 선진국에서는 사회당이 존재할 뿐 아니라 중대한 정치세력이다. 그러나 한국에서는 사회주의 정당이 주요 정당으로서 의회에 진입하는 데 실패했다.

실패의 원인은 크게 보면 구조적 및 전략적으로 이중적이다. 한편으로는 구조적으로는 경직된 한국 정치시장의 구조에 있다. 다른 한편으

---

7) 미국의 예외성에 관한 중대한 문헌은 다음의 글들을 포함한다. Seymour Lipset(1996), S. Lipset and G. Marks(2000), Jonathan A. Glickstein(2002), Kim Voss(1994). 최근 미국 복지국가의 특수성에 대한 연구(Hacker 2002; Skocpol, 1992)도 같은 장르에 속하는 것이다.

로는 전략적으로 노동시장 조직화 일변도로 주력한 노동의 전략에 있다. 제2대 총선에서 사회당이 처음으로 정치시장에 진출하려 한 이래 한국의 친노동정당8)이 역대 총선에서 획득한 최대의 지지율은 7%를 넘지 못했다. 나아가 민주화 시대에 와서는 2%를 넘지 못하다가 2004년 17대 총선에서 후보자 득표 기준으로 4.2%의 지지를 확보했다. 한국의 노동은 왜 정치권 진출에 번번이 실패했을까? 이러한 질문은 얼핏 보면 자명하고 단순하게 대답할 수 있을 듯하면서도 또다시 생각해 보면 한국사회의 특수성 문제에 대한 해답이라는 점에서 깊은 성찰을 필요로 한다. 이러한 문제의식은 한 편의 글로 대답하기에는 너무나 중대한 문제인 만큼, 제5장은 문제의식을 정치적 변수에 한정해서 추구했다. OECD 국가에서 노동당 또는 사회당이 무력한 나라는 미국과 한국뿐이다. 그래서 왜 사회당이 존재하지 않는가는 미국에서 오랜 논쟁의 중심을 차지해 왔다. '미국의 예외주의'(American exceptionalism)로 일컬어지는 문헌은 오랫동안 왜 유럽에서는 보편적 현상인 사회당이 미국에는 존재하지 않는가를 밝히기 위해 많은 노력을 기울였다. 1906년 좀바르트는 처음으로 왜 미국에는 사회주의가 존재하지 않는가 하는 문제를 제기했다(Sombart 1907). 나는 비교론적 관점에서 방대한 '미국의 예외성' 연구를 일종의 선행연구로 삼았다.

한국에서 사회당이 존재할 수 없었던 근원적 요인은 한반도 냉전의 구조적 상황이다. 분단이 한국 노동정당의 운명에 준 영향은 아일랜드의 분단이 아일랜드 노동당에 준 영향보다 훨씬 강력했다. 아일랜드는

---

8) 이 글에서 말하는 친노동정당은 총선에 참여했던 넓은 의미의 사회민주주의 계열의 정당을 말한다. 사회당(제2대), 사회대중당, 한국사회당, 혁신연맹(제5대), 통일사회당(제7~8대), 민주사회당, 사회당(제11대), 신정사회당(제12대), 한겨레민주당, 민중의 당, 사회민주당(제13대), 민중당(제14대), 민주노동당, 청년진보당(제16대), 민주노동당, 녹색사민당(제17대) 등을 말한다.

유럽에서 사회당이 가장 취약한 나라이다. 아일랜드 노동당이 서유럽의 다른 나라들과는 대조적으로 상대적으로 미미한 제3당으로 전락하게 된 것은 영국 식민지에서 독립한 후 민족문제가 압도적이었기 때문이다. 민족문제가 지배적 언술인 상황에서 사회적 문제(social questions) 혹은 좌우의 이념적 차원은 부차적이었다(Mair 1997). 보안법은 서구의 사민당 수준의 정당강령조차 불법화하여 노동의 세력화를 막았다. 최근까지 노동조합의 정치활동은 불법이었고, 따라서 노조가 정치적으로 활동하는 데는 막대한 희생을 필요로 했다. 그러나 분단은 구조적 조건이다. 구조가 역사를 결정하는 것만은 아니다. 행위자가 주어진 조건에서 선택한 전략에 따라 구조적 틀은 약화될 수 있기 때문이다.

분단만이 노동의 정치세력화를 봉쇄했던 것은 아니다. 분단의 구조적 한계 외에 몇 가지 장벽이 존재했다. 첫째, 기존의 정당체제라는 제도 자체가 노동의 정치세력화를 어렵게 만들었다(Mair 1997). 기성 정당체제는 양대 보수정당 중심으로 된 판이기 때문에 노동뿐 아니라 새로이 진입하려는 모든 정당의 진입을 막는다. 양당 중심의 정당체제는 사회적 지지를 독점했거나 아니면 지역주의 등에 의존하여 정치적 지지를 왜곡하기 때문이다. 한국에서 노동의 정치세력화를 봉쇄한 것은 정당체제의 경직성 또는 폐쇄성이다. 폐쇄성은 제도적인 동시에 카르텔 지역정당체제에서 나타난다. 단순다수제와 일회투표제는 양당제를 선호한다는 '두베르제의 법칙'은 그 어디보다도 한국의 현실을 잘 설명한다. 지역정당체제의 형성은 정당체제를 극도로 경직화시켜 노동당은 물론 지역에 기반하지 않으면 제3당의 출현도 어려운 것이 현실이었다. 두 번째 장애물은 대통령중심제이다. 의회중심제에서는 국가권력이 단일한 반면 대통령중심제에서 의회는 대통령의 권한을 제어할 수 없다. 대통령제의 미국에서 사회당의 진출을 어렵게 하는 요인의 하나로 대통령제가 지적된다(Marks and Lipset 2000). 또한 대선은 다수제투표를 기반으로 하기 때문에 제3당 후보의 당선을 불가능하게 한다. 세 번째 장벽은 보편선거권의 조기 획득이다. 이러한 요인 역시 미국의 역사적 경험과 흡사하다. 미국에 사회당이 존재할 수 없게 만든 중대한 이유 중의 하나는 보편선거권의 조기 획득이었다. 보편선거권의 조기 부여는 노동의 정치참여를 기존의 정당체제를 통로로 하여 이루어지게 함으로써 노동자정당의 발달을 어렵게 한다. 마지막 요인은 지역균열이다. 지역으로 분절된 정당체제 하에서 사회계층에 기초한 지지는 발전하지 못한다. 정치시장도 시장이 되려면 다른 시장과 마찬가지로 경쟁에 기초해야 한다.

제5장은 그러나 경직된 구조 하에서도 전략적 선택이 중요함을 강조했다. 한동안 구조와 행위는 상호 양립 불가능한 것으로 인식되었다. 그러나 구조와 행위자의 관계는 분석적으로는 분리 가능하지만 경험적으로는 따로 분리해서 생각할 수 없다. 구조와 전략은 역사적 시점 위에서 결합한다. 구조는 보통의 일상적 시간에서는 절대적 힘을 발휘하여 행위는 추동력을 갖지 못한다. 봉건제와 절대국가의 구조를 빼놓고 자본주의로의 이행을 설명하려 했던 페리 앤더슨이나, 민주주의로의 전환을 상업농업의 대두와 이에 대한 지주와 농민의 이해를 통해 설명하려 했던 배링턴 무어는 구조주의의 고전이다. 한편 행위는 상황에 따라 변화의 추동자가 된다. 구조는 역사의 중대한 국면에 처하면 행위자의 전략에 따라 변하기 때문이다(Katzenlson 2003). 한국의 노동세력은 이제 중대한 국면에 처해 있다. 노동시장의 전국화 노력은 오랜 숙원이지만 이루어지지 않았다. 한국의 노동운동은 경직된 정치시장 속에서 두 가지 선택이 가능하다. 첫째, 한국의 노동은 과거 해 왔던 것과 마찬가지로 목표를 정치세력화가 아니라 노동시장의 전국화, 즉 산별화 투쟁전략을 택하는 것이다. 노동시장 조직화전략의 정치적 입장은 우선 기업별노조로부터 산별노조 체제로 전환한 뒤 이를 기반으

로 정치시장 조직화를 꾀하는 것이다. 두 번째 대안은 정치세력화이다. 정치시장 진출전략은 한국노동이 아직까지 기피해 온 선택이다. 정치시장 진입을 최우선 목표로 하는 전략은 현행 노동시장의 구조(기업별 노조)를 인정하는 한편 정치세력화로 시선을 돌리는 것이다. 그러나 현재의 선거나 정당제도 하에서 노동세력이 의미 있는 정당세력으로 성장하는 것은 극히 어려운 일이다. 나는 선거제도 개혁이 노동의 정치세력화를 위한 현실적 전략이라고 믿는다. 한국 노동운동이 의미 있는 정당으로 발전하려면 선거제도 개혁은 절대적이다. 지금과 같은 지역주의적 투표행태가 소선거구제와 결합하는 조건에서 노동의 정치적 진입은 실질적으로 불가능하다. 노동운동이 의회진출을 목표로 삼는다면 가장 현실적인 방안은 비례대표제이다. 노동자가 사업장을 벗어나 투표장에서는 지역주의 투표를 하는 까닭은 자신의 후보가 현실적으로 당선 가능성이 희박하다고 보기 때문이다. 모든 노동자가 개인적으로는 노동후보를 선택하고 싶어도 노동계급의 정치적 일체성(identity)이 없을 때 개개인은 손쉬운 지역주의에 편승한다. 무임승차의 문제가 발생하는 것이다. 무임승차 문제를 해결하자면 행위선택 시 등대 역할을 하는 제도적 구심점(focal point)이 필요하다. 다수대표제와 비례대표제는 바로 이러한 구심적 역할을 한다. 다수대표제와 지역균열이 결합된 체제에서 노동자가 지역주의 투표를 하는 것은 합리적이다.

제도의 변화는 행태의 변화를 유발할 수 있다.[9] 역사가 중요한 것은 역사가 과정의존적(path-dependent)이기 때문이다(Putnam 1993; Pierson 2000b; Mahoney 2000).[10] 비례대표제라는 제도적 초점이 존재한다면 노동자 개

---

[9] 정치경제 분야가 르네상스를 맞이하면서 제도주의적 접근법과 결합하여 눈부신 성장을 하고 있다. Hall and Soskice(2001), Kathleen(2004),

[10] 최근 경로의존 이론이 제도주의와 결합하면서 방법론적으로 위력을 발휘하고 있다. 역사비교 방법론의 중요한 장르로 자리를 잡았다. 최근 논의는 Mahoney

개인은 자신의 지지가 곧 사회적 지지로 전환되는 것을 경험하며 친노동당 출신 후보를 선택하게 된다. 집합행동은 기대의 변화를 낳고 기대의 변화는 다시 더 큰 집합행동으로 나타난다. 비례대표제는 나아가 지역주의를 완화시킬 수 있다. 제도는 집합행동의 조율을 도와주어 제도는 더욱 강화된다(Pierson 2003, 195).

제6장에서는 수년 전부터 한국정치 소용돌이의 중심에 있는 소위 '권력구조' 논쟁을 제도주의적 관점에서 추적하려 했다. 형성에는 행위자가 존재하며 논쟁은 정치엘리트의 전략적 대립이다. 대통령중심제와 의회중심제 간의 대립을 둘러싼 논쟁은 정치균열의 반영이라는 시각에서 출발한다. 정치엘리트는 자신의 권력을 극대화하기 위해 실체적으로 존재하는 균열을 이용할 뿐이다. 따라서 제6장은 정부형태 및 선거제도의 변화는 앞으로 한국정치체제의 안정에 중대한 결과를 낳는다는 관점을 지닌다. 제6장의 목적은 정부형태 논의를 보다 분석적인 수준에서 설명하고 바람직한 선택을 위한 시각을 제시하는 것이다. 이러한 목적은 세 가지 작은 목적으로 구성된다. 첫째 주장은 '대통령제 대 내각제'로 불리는 권력구조 논쟁에서 분석적 전망으로서 제도라는 게임의 규칙이 얼마나 중요한가를 강조하는 것이다. 둘째는 대통령제 또는 내각제의 단순선택이 과연 현재 한국사회의 정치적 균열을 해소하는 데 기여할 수 있을 것인가를 검토한다. 셋째 주장은 두 번째 의문에 대한 회의로부터 출발한다. 정치제도가 정치발전을 제공하자면 정부형태와 더불어 마찬가지로 사회균열을 해소할 수 있는 선거제도의 개혁이 필요하다는 점을 강조한다.

제6장은 로칸의 논의를 빌려 한국에서의 논쟁을 해석하고자 한다. 제도의 기원과 전개과정을 보면 제도는 내재적이다. 정치제도의 변화

---

and Rueschemeyer(2003) 참고.

는 당시의 지배적인 정치균열에 내재적이다. 자유민주주의 제도가 정착한 초기 대중정치 시대를 분석했던 로칸은 정치제도의 성립이 민주화과정과 긴밀히 연관된 내재적인 것으로 파악했다(Rokkan 1970). 민주화의 과정은 본질적으로 기성의 제도가 부정되는 불확실성의 시대이다. 선진국의 민주화 경험에서 보편선거권의 확대는 기득세력에게 정치적 미래의 불확실성을 가져다주었다. 보편선거권 실시와 더불어 소수로 전락한 보수층은 기존의 다수대표제에서 자신의 정치적 이해를 보장받을 수 없음을 잘 인식한다. 한편 보편선거를 통해 잠재적 지지기반이 넓어진 개혁세력은 오랫동안 권력으로부터 차단돼 있었기 때문에 다수대표제 하의 보편선거가 곧 자신들에게 유리한 정치적 결과를 가져올 것인지에 대해 불안해한다. 보편선거권이 확장되는 상황에서 보수세력은 현상유지를 꾀하거나 적어도 정치적 생명을 보존하기 위해 다수대표제로부터 비례대표제로의 변화를 모색한다. 영국의 자유주의 세력은 노동당이 성장하면서 소수화됨에 따라 비례대표제를 선호했다. 한편 노동계급의 정당은 선거권 확대로 장기적으로 유리한 고지를 점할 수 있지만, 현실정치는 협상이다. 노동정당 엘리트는 하루빨리 제도권 정치에 진입하기 위해 보수세력과 타협해 장기적으로 다수를 가능케 하지만 불확실한 다수대표제를 포기하고 현재의 확실한 이해를 보장하는 비례대표제를 수용했다. 마찬가지로 한국에서 의회중심제를 주창하는 자들은 현재와 같은 지역주의 정치균열에서는 영원히 국가권력에 접근할 수 없다고 믿기 때문에 대통령제를 반대하는 것이다. 둘째, 로칸은 사회균열의 구조와 정치제도의 인과성을 강조했다. 정치제도의 선택은 사회균열 구조의 특징적 산물이라는 것이다. 비례대표제가 자연스럽게 수용된 나라는 사회균열 구조가 다층적이고 복합적인 곳이었다. 종교적, 지역적 및 계급적 균열이 공존할 때 어느 한 세력이 지배적이지 못하고 여러 정파가 권력을 분점하게 된다. 복합적 사회균열구조 하에서 야권 엘리트는 집권세력에 대해 비례대표제를 요구했다. 비제도권의 반대세력은 어차피 자신들이 다수를 점할 수 없다는 점을 알기 때문에 비례대표제가 가장 적절한 제도라고 믿게 된다.

마찬가지로 정부형태 논쟁 역시 전략적 관점에서 분석돼야 한다. 대통령중심제와 의회중심제는 각각 나름대로 장단점이 있다. 따라서 이론적 관점에서 보면 대통령제와 내각제 어느 것이 민주주의 발전에 효과적인 제도인지 단언하기는 힘들다. 대통령제의 3대 구성요소라고 할 수 있는 임기보장, 승자독식, 그리고 이중권위는 어떤 방향에서 바라보느냐에 따라 린즈가 말한 '대통령제의 독소'가 될 수도 있고, 반대로 자유민주주의의 실현에 기여하는 기회구조가 될 수도 있다. 대통령직선제는 권력분점을 허용함으로써 고대 그리스 이래 논의되어 왔던 혼합정체를 낳았다. 다른 한편 제왕적 대통령은 프랑스의 보나파르트체제 및 남미의 경험이 말해 주는 것처럼 권위주의체제로 퇴행하거나 심각한 정치위기를 조장한다. 승자독식은 대통령에게 행정수행의 전권을 위임함으로써 임기 동안 일관된 국정수행을 가능케 하는가 하면, 동시에 과반수 이상이 되는 반대세력의 이해를 묵살함으로써 국민의 정치적 및 사회적 통합을 저해할 수 있다. 마지막으로 고정된 임기보장은 대통령으로 하여금 사회의 다양한 이해관계로부터 초월하여 공정한 위치에서 자신이 옳다고 확신하는 정책을 일관되게 실천하게 만드는 기회가 될 수 있다. 그러나 반대론자의 입장에서 보면 반대로 임기보장은 국정운영이 난맥상을 보일 때 국민이 이를 제어할 아무런 방법을 갖지 못하는 경직성으로 전락할 수 있다. 이처럼 논쟁은 동일한 문제에 대해 전혀 다른 시각과 처방을 제시하기 때문에 이론적으로 어느 방향이 맞다고 확신하기는 힘들다.

대통령제 대 의회제의 이와 같은 이론적 교착은 두 가지 점에서 해명된다. 첫째, 제도는 중립적이지 않다. 제도의 개혁이나 변경은 기성 제도로부터 피해를 보는 세력이 기성 제도의 기득권층에 대해 도전함으로써 비롯된다. 역사적으로 정치개혁은 본질적으로 개혁세력과 수구세력의 타협의 산물임을 알 수 있다. 한국에서 내각제개헌을 주장하는 정치세력은 현재의 대통령제 하에서는 영원히 소수화될 것이라는 현실적 피해의식에 시달린다. 이들은 제도변화를 꾀해 사회적 지지에 상응하는 국가권력을 분점하려는 것이다. 반대로 대중적 지지도가 높은 후보가 있는 정당은 대통령제의 특성에 의존하여 재집권 또는 새로운 권력을 창출하려 한다. 다시 말해서 제도는 정치세력의 이해로부터 자유롭지 않기 때문에 권력구조 논쟁은 제도를 둘러싼 권력투쟁의 특성을 내포한다.

권력구조 논쟁이 명확한 판정이 불안한 두 번째 이유는 정치균열이 기반하고 있는 사회균열에 대한 논의가 부재하기 때문이다. 자유민주주의는 다양한 사회균열을 정치제도를 통해 봉합시키는 정치제도이다. 민주주의체제 하에서 봉합의 주요기관은 정당이며, 정당의 운명은 선거제도에 의존한다. 선거제도는 사회균열을 반영하는 투표를 의석으로 전환시키는 가장 중요한 메커니즘이다. 어떤 선거제도를 선택하는가는 권력구조에 막대한 영향을 준다. 따라서 권력구조와 동시에 선거제도의 변화가 추구돼야 한다. 권력구조와 마찬가지로 선거제도도 다양한 형태가 존재하지만 기본적으로는 다수대표제와 비례대표제로 분류할 수 있으며 이 둘의 혼합도 가능하다.

제6장에서는 정부형태와 선거제도를 함께 고려하여 네 가지 조합을 제시한다. 네 가지 조합은 양대 선거제도인 다수제 대 비례대표제와 양대 정부형태인 대통령제와 의회제 사이의 결합이다. 즉 네 가지 조합은 대통령제와 다수대표제, 대통령제와 비례대표제, 의회제와 다수대표제 및 의회제와 비례대표제를 포함한다. 미국은 대통령제와 다수

대표제가 결합한 전형적인 민주주의이다. 필리핀과 한국 등도 이 유형에 속한다. 대통령제와 비례대표제가 결합한 체제는 남미 일반에서 발견된다. 영국 민주주의는 의회제와 다수대표제 결합의 전형이다. 또한 서유럽의 일반적 모델은 의회제와 비례대표제를 결합한 것이다. 한국의 정치엘리트들은 한국사회를 지배하고 있는 지역균열에 편승해 의회중심제를 빌미로 봉건적 성채를 만들려는 전략을 수립할 수 있다. 지역주의 정치가 강고히 자리잡게 된 것은 노동이나 환경 등 사회의 다양한 이익이 정치제도로 전환되지 못하기 때문이다. 소선거구제에 기초한 단순다수대표제는 정당의 지역화를 공고히 하는 데 기여했다. 내각제로의 전환은 정치엘리트 수준만이 아니라 투표자 수준에서도 지역주의를 강화시킬 수 있다. '내각제'논쟁에서는 반드시 선거제도 논의를 통해 그것이 가지고 있는 지역주의를 강화하는 요소를 순화할 필요가 있다. 선거제도 개혁에 대한 논의는 국민에게 허용치 않았던 선택권을 점진적으로 되돌려 주는 차원에서 제기돼야 한다. 국민의 선택권이 확대될 때 지역 일변도의 메뉴 대신 다양한 종류의 정책이 경쟁하는 메뉴에서 투표자/시민은 각자의 이해를 기준으로 정치적 선택을 할 수 있게 된다.

제7장은 지난 1987년 이후 10년간 한국의 민주화과정을 산업민주화의 관점에서 분석하고자 했다. 이 장은 방법론적으로 게임이론에 의존한다. 이 기간의 민주화과정은 노동시장과 정치시장의 민주화로 요약할 수 있다. 이러한 민주화과정의 중대한 계기는 1987년의 민주화 출발, 1993년의 문민정부의 노사관계 개혁과정, 그리고 1997년의 노동법 개정 등이다. 민주화과정 동안 노동에 의한 노동시장의 조직화는 정체 또는 하락했다. 노동시장의 조직화는 사회경제적인 구조적 요인과 특히 국가의 노동배제적 정책에 의해 제한되었다. 압축적 산업화의 결과 산업구성의 급속한 변화는 조직화에 불리하게 작용했다. 전통적으로

노동조직 운동의 거점인 제조업은 축소되었고 탈산업화 현상으로 서비스부문이 급팽창했다. 그러나 사회경제적 요인은 상수로서 외적으로 주어진 조건이다. 노동시장의 조직화를 가로막는 가장 중대한 요인은 국가정책의 제도적 장애물이다. 엘리트 협약으로 가능했던 민주화 속에서 국가는 노동배제 정책을 추진했다. 제도적 장애물을 타개하기 위해서 민주화 노동운동은 제도화의 길을 모색했다. 이런 노력은 1995년 민주노총의 결성으로 나타났던 것이다. 국가의 노동정책은 노동의 전략을 변경시킬 수 있는 영역이다. 따라서 노동의 전략적 선택이라는 관점에서 보면 조직화를 가로막는 요인에 대한 처방은 달라진다. 민주노총은 합법화/제도화의 길을 통해 노동시장으로부터 정치시장으로의 진입을 모색했다. 국가가 그어 놓은 제도적 한계를 극복하기 위한 노동의 전략적 선택은 정치시장으로의 진출을 통해 국가의 제도적 장애물을 철거하는 것이었다.

노동정치(labor politics)는 산업국가의 보편적 현상이었다. 제7장은 노동정치를 합리적 선택의 시각으로 그리고자 했다. 노동정치는 산업화 이후 양적으로 사회의 다수를 구성하게 된 노동계급 또는 근로자계층이 자신의 사회적 이해를 증진시키기 위해 조직함으로써 노동시장 영역에서 열등한 위치를 극복하려는 정치적 활동을 뜻한다. 좁게는 작업장 수준의 집단행동을 포함해서 넓게는 국가의 노동입법에 영향을 주는 모든 정치적 행위를 포함한다. 산업민주화는 허공 속에서 일어나는 것이 아니다. 산업민주화는 그 사회의 전통적 균열구조라는 제약 속에서 이루어진다. 동시에 민주화는 세력 사이의 갈등을 수반한다는 점에서 새로운 균열을 만들어 내기도 한다. 민주화과정에는 이러한 내생적 및 외부적 제약 또는 균열이 크게 작용했다. 정치시장의 민주화가 공고화되는 데는 위의 두 가지 요인이 작용하고 있다. 한국사회를 관통하는 이념적 균열과 지역균열이 그것이다. 첫째, 이념균열은 국가수립과 거의 동시에 태동했다. 이후 한국전쟁으로 고착화된 분단구조는 남북 간의 민족분열과 함께 한국사회에 강력한 이데올로기적 균열구조를 형성했다. 이러한 이념균열은 산업화에 따른 계급균열을 원천적으로 봉쇄했다. 급속한 경제성장에도 불구하고 한국에서는 선진국의 산업화과정에서 나타나는 노동세력의 조직화로 발전하지 못했다. 둘째, 노동의 정치적 동원은 제도적 제약 하에 놓여 있다. 그러나 각국의 고유한 역사적 경험에서 만들어진 정치제도는 정치지형을 왜곡시킬 수 있다. 유럽의 노동세력이 선거법 개혁투쟁을 거치면서 정치적 정체성을 만들 수 있었다면, 국가형성과 동시에 보편선거권을 부여받은 한국의 대중은 정치적 정체성을 계발할 계기를 갖지 못했다. 미국의 경험에서도 알 수 있듯이 노동계급의 형성과 관계없이 선거권이 처음부터 주어질 때 노동정당은 발전하기 힘들며 노동이익은 기성 정당을 통해 부분적으로 대표된다. 마찬가지로 선거권 획득과정에서 노동정당이 태동하는 경로를 갖지 못한 한국의 노동은 자신의 사회이익을 정치시장에 투입할 수 없었다. 시장사회의 기본적 균열 축인 계급균열은 정치적으로 형성되지 않았다. 셋째, 노동의 집단적 행동을 어렵게 만든 요인은 민주화가 시작될 무렵 더욱 강고해진 지역균열이다. 민주화과정은 노동의 집단적 이해를 제도화할 수 있는 좋은 조건을 제공했음에도 불구하고 민주화과정 이후의 정초선거는 지역균열이 지배했다. 지역균열이 선거시장을 지배하는 상황에서 개별노동자는 계급이 아니라 자신의 출신지역의 일원으로서 투표권을 행사했다.

제7장에서는 1997년 노동법개정 사례를 정치적 교환의 시각에서 해석했다. 정치적 교환의 목적은 국가와 노동이 자신의 권력행사를 자제함으로써 모두에게 보다 나은 결과를 약속하는 데 있다. 노동이 정치적 교환에 참여하는 이유는 교환이 조직의 확대 및 강화라는 이득을 주기 때문이다. 노동법개정은 이전 10년간 민주화과정의 결산이었다.

개정에 대한 요구는 1987년 민주화 이후 노동이 더 이상 무시할 수 없을 만큼 성장했던 데 있다. 민주적 노동운동은 국가권력에 대해 새로운 도전세력으로 성장했다. 초기의 전투적인 전노협으로부터 현재의 민주노총으로의 발전은 50만 노동자 또는 조직노동자의 1/3을 점하게 됐으며 대기업 노조가 그 핵심조직을 형성했다. 그러나 국가는 1997년 복수노조 금지라는 법조항을 근거로 민주화 노동운동의 핵심조직인 민주노총을 인정하지 않았다. 이러한 제도와 현실의 괴리는 노사관계를 극히 불안하게 만들었으며 문민정부는 민주화 노동운동을 체제 내로 끌어들여야 한다는 압박을 받고 있었다. 1997년의 노동법개정 사건은 노동과 자본의 일종의 정치적 교환이었다. 국가는 정치적 거래의 추진자 역할을 했다. 과거 민주화과정을 통해 노동의 실질적 대표세력으로 부상한 민주노총은 국가로부터 합법적 지위를 획득하는 것에 무게를 두었다. 한편 자본은 급속히 전개되는 세계화에 대처하기 위해서는 노동시장을 보다 유연하게 만드는 것이 가장 중요하다고 믿었다. 이와 같은 노사 양자의 요구에 직면한 국가는 노동시장의 유연성 증대와 정치시장 개방을 맞교환시킴으로써 노동과 자본의 요구를 동시에 충족시키고자 했다.

그렇다면 왜 이러한 정치적 교환이 균형에 도달하지 못하고 대파국으로 치달았는가? 일차적으로는 이 문제를 지도부와 일반 조합원 간의 정책거리에 있다고 본다. 노조 지도부와 일반노동자 사이에 추구하는 목표나 선호가 일치하지 않는다면, 협상을 담당하는 지도부의 결정은 일반 노조원에 대해 구속력을 발휘할 수 없다. 자본도 마찬가지이다. 민노총 지도부가 선호하는 정책은 일반노동자의 선호구조와 다르다. 작업장 일선의 노동자는 목전의 경제적 이익이 가장 중요하다. 일반노동자와 지도부가 다른 시간개념의 지배 하에 있기 때문이다. 기층노동자의 시간개념은 단기적인 반면 전체노동자의 구조적 이익을 대표하는 지도부는 장기적 시간개념을 갖는다. 둘째, 정치적 교환이 가능하기 위해서는 노사정 협정의 한 축인 국가의 사회정책적 배려가 필요했다. 노동조합이 노동시장 규제를 양보하는 것은 결국 임금이나 고용조건의 양보를 의미하기 때문에 국가는 정책을 통해 노동의 손실을 보상해 주어야 한다. 국가가 사회정책의 확대 강화를 통해 노동자의 실질임금을 어느 정도 보전해 줄 때 노조 지도부는 일반노동자를 설득할 수 있다. 국가가 단순히 거간 역할만 한다면 현재와 같이 불균형한 노사관계에서 노동은 순전한 양보라고 믿거나 국가가 자본가 편에 서 있다고 생각한다. 1997년 1월의 날치기 통과는 정리해고제, 대체근로제 및 변형근로제 등 유연한 노동시장을 관철시켰지만, 그간 노동 측이 요구해 온 복수노조 허용, 3자 개입금지 삭제, 공무원 단결권 등은 포함되지 않았다. 노동은 날치기 파동을 겪으면서 국가가 자본과 결탁했다고 믿게 됐다. 셋째, 정치적 교환이 실패하게 된 가장 중요한 이유는 정부의 무임승차였다. 노동법개정 과정에서 드러난 정부의 태도는 1996년 12월의 개정에서 나타나듯 지극히 친자본적이었다. 소위 국가의 상대적 자율성은 존재하지 않았다. 이러한 태도로 인해 정부는 노동의 신뢰를 상실했고 여기서 정치적 교환의 실패는 시작됐다.

지역주의의 기원과 확대재생산

제3부는 정치시장의 현실을 차지하는 정당정치와 정당체제를 주제로 했다. 정당에 대한 싫증은 시대를 불문한 세계적 현상이다. 시민들은 정치부패의 원인이 정당 때문이라고 믿고 있다. 그러나 대의민주주의 하에서 정치는 대표될 수밖에 없으며 정당 없는 민주주의는 불가능하다. 근대 민주주의 발달사를 보면 정당은 시민사회와 국가를 연결하는 가장 중대한 제도였다. 대중정치의 발전에서 빼놓을 수 없는 가장

주목할 만한 역사적 현상은 정당의 출현이었다(Sartori 1967, 292). 제3부는 한국 민주주의의 변화를 정당 및 정당체제의 관점에서 해부하는 것이다. 싫든 좋든 정당은 민주주의의 핵심고리 역할을 하기 때문에 정당 연구 없는 민주주의 분석은 무의미하다(Pennings and Lane 1998). 정당체제의 변화를 의미하는 기본적 개념은 정당의 수, 분절화, 양극화, 선거시장의 비례성, 균열구조, 정당경쟁의 유동성, 쟁점의 차원, 그리고 좌우 차원 등이다.11) 제3부는 이러한 핵심개념을 통해 한국의 정당과 정당체제의 기원, 변화, 그리고 동학을 분석하고자 했다. 제3부의 서장에 해당하는 제8장은 한국정치사를 관통해 온 여야 대립을 통해 한국 정당체제가 어떤 구조를 통해 변해 왔는가를 보려고 했다. 민주주의 체제에서 정당은 사회균열과의 관련 하에서 시민사회의 정치적 요구를 표출하고 조직화하는 역할을 한다. 정당체제는 이러한 정당의 상호작용을 의미한다. 그러나 정당체제가 곧바로 정당으로 환원되는 것은 아니다. 정당체제는 나름의 속성을 갖고 역으로 정당의 활동에 영향을 주기 때문에 정당체제는 정당과는 별도로 독자적인 연구대상이다. 정당의 기원과 발전은 사회균열의 종류와 그 정도에 따라 달라진다. 정당체제에 영향을 준 주요 사회균열에는 계급, 종교, 인종 및 지역 등이 포함된다. 다양한 사회균열 중 그 어느 것이 정치적 균열구조를 주조하는가는 사회가 처한 역사적 조건의 산물이다.

제8장은 한국정치가 다른 민주주의체제와 다른 점이 좌우의 정치가 아니라 여야의 정치에 착근하고 있다는 데서 출발한다. 로칸이 말한 것처럼 서구에서 다양한 균열구조에 기초한 정당의 존재는 동시에 정당체제의 성립을 의미한다. 상호 경쟁하는 정당으로 구성된 정당체제

---

11) 정당체제의 오랜 역사를 고려할 때 정당체제의 이와 같은 기본개념이 발전한 것은 그리 오래되지 않았다. 피터 메이어가 엮은 서구의 정당체제(*The West European Party System*, 1990)에서 처음으로 명확하게 발전되었다.

는 정치적 안정/불안정을 말해 주는 민주주의의 이정표이다. 이처럼 서구에서 정당체제의 성립은 전통적 및 근대적 균열구조에 따라 성립되었다. 민주주의 발전단계는 마셜이 관찰한 것처럼 정치적 시민권의 획득으로부터 사회적 시민권으로 진행한다. 노동자의 입장에서 투표권은 장기간에 걸친 투쟁의 산물이었다. 그러나 한국에서 정치적 시민권은 투쟁이 아니라 종전에 따른 식민지 해방에 따라 '거저' 주어진 것이었다. 세계적 차원의 냉전은 한국의 국가를 양분시켰다. 남북분단으로 좌우균열은 용인되지 않는 상황에서 정치균열은 민족주의적 내부갈등을 따라 분출됐다. 민족의 내외적 균열이 한국 민주주의에 미친 결과는 여야균열이었다. 아일랜드가 1922년 영국으로부터 독립한 이래 양대 보수정당이 군림했던 것처럼 분단 후 남한의 정치지형은 양대 보수 민족주의가 지배하는 무정형의 그것이었다. 무정형의 사회 위에 놓여 있던 정당체제 하에서 이념이나 정책이 존재하지 않는 발가벗은 권력투쟁이 벌어졌다. 여야균열은 시대나 정치적 조건에 따라 민주/반민주 또는 지역균열 등 다른 형식을 통해 등장했다. 이는 서구 정치사에 일반적으로 나타나는 사회균열이 아니라 여야균열에 불과했다. 제8장의 목적은 한국정치사의 변동을 바로 이러한 여야균열의 구조와 변화를 통해 설명하는 것이다. 한국정치사를 비교적 관점에서 파악하려는 뜻에서 정당체제의 문헌탐색에서 시작해 정당과 정당체제의 변화를 구분해서 취급했다. 비교적 시각에서 개념적 현미경을 통해 1948년 정초선거부터 1996년 총선까지의 시기에 걸친 선거사와 정당체제의 변화를 역사적으로 분석하는 동시에 여야균열이 정당체제의 역동성에 미치는 영향에 주목했다.

제9장은 전후 한국정치의 최대 쟁점으로 부각돼 온 지역주의정치의 시원을 밝히려는 작업이었다. 지난 20여 년간 한국정치는 지역주의에 휘둘려 왔다. 언론은 물론 학계에서도 지역균열이 언제 어떻게 돌출되

었으며 그 정치적 여진은 어디까지인가 하는 것은 끊임없는 논쟁거리였다. 최소한 1970년대 이후 한국정치의 지배적 축은 지역주의였다. 지난 논쟁을 보면서 이러한 지역주의의 정치적 기원을 모색하고자 했다. 정치적 기원은 비교적 확인할 수 있다는 가정에서였다. 그간 지역주의는 다양한 수준에서 논의돼 왔다. 사회학은 지역감정의 사회적 역할과 그 결과에 특별히 관심을 갖는다. 문화적으로는 지역마다의 독특한 문화적 차별성이 중요한 관심사가 될 수 있다. 그러나 지역주의가 정치적으로 동원되면 그 배타적 속성 때문에 사회적·경제적 결과를 낳는다. 그러나 지역주의에 관한 많은 비판과 논의에도 불구하고 지역주의의 기원에 대한 본격적인 연구는 별로 많지 않다. 지역주의 정치의 기원을 처음으로 제기한 것은 김만흠이다. 김만흠(1994)은 1960년대부터 시작된다고 보았지만 경험적 자료가 취약하거나 정치적 동원의 계기를 밝히지 못했다. 제9장에서 이와 같은 경험과 연구의 차이를 메워 보려 했다. 특히 역대 대통령선거의 득표상황을 통해 지역주의 투표성향을 분석하여 기원을 해명하려 했다. 통계적 방법을 사용하여 지난 2대부터 15대까지의 대통령선거 결과를 기초자료로 하여 지역주의 투표성향이 언제 두드러지게 됐는지를 보여주려고 했다.

 제10장은 제9장의 연장이다. 제9장이 대통령선거 자료를 이용해 대선 차원에서 지역주의 정치가 언제 발호했는지를 밝히는 것이라면, 제10장은 정당체제로서 지역정당체제가 어떻게 등장하게 됐는지를 분석대상으로 했다. 정당에 대한 혐오는 세계적 현상이며 시대를 가리지 않는다. 해방 후 사회균열은 잠재적으로만 존재했고 정치적으로 동원되거나 조직화되지는 않았다. 그러나 민주화투쟁을 거치면서 한국정치에는 새로운 지역균열이 정치적으로 표출되기 시작했다. 이후 20년 동안 지역균열은 지역정당체제의 구축을 통해 공고하게 자리잡고 정당과 투표자의 행위를 구속했다. 이에 대해 먼저 한국 정당체제의 제

도적 특징이 무엇인가를 해명하고자 했다. 비교적 관점에서 한국의 정당체제가 다른 나라의 정당체제와 어떻게 다른지를 살펴본 것이다. 정당체제의 수준에서 한국정치사의 중대한 변곡점이 언제 존재하는지를 설명하고, 왜 그것이 발생하게 됐는지를 분석하고자 했다.

나는 한국의 정당구조를 보기 위해 비교적 시각에서 정당을 유형화했다. 정당의 유형을 사회균열의 축을 따라 분류하면 구조화된 정당과 그렇지 않은 정당으로 분류된다(Lane and Ersson 1999, 제3장). 구조화된 정당이란 계급, 지역 및 종교 등의 사회균열에 기초한 정당을 뜻한다. 다른 한편 보수당이나 자유당 또는 극우정당 및 환경정당 등 이념적으로 특정한 사회계층의 지지에 기반하지 않는 정당은 비구조 정당이다. 이러한 분류에 따라 한국정당을 보면, 해방 이후 구조적 정당이 극히 짧은 시기 동안 존재했다가 한국전쟁 이후 정치시장에서 사라졌다. 혹독한 냉전의 결과인 분단으로 인해 서구적 의미의 사회균열은 정치적으로 대표되지 못했기 때문이다. 이런 관점에서 보면 지역균열은 사회균열의 하나로서 지역정당의 등장은 구조적 정당의 탄생을 알리는 신호였다. 한국 정당정치 체제의 가장 획기적인 변곡점은 지역주의 정당체제의 등장이었다. 지역정당이라는 구조정당의 등장과 궤를 같이한다. 여기에서는 지역정당체제의 등장을 의미하는 경험적 자료를 제시했다. 첫째, 지역정당을 경험적으로 논의하기 위해 지역균열지수를 도입했다. 지역균열지수는 각 정당의 지역별 지지도의 차이를 절대값으로 하여 합한 것이다. 지역균열지수가 특별히 높은 선거가 존재한다면 역대 대선 및 총선의 특정 선거에서 지역정당체제가 등장했다고 가정했다. 지역정당체제가 성립되려면 우선 지역정당이 있어야 한다(Mair 1997, 52). 지역정당이 처음으로 등장한 것은 1988년 제13대 국회의원선거에서였다. 한편 대선에서는 1987년 제13대 대선의 균열지수가 가장 높았다.

지역정당체제의 존재를 알리는 두 번째 지표는 정당체제의 분절도를 의미하는 레이지수이다(Rae 1967). 0부터 1까지의 범위에 있는 레이지수는 1에 가까울수록 정당체제가 극심하게 분절적이며, 반대로 0에 접근하면 일당지배체제를 뜻한다. 특정 지역의 지지를 독점하는 지역정당으로 구성된 지역정당체제의 분절지수는 작게 된다. 예컨대 영호남 간의 지역갈등이 존재할 경우 영호남 각각에 할거하는 정당이 존립하면 정당체제는 분절적이지 않다. 이는 지역정당체제가 공고해졌다는 것을 시사한다. 지역정당체제가 안정되면 신생 정당이 정치시장에 진입하기 힘들기 때문에 분절지수는 낮아지게 된다. 이는 낮은 선거유동성으로 알 수 있다. 그런데 한국의 안정적 지역정당체제는 선거유동성이 높다. 새천년민주당과 열린우리당의 사례가 보여주듯이 지역정당체제가 끊임없는 이합집산으로 새로운 지역정당이 계속 만들어지게 되기 때문이다. 역대 지역정당은 언제나 전국적 정당을 지향한다고 말하나 사실은 그렇지가 않았다. 사르토리가 지적했던 것처럼 정당체제는 단순히 종속변수가 아니라 독립변수이기도 하다(Sartori 1976). 지역균열에 기반하는 지역정당체제의 문제는 이념 및 정책 측면에서 과거의 비구조정당과 전혀 다르지 않다는 사실이다. 한국 정당체제의 가장 커다란 변화에 해당하는 지역정당체제가 등장하게 된 까닭은 기성 보수정당이 투표극대화 전략의 일환으로 지역동원 전략을 선택했기 때문이다. 지역주의의 정치적 폐해 가운데 가장 심각한 문제점은 정당 사이의 경쟁을 약화시킨다는 것이다. 민주주의체제에서 정당 간 경쟁을 의미하는 선거는 경쟁이 없을 때 무의미하다. 경쟁의 약화는 불확실성을 특징으로 하는 민주적 선거를 예측 가능하게 함으로써 유권자로 하여금 투표할 인센티브를 느끼지 못하게 한다. 제16대 총선의 투표율은 역사상 가장 저조한 57%에 불과했다. 이러한 투표율은 OECD 국가와 비교할 때 가장 낮은 미국의 정치참여 수준과 흡사한 것이다.

제11장의 목적은 1970년대 이후 한국정치의 구조를 형성하는 지역 정당체제가 제17대 선거에서 변화되었는가를 분석하는 것이다. 이를 위해서는 두 가지 과정을 밟는다. 첫째, 제17대 총선의 결과를 역사적 맥락 속에서 보기 위해 지역정당체제의 구축과정과 그 정치적 결과에 대해 논의했다. 둘째, 제17대 총선이 한국 정당체제의 변화와 관련해서 어떤 의미를 갖는가를 분석하려 했다. 시민단체를 위시해서 많은 이들이 17대 총선결과 지난 15년 이상 존재해 온 지역정당체제가 전국적 정당체제(nationalization of party system)로 대체될 수 있을 것인가에 대해 궁금해했다. 즉 제17대 총선이 재편선거(critical elections)인가를 분석하는 것이었다. 제17대 총선이 향후 정당체제의 변화에 어떤 역할을 할 수 있을 것인가 하는 문제와 관련해서는 역사적이고 이론적인 접근을 하고자 했다. 한국 정당체제의 역사를 재편선거 혹은 역사적 선거의 시점을 통해 해석하고자 했다. 모든 선거는 세 가지 종류로 분류된다 (Burnham 1970; Key 1955). 첫 번째 유형은 체제유지 선거로서 기존의 정치세력을 다시 추인하는 선거이다. 두 번째 유형의 선거는 일시적 권력교체가 이루어지는 일탈선거이다. 세 번째 유형은 기존의 정치구도를 전면 재편하는 재편선거 또는 역사적 선거(historical elections)이다.

'망국적'인 것으로 지탄받는 지역정당체제를 벗어나는 방법은 역으로 정당체제를 전국화하는 길이다. 정치의 전국화는 지역주의 균열을 새로운 전국적 균열로 대체할 때 가능하다 (Schattschneider 1960, 71). 정당 간 경쟁의 복원은 전국정당의 건설이며 전국정당 체제의 수립으로 제도화되는 것이다. 국민국가의 형성은 정치의 전국화 과정을 말하며, 지역에 기반한 정치의 상호 이질적 체제가 전국적 수준으로 평준화되고 통합되는 과정이다(Caramani 2004). 정치참여나 정당지지의 수준에서 지역적 편향에서 벗어나 전국적 수준으로 수렴하는 것을 말한다. 지역정당체제의 존재는 전국적 정치체제가 아직 정립되지 못했다는 것을 의미한다. 지역정당의 존재를 역사적으로나 경험적으로 보기 위해 지수화를 시도했다. 정당이나 대통령 후보의 전국화지수를 통해 지역주의 정치체제를 밝혔다. 전국화지수를 보면 1988년 총선은 한국정치사의 커다란 변곡점을 형성한다. 즉 제13대 총선은 지역주의 체제의 등장을 알리는 신호탄이었다는 점에서 일종의 재편선거에 해당한다. 당시 집권당을 제외한 모든 야당의 전국화지수가 현저히 약화되었다. 나는 동일한 전국화지수를 통해 제17대 총선이 지역주의 정치를 붕괴시키는 데 기여한 재편선거인가 하는 의문에 답하려고 노력했다. 그러나 제17대 총선은 재편선거가 아니었다. 제17대 총선은 외견상의 변화에도 불구하고 역시 지역주의 정치의 연장이었다. 2004년 총선에서 나타난 정당체제의 높은 유동성은 지역주의의 산물이다. 호남 정치시장의 독점적 정당은 새천년민주당에서 열린우리당으로 바뀌었지만 다른 정당은 전혀 뿌리를 내리지 못했다. 마찬가지로 영남 유권자 역시 한나라당에 대한 압도적 지지를 계속하여 다른 정당은 명목상으로만 영남권에 진입했을 뿐이다.

제17대 총선이 많은 이의 바람이나 기대와는 달리 정치의 전국화에 크게 기여하지 못한 까닭은 다음과 같다. 첫째, 전국화를 위해서 선거제도의 획기적인 변화, 즉 보다 본격적인 의미의 1인 2표제를 도입하지 못했다. 네덜란드나 이스라엘처럼 전국이 하나의 비례대표제라면 투표자에게 다른 대안을 주지 않는다는 점에서 강제적 효과를 기대할 수 있다. 특히 비례대표제는 여성 등 소수세력의 정치참여에 호의적이며 '지역정치 봉건제의 성장'을 억제한다(Reynolds 1997, 63). 둘째, 여당의 분당은 장기적으로 호남의 지역주의를 더욱 강화시킬 소지가 크며 이는 정당의 전국화와 역행하는 것이었다. 한국은 여전히 지역정당체제 상황에 있다. 정당체제는 정당의 종속변수인 동시에 독립변수이다. 제도개혁이 힘든 이유는 기존의 정당체제가 새로운 제도의 도입을 거부하기 때문이다. 15년 이상 존재해 온 지역정당체제는 나름의 동학을 발휘한다. 급격한 재편이 가능하기 위해서는 경쟁의 방향이 바뀌어야 한다. 경쟁방향은 정당의 전략이나 이념의 변환 및 대규모 선거변동에 의해 촉발된다(Mair 1997, 51-54). 공황이나 통일 같은 보다 큰 규모의 폭풍을 필요로 하는 것이다.

제1부

노동시장 제도와 거시경제

제2장 OECD의 노동시장제도: 노동조직의 성장과 쇠퇴, 1960~1987

1. 문제의식

지난 20여 년 동안의 정치경제 문헌은 선진 산업민주주의에서 노동조합이 정치 및 경제에 미치는 효과에 대한 논쟁으로 활발하다. 노동조합은 임금, 고용, 인플레, 생산성은 물론이고 선거와 복지국가의 발전 같은 정치구조에도 영향을 갖는 것으로 인식되고 있다. 공공지출 전공 학자는 노동조합이 정부팽창의 크기를 결정하는 주요변수라고 주장한다(Cameron 1978; Castles 1982). 복지국가 전공 학자는 복지예산 지출의 크기는 노동조합의 힘에 따라 결정된다고 보고 있다(Hicks and Swank 1992; Korpi and Shalev 1979). 비교경제성장 전문가들은 노동력의 조직화 정도가 경제성장의 편차를 설명한다고 주장한다(Friedland and Sanders 1985; Paloheimo 1990; Alvarado, Lange and Garrett 1991). 이처럼 다양한 영역을 통해 노동조합의 힘은 선진 시장자본주의 체제의 정치경제 발전에 핵심적 요소로 인식되고 있다. 즉 노동조합의 힘은 여타 정치경제 현상의 독립변수로 놓여진다. 그러나 나는 제2장에서 위에서 언급한 문헌들과는 반대의 시각에서 노동조합을 분석하려고 한다. 즉 노동조합의 힘은 설명돼야 할 종속변수가 된다.

노동조합의 힘은 다양한 방식을 통해 측정 가능하다. 노동조직화의 정도는 노동조합의 힘을 말해 주는 기본적인 요인일 수 있다. 노동조직화란 임금생활 계급 전체에서 차지하는 조직화된 부분을 의미한다(Bain and Price 1980, 161; Freeman 1990; Griffin, McCammon, Botsko 1990, 171). 노동조직화가 낮다는 것은 비조직화된 부문이 크다는 것을 말하며, 이 때 고용자는 그렇지 않을 경우보다 쉽사리 대체노동력을 찾을 수 있다. 또 노동이 전 경제에 걸쳐 조직화돼 있다면 노동조합의 요구를 묵살할 수 있는 고용자의 힘은 그렇지 않을 때보다 대폭 줄어든다.

노동조합 힘의 가장 중요한 원천은 노동조합이 활동하는 노동시장 내에서 만들어 내고 유지할 수 있는 노동조직화의 정도이다. 이 사실은 전통적으로 받아들여지는 다음과 같은 명제에서 출발한다. 노동조합의 가장 중요한 원천은 조합이 파업, 태업과 보이콧 등의 집단행위 또는 그러한 단체행위의 위협과 같은 산업행위를 통해 고용자들에게 강제할 수 있는 능력이다. 이러한 것의 효과는 일반적으로 노동조합이 관련 노동력에 대해 행사할 수 있는 통제력과 연관된다고 가정된다(Mulvey 1978, 62).

어떤 국가에서든 노동조직화 수준의 시계열변화는 다른 어떤 거시경제변수보다 큰 편차를 나타낸다. 또한 <그림 2-1>과 <그림 2-2>, <그림 2-3>이 분명히 보여주듯이 노동조직률은 국가 사이의 국제적 편차를 통해서도 나타난다(Wallerstein 1989; Visser 1990). 노동조직화의 수준은 시계열에 따른 변동을 가리키며 각각의 국가는 상이한 패턴을 보여준다. 이러한 편차는 노동조합운동이 경제에 주는 영향 외에 역사적인 점에서도 흥미를 유발한다. 제2장의 목적은 국가 간 및 시계열의 두 측면에서 노동운동의 조직화에서 드러나는 편차를 설명하는 데 있다. 노동조합의 성장 및 쇠퇴의 경제결정론과 함께 노동조합의 실업보험 관

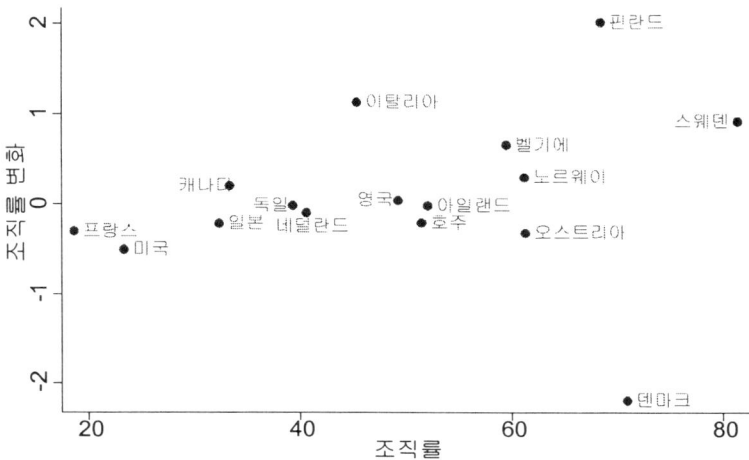

<그림 2-1> 국가별 노동조직률과 변화

자료: CEP-OECD Dataset

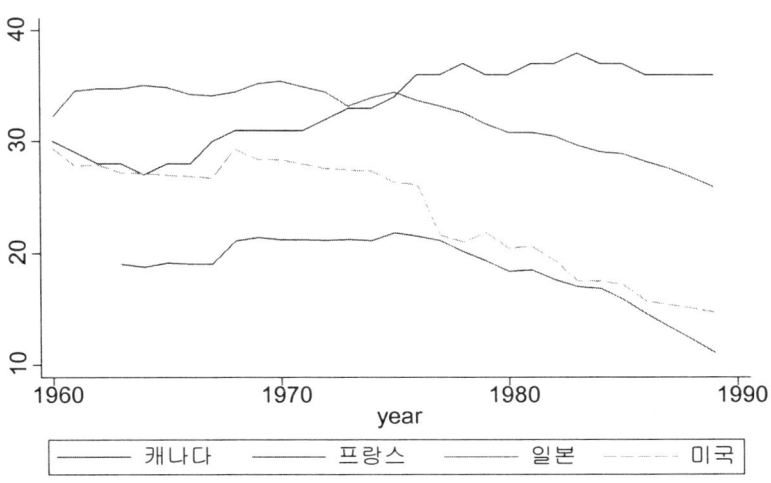

<그림 2-2> 조직률이 낮은 나라들 (%, 1960-1989)

자료: CEP-OECD Dataset

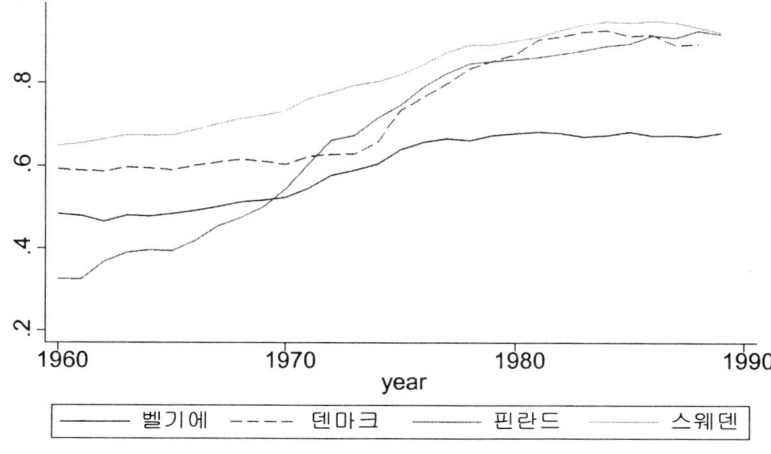

<그림 2-3> 겐트 체제 국가들의 높은 조직률 (%, 1960-1989)

자료: CEP-OECD Dataset

장 유무, 정권의 이데올로기적 성격, 그리로 노동조합 부문의 노동계약의 비조직부문으로의 확장 여부 등과 같은 제도적 변수를 강조할 것이다.

따라서 노동조직화 수준의 국가 간 편차를 설명할 수 있는 제도를 집중 부각시킬 것이다. 좌파정부의 집권, 겐트제도, 그리고 노동조합 부문에서 노동계약의 합법적 확장성 등이 노동조직률의 국가 간 편차를 결정하는 요인이다. 노동조직률 변화에 대한 기존의 경제결정론적 설명모델은 거시경제적 변수에 초점을 두었다. 그러나 경제변수만으로는 각국에서 고유하게 발전하는 역사적 성격을 무시함으로써 노동조직률의 변동을 설명하는 데 한계가 있다. 따라서 여기에서는 단기적 경기변동 요인 및 산업구조의 장기적 변동은 물론이고 동시에 제도적 변수를 설명방식에 입력함으로써 경제적 요인을 통제한다. 특히 시계열분석의 고유 장점인 거시경제변수와 비교연구에 고유한 제도적 요인을 동시에 단일한 분석모델에 포함시킴으로써 시공 양면에 걸쳐 노동조합 조직률의 결정요인을 보다 정밀한 방식을 통해 새로이 밝혀낼 것이다. 이를 위해 패널데이터 분석기법을 동원해 노동조직률을 설명하며 분석기법 면에서 제2장은 이 방면에서 최초의 분석이다.

제2장은 다음과 같은 순서로 짜여진다. 제2절에서는 각국의 노동조직률을 시계열을 통해 일괄함으로써 제도변화가 노동조직률 변동에 미치는 국제적 영향을 밝히면서 문제를 제기한다. 제3절에서는 노동조합 성장의 문헌을 검색함으로써 기존 연구의 한계를 밝히고 이를 극복하기 위한 방법론적 및 실질적인 문제를 제기한다. 제4절에서 노동조직률의 국가 간 편차가 국가마다 상이한 제도적 특성 때문임을 설명하기 위해 제도적 요인에 기초해서 OECD 16개국을 조직률의 높고 낮음에 따라 분류하고 설명한다. 제5절에서는 통계자료의 다양한 사용을 위해 패널데이터 통계기법을 도입해서 설명한다. 제6절은 제4절에서의 논의(제도적 차이에 따른 국가군의 설정)를 바탕으로 국가군별 통계분석을 제시한다. 제7절은 제2장의 결론이다.

2. 쟁점과 개괄

<그림 2-1>의 국가별 조직률은 1960~89년 기간 16개 선진 산업 국가 노동조직률의 역사적 전개를 보여준다. 이들 그림은 노동조직률은 각 국별, 시계열별로 크게 변동함을 밝혀 준다. <표 2-1>은 1963~85년 기간 각국의 평균조직률과 그 변화율을 보여준다. 좌로부터 세 개의 세로 칸은 1963~85, 1963~70, 1971~85년 기간 각각의 평균조직률을 보여준다. 나머지 세 개의 세로 칸은 위 기간별 조직률의 변화율을 말한다.

<표 2-1>의 추세는 여러 가지 제도적 변수를 중심으로 읽을 때 일정한 패턴을 나타내고 있다. 이 표를 통해 시기별 조직률의 수준에 볼 때 상위의 국가군은 코포라티즘 체제에서 나타나고, 반면 대규모 경제국가는 하위 조직률 국가군을 형성하고 있음을 알 수 있다. 상위 4개국은 1963~85년 기간에 조직률이 증가한 반면, 벨기에, 캐나다 및 이탈리아를 제외한 나머지 국가는 조직률 하락을 경험했다. 또 노동조합의 노동계약이 비조직화 부문으로 합법적으로 확장되는 국가에서 조직률은 하강하고 있다. 이러한 제도가 존재하는 벨기에에서 조직률이 떨어지지 않은 것은 예외인데, 이는 벨기에에 존재하는 또 다른 보다 강력한 제도, 즉 겐트제도가 조직률 하강을 방지한 것으로 해석된다(Rothstein 1992; Visser 1991; Western 1993).

<표 2-1> OECD 17개국의 노동조직률과 변화

	노동조직률			변화		
	1963~85	1963~70	1971~85	1963~85	1963~70	1971~85
스웨덴	79.3	69.5	84.5	.97	-.04	1.51
덴마크	67.0	61.4	74.5	1.35	.07	2.04
핀란드	65.6	45.7	76.3	3.38	5.19	2.42
노르웨이	61.5	62.9	60.7	.02	-.19	.14
오스트리아	61.1	62.8	58.6	-.39	-.20	-.49
벨기에	59.3	49.8	64.4	1.67	1.48	1.78
아일랜드	53.0	50.5	54.4	-.01	1.29	-.7
호주	51.7	51.4	51.9	-.22	-1.15	.26
영국	48.2	44.6	50.0	.05	1.31	-.61
이탈리아	43.2	30.3	51.1	2.72	3.79	2.14
독일	39.0	38.3	39.4	-.09	-.36	.04
네덜란드	37.5	40.2	36.0	-1.56	-.33	-2.12
스위스	34.2	34.3	34.1	-.53	-1.69	.08
일본	32.3	34.1	31.3	-.84	.25	-1.42
캐나다	30.5	34.1	32.2	1.15	1.76	.83
미국	24.4	27.6	22.7	-1.95	.27	-3.13
프랑스	19.5	20.3	19.0	-1.09	1.13	-2.27

<그림 2-2>와 <그림 2-3>은 1960~89년 기간에 조직률 상위 국가군과 하위 국가군 사이에 조직률이 상반된 패턴임을 예시한다. 이 기간 중 스칸디나비아, 벨기에, 오스트리아 등 소규모 경제의 코포라티스트 체제의 노동은 높은 수준의 조직률을 보여준다. 반면 일본, 프랑스, 북미의 노동은 상대적으로 낮은 조직상태 하에 있음을 알 수 있다. 또 조직률이 높은 국가군의 노동조합은 꾸준한 성장을 계속 유지했다면, 하위 그룹의 노동조합 조직률은 정체상태에 머물거나 하강하고 있다. <그림 2-2>가 보여주듯 노동조직률이 낮고 경제규모가 큰 국가는 캐나다를 예외로 하면 대체로 조직률 하강을 경험했다. 뒤에서 다시 상세히 논의될 것이지만 조직률 하위그룹의 이러한 하강 경향은 1973년의 세계적인 수요충격 이후 가속화되었다.

  위에 제시된 그림과 표로부터 서론에서 언급한 주요한 세 가지 제도적 특징과 파업의 관련성을 추출할 수 있다. 아래에 분석될 노동조직률의 주요 패턴은 ① 집권정부의 정책적 성격, ② 노동조합의 실업보험 관장 여부, ③ 단체협정의 자동적 적용 등 국가 간의 제도적 요소와 파업활동의 편차에 의해 결정된다. 우선 국가 간 조직률 편차의 첫째 결정인자는 정부의 정치적 성격일 수 있다. 사회민주당이 집권한 국가군에서 여타 보수정당이 지배하는 곳에서보다 노동조합이 성장할 수 있다는 가설이다. 둘째 가설은 노동조합이 노동자들에게 조합에 가입케 하는 인센티브가 있는 국가군에서 조합원수는 증가할 수 있다는 가설이다. 노동조합이 실업보험을 직접 관장할 때 이는 잠재적으로 언제나 실업위기에 있는 일반노동자들에게 조합에 가입토록 하는 유인책이 된다. 이러한 제도는 1930년대 벨기에의 겐트지방에서 처음 실시되었으며 이 지방 이름을 본떠 겐트제도라고 한다. 현재 겐트제도가 실시되는 곳은 벨기에, 덴마크, 핀란드 및 스웨덴이다. 세 번째 가설은 노동협약의 외연적 확장과 관련된다. 노동조합이 맺은 노동협약이 합

법적으로 여타 비조직화된 노동부문으로 연장될 때 노동조직률은 어떻게 될 것인가? 이론상 두 가지 상반된 결과가 예측 가능하다. 첫째, 노동조합이 결성되지 않은 기업의 입장에서 보면 조합임금을 지불해야 하기 때문에 조합 결성을 방해할 필요가 그렇지 않은 경우보다 줄어든다. 따라서 이제 노동조합 조직가의 입장에서 보면 조합을 결성하기가 그렇지 않을 때보다 수월해진다. 둘째, 반면 노동의 입장에서 볼 때 조합에 가입하거나 않거나 마찬가지로 동일한 임금을 받기 때문에 조합에 가입할 인센티브가 적어진다. 다시 말해 조합의 임금프리미엄이 사라진다면 조합에 가입하지 않고 조합의 임금협정에 무임승차할 수 있기 때문에 기존 조합에서 이탈하거나 미가입 노동자는 가입하지 않고 남아 있기 때문에 전체 조직률은 낮아지게 된다.

 마지막으로 노동조직률의 국가 간 차이는 파업활동의 국제적 편차와 어떤 관계를 가질 수 있다. 파업활동이 노동자들을 동원하는 전통적 수단임을 생각할 때 파업이 증대할수록 노동조합은 성장한다는 가설이 성립한다. 파업이 발생하는 이유 중에서 적지만 무시할 수 없는 부분은 노동조합의 조직권리와 단체교섭권을 둘러싸고 있다. 더구나 파업은 노조 지도부가 조직원 확장을 위해 이용할 수 있다. 파업활동의 패턴은 시계열별로, 그리고 국가마다 변한다. 1970년대 후반 노동평화가 지배적이던 코포라티즘 체제 하에서 파업활동은 증가했는데, 이는 중앙집중 임금교섭이 점차 불안정해진 점과 사부문과 공부문 노조 간의 임금증가 경쟁을 반영한다. 역으로 1980년대 호주, 캐나다, 이탈리아, 프랑스 및 미국에서는 파업활동이 이전보다 덜 과격했다.

3. 노동조합 조직률에 관한 일반적 설명

많은 문헌이 시계열 또는 국가 간 노동조합 조직률의 편차를 설명하고 있다(문헌검색을 위해서는 다음 문헌을 참고. Fiorito 1986; Przeworski 1984). 초기에 경제학자들은 경기변동 이론을 사용해 장기간의 시계열 자료를 검토했다. 이 분야의 개척자적 위치를 차지하고 있는 두 업적은 노동조합의 조직률이 가격인플레, 임금상승률 및 고용상승률에 의해 결정된다는 가설을 제출했다(Ashenfelter and Pencavel 1969; Bain and Elsheikh 1976). 이들은 개별국가의 시계열자료에 의존했고 후일의 경제학자들은 초기의 순수 경제결정론에 임금결정제도(Pederson 1982) 또는 집권정부의 이데올로기적 성격(Schnabel 1987)도 포함했다. 시계열분석의 정의상 시계열모델은 시간의 흐름과 무관하게 제도적이며 각국 고유의 특성을 포착하기 힘들기 때문에 주로 독립변수의 경기순환적 편차와 관련된 단기적 효과를 추출하는 데 주력했다.

한편 국가간 비교연구 모델은 비교적 시각에 의존하고 있다. 비교연구는 국가 간에 변화가 있지만 시계열로는 변동이 없는 제도적 요인으로 노동조합의 성쇠를 설명한다. 이 분야의 많은 연구는 사회민주당의 친노동정책이 노동조합원 증대에 미친 역할을 지적한다. 여타 보수당과 비교하여 사회민주당은 노동시장에서 노조의 조직화활동을 정치시장인 의회를 통해 합법적으로 보장한다는 가설이다(Stephen 1979; Korpi 1983; Wallerstein 1989). 또 일부 연구는 노동력의 국가별 규모가 국가 간 노동조직률 편차를 설명할 수 있다고 주장한다(Wallerstein 1989; Visser 1991). 끝으로 노동조합의 실업보험 관장이 존재하는 국가군에서 노동조직률이 증가한다는 가설이 제출되었다(Rothstein 1992).

그러나 위에서 소개한 시계열모델과 국가 간 비교연구 모델 모두 각 모델에 내재한 방법론적 한계로 인해 노동조합운동에 대해 시계열 및 국가 간 비교연구를 동시에 진행하는 데는 불충분하다. 개별국가의 시계열 분석모델은 비교연구 시각을 결여하며 추정통계값은 시기별로 많은 차이를 나타낸다. 경험연구는 이러한 시계열모델이 구조적 불안정의 상태임을 보고한다. 상이한 시기를 모델의 표본으로 추출함에 따라 상이한 결과가 나타나기 때문이다(Chaison and Rose 1981). 나아가 시계열연구는 또한 구조적 변수를 고려하지 못하는 것으로 비판되고 있다(Hirsch and Addison 1986). 끝으로 초기 개척자들의 정치적 요인을 포함하려는 시도에도 불구하고(Ashenfelter and Pencavel 1969) 최근의 시계열 회귀분석은 노동조합 성장의 원인을 규명할 때 일반적으로 정치적 변수를 무시하는 경향이 있다(Maki 1982).

다른 한편 다국가 간 횡단면자료에 기반한 비교연구 모델은 기본적으로 정체적이고 장기분석에 치중한다. 또 이러한 비교연구의 경험적 결과는 일부 독립변수가 정반대로 나타남을 노정했다. 끝으로 횡단면 회귀분석은 사례의 수가 많아야 20개 미만이기 때문에 고도의 통계기술을 적용하는 것이 불가능하다.

시계열모델과 횡단면 회귀모델의 분류를 순수하게 방법론에 기초한다면 우리는 내용의 측면에서 경기변동 이론과 사회학적 이론으로 다시 분류할 수 있다. 이와 같은 두 가지 분류는 겹칠 수 있다. 노동조합 성장에 관한 계량경제학적 연구가 노조활동의 변동을 경기변동(실업, 임금 및 인플레)의 요소로 분해하여 설명한다면, 사회학적 이론은 노동력구성 또는 산업구조의 장기적 추세에 초점을 두고 노동조합의 성장을 설명하려 한다. 그러나 횡단면 회귀분석을 주로 차용하는 사회학적 연구는 적은 수의 사례 때문에 많은 다른 중대한 변수를 통제할 수 없다. 즉 다른 변수가 변동하거나 다를 때 사회학적 연구의 추정값은 정확할 수 없다. 최근 사회학적 이론에 도입된 제도주의적 분석모델은 횡단면 회귀분석에서 오는 방법론적 문제에 봉착해 있다.

 독립변수가 사례의 수보다 많다면 회귀분석은 불가능하며, 따라서 흥미로운 독립변수의 종속변수에 대한 효과는 추정될 수 없다. 그 결과 일부의 독립변수만을 모델에 삽입하고 다른 주요변수는 누락시킬 수밖에 없다. 비서(Visser)의 경험연구가 그 좋은 예이다. 비서는 1980년의 횡단면자료를 이용해 노동조직률 정량연구를 시도했다. 당초 비서는 국가 간 노동조직률에 영향을 주는 요인으로 인종적 다양성을 포함하여 11가지의 독립변수를 열거했지만, 사례의 수가 적었기 때문에 11개의 변수를 다 포함시키지 못하고 취사선택하여 여러 차례 다른 회귀분석을 했다. 이때 각각의 회귀분석은 11개 중 일부 변수에만 의존했기 때문에 비서는 잔여의 많은 편차를 설명할 수 없었다. 또 비서는 각 회귀분석에서 누락된 변수가 노동조직률을 결정하는 데 중요한 것인지 아닌지 알 수 없었다. 위와 같은 문제점을 극복하기 위해 여기서는 시계열모델 형식에 제도적 효과를 동시에 포착할 수 있는 패널데이터 방식을 취한다. 국가 간 자료를 시계열별로 집합하면 기성의 연구가 노동조직률의 결정인자라고 주장했던 변수들을 보다 정밀하게 파악할 수 있다.

4. 노동조합 성장에 대한 제도의 영향

 제도주의 관점에서 노동조직률 성장의 국가 간 차이는 세 가지 요소에 의해 결정된다. ① 사회민주당의 대표성,[1] ② 겐트제도의 존재, ③ 노동조합 부문 단체협정의 비조직부문으로의 합법적 연장. 사회민주당 정부는 직간접 방식을 통해 노조활동에 영향을 줄 수 있다. 간접적으로는 임금과 고용에 영향을 주는 거시경제정책의 집행을 통해, 직접적으로는 코포라티스트적 관계 또는 고용자의 공격으로부터 노조를 보호하는 계급입법 및 소득정책을 통해서다(Cameron 1984; Hibbs 1987; Ng 1987; Bean and Holden 1989). 실업보험이 노동조합에 의해 관장될 경우 마찬가지로 노조의 성장을 촉진하는 역할을 한다. 끝으로 노조가 맺은 단체협정이 비조직부문으로 합법적으로 연장될 때 이론적으로는 노조성장에는 정반대의 두 가지 효과가 예상되나 경험적으로는 노조활동을 약화시킨다. 미조직 노동자가 조합에 가입하지 않고 노동조합과 동일한 임금을 획득할 수 있기 때문에 노조에 가입할 인센티브가 없어진다. 노조에 가입하는 데는 노조 가입비 및 월회비, 그리고 노조활동에 시간을 할애하는 비용이 들기 때문이다. 하강하는 프랑스 조직률은 바로 이러한 노동법으로 설명 가능할 수 있다. 프랑스에서는 미조직부문의 노동자는 조합부문의 노동자를 대상으로 맺어진 단체협정의 임금을 받기 때문에 가입률이 떨어지고 있다(Goetschy and Rozenblatt 1992).

이처럼 사회민주당 정부, 겐트제도, 노조 단체협약의 비조직부문으로의 연장 등이 노동조합운동에 영향을 주는 결정적 제도라는 가설을 세울 수 있다. 그러나 노동조합 성장에 영향을 줄 수 있는 다른 통제변수도 모델 내에 들어간다. 위의 통제변수가 삽입되지 않을 경우 제도적 설명의 비판은 제도적 설명은 바로 통제변수의 숨겨진 효과라고 주장할 수 있기 때문이다. 아래에서 우리는 이러한 제도를 보다 정밀하

---

1) 개별국가의 자료에 기초한 아센휄터와 펜케이블의 연구에서 집권정당은 현실상 획득 불가능한 여론조사 결과의 프락시에 불과하다. 마키는 정당의 더미는 1% 수준에서 통계적으로 유의미하다고 보고한다. 일부 경험적 연구는 정부의 이데올로기적 성격을 고려한다. Schnabel(1987); Armington(1988); Carruth and Disney (1988); Roche and Larrgy(1990).

게 논의할 것이고 통제변수는 그 다음에 논의할 것이다.

1. 겐트제도: 노동자의 조합 가입은 부분적으로 개인적 선택의 문제일 수 있다. 그러나 동시에 노조활동은 집합행위의 일종이다. 집합행위이론은 개개인의 합리성이 집합의 합리성과 동일하지 않다는 점에 착안해서 발전했다.[2] 집합행위의 성패는 그 집합행위의 상호의존성에 달려 있지만, 개인의 행위는 독립적이라는 것이다. 노조활동은 임금과 고용 등 노동자 개개인의 복지를 증대시킨다는 점에서 공공재의 성격을 가진 집합행위이다. 그러나 집합행위는 외부성을 갖는다. 노동자 개인의 선택은 다른 노동자와 기업의 이익에 영향을 주기 때문이다. 첫째, 노동조합이 창출하는 공공재는 무임승차 문제를 안고 있다. 조합에 가입하지 않은 노동자도 조합원과 동일하게 조합이 창출한 공공재를 향유할 수 있기 때문이다. 이때 무임승차객의 크기는 집단의 크기에 따라 변한다. 익명성이 지배적인 대규모 집단의 경우 무임승차객은 늘어난다. 따라서 집합행위의 실패를 방지하기 위해선 집합행위 참가를 조장하는 유인이 필요하다.

노동조합이 실업보험의 관리주체가 되는 제도는 노동자가 노조에 가입케 하는 강력한 유인이 될 수 있다. 실업보험은 노동자에게 중대한 복지제도이다. 노동시장 상태에 따라 노동자는 잠재적으로 언제나 실업자가 될 수 있기 때문이다. 국가가 아니라 노동조합이 실업보험을 관장한다면 조합에 가입함으로써 실업보험금의 신청이나 수수에 드는 거래비용을 간편히 한다고 할 수 있다. 노조활동가의 측면에서 볼 때 노조의 성공은 노동자와 조직가의 상호작용에 의존한다.

대부분의 서구 민주주의 국가들은 2차대전 이전에 공공성격의 실업보험을 도입했다. 실업보험제도는 세금 등 국가재원으로 지원되더라

---

[2] Olson(1965). 아담 스미스 이래 개인의 합리성=집단의 합리성 등식은 거부된다. 다시 말해 개인적 합리성은 집합적 합리성의 충분조건이 아니라고 한다.

도 국가에 따라 강제적 또는 노동자의 자발적 참여에 기반한 제도로 양분될 수 있다(Rothstein 1992). 노동자의 자발적 참여에 의해 구성되며 동시에 노동조합이 관리의 주체가 되는 공공 실업보험을 겐트제도라고 부른다. 실업보험의 관리를 누가 맡는가는 실업보험을 필요로 하는 실업자의 입장에서 중대한 결과를 낳을 수 있다. 실업보험 행정은 보험대상자의 정의와 관련해서 두 가지 쟁점과 관계가 된다. 첫째, 노동시장에서 이탈한 이는 제외해야 한다. 그러나 개인이 실업보험을 신청했을 때 이 사람이 실제로 노동시장 밖에 있는지는 판단하기가 어렵다. 둘째, 실업은 영구한 것이 아니라 직업과 시기뿐 아니라 임금수준도 다르기 때문에 과연 어떤 직종이나 직분을 실업범주에 포함시킬 것인가는 대단히 중대한 문제이다. 단기적으로 실업에 처한 개인은 각각의 직종에 따라 곧 재취업할 기회가 다르며 또 임금이나 안전 등을 이유로 의도적으로 재취업을 거부하는 사태가 있기 때문이다. 따라서 실업보험에 해당하는 직분범주를 정하는 것은 국가기관이나 노동조합의 누가 담당하건 상당한 자의성이 개입할 수 있다.

　노동조합은 실업보험 행정에 중대한 제도적 이해를 갖고 있다. 실업보험제도가 실업노동자에게 조합원의 임금수준보다 낮은 임금으로 재취업하도록 강제한다면 노동조합은 자신의 제도적 기능인 노동시장에 대한 통제기능을 상실하고, 따라서 노동조합은 더 이상 존립할 수 없게 된다. 19세기 말 노동조합이 주도한 실업보험 도입은 바로 실업노동자가 조합임금보다 낮은 임금으로 취업하여 노동조합의 존재를 위협하는 것을 방지하는 데 목적이 있었다. 겐트제도 하에서 실업보험 대상의 결정권은 노동조합 간부에 있다. 법률적으로는 조합원 아닌 노동자도 실업보험 대상이지만, 현실적으로는 실업보험이 조합원 지위와 연계되는 것이 보통이다. 한편 정부기관이 실업보험을 관리하는 강제보험 제도의 경우 실업보험에 관련된 사항은 관료의 권한에 속한다.

<표 2-2> 실업보험의 유무 및 설치연도

	실업보험의 종류	설립년도
벨기에	겐트	1906
덴마크	겐트	1907
핀란드	겐트	1917
스웨덴	겐트	1934
노르웨이	겐트*	1906
영국	강제	1911
프랑스	겐트*	1905
독일	강제	1927
오스트리아	강제	1920
네덜란드	겐트*	1916
미국	강제	1935
호주	강제	1922
일본	강제	1947

* 겐트제도가 초기 도입되었다가 없어짐.

　조합이 실업보험의 관리 같은 노동시장과 연관된 자원을 통제할 수 있는 제도가 존재할 때 그것은 가입의 유인으로 작동하고, 따라서 잠재적으로 항상적 실업의 위기에 처할 가능성이 있는 노동자 일반은 그렇지 않을 경우보다 더 조합에 가입하게 된다. 서유럽에서 제2차대전 이전에 겐트제도를 도입한 나라는 벨기에, 스웨덴, 핀란드, 네덜란드, 덴마크 등이다. 벨기에는 1901년 최초로 겐트제도를 도입했고, 덴마크(1907), 스웨덴(1934) 등이 뒤를 따랐다(Lester 1975). 네덜란드는 1916년 겐트제도를 도입해 시행하다가 1944년 국가가 주도하는 강제보험으로 바뀌었다. 프랑스 노동은 일찍이 1905년 겐트제도를 도입했으나, 프랑스 노동운동의 국가와의 협력을 기피하는 상디칼리즘적 전통으로 인해 제도는 성공하지 못했다. 스칸디나비아3국의 하나인 노르웨이는 원

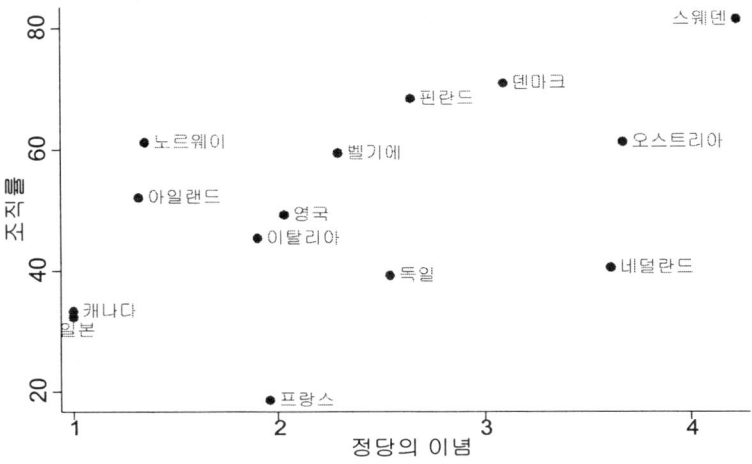

<그림 2-4> 정당이념과 조직률의 분포

자료: CEP-OECD Dataset, Woldendrop 등(1993).

래 1906년 겐트제도를 도입했으나 1920~30년대에 노조의 미숙한 실업보험 운영으로 파산하여 사라지고 말았다.

노조조직률의 국가간 비교지표는 해당 국가의 노조가 실업보험을 관리하느냐 또는 그렇지 않느냐와 연계됨을 알 수 있다. <그림 2-4>에서 나타나듯이 노조가 실업보험을 관장하는 벨기에 또는 스칸디나비아 3국에서 노조조직률이 높다. 인접 스칸디나비아 3국과 유사한 코포라티즘 체제를 갖고 있지만 겐트제도가 없는 노르웨이에서 조직률이 상대적으로 낮은 사실은 겐트제도의 중요성을 증명한다. 결국 노조조직률의 국가 간 편차는 노동조합이 노동시장을 통제하는 곳이 그렇지 않은 곳보다 높다고 할 수 있다(<그림 2-4> 참고).

2. 노조 단체협약의 비조직부문으로의 합법적 연장: 선진 산업국가에서 단체협정은 대다수의 나라에서 오랫동안 광범하게 인정돼 왔다. 노동과 자본 사이에 체결된 단체협상은 일반적인 상거래에서와 같

이 법원에 의해 법적 구속력과 강제력을 부여받고 있다. 1996년 현재 스위스와 영국을 제외한 서유럽국가에서 약 70% 이상의 노동자는 적어도 하나의 단체협정을 통해 임금이나 노동조건 등을 결정하고 있다(Visser 1996). 현재 47%로 하락한 영국의 단체협상 적용범위는 적어도 1985년까지는 70%를 유지했다. 한편 일본(28%)과 미국(26%) 등 개인협상이 지배적인 나라는 유럽국가에 비해 현저히 낮은 적용범위를 보인다. 단체협정을 보장하는 대부분의 나라에서 노동자 개인이 기업을 상대로 한 협정은 노동자 전체를 대상으로 한 단체협상의 내용과 충돌하지 않도록 규정하고 있다. 일부 나라에서 동일한 부문 내에서 특정 부

<표 2-3> 단체협정의 특성

국가	단체협정연장의 성격
독일	의무적 연장
프랑스	의무적 연장
영국	의무적 아님
아일랜드	의무적 연장
스웨덴	의무적 아님
노르웨이	의무적 아님
덴마크	의무적 아님
핀란드	의무적 연장
네덜란드	의무적 연장
벨기에	의무적 연장
오스트리아	의무적 연장
스위스	의무적 연장
이탈리아	의무적 아님
스페인	의무적 연장
포르투갈	의무적 연장
그리스	의무적 연장

분의 노동자와 기업 사이에 체결된 단체협정의 다른 일부 또는 전부가 단체협상의 당사자가 아닌 노동자나 기업에도 연장 적용되는 법률을 시행하고 있다(<표 2-3> 참고).

국가는 전통적으로 여러 가지 장치를 통해 단체협정 등을 포함한 많은 부분에서 노동시장을 통제할 수 있다. 예를 들어 최저임금법이나 여성고용촉진법은 노동시장의 두 행위자, 즉 노조와 기업 간의 사계약을 일정범위 내에서 제약하는 역할을 한다. 그 중에서도 노조활동에 막대한 영향을 주는 국가의 역할은 노조에 의해 맺어진 임금협상을 포함한 단체협약을 비노조부문으로까지 연장하는 것이다.

단체협정의 의무적 연장이 법으로 제도화된 역사적 배경은 1930년대의 경제적 위기에서 비롯된다. 대공황 당시 부분별 단체협정은 저임금을 요구하는 기업과 저임금도 감수하고 취업하려는 많은 실업자에 의해 거의 효력을 상실했다. 따라서 국가는 법적으로 단체협정을 협정 당사자가 아닌 기업과 노동에도 연장 적용하도록 함으로써 단체협정을 보호할 필요가 있었다. 단체협정의 연장은 기업으로 하여금 기업가로 구성된 고용주 조직에 가입하는 유인으로 작용한다. 특히 자본과 경영에서 열악한 상황의 소규모 고용주(건설, 소매업, 요식업 및 여관업)에게 단체협정의 연장은 기업과 노동자 모두에게 동일한 조건의 경제환경을 제공한다는 점에서 고용안정이나 임금하향 경쟁 같은 공공재의 기능을 한다.

한편 노동조합의 입장에서 보면 이러한 법적 연장은 서로 상반된 두 개의 결과를 낳을 수 있다. 첫째, 일반적으로 노동조직 활동을 어렵게 하는 중대한 요인의 하나는 기업의 반대이다. 그러나 단체협정의 연장은 기업이 속한 산업 또는 부문 전체의 고용조건을 평준화하기 때문에 기업은 노조설립이나 조직활동에 반대할 유인이 적어진다. 기업이 노동조합을 억제하는 가장 중요한 이유는 노조의 임금프리미엄으로 인해 생산단가가 높아지고, 따라서 제품의 시장경쟁성이 떨어진다고 보기 때문이다(Blanchard and Freeman 1990). 기업은 노조의 임금프리미엄이 클수록, 그리고 노조와의 단체협정이 자기 기업에만 한정된다면 그렇지 않을 때보다 반대할 것이다. 미국 남부의 노동조직률이 북부에 비해 현저히 낮은 것은 바로 기업가의 반대에 있다는 것이 일반적으로 수용되는 설명이다(Freeman과 Medoff 1984). 노조 단체협정의 합법적 연장은 비조직부문과 노조임금의 격차를 좁히는 효과가 있다. 합법적 연장으로 인한 임금 평준화 현상은 기업으로 하여금 노조설립 또는 활동에 대한 반감을 감소시킨다. 각 기업은 합법적 연장으로 산업 전체에 동일한 임금구조가 형성된다는 것을 알기 때문에 노조임금의 부정적 파급효과는 최소화된다. 이 점은 합법적 연장이 노조뿐 아니라 기업 역시 노동조합운동을 지지할 유인으로 작용할 수 있음을 암시한다. 이처럼 노조에 의한 단체협정의 연장이 조직률을 높일 수 있다.

그러나 단체협정의 연장은 정반대의 결과를 낳을 수도 있다. 노동조합이 맺은 협정이 노동조합이 없는 비조직 사업장으로 의무적으로 연장될 때 노동자는 노조에 가입하거나 계속 조합원으로서 물적·시간적 의무를 할 필요가 없어진다. 위의 조건 하에서 노동자는 무임승차의 유혹을 강하게 느끼게 된다. 프랑스에서 노조조직률이 급격히 하락하고 있는 것은 적합한 예다. 프랑스에서는 노조가입과 관계없이 모든 노동자에게 단체협정의 혜택이 법적으로 보장된다(Traxler 1994). 전후 프랑스 노동부는 단체교섭에 개입하기 시작해 1950년 모든 단체교섭은 노동자나 고용주 등 특정 당사자와 관계없이 산업 전체에 효력을 발휘하도록 만들었다(Shorter and Tilly 1974, 26). 이와 같이 프랑스의 노동관계법은 어느 한 조합에 의한 단체협정도 부문 전체에 강제되기 때문에 무임승차 효과는 더욱 강하다(Goetschy and Jobert 1993, 161). 단체협정된 임금은 산업 전체에 걸쳐 적용되기 때문에 노조임금의 비조직부문으로의 외부효과가 발생한다. 위의 임금 외부효과는 무임승차의 문제를 야기한다(Flanagan, Hartog; Theeuwes 1991). 노조활동가의 입장에서 보면 협정 연장이 만드는 외부성은 노동조합의 기반을 붕괴시킨다고 할 수 있다. 조합원은 조합비를 내지 않고 탈퇴하려 하며 비조합원의 가입의사는 반감된다(Windmuller 1987, 19). 이러한 노동조합의 약화를 염려한 스웨덴의 LO(노동총연맹)는 이미 1936년 사회민주당 집권정부가 단체협정의 법적 연장을 입법 제안했을 때 이에 반대해 도입하지 않았다 (Kjellberg 1992). 덴마크나 노르웨이 등 노동이 정치적으로 강력한 곳에서는 자동연장 입법을 거부했다. 노동조합 단체협정의 비조직부문으로의 연장이 법적으로 유효해져 '공공재'가 될 때 노동자는 기업의 반노조 감정이 없다 해도 조합에 가입할 유인이 없어진다. 이처럼 조합 협정의 비조직부문으로의 법적 연장이 노동조합 조직률에 주는 영향은 이론적으로 양면적이고 명백하지 않다. 노동시장의 양대 행위자인 노동과 기업 중 어느 쪽의 시각에서 보느냐에 따라 노동조직 운동을 활성화하거나 침체시킬 수 있기 때문이다. 따라서 국가 간 비교의 관점에서 볼 때 위의 이론은 경험적 연구를 통해 확정돼야 한다.

나중에 전개될 경험연구는 단체협정 연장에 대한 트락슬러(Traxler 1994)의 분류를 이용했다. 트락슬러는 OECD 16개국을 대상으로 노조계약 연장법이 어느 정도 강력한가에 따라 세 집단으로 구분하여 순위를 정했다. 트락슬러의 분류에 의하면 노조계약 연장이 광범위하게 이루어지는 국가군은 호주, 오스트리아, 벨기에, 프랑스, 포르투갈, 스페인이며 연장이 전혀 없는 나라는 노르웨이, 스웨덴, 캐나다, 미국, 일본, 이탈리아, 영국이다. 영국의 노동관계법은 공통법 정신에 따라 노동계약을 상업계약으로 간주하지 않고 노동과 기업 사이에서 자발적으로 이루어진 신사협정 또는 평화협정으로 해석한다(Edwards 외 1993). 영국과 마찬가지로 이탈리아에서도 단체협정이 의무적이 아니라 자발적인 사항에 속한다. 이탈리아에서 노동자는 작업장에서 단결하여 조합을 조직할 권리를 갖지만, 그러나 단체협정을 강제하는 법률은 없다. 중간의 부분적이며 제한적인 연장은 핀란드, 네덜란드, 스위스, 독일에서 행해진다. 그러나 독일을 제한적 연장의 국가군으로 분류한 것은 논란의 여지가 많다. 독일에서는 모든 기업이 노조계약에 따라 임금을 지불하기 때문에 사실상 법적 강제는 필요가 없다(Lange과 Wallerstein 1992).[3] 나아가 정부는 노조임금이 단체계약에 포함돼있지 않는 노동자들에게 연장 적용되도록 규제하며 노동력의 90%가 기업・노조 간의 계약임금을 받는다(Carruth와 Schnabel 1993). 이러한 근거에서 독일은 자동연장 국가군에 속한다고 보는 것이 옳다(Visser 1996).

3. 집권정당의 정책: 정당체제와 국가정책의 관계에 대해서는 두 가지 상반되는 이론이 대립하고 있다. 한편에서는 정당이 추구하는 최종적 가치는 집권당이 되는 것이라고 가정한다. 집권당이 되기 위해서는 유권자 다수의 지지를 획득해야 한다. 이념과 관계없이 좌우의 모든 정당이 다수당이 되기 위해 노력한다면 정당 사이의 이데올로기적 차이는 없어지고 정책프로그램은 결국 같게 된다. 정치인의 모임인 정당은 유권자의 선택에 영향을 주지 않는 한 절대로 정책이 가져올 결과에 관심을 두지 않는다. 이것이 다운즈의 중위투표 이론이다(Downs 1957). 다운즈의 이론은 노드하우스(Nordhaus 1975)와 터프티(Tufte 1978)에 의해 '정치경기변동' 이론으로 발전해 현대 정치경제학파의 주요한 흐름을 형성했다.

두 번째 이론은 위에서 말한 '정치경기변동론'을 비판하는 대안이론으로서 현대 정치경제 문헌에서 비교적 늦게 등장했다. 이것을 '당파이론'(partisan view)으로 부른다. 당파이론에 의하면 정당은 각각의 고

---

[3] 그러나 독일을 어느 국가군에 넣더라도 통계적 추정치는 거의 동일하다.

유한 지지기반에 따라 상이한 정책을 선호한다. 선거경쟁에서 각 정당은 스스로의 지지기반이 선호하는 정강정책을 제시하여 심판받으려 한다는 것이다. 정치경기변동론과는 반대로 각 정당은 서로 다른 목적함수를 가지며 정책결과에 대해 민감하다고 가정한다. 정당의 이념과 노동운동 사이의 상관관계에 관한 한 당파이론이 보다 적실한 이론으로 간주된다. 선진 민주국가의 경험을 기반으로 한 힙스의 연구는 사민당 지지기반의 특성상 인플레보다는 실업에 보다 민감하게 반응하며, 보수당은 반대로 실업이 아니라 인플레를 억제하는 데 보다 정책적 관심을 갖는다(HIbbs 1977; Tufte 1978). 미국의 양대 정당과 거시경제정책의 관계를 연구한 알레시나는 민주당이나 공화당은 인플레나 실업 같은 '공공악'(public bads)에 다른 비중치를 둔다고 가정했다. 민주당은 낮은 실업률을 유지하려 하는 데 반해 공화당은 물가상승에 보다 많은 관심을 갖는다고 주장했다(Alesina 1987). 정치가나 정당은 자신의 당선이나 집권을 위해 단기적 경기순환을 조작한다고 주장하는 정치경기변동 이론은 미시적 분석수준으로 내려가면 결국 투표자의 단견이 정치인의 경기조작을 가능하게 한다는 가정에 기초한다. 그러나 사회당과 같이 지지계층이 분명한 정당은 경기순환을 이용해 단기적으로 집권하더라도 지지기반을 위한 정책을 펴 나가지 않으면 차기 선거에서 재집권할 수 없다. 사회당의 핵심지지는 노동계층에 있는 만큼 공약이나 정강과 다른 정책실행으로 노동계급의 지지를 잃으면 노동계층은 이반해 투표에 참여하지 않거나 차선의 정당을 지지할 것이기 때문이다(Przeworski and Sprague 1987). 대중정치 시대의 도래 이후 유럽 사회당의 딜레마는 바로 정치적 선호가 다른 두 계급인 노동계층(핵심지지층)과 중간계급 모두의 지지를 획득해야 한다는 데 있다. 집권당이 되기 위해 전략적으로 중간계급의 표를 얻고자 사회주의적 성격을 완화할수록 노동계층은 공산당으로 이반하거나 기권하여 사회당의 득표

전략에 차질을 초래했다.

당파이론의 입장에서 보면 정치체제가 노동운동에 중대한 영향을 주며, 따라서 좌익정당의 집권은 노조운동의 발전을 결정한다는 가설을 도출할 수 있다. 친노동 또는 사회민주당 정부는 노동운동의 성장에 직·간접적으로 비옥한 토지를 제공한다(Korpi 1983; Wallerstein 1989). 1920~30년대에 우익정부와 자본의 공세로 위축되었던 핀란드의 노조운동이 전후 급격히 활성화될 수 있었던 것은 1945년 합법화된 공산당이 선거에서 승리함으로써 이루어진 정치적 분위기 때문이었다. 노조는 신속히 재건되고 조합원수는 대량 증가했다. 그 후 노동의 정치적 대표세력이 공산당과 사회당으로 양분됨에 따라 노조도 통일되지 못했다가, 1966년 선거에서 사회당이 승리하고 공산당이 참여한 연정 하에서 분리돼 있던 상급 노조조직도 1969년 통합해 스웨덴이나 노르웨이와 같은 중앙집중식 단체협정이 가능하게 됐다(Lilja 1992).

반대로 1979년 정권을 장악한 영국의 보수당정부는 강력한 반노동 입법으로 전통적 산업관계를 개혁하려 했다. 대처정부의 목표는 노조의 과도한 힘을 제거하는 것, 특히 파업권을 제한하고 노동시장에서 비경제적 요소를 없애는 것이었다. 대처 집권 이후 영국에서 대처정부의 일련의 노동법개정은 영국 노동조직 운동에 부정적 영향을 준 좋은 예이다(Flanagan 등 1983, 제7장). 대처정부는 지난 1970년대에 발휘되던 노조의 강력한 협상력이 노조의 집합행위가 산업행위로부터 면책시킨 법과 클로즈드숍 제도에 있다고 믿고 이들을 바꾸기 위해 의회입법을 주도했다. 1980, 1982, 1988, 1989, 1990년에 대처의 보수당정부가 입법한 일련의 고용법과 1984년의 노동조합법, 1986년의 임금법 등은 노조의 산업행동 규제, 클로즈드숍 폐지, 노동조합 내부조직의 규제, 단체교섭의 법적 구속력 약화 및 개인 노동자의 고용권 축소 등으로 나타났다(Edwards 외 1993).

〈그림 2-4〉는 집권정당의 당파성이나 정책의 성격과 노동조직률 사이의 상관관계를 말해 준다. 수직축은 집권정당의 이념적 정향성으로서 우측으로 갈수록 집권당의 친노동적 성향을, 수평축은 노동조직률을 나타낸다. 친노동정당 정부는 적어도 두 가지 방식으로 노동조직률에 영향을 줄 수 있다. 좌파정부는 노동조직가가 신규 조합원을 동원하는 데 드는 비용을 줄일 수 있는 법적·제도적 환경을 조성해 준다. 나아가 이러한 정부의 케인즈적 경제정책은 공공부문 확대를 결과한다. 역으로 우파정부는 반노동적 입법과 시장중심의 경제정책을 통해 고용주에 유리한 제도를 창출한다. 일부 연구에 따르면 노조의 힘과 좌파정당의 정치적 세력인 공공부문의 고용을 증대한다고 한다(Cusack 등 1989). 그 나라의 노동이 강하고 좌파정당이 집권할 때 공공부문의 고용은 늘어난다는 주장이다. 공공부문이 일반적으로 노동법 제도화에 선두적 역할을 담당한다는 점을 고려하면, 조직률의 국제적 편차를 비교적 시각에서 보는 이러한 상관관계는 중요하다. 이처럼 공공부문은 사기업에 비해 노조활동에 상대적으로 우호적이며, 따라서 조직화되기 수월할 수 있다. 일반적으로 공공부문의 조직률이 사기업부문에 비해 높은 사실이 이를 뒷받침해 준다.

4. 파업: 노동조직률과 파업의 인과관계는 상호 복합적이다. 노동조직과 파업활동 중 어느 것이 먼저인가는 닭과 달걀의 관계처럼 이론적으로 양자 모두 가능하다. 따라서 경험적 연구축적만이 이론적 애매함을 해결할 수 있다. 첫째, 일정한 노동조직의 존재가 파업활동에 영향을 줄 수 있다. 노동조합은 파업 같은 집단행동에 중요한 자원이다. 파업 같은 전투행위를 추진할 때 노동조합은 고용주를 대상으로 전략적 행위를 한다. 전략적 행위는 파업의 시기, 규모 및 종결 등과 관련해서 고용주에게 가장 위협적이고 효과적인 파괴력을 노리는 것이다. 이처럼 고용주를 대상으로 한 파업은 경험 있는 지도부, 조직력과 조합원

통제, 재정지원 등이 없으면 오래 지속할 수 없거나 강력한 전투성을 기대할 수 없다. 파업이 조직적 자원이 있을 때 가능하다는 이론은 노조가 시간적으로 파업에 앞서 존재하는 것으로 설명한다(Shorter and Tilly 1974). 노동자는 노동조합의 집단적 조직력을 기반으로 자신들의 불만을 파업을 통해 해결한다는 뜻이다.

둘째, 파업이 노동조직 활동의 원인이 될 수도 있다. 많은 연구는 파업이 시간적으로 노동조합보다 선행한다고 주장한다(Edwards 1981). 후자에 따르면 노동자의 불만이 표출되는 파업을 통해 노동조직 운동이 생겨난다. 즉 파업이 노동조직률을 증대시키는 기능을 한다는 것이다. 한편 파업의 패배는 노동조합에 막대한 피해를 가져오기 때문에 조직원수가 감소하게 된다. 미국 노동운동사에 대한 연구는 전통적으로 노조조직가 또는 활동가는 파업을 사용해 조직원수를 늘리거나 노조의 집합행위를 추구한다고 서술하고 있다. 노동과 기업 간 갈등의 상당부분이 노동의 조직권리에 대한 것이었음을 고려할 때 파업활동은 노조활동가의 중대한 동원수단이자 자원이다. 파업의 시계열적 변화에 기초한 경험연구는 파업활동과 노조성장 사이에 긍정적 상관관계를 보여주었다(Swindisky 1974; Cameron 1984a; Cronon 1979). 영국의 초기 노동조합운동은 파업을 선언해 노동자를 동원하고 노조의 노동대표성을 획득함으로써 크게 발전했다(Mulvey 1978, 70). 미국의 사례를 보면 노조지도부는 노조를 인정치 않으려는 기업으로부터 대표권을 얻기 위해 노동자를 상대로 노조설립 선거에서 승리해야 하며, 따라서 "노사의 갈등이 현실적으로 거의 모든 신규 미국 노조의 산파가 된다"(Kassalow 1977, 120).

노동운동은 노조가 효과적인 파업을 무기로 기업을 압박해 노조원들에게 보다 많은 이익을 가져다줄 때 강력해진다. 임금협상 중 과격한 노조는 파업의 예상효과를 보다 위협적으로 하기 위해 보다 많은 노동자를 동원하려고 하는 것이 합리적이다. 한 기업 내에 둘 이상의 상호 경쟁적인 노조가 존재해 이들이 조합원수를 놓고 경합하거나 조직적 힘을 시위할 때 노조성장에 대한 파업의 영향은 보다 강하다. 예컨대 스칸디나비아 제국에서 노조조직률은 중앙집중식 임금협정 방식이 붕괴하고 공공부문이나 사기업부문의 노조가 각각 임금협상을 추구할 때 높아졌다. 덴마크, 노르웨이, 스웨덴에서 1980년대 초 파업활동의 급격한 증대는 중앙집중식 임금협상이 깨지는 과정에서 비롯되어 이때 공공 및 사기업부문의 노조는 개별적으로 임금협정을 맺었다. 1985~86년의 공공부문 대파업은 전후시기를 통틀어 가장 커다란 규모의 파업이었고, 그것은 공공부문과 사기업부문 사이의 임금격차를 해소하는 데 목적을 두었다(Ahlen 1989; Lange and Wallerstein 1992).

위에서 논의한 세 제도, 그리고 파업활동의 노조성장에 대한 영향력을 보다 정밀히 측정하기 위해 경제적 요인을 비롯한 기타 변수들은 통제된다. 다음 논의는 통계적 모델 수립에 사용될 계량경제학적 방법을 소개하며, 다음에 통제될 기타 설명변수를 설명한다.

5. 방법론 및 자료

패널데이터 모델은 시계열 및 횡단면자료를 동시에 다루는 자료분석 모델에 내재하는 문제점을 처리할 수 있는 유용한 통계기법이다. 패널데이터 모델의 가장 분명한 장점은 시계열분석이나 횡단면모델보다 사례의 수가 대량 증대한다는 데 있다. 사례수의 증대는 변수 추정치를 더욱 정밀하게 만들며 사례수가 적을 때 사용 불가능한 고급 통계분석을 가능케 한다. 두 번째 장점은 변수 간 상관관계를 감소시킨다. 변수가 시간과 공간의 양 차원에서 변하면 이들 변수 간 상관관계는 작아지기 때문이다. 세 번째로 패널데이터는 시계열 또는 횡단면자료 단독으로는 포착 불가능한 효과를 찾을 수 있다(Balestra 1992, 21-45). 횡단면자료가 장기적 균형을, 시계열자료가 단기적 균형을 보여준다면, 패널데이터는 이러한 두 측면을 단일구조 내로 포섭한다. 끝으로 패널데이터 사용으로 편중추정을 제거하거나 줄일 수 있다. 여기서 사용된 패널데이터 모델의 종속변수인 노조조직률은 시계열별로, 국가별로 변동한다. 패널데이터는 다음과 같은 매트릭스로 표시된다.

$$Y = \beta \sum X$$
i=1, 2, 3,..., n, t=1, 2, 3,..., T

총사례 수는 (n X T)로 대폭 증가한다. 종속변수와 독립변수 간의 관계는 다음의 기초 등식을 통해 표현 가능하다.

$$y_{it} = \beta_0 + \beta_1 + u_{it}$$

여기서 잔여치(u)에 대한 가정은 다음과 같다.

$E(u_{it}u_{it}) = v_{it}$
$u_{it} = \rho_i u_{it-1} + \theta_{it}$
$E(u_{it}u_{js}) = \Psi_{it}, t=s$
$E(u_{it}u_{js}) = 0, t \neq s$

ρ는 자동회귀의 가중치로서 시계열의 흐름과 함께 감소하며 그 절대값은 1 미만으로 가정된다.[4] 또 ρ는 국가별로 다르다. 잔여치에 대한

---

[4] 최소자승 더미모델을 사용하여 구한 정확한 ρ값은 .275인데, 이는 잔여 u에 자동

이러한 가정과 함께 패널데이터의 변수값은 일반적 최소자승회귀 방식을 사용하여 추정된다.5) 패널데이터를 처리하는 데는 가장 일반적인 두 가지 방법이 사용된다. 첫째, 최소자승 더미모델(LSDV) 또는 공변모델이 있다. 이 모델은 직접적으로 관찰 불가능한 변수, 예컨대 개별국가나 일정한 시점 및 그 모두에 가변수를 대입하여 개개의 효과를 추정할 수 있다. <표 2-4>는 LSDV 추정값을 포함하고 있다. Ng(1987)는 OECD 11개국의 노조조직률을 밝히기 위해 LSDV모델을 사용했다. 둘째, 잔여분해 모델이 있다. 이 모델의 출발점은 잔여 u가 2~3개의 부분으로 분해될 수 있다는 가정이다.6) 잔여분해 모델은 시계열별 자동회귀(autoregressiveness)와 횡단면간 이질성(heterogeneity)을 부과하지 않는다. 경험연구에 있어 시계열의 수(T)가 횡단면의 수(N)보다 클 경우 LSDV 모델이 우월하다는 것이 인정된다.7)

모델 설정

패널데이터의 확장된 자료를 이용하여 아래의 선형방정식을 추정하며, 이때 각각의 독립변수는 가능한 자료 및 연구의 필요에 따라 조정될 수 있다.

$$y_{it} = a_o + a_1 w_{it} + a_2 \triangle 2p_{it} + a_3 U_{it} + a_4 M_{it} + a_5 IND_{it} + a_6 E_{it} + a_7 G_{it} + a_8 L_{it} + a_9 S_{it}$$

상관이 존재함을 나타낸다.
5) 상세한 추정방식에 대해서는 다음을 참고. Kmenta1986;SHAZAM7.0;LIMDEP6.0.
6) 상세한 논의는 Baltagi(1992)를 참고하라.
7) 실제로 두 모델 모두를 적용한 결과 잔여분해 모델과 공변모델은 마찬가지의 추정치를 가지나, 전자의 설명력(R2)이 후자보다 낮은 것으로 나타났다.

여기서 i와 t는 각각 국가 및 년도를 가리키며 각 변수의 약어는 다음을 뜻한다.

 w: 제조업부문의 실질소득 로그 값.
 △2p: 인플레충격 또는 미예측된 인플레(p-pe).
 LF: 총고용인구의 로그값.
 U: 표준화된 실업률.
 M: 총고용에서 제조업 고용인구의 비율.
 L: 사회당의 의회분포 비율.[8]
 IND: 2차산업 고용/3차산업 고용.
 E: 노동조합 계약이 연장되는 제도는 1, 그렇지 않으면 0의 더미변수.
 G: 실업보험을 노동조합이 관장하는 제도는 1, 그렇지 않으면 0의 더미변수.
 S: 파업변수로서 피고용자 1,000명당 파업으로 인한 노동손실일수.

위의 모델설정에서 일부 독립변수가 종속변수의 영향을 받는다면 상호결정성의 문제가 발생한다. 예컨대 노조의 활동은 실질임금과 실업에 영향을 줄 수 있다. 그러나 불행하게도 패널데이터 분석에서 이러한 문제를 해결할 방법은 없다. 과거의 많은 단일국가 연구 역시 비슷한 문제에 봉착했다(Swindisky 1974; Carruth and Disney 1987; Ng 1987; Freeman 1988; Roche and Larragy 1990). 단일방정식 내에서 상호결정성의 문제를 처리하기 위해서는 실질임금과 실업 등의 독립변수를 시간적으로 한 단위 전의 값을 취할 수 있다.

노조의 성장은 논자에 따라 여러 가지로 정의되어 왔다. 이 논문에서는 여타 연구와 변수 추정치를 비교 가능하도록 만들기 위해 종속변

---

[8] 사회당 정책의 이데올로기적 강도에 따라 1부터 5까지 부여.

수 y는 다음의 세 가지 다른 형태로 측정된다: ① 노조조직률의 수준, ② 조직률의 변화, ③ 조직률의 변화율. 노조조직률의 수준은 종속적 노동력 중 조합원이 차지하는 비율을 말한다. 종속적 노동력은 민간부문에 고용된 임금 및 샐러리 노동자를 의미한다. 이에 관한 자료는 OECD 16개국으로부터 얻었다. 조직률의 변화율은 조직률 변화[9]의 로그값으로 계산된다.[10] 조직원 수의 자료는 비서(Visser)의 노동조합 조합원 데이터베이스(1992)에서 구했다.

설명변수

모델 내 독립변수의 선택기준은 '노동조합상품'(union goods)에 대한 수요와 공급에 관한 비용·편익의 분석(Ashenfelter and Pencavel 1969) 또는 노조를 조직화하려는 선호도와 기회에 대한 고전적 분석이론(Bain and Elsheikh 1978)을 따랐다. 미조직 노동자가 노조가입을 원하는가 그렇지 않는가는 미시적이고 그리고 최종적으로는 바로 노동자들의 조합가입에 따른 비용과 편익의 계산에 달려 있다고 할 수 있다. 조합가입에 드는 비용은 금전적인 동시에 비금전적이기도 하다. 예컨대 조합원이 되면 그렇지 않을 경우에 비교해 고용주와의 관계에서 선택의 폭이 좁아진다. 또한 조합은 조합가입비와 월조합비를 부과 징수한다. 일단 조합에 가입하면 노동자는 조합활동에 시간을 할애하도록 요구되며 이는 노동자의 여가를 축소시킬 수 있다. 한편 조합가입에 따른 혜택으로 임금 및 임금외수당의 증가, 노동조건의 향상, 선임자권리의 확보, 그리고 손쉬운 고충처리 해결 등이 기대된다. 나아가 조합가입은

---

9) 예컨대 올해 조직률-작년 조직률의 로그값을 말한다.
10) 독립변수의 변화와 노조조직률 변화율의 관계를 분석했다. 프리만(Freeman 1990) 또한 조직률 변화율을 사용하여 경제수행도의 국가 간 차별성을 검증했다.

동료 노동자와의 연대의식을 높이는 등 심리적 만족감을 가져다줄 수도 있다.11)

경제적 변수는 노조성장에 대한 경기순환의 효과를 통제하기 위한 목적에서 설정된다. 경제적 변수는 노동조합 서비스의 수요적 측면에 대한 효과 또는 노조조직가의 노조공급에 대한 효과를 통해 노조성장에 영향을 준다.

실업률은 실질임금과 더불어 경기순환 모델의 핵심 결정변수이다. 경제 전반에 걸친 실업은 다음 두 가지 이유에서 노조활동을 약화시킨다. 첫째, 노동자는 노조가 불황기간에 하는 임금상승 노력은 커다란 영향을 미칠 수 없다고 믿는다. 둘째, 조합비로 인한 소비삭감은 소득삭감이 예상되는 불황 시에는 보다 큰 효용을 가진다. 나아가 노조조직가는 불황 시 노조 신설활동을 활발히 하기 어렵다. 높은 실업으로 노조 신설활동을 위한 노조기금이 적어지기 때문이다. 이처럼 실업은 노동자들로 하여금 노동조합에서 멀어지게 만드는 효과가 있다. 그러나 비교적 관점에서 볼 때 노동시장이 어떻게 조직화됐느냐에 따라 높은 실업이 반드시 조합원 감소와 연계되지는 않는다. 적절한 예는 노조가 실업보험을 관장하는 나라에서 나타난다(Rothstein 1989; Western 1993). 표준화된 실업률 자료는 영국 런던경제대학의 경제수행연구소(Centre for Economic Performance)가 만든 OECD자료집(1993)을 이용했다.

실질임금은 다음과 같은 두 가지 다른 이유에서 독립변수로 사용되었다. 첫째, 높은 실질임금의 획득은 노동자들로 하여금 노조가 활동한 결과를 평가하게 만든다. 그러나 한편 노동자가 높은 임금을 요구하면 고용주로 하여금 저임금을 요구할 때보다 노조를 더욱 반대하게

---

11) 영국의 세계적인 역사가 홉스봄은 자신이 이름뿐인 영국공산당의 당원을 계속 유지하는 이유로 이와 같은 '심리적' 연대감을 들고 있다. 그는 공산당을 탈당하면 같이 이야기하고 술 마실 친구를 잃을 것이라고 믿었다.

하는 결과를 갖는다. 이처럼 노조활동가는 조직확대 활동이 어렵다는 사실을 깨닫는다. 그러나 경기순환적 효과에 대한 많은 계량경제적 연구에도 불구하고 경기순환효과의 인과성에 대한 합의는 없다. 이러한 연구가 내린 변수추정값은 사례의 크기 또는 구성에서의 편차로 인해 일반적으로 불안정하다. 더구나 계량경제적 연구는 탄탄한 이론적 기반이 없어 연구의 결론은 경험적 발견의 차원일 뿐이다.

둘째, 개별노동자는 임금이 낮을 때 실질임금의 하강을 보상받고자 노동조합에 가입할 수 있다는 해석도 가능하다(Carrugh and Disney 1987). 이와 같은 접근에서 임금의 노조활동에 대한 영향은 부의 방향으로 간다. 실질임금은 제조업의 시간당임금을 GDP디플레이터로 나눈 값이다. 시간당 임금은 CEP-OECD 자료디스켓을 이용했다.

노조성장에 대한 계량경제적 연구는 전통적으로 명목임금과 인플레를 사용했다. 그러나 합리적 노동자를 가정하면 노조는 임금협상에 임할 때 실질임금을 염두에 둔다. 실업률과는 달리 인플레는 노조성장을 조장하거나 또는 노조쇠락을 늦추는 역할을 하는 것으로 이해되었다. 인플레가 발생하면 노동자는 적극적으로 새로운 노조를 결성하거나 또는 집합교섭을 위해, 즉 실질임금의 하락을 반전시키기 위해 현존의 조합원 자격을 유지한다.

그러나 계량경제적 연구의 결과는 모호하다. 따라서 여기에서는 대부분의 노동자가 실질임금을 중시한다는 가정 하에 실질임금을 사용했다(Przeworski 1984).[12] 높은 인플레 또는 인플레가 증대하는 나라의 노동자는 화폐 구매력의 손실과 '인플레 세금'으로 인한 실질임금의 손해를 막거나 보전하는 데 많은 관심을 갖는다.[13] 미예측된 인플레가

---

[12] Adam Przeworski, "Union Growth: A Review of Literature," 1984, 미발표논문.
[13] 부의 경험연구는 노동자의 노조가입 결정이 전년도의 인플레를 관찰한 뒤 이루어진다는 가정 하에 전년도 가격인플레나 임금상승을 사용한다. 필자 역시 전년

발생해 실질임금을 감소시킬 때 이는 노조성장에 가장 강력한 효과를 준다. 예측된 인플레는 노동자의 임금요구에 이미 포함된다고 할 때 미예측 인플레는 예측된 인플레보다 노동자의 조합가입에 중대한 영향을 준다. 따라서 미예측 인플레는 p-pe=△p-△p-1=△2p. p는 GDP 디플레이터, pe는 예측가격(=p-1+△p-1), △p는 인플레율로서 log(p/p-1)이며 △p-1는 전년도 인플레율을 지시한다. 이와 같은 예측형성을 가정하면 가격충격(p-pe)은 인플레의 차이와 동일하다(Layard, et al. 1991, 377-378). GDP디플레이터 자료는 CEP-OECD 디스켓에서 구했다.

  노동력의 크기는 노동조합원 노동자의 공급측면과 관련된다.14) 잠재적 조합원의 수가 증가하면 최적수준의 조직률은 낮아진다. 조직비용은 조직화 대상인 노동자의 절대적 수에 의해 정해지기 때문이다(Wallerstein 1989). 또 노조는 고용권한이 정상적으로 그리고 현실적으로 기업에 있기 때문에 일자리를 팔 수 없다. 따라서 노조는 조직비용이 조직으로부터 오는 혜택보다 클 때 조직하기를 꺼린다(Swindisky 1974). 그러므로 우리는 노동력이 증대함에 따라 노동조직률이 떨어진다고 가정할 수 있다. 이처럼 노조조직가는 잠재적 조합원의 수가 증가함에 따라 조직활동이 힘겹다는 것을 알게 된다. 신규 조합원을 조직하는 일은 잠재적 조합원이 적은 나라에서 용이하다. 국가의 크기와 조직률 사이의 관계는 나중에 상세히 논의될 것이다. 노동력에는 로그값을 취했다. 자료는 CEP-OECD에서 추출했다.

    도 수치를 대입해 보았으나 차이는 발견되지 않았다. 그러나 이는 과거의 값을 어떤 구조로 파악하느냐의 문제이다. 가격이나 임금을 구조화하려면 분기별 수치의 사용이 보다 적절하다. 그러나 인플레나 임금의 분기별 자료는 획득이 불가능하다.
14) 대다수의 연구는 Ashenfelter와 Pencavel(1963)을 따라 총고용의 변화가 조합원 증가에 주는 긍정적 효과를 검토했다. 그러나 Mancke(1971)가 지적하듯 조합원이 고용력의 증대와 더불어 증대하는 것은 정의와 같다.

정당 또는 계급의 힘이 갖는 영향을 분석하기 위해 두 가지 의사변수가 사용된다. 1) 의회 내 친노동정당의 의석비율. 2) 정부의 이데올로기적 정향. 두 번째의 경우 자료의 한계상 미국은 제외된다. 이 두 가지 변수는 정책의 효과는 시간이 걸리기 때문에 전년도 값을 취한다. 정당의 의석자료는 매키와 로즈(1992)에서 구했다. 정부의 이데올로기적 정향은 워블린 등(1993)에서 추출했다. 워블린 등은 정부의 이데올로기적 정향을 1부터 5까지로 지수화했는데, 수치 1은 우익 지배적 정부, 그리고 5는 좌익 지배적 정부를 지시한다. 예컨대 좌파 성향의 집권당 및 연합정당의 의석비율이 66.6%를 넘으면 5를 부여한다. 불행하게도 저자들은 미국의 정치체계가 다른 정치체계와 너무 다르다고 말하면서 미국은 지수화하지 않았다. 따라서 정당의 힘을 정책적 이데올로기라고 간주할 때 미국은 제외되었다.

파업변수는 파업활동으로 인해 잃은 손실일수로 측정된다. 파업은 노조활동이 조직률 증대에 미치는 동원적 효과를 통제한다. 벨기에와 스위스의 파업자료는 없기 때문에 파업이 독립변수로 들어가는 모델에서는 누락된다. 따라서 파업모델은 14개국의 자료만을 이용했다. 파업자료는 CEP-OECD 디스켓에서 추출했다.

일부 학자들은 급속한 산업화 역시 노동조직률에 영향을 준다고 주장한다. 이들은 최근의 조직률 하락을 인구생태적 변동과 산업구조의 변화에서 찾는다(Griffin, McCammon, 및 Botsko 1990).[15] 구조주의자들은 제조업에서 서비스산업으로의 산업구조 변화는 전통적으로 제조업에서 활성화되었던 노동운동을 약화시킨다고 주장한다. 스웨덴이나 노르웨이의 사회민주주의적 복지국가 모델은 1980년대 초에 오면서 산업구조 변동에 따른 노노갈등으로 붕괴하고 있다(Ahlen 1989, 330-346).

---

15) 개별노동자의 교육적 배경에 대한 상세한 논의는 Visser(1990)를 볼 것.

산업구조는 물론 노동력구성도 변했다. 제조업에서 남성노동력이 감소하는 한편 서비스산업에서 여성노동력이 증가하고 있다. 여성 노동 참여의 증대는 여성 고유의 특성(노조가입의 기피, 시간급 노동자로서의 위치)으로 인해 노동운동을 쇠퇴시킨다. 이처럼 산업구조의 전환과 여성노동 참여의 증대는 조직률을 저하시키는 요인으로 이해된다.

제조업 고용은 전체 고용에서 차지하는 제조업 고용의 비율이 지시한다. 구조주의적 주장이 정확하다면 제조업 고용의 영향은 정의 방향이 기대된다. 제조업노동자가 증가하면 조직률이 증대한다는 의미이다. CEP-OECD 자료디스켓은 15개국 자료를 포함한다. 그러나 네덜란드의 자료는 없기 때문에 회귀분석은 15개국에 한정된다.

6. 결과 및 논의

<표 2-4>, <표 2-5>, <표 2-6>은 회귀분석의 결과를 요약하고 있다. 각각의 표는 자료의 유무에 따라 상이한 사례와 다른 설명변수의 설정에 기초한다. <표 2-2>는 1970~80년 시기에 상이한 독립변수 효과의 광범한 전망이다. 사례의 수와 좌파정당 편차의 두 측면에서 <표 2-4>의 우측 세 칸은 좌측 세 칸과 다르다. 첫째 세 칸은 16개국을 대상으로 노조성장을 수준, 차이, 변화율의 셋으로 구한 방정식이다. 좌파정당의 의석비율은 좌파의 힘을 의미한다. 세로의 4, 5, 6칸에서 사용된 1부터 5까지의 지수는 좌파의 힘을 달리 측정한 것이다. 패널데이터 분석에 기초하여 추정된 결과는 제도적 변수와 관련해서 국가비교를 목표한 횡단면분석이나 시계열분석과 다르다. 일부 개별국가에 대한 경험연구는 친노동정당의 의석비율은 조직률에 중대한 영향을 주지 않는다

고 보고한다(Ashenfelter and Johnson 1969). 또 부의 영향을 미친다고 말한다(Bruce Western 1993). 시계열연구가 보고한 정치적 변수가 중대한 효과가 없다는 점은 횡단면분석의 결과와 상충된다. 후자에 의하면 좌파의 힘과 노동조합운동 사이에는 긍정적이고 강력한 연관성이 있다고 주장했다(Wallerstein 1989).

개별국가에 대한 시계열분석과는 대조적으로 제도적 특성에 의한 국가 간 편차는 대단히 강한 것으로 알려졌다. 이러한 결과는 개별국가의 연구가 중점을 두는 실질임금과 가격충격 등의 거시적 변수를 통제한 뒤 얻었기 때문에 중요하다. 그러나 정치적 변수의 추정치는 복합적이다. 정부의 이데올로기적 정향의 효과는 중요하다고 판명되었다. 그러나 정부의 당파성이 갖는 값은 작다. 네 번째 칸의 추정값에 의하면 다른 조건이 같다면 좌파정부가 집권하면 우익정부가 집권했을 경우보다 조직률은 0.5% 증가한다. 그러나 의석수의 증대는 미약한 효과를 갖는다. 이처럼 좌파의 힘은 정부의 이데올로기적 정향을 사용했을 때만 정의 방향이고 유의미하다.

단체협약이 합법적으로 연장되는 제도 하에서 노조성장은 1% 수준에서 유의미한 마이너스 영향을 받는다. 다시 말해서 노조의 단체협약이 비조직부문으로 연장되면 조직률은 1.2% 하락한다.

겐트제도가 있는 국가에서는 어떤 형태의 종속변수를 취하든 조직률은 증가한다. 겐트제도와 협약의 합법적 연장의 추정치를 보면 전자의 영향이 후자의 그것보다 크다는 것을 알 수 있다. 다른 영향을 통제한 뒤 노조가 실업보험을 관장하는 곳에서 조직률은 2% 더 높다. 즉 노동자는 겐트제도가 존재해 실업보험이 노조를 통해 나올 때 조합에 가입할 가능성이 더 많다.

또한 거시경제적 변수도 유의미하게 나타났다. 실질임금과 실업은 노조의 선호를 결정하는 가장 중요한 변수이다. 노조성장의 종속변수

형식을 무엇으로 하든 실업은 한결같이 부의 방향으로 나타나고, 적어도 1% 수준에서 통계적으로 유의미하다. 즉 실업이 1% 증가하면 .07% 노조원수가 증대한다. 노동자는 실업이 증가하면 벨기에, 덴마크, 스웨덴, 핀란드에서처럼 노조가 실업보험을 관리하는 등의 유인이 없는 한 노조를 탈퇴한다.

예측할 수 없는 인플레의 효과는 정의 방향이지만 통계적으로 유의미하지는 않다. 그러나 임금의 효과는 부의 방향이어서 실질임금이 1% 증가하면 조직률은 0.17% 떨어진다. 이러한 효과는 종전의 개별국가 연구결과와 다르다. 후자의 분석에 따르면 노동자는 인플레가 높으면 실질임금을 보전하기 위해 노조에 가입하려 한다. 노동자는 실질임금이 증가하면 조합에 가입함으로써 노조에게 점수를 준다는 것이다(Ashenfelter and Pencavel 1969). 그러나 임금의 노조조직률에 대한 영향은 여전히 논쟁상태에 있다. 높은 임금은 기업으로 하여금 임금인상 전보다 격렬히 노조를 반대하게 만들 수 있고, 따라서 조합원을 감소시키는 결과가 발생할 수 있다. 이와는 대조적으로 어떤 연구는 실질임금과 조합성장 사이의 부정적 관련성을 찾은 뒤 노조가입의 유인은 실질임금이 하락할 때 더욱 강하다고 말한다(Carruth and Disney 1987, 10). 다시 말하면 실질임금이 상승하면 조합원수가 감소한다. <표 2-4>의 결과는 이와 같이 해석된다.

노동력의 크기는 노조성장에 마이너스의 영향을 준다. 그러나 그 영향은 횡단면연구의 보고결과에서 말하는 것보다는 적다. 추정치는 늘 마이너스이며 조직률의 변화율을 종속변수로 한 <표 2-4>의 세 번째 칸을 제외하면 유의미하다. 즉 조직률은 노동력이 1% 증가하면 0.02% 감소하는 것을 말한다.

<표 2-4> 노동조합의 성장 (1970~1987)

	수준	변화	변화율	수준	변화	변화율
노동력	-.0002*	-.0002**	-.03	-.0002**	-.0002**	-.04*
조직률	.99***	.009*	.79	.98***	-.01***	-2.02
실업률	-.0007***	-.0007*	-.14**	-.0006**	-.0006***	-.11**
실질임금	-.02***	-.02***	-5.08***	-.02***	-.02***	-5.2***
가격충격	.006	.005	1.31	.003	.004	1.29
연장	-.006***	-.007***	-1.51***	-.007***	-.006***	-1.38***
	.02***	.02***	2.69***	.02***	.02***	3.03***
좌파정부				.001***	.001**	.18**
의석	.00001*	.00003	.003			
공공부문	.001	-.0001	-.05	-.0003*	.0003*	-.03
추세	-.00004**	-.00004	-.01***	-.0003**	-.00003**	-.01***
더빈-왓슨	1.90	1.90	1.92	1.90	.189	1.91
R2	93.5%	31.0%	14.7%	93.4%	18.3%	17.4%

***, **, *는 각각 1%, 5%, 10% 수준의 통계적 유의미성을 표시한다. 통계추정법은 GLS임. 상수항에 대한 계수 생략.

따라서 <표 2-4>는 1970~87년 시기 전체에 대해 다음 세 가지 특징을 말해 준다. 첫째, 노조운동은 조합이 실업보험을 관장하는 나라에서 증가한다. 이러한 선택적 유인의 영향은 1% 수준에서 유의미하다. 따라서 겐트제도는 여타 정치적·거시경제적 변수를 통제했을 때 노조성장을 높인다. 둘째, 노조운동은 노동조합의 단체협정이 여타의 미조직된 부문으로 연장되는 법이 존재하는 나라에서 하강한다. 계수의 방향은 언제나 부의 방향이며 1% 수준에서 유의미하다. 그러나 계수의 값은 미세하다. 이러한 제도가 없는 나라가 이 제도를 도입하면 조직률은 1.4% 감소한다. 셋째, 정치적 환경은 노동운동에 긍정적 효과를 갖는다. 조직률의 수준은 친노동정부가 지배적이면 높다. 특히 집권당의 정책적 프로그램은 유의미하다. 이처럼 노조운동은 좌파정부가 집권하면 활성화된다.

산업구조가 노조운동에 주는 영향을 통계적으로 분석하기 위해 많

<표 2-5> 산업구조의 변동과 노동조합의 성장 (1970~1987)

	수준	변화	변화율	수준	변화	변화율
노동력	-.0002*	-.0002	-.05	.0002**	-.0002**	-.04*
조직률	.99***	-.01*	1.43	.98***	-.01***	-157
실업률	-.0007***	-.0007**	-.13*	-.0006*	-.0006**	-.09*
실질임금	-.017***	-.02***	-4.61***	-.017***	-.02***	-4.93***
가격충격	.005	.03	6.01	.005	.005	1.01
의석	.0001**	.00005	.0006			
정당				.001***	.001***	.18*
연장	-006***	-004***	-1.41***	-.007***	-.006***	-1.53***
INS	.018***	.02**	2.41***	.02***	.02***	3.05***
제조업	.01	.008	7.99*	.01	.01	3.78
공공부문	-.0001	.0	-.03	-.0003*	-.0003*	-.05
추세	-.00003*	-.00003**	-.01***	-.000003**	-.00003**	-.01***
더빈-왓슨	1.89	2.00	1.98	1.90	1.89	1.89
R2	93.5%	31.0%	32%	93.4%	18.2%	19.3%

***, **, *는 각각 1%, 5%, 10% 수준의 통계적 유의미성을 표시한다. 통계추정법은 GLS임. 상수항에 대한 계수 생략.

은 회귀분석을 시도했다. <표 2-5>에서 나타나는 것과 같이 제조업의 고용비율이 높을수록 노조는 성장한다. 그러나 이는 조직률의 변화율에 미치는 효과를 제외하고는 통계적으로 유의미하지 않다. 제조업 고용계수 t값의 절대값은 0.5보다 작다. 이처럼 구조주의적 설명은 확인될 수 없다. 나아가 여기에서 말하지는 않았지만 산업고용의 서비스 고용비율도 마찬가지로 통계적 유의미성을 갖지 못했다.

제도적 변수 셋 모두는 유의미하다. 정치적 환경과 겐트제도의 효과는 정의 방향이고 <표 2-5>에서 나타난 것과 같이 유의미하다. 조합 단체협정의 합법적인 자동연장은 통계적으로 1% 수준에서 유의미하다. 겐트제도의 영향은 특히 크다. 예컨대 겐트제도가 도입되면 그렇지 않은 나라에 비교해 조직률이 4% 성장한다. 나아가 거시경제변수는 앞의 <표 2-4>에서 말하듯 유의미하다.

<표 2-6> 파업과 노동조합의 성장 (1970~1987)

	수준	변화	변화율	수준	변화	변화율
조직률	.99***	-.01*	-1.39	.98***	-.01**	-2.00
노동력	-.0002*	-.0004	-.026	-.0002**	-.0002**	-.005**
실업률	-.0007**	-.0007***	-.13**	-.0007***	-.0006***	-.12**
실질임금	-.16***	-.016***	-4.8***	-.017***	-.01***	-4.5***
가격충격	.006	.007	1.55	.007	-.006	-1.5
의석	.00004	.00004	.09			
좌파정부				.001**	.001***	.18***
연장	-.004***	-.004***	-1.00***	-.004***	-.008***	-1.22***
INS	.018***	.018***	3.08***	.02***	.019***	3.22***
파업	.001***	.001***	.19***	.0002***	.001***	.18***
추세	-.00002**	-.0002**	-.09***	-.00002**	-.00002**	-.01***
더빈-왓슨	1.90	1.86	1.92	1.89	1.89	1.94
R2	92.8%	19.6%	17.4%	93.6%	20.3%	18.3%

***, **, *는 각각 1%, 5%, 10% 수준의 통계적 유의미성을 표시한다. 통계추정법은 GLS임. 상수항에 대한 계수 생략.

위의 회귀분석 결과를 토대로 실질적으로 중요한 변수에 분석의 초점을 맞추기로 한다. t값이 1 이하이면 제거했다. 이처럼 제조업 비율과 공공부문 고용비율은 누락된다. 파업변수는 포함된다. 벨기에와 스위스의 파업에 관한 자료는 없기 때문에 국가의 수는 14개로 축소된다.

<표 2-6>은 이러한 회귀분석의 결과이다. <표 2-6>은 세 개의 중요한 발견을 담고 있다. 첫째, 정치적 효과는 영향력은 작지만 유의미하다. 둘째, 노조가 실업보험을 관장하는 제도가 있는 나라와 노조 단체협정의 비조직부문으로의 연장법은 통계적으로 1% 수준에서 유의미하다. 그 정도는 앞에서의 결과와 유사하다. 끝으로 파업의 영향이다. 종속변수의 형태와 관계없이 파업활동은 노조운동과 정의 방향에서 상관되며 이는 통계적으로 1% 수준에서 유의미하다. 그러나 정도는 미약하다. 예컨대 어떤 나라에서 내년 파업활동이 작년 수준의 두 배가 되어도 조직률은 0.1% 정도만 증가할 뿐이다. 여타 변수를 보면 <표

2-4>와 <표 2-5>는 비슷하다. 실업과 실질임금은 모두 유의미하다. 미예측된 인플레는 노조의 성장과 연결되어 나타났다. 노동력의 크기는 노조성장에 부의 영향을 준다.

위의 회귀분석결과로부터 세 가지 결론이 가능하다. 첫째, 제도의 차이는 노동조합의 성장과 쇠퇴에 심대한 영향을 준다. 친노동 정책을 프로그램으로 갖는 정당이 정권을 맡으면 노동운동에 호조건의 토양을 제공하는 것이다. 둘째, 선별적 유인의 노동시장제도는 노동운동에 중대하다. 노동조합이 국가를 대신해 실업보험을 통제하면 노동조합운동은 강력하게 되고, 노동조합의 독점적 지위가 단체협정의 법적 연장 등으로 미조직부문에 적용되면 미조직 작업장에서 노동조합의 조직활동은 힘들게 된다. 셋째, 파업은 노조조직가들이 노동자를 동원하는 주요 수단으로 작용하고 있다. 위와 같은 세 가지 제도적 변수의 영향은 노동자의 경제적 이해에 영향을 미치는 거시경제변수가 통제된 상태에서 도출된 것이기 때문에 신뢰할 수 있다.

7. 맺음말

이 장에서는 제도주의적 설명을 경험적 연구에 적용하려 했다. 이 장의 대상은 노동조합이지만 집합행위와 관련된 많은 현상도 동일하다. 올슨(Olson 1968)에 의해 발전된 집합행위이론은 죄수의 딜레마적 특성을 갖고 있다. 집합행위의 성공 여부는 노벨경제학 수상자 코우즈(Coase 1960)가 말한 외부효과를 내부화하느냐에 달려 있다. 제도란 시장법칙에 의해 자동적으로 성취될 수 없는 '시장의 실패'를 극복하기 위한 장치이다. 노동조합은 집행행위를 배제적으로 성취하는 클럽재와 같다. 클럽재의 공급과 수요에 관한 방정식은 '노동조합 재화'와 관련된 셋의 행위자(노동조합, 기업, 정부)의 동기를 중심으로 짜여졌다. 종속변수의 형식과 관계없이 국가 간 비교연구에서 제도적 차별성이 중대한 요인임을 밝혔다. 미조직노동자가 조직노동자가 힘들여 일군 과실인 단체협정이 무임승차할 수 있을 때 노조운동은 쇠퇴하게 된다. 프랑스의 노동조합 조직률이 10%로 하락한 것이 이를 입증한다. 이러한 제도 하에서 장기적으로 노동조합은 더 이상 렌트를 추구할 수 없다. 그러나 이론적으로 렌트를 추구할 수 없다면 노조는 존재할 수 없다. 누구도 노동조합에 남아 있기를 바라지 않을 상황으로 가고, 기업도 전국적 수준에서 노동조합이 약화되면 노조를 반대하기가 더욱 용이해진다. 결국 이론적으로는 노동조합이 다른 제도를 창출하지 않는 한 이러한 제도는 노조가 없는 자유노동시장으로 변화될 것이다. 이는 제도의 변화를 의미한다.

제3장 세계경제의 대변동과 국내적 대응구조

1. 문제제기

　제2차대전 이후 자본주의의 황금기라고 불린 1960년대와는 대조적으로 최근 서구 경제의 일반적 수행능력은 매우 낮은 수준을 보여주고 있다. 현재 두 자리 수를 넘는 실업률은 단순히 경제적인 문제를 벗어나 정치적·사회적으로도 커다란 국가위기로 작용하고 있다. <그림 3-1>이 보여주는 것처럼 서구 선진국의 노동시장에서는 1973년과 1979년의 석유위기 이후 전체 노동력 중 실업자가 차지하는 비중이 크게 증가했다. 그러나 1973년에 시작된 세계경제의 공급위기에 대해 서구 국가 각각은 역사적·제도적 차이에 따라 상이한 대응방식을 보여주었다. 이와 같은 위기 대응방식에서의 국제적 차이는 경제성장, 인플레, 실업률이라는 세 가지 중요한 거시경제지표에서 여실히 드러난다. 특히 OECD국가의 실업률을 비교해 보면 커다란 편차가 존재한다는 것을 알 수 있다. 대량실업의 발생은 경제적으로 부의 창출을 낮출 뿐만 아니라 사회적으로는 근로의욕을 저하시킨다는 점에서 커다란 국가적 손실을 낳는다. 또한 실업은 정치적으로 기존 정당체제를 위협함으로써 정치적 안정에도 불리한 여건을 조성한다. OECD국가들은 1970년대 초의 석유위기 이전에는 전체적으로 실업률 2%대의 완전고용 상태를 유지했다. 그러나 석유위기는 서구 각국 경제에 막대한 구조조정을 요구했다. 이러한 위기는 저성장을 낳았고, 기업은 구조적 불황으로 도산하거나 고용창출보다는 인원감축으로 위기에 대처했다.

이 장의 문제의식은 선진 민주주의 국가의 실업률을 요약한 <그림 3-1>과 <그림 3-2>에 함축돼 있다. 여기에서 우리는 1980년대 이후 선진국 경제가 대위기에 직면하고 있다는 사실을 알 수 있다. 이러한 위기는 1973년의 석유위기에서 시작되었다. <그림 3-1>과 <그림 3-2>를 통해 우리는 1980년대 이후 선진 민주주의 국가 일반의 최대 고민인 실업현상과 관련해서 두 가지 사실을 알 수 있다. 첫째, OECD국가군의 1950~90년 평균 실업수준을 나타낸 <그림 3-1>은 대량실업의 발생이 1970년대 후반 이후의 현상임을 말해 준다. 평균 3% 수준에 머물던 그래프는 1970년대 후반에서 커다란 규모로 상승하고 있다. <그림 3-2>는 OECD국가를 실업수준이 낮은 그룹과 높은 그룹 두 개의 집단으로 분류하여 1960년부터 1990년까지를 매 5년 단위의 평균값으로 나타낸 것이다. 특히 <그림 3-2>는 스칸디나비아 4개국을 편의상 따로 분류하여 실업수준의 국제적 편차를 강조했다. 막대그래프가 말해 주듯이 어느 그룹의 국가이건 실업률은 1970년대 후반에 오면서 이전의 3% 미만에서 거의 2배 가까이 증가했다. 그러나 소위 복지국가의 원형으로 일컬어지는 북구 4개국, 즉 스웨덴, 노르웨이, 덴마크, 그리고 핀란드의 1960~1990년 표준 평균실업률은 미국과 일본, 그리고 여타 유럽국가[1]의 실업률에 비교하면 현저히 그리고 지속적으로 낮은 수준을 보여주고 있다는 사실을 알 수 있다.

---

1) 영국, 프랑스, 독일, 이탈리아, 벨기에, 네덜란드 및 스페인을 포함했다.

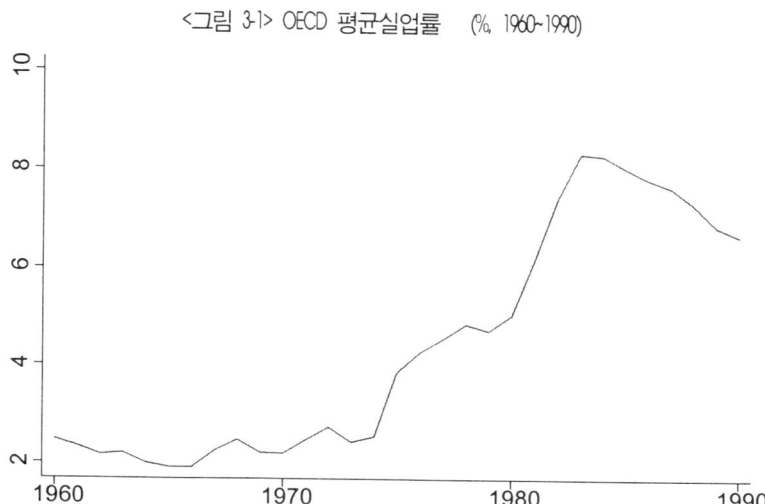

<그림 3-1> OECD 평균실업률 (%, 1960~1990)

자료: CEP-OECD Dataset

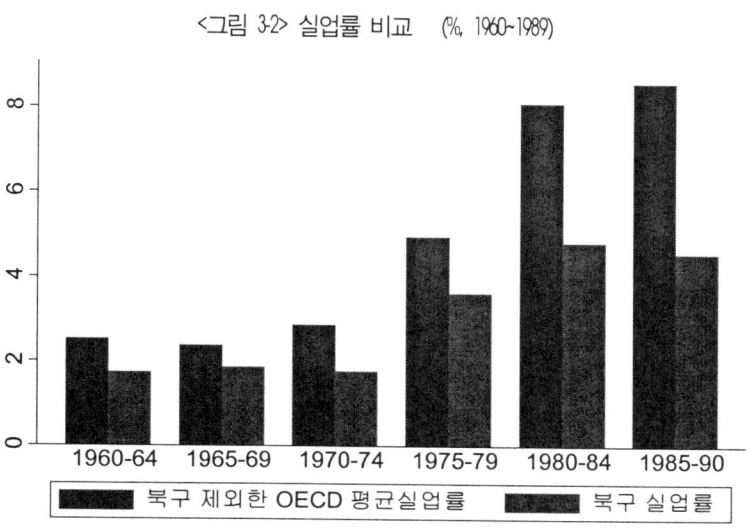

<그림 3-2> 실업률 비교 (%, 1960~1989)

자료: CEP-OECD Dataset

이 장은 바로 특정한 국가군의 실업률이 특히 낮은 수준을 보이고 있는 두 번째 사실을 설명이 필요한 중심문제로 인식하는 데서 출발한다. 국제비교적 시각에서 보면 각국은 세계경제의 공통된 위기에 봉착했지만 각국의 실업률에는 극심한 편차가 존재한다. 1980년대에 들어서면서 아일랜드 같은 나라는 10%가 훨씬 넘는 실업률로 고통받은 반면, 북구국가들은 비교적 낮은 실업률을 유지했다. <그림 3-2>는 북구국가와 여타 OECD국가군의 실업률 편차를 극명하게 보여주고 있다. <그림 3-2>가 보여주는 하나의 특징적 현상은 두 국가군 사이의 실업률 차이가 뚜렷하게 증대한다는 것이다. 여타 OECD국가군은 1975~79년 기간에 이전의 3% 미만 실업률에서 5%로 대폭 상승한 반면, 북구국가들은 3.63%의 낮은 실업률을 기록했다. 이 장은 이러한 거시경제적 수행의 차이가 어떠한 변수에서 비롯된 것인가를 설명하는 것을 목적으로 한다.

동일한 세계적 경제위기에 대해 상이한 실업률의 국내적 현상을 분석하기 위해 우리는 무엇보다도 노벨상을 수상한 경제학자 솔로우의 다음과 같은 언급과 제안에 주목할 필요가 있다. 즉 그는 우리는 경제현상을 설명하는 데 있어서 경제가 가진 제도적 특성을 진지하게 고려하지 못해 왔다고 주장했다. 여기서 제도적 특성은 넓은 의미에서 시장적 특성을 말하는데, 또 다른 노벨상 수상 경제학자인 노스는 이를 게임의 규칙으로 정의하고 있다. 솔로우의 경고와 비슷한 시기에 유수한 거시경제학자들은 실업률이나 인플레 같은 거시경제수행도의 국가 간 편차를 노동이나 금융시장 제도의 특성을 통해 해명하고자 했다. 최근 들어 제도주의자들은 중앙은행의 제도적 독립성이 낮은 인플레를 유지하여, 결과적으로 물가안정을 이룩할 수 있게 했다고 주장하고 있다(Cukierman 1992; Havrilesky 1993). 독일이나 미국처럼 중앙은행이 제도적으로 독립된 나라에서는 선거에 임해 화폐량을 더 많이 늘리려는 정치인들의 정치적 목적이 관철될 수 없다. 이와 대조적으로 중앙은행의 제도적 독립성이 보장되지 않은 국가에서는 집권정부가 자신의 선거지지를 극대화하고자 경제를 조작하기 때문에 선거경기 순환(electoral business cycle)이 주기적으로 발생한다. 그리고 국가의 재정적자는 단일정당으로 구성된 정부 하에서보다 여러 사회이익이 다양한 방식으로 대변되는 다당제 연립정권에서 더 흔하게 나타난다. 여러 정당이 연립한 정부 하에서는 세력 이기주의가 발호해 자기 집단의 사적 이익을 다른 집단의 세금을 통해 늘리거나 또는 차기정부로 미루기 쉽기 때문에 만성적 재정적자에 시달리게 되기 때문이다.

우리는 또한 사회 내 이익집단 간의 갈등과 국가이해의 문제와 관련해서 올슨이 국민국가의 성쇠를 설명하면서 제기한 '이익집단의 규모나 포괄성(encompassing)' 개념을 유용한 분석틀로 채택할 필요가 있다 (Olson 1983). 올슨의 집합행위이론에 따르면 안정성장이나 완전고용 같은 견실한 국민경제는 사회구성원 모두에게 혜택을 주는 일종의 공공재라고 할 수 있다. 공공재의 건전한 공급 여부는 구성원의 합의도출과 이행의지에 달려 있다. 노동조합 같은 사회 내 조직화된 이익이 사적 이해를 추구할 때, 예컨대 높은 임금을 요구하는 경우 실업률이 상승하게 되고 기업이 제품가격의 상승으로 고임금에 대처하면 인플레가 발생한다. 한편 스웨덴에서와 같이 노동력의 대다수가 노조조합원일 때 노동조합은 자신의 과도한 요구가 국민경제에 주는 외부효과를 누구보다도 잘 인지하기 때문에 임금자제를 통해 고용을 유지하고 인플레를 방지할 수 있다. 사실 피조르노(1978)는 임금인상 같은 단기적 이익은 노동자 개개인의 이익을 나타내고, 고용안정이나 정치참여 같은 장기적 이익은 개별노동자와 구별되는 행위자로서 노동조합 조직 자체의 이익이라고 주장한 바 있다. 이에 따른다면 노동조합이 포괄하는 노동력의 규모가 커질수록 장기적 이익을 위해 단기적 이익을 희생할 가능성이 커지는 것이다.

　결국 우리는 노동조직이 노동시장에 미치는 영향력이 국가마다 다르기 때문에 노동조직화의 정도에 주목할 필요가 있다. 카메룬(1984)은 노동의 조직적 힘을 조직률, 노동의 조직적 통일성, 단체교섭에서 노조연합체가 갖는 힘, 단체교섭의 범위, 공동결정과 같은 기업의 결정에 있어서 노동의 참여 정도 등 크게 5가지로 구분해서 파악하고 있다. 그러나 그의 구분은 다소 중복되는 측면이 있다. 따라서 보다 단순하게 보면 노동조직의 힘은 크게 두 가지로 측정 가능하다. 첫째, 노동력 중에서 차지하는 노동조합원의 비율을 의미하는 조직률이다. 조직률이 낮으면 노동조합이 파업 등의 실력행사를 할 경우 기업이 비조직화된 노동력 중에서 대체인력을 구하기 쉽기 때문에 패배할 가능성이 높아진다고 할 수 있다. 그러나 조직률만으로 노동조직이 강하다고 할 수는 없다. 왜냐하면 아무리 조합원이 많아도 하부조직이 상급조직의 명령에 협조하지 않으면 노동의 단체행동은 성공할 수 없기 때문이다. 하부의 단위노조가 상부의 허가 없이 파업에 들어가거나 상부의 파업 지시에 동조하지 않으면 노동의 힘은 국부적일 수밖에 없다. 따라서 노동조직의 또 다른 힘은 노동이 얼마나 중앙집중적이냐에 따라 결정된다. 더 나아가 노동의 힘은 노동의 정치적 대표정당 세력에 커다란 영향을 받는다. 노동자의 복지가 증진되려면 구체적으로 의회에서 노동입법을 거쳐야 하기 때문에 사회당의 집권이 보수당의 집권보다 훨씬 유리할 수 있는 것이다.

2. 문헌탐색

1970년대 초 세계적 현상인 석유위기 이후 서구 선진산업국에서 실업과 인플레 등 거시경제적 수행에서 차별성이 점차 강화돼 가는 사실에 주목한 일군의 경제학자들은 거시경제업적의 차이는 제도적 요인이 결정적 요인으로 작용한다고 주장했다.[2] 최근에 와서 정치경제학은 선진 민주주의 국가에서 전통적으로 가장 중요한 조직화된 이익의 하나인 노동조합이 노동시장에 미치는 영향에 주목하여 임금인플레와 실업을 설명하고자 했다(Holmlund 1989; Moene, et al. 1993). 이에 따라 실업과 인플레의 국가 간 편차를 설명하는 데 제도적 장치, 특히 노동조합의 조직적 힘의 정도와 조직구조가 집중적으로 조명되기 시작했다(McCullum 1983; Newell and Symons 1987; Layard, et al. 1991). 브루노와 삭스(1985)는 거시경제업적의 국가 간 차이가 코포라티스트적 정책의 산물임을 대중화시키는 데 공헌했다. 즉 코포라티즘 체제 하의 이례적으로 낮은 실업률은 중앙집권화된 노동조직이 낮은 실업을 얻기 위해 임금자제(wage moderation) 정책을 추구한 결과로 이해된다. 이후 제도적 차이를 중시하는 또 한 부류의 경제학자들은 실업률의 편차를 임금협상에 따른 역U자형으로 일반화하고자 했다. 즉 실업률은 임금협상이 전국적 수준 및 단일기업 수준에서 이루어질 때 낮고, 협상이 산업별 수준에서 이루어지는 지역에서는 상대적으로 높다는 것이다(Calmfors and Driffill 1988).

---

[2] 거시경제적 발전과 조직화된 노동시장 사이의 연계를 코포라티즘적 현상으로 파악하는 최근의 연구는 Pekkarinen 외(1992)를 보라.

그러나 이러한 사회적 또는 정치적 제도는 정치학 및 산업관계론(industrial relations)의 전통적 영역이었다. 지난 20여 년간 개별국가의 제도적 장치가 이들에 의해 집중적으로 연구돼 왔다. 1977년 발표된 힙스의 "정당과 거시경제정책"(Political Parties and Macroeconomic Policy)은 집권정부의 정책이념적 차이가 거시경제적 결과에 미치는 영향을 분석한 최초의 논문이다. 슈미터의 코포라티즘 논문은 정치학에서 코포라티즘을 활황산업(booming industry)으로 만든 중대한 업적이다. 지난 10년간 노동시장조직 및 정당구조가 국민경제에 끼치는 영향에 관한 연구문헌은 몇 갈래의 학자에 의해 주도돼 왔다(Katzenstein 1985; Hibbs 1987a; Calmfors and Driffil 1988; Przeworski and Wallerstein 1988; Rowthorn 1990; Therborn 1992; Alvarez, Garett, and Lange 1991; Hicks 1994). 카첸스타인은 노동력 또는 국민경제의 규모를 코포라티스트 계급타협의 역사적 조건으로 파악했다. 그에 따르면 세계경제체제에서 차지하는 비중이 작고 따라서 무역의존도가 높은 나라에서 자본과 노동 모두 낮은 단가와 생산성으로부터 독립적일 수 없고, 역으로 국가정책은 산업관계의 평화를 조성하는 방향으로 나아간다. 더번(Therborn 1992)은 코포라티즘 형성을 계급 간 균형에서 찾고자 했다. 또 역사적으로 형성된 계급, 민족관계, 예컨대 파시즘 또는 외부침입의 경험은 평화적인 산업관계와 연관되기 쉽다는 점이 지적되었다. 반면 로우던(Rowthorn 1990)은 보다 경제적인 측면, 즉 임금협상의 구조에 초점을 두고 경제성과를 비교분석했다.

그러나 위에서 언급한 저술에 나타나는 공통의 관심은 25년 전인 1970년 헤디에 의해 제기된 바 있다. 1970년 헤디는 선진 민주주의 국가 간 거시경제수행의 차이를 경험적으로 비교분석하고 나서, 성공적 경제수행에는 다음 두 가지 필수조건이 동시에 존재해야 한다고 주장했다. 즉 좌파정부의 집권은 친노동정책과 노동조합과의 협상을 통해 임금자제, 물가안정을 추구할 수 있으며, 노동이 자본과 정부를 상대로 하나의 세력으로서 협정을 맺기 위해서는 하나의 단일한 중앙조직 하에 통일돼 있어야 한다는 것이었다.

이러한 헤디의 이론은 이후 다양한 분석기술을 갖춘 보다 정밀한 연구를 통해 검증돼 왔다. 노동조합의 힘과 경제업적의 곡선적 관계를 입증하려는 통계적 작업이 광범하게 행해졌다(최근의 문헌탐색은 Golden 1992; Pahjola 1992). 보다 최근에 와서 알바라즈 등(1991)과 힉스(1994)는 국가 간 자료를 시계열로 수집·확장한 뒤 이를 기초로 노동조직과 정부의 이념적 정향 사이의 복합적 관련성을 검증하고자 했다. 이들은 결론적으로 노동조합의 단결과 친노동정부의 집권이 동시에 충족되는 나라에서 실업이나 인플레가 낮다고 주장했다. 이들은 노동조합의 힘과 좌파정부라는 변수가 거시경제에 미치는 영향력이 다른 요인의 대리적 효과가 아님을 강조하기 위해 거시경제에 영향을 주는 일반적 요인, 즉 경제성장률, 세계경제의 수요, 그리고 국내 화폐공급 등의 역할을 독립변수로 포함시켜 고려했다.

그러나 그들의 성과는 모델구성과 관련된 여러 요인, 특히 낮은 설명력, 단순한 추계분석, 그리고 결과의 비정밀성 등으로 인해 만족스러운 결과를 가져다주지 못했다. 무엇보다도 그들은 중앙집중적 임금협상의 상태에서 합리적 노동자들이 어떻게 자발적으로 임금자제를 하는지를 밝히지 못하고 있다. 또한 그들의 통계분석은 분석모델의 이론적 근거가 설명되지 않은 상태로 행해졌고, 독립변수가 왜 모델의 우변에 들어가는지가 분명하지 않았다. 더 나아가 선택된 설명변수는 개별국가에 외재적인 통제변수에 집중돼 있었다. 실업률의 국가 간 편차는 국제적 경제환경의 변화, 예컨대 OECD의 경제성장률과 수출입 성장률 등으로 설명할 수도 있다는 반론에 대응하기 위해서는 이들 변수를 동시에 고려하는 것이 필수적이다.

3. 노사협상의 수준과 노동시장구조

여기서는 이들과 달리 실업률의 국제적 편차를 노동시장 편차 같은 각국에 고유한 내재적이고 제도적인 결정요인에 무게중심을 두고 설명하고자 한다. 동시에 기존 모델의 취약점인 낮은 설명력을 높이고자 노력할 것이다. 또한 이 장에서는 실업률의 국가 간 편차를 종속변수로 하여 그에 대한 설명변수는 이론적 논의에 입각하여 설정했다. 경험분석은 1966~85년 시기의 OECD 16개 국가를 대상으로 하여 집권정당의 정책성향이 실업률의 국제적 및 국내적 편차를 결정하는 주요요인의 하나임을 검증할 것이다. 이와 같은 시기의 설정과 특정한 국가의 선택은 순수하게 자료접근 가능성 문제에 기인한다. 그리고 집권정당의 성격이 가져다주는 영향은 예컨대 우익정부와 비교할 때 좌파정부가 자신의 선거 지지기반인 노동계급의 이익에 반하는 높은 실업률과 복지유실에 관심을 갖는다는 사실에서도 잘 알 수 있다.

낮은 실업률은 직접적으로 기업·노동 간 임금협상모델 내부로부터 설명할 수 있다. 각국의 임금협상은 전국적 수준, 산업별 수준, 기업별 수준 등 다양한 수준에서 진행돼 왔다. 여기서는 이와 같은 임금협상이 이루어지는 수준에 따라 발생하는 실업률의 편차를 검증하기 위해 16개 국가를 임금협상 구도에 입각해 세 그룹으로 분류하고, 각 그룹을 별도로 통계 처리할 것이다. 이를 통해 우리는 코포라티스트 및 여타 그룹의 차별성을 비교분석함으로써 낮은 실업률과 임금자제의 복합인 코포라티즘 명제를 경험적으로 밝힐 수 있게 될 것이다.

필자는 임금협상 수준에 따라 국가를 분류하는 작업 자체가 논쟁적일 수 있음을 인정한다. 임금협상의 수준은 몰역사적이거나 고정된 것이 아니기 때문이다. 예컨대 스웨덴의 임금은 1983년 이후 더 이상 전국 수준에서 결정되지 않았다. 또 이탈리아의 임금결정 수준은 기업별이 아니라 산업별로 판단할 수 있는 가능성이 존재한다. 또한 일본의 경우 또 다른 형태의 코포라티즘으로 규정할 수도 있다.3) 임금협상의 수준으로 국가를 분류하는 데 최대 장애는 무엇보다도 자료의 부족이다. 이와 같은 자료문제를 염두에 두면서 필자는 기본적으로 캄포스와 드리필이 행한 분류방식을 따랐다.

<표 3-1>은 1950~90년의 40년간 OECD 역내 실업률의 변화양상을 보여주고 있다. 1973년의 석유위기 전까지 OECD 전체의 실업률은 3% 미만에 머물렀다. 그러나 제2차 석유위기 이후 1985년까지 일부 국가의 실업률은 약 10% 수준으로 급상승했다. <표 3-1>의 마지막 칸은 같은 시기 23개 국가의 표준실업률 평균치를 나타내고 있다. 평균실업률은 1973년을 전환점으로 크게 상승하고 있다. 제1차 석유위기 전 평균 2.9%였던 실업률은 1974~90년에는 6.14%로 대폭 상승했다. 위에서 살펴본 <그림 3-1>은 이러한 대변동의 전반적 양상을 생생히 보여준다. 우리는 아래의 <표 3-1>을 통해 크게 두 가지 뚜렷한 특징을 발견할 수 있다. 첫째, 세계경제 위기를 반영하는 시기적 변화의 폭이다. 둘째, 위기에도 불구하고 각국의 실업률이 다양한 편차를 보인다는 사실이다. 이와 같은 상이한 실업률은 위기에 직면한 각국의 대응이 상이한 방식으로 이루어졌다는 것을 입증한다.

---

3) 타란텔리(Tarantelli 1986)는 스위스와 함께 일본을 비공식적인 면에서 사회적 합의가 존재하는, 따라서 이익집단들이 중앙 차원에서 통합된 사회라고 평가했다.

<표 3-1> 표준 평균실업률 (%)

	1950~1973	1974~1985	1986~1990
호주	1.65	6.32	7.24
오스트리아	2.34	2.23	3.40
벨기에	3.20	8.80	5.74
캐나다	4.55	8.52	8.32
덴마크	1.71	7.36	8.62
핀란드	2.74	4.76	4.32
프랑스	1.93	6.44	9.84
독일	2.50	4.59	5.86
아일랜드	5.33	10.02	16.22
이탈리아	4.74	5.19	7.66
일본	1.67	2.18	2.50
네덜란드	1.68	6.91	9.52
노르웨이	2.22	1.97	2.98
스웨덴	1.78	1.92	1.88
영국	2.22	7.09	9.54
미국	6.15	7.13	6.14
OECD 평균	2.66	5.43	6.75

출처: 원자료는LSE(London School of Economics) 산하 경제수행연구소(Centre for Economic Performance)에서 나온 CEP-OECD 자료집(dataset 1993)으로부터 작성.

이러한 실업률의 국가 간 편차는 임금결정제도의 형태에 따라 명백한 특징적 패턴을 보여준다. 위의 16개 OECD 국가들을 임금협상의 수준에 따라 다음과 같이 세 개의 그룹으로 분류할 수 있다.[4]

1) 전국적 임금협상: 오스트리아, 덴마크, 핀란드, 노르웨이, 스웨덴.
2) 산업별 임금협상: 호주, 벨기에, 독일, 네덜란드.
3) 기업별 임금협상: 미국, 캐나다, 프랑스, 아일랜드, 이탈리아, 일본, 영국.

---

[4] 분류는 이 분야에서 권위가 있는 캄포스와 드리필(1988), 잭만(1989)을 따랐다. 스위스의 탁월한 노동시장지표는 외국노동자 및 여성노동자를 배제한 데서 비롯되기 때문에 누락했다. 만일 위 두 그룹의 노동력이 포함된 상태에서 계산하면 스위스의 실업률은 1986년 현재 0.8%가 아니라 9.8%이다. 스위스의 예외성에 대해서는 Blaas(1992), Schmidt(1988), 또는 Rowthorn(1990)을 보라.

임금협상이 어느 수준에서 이루어지느냐는 각국에서 고유하게 역사적으로 발전한 노동조합의 조직화를 반영한다. 기업별 임금협상은 한국의 경우가 잘 보여주는 바와 같이 노동조합이 기업단위로 조직화돼 있는 나라에서 전형적으로 발생한다. 미국과 일본은 그 대표적인 사례에 속하며, 여기서 전국적 단위의 노동조합은 단결권, 단체교섭권, 단체행동권 등 노동3권에서 아무런 실질적 권한을 행사할 수 없다. 노동조합비의 원천징수자는 기업별 단위노조로서 전국적 노조의 재정은 거의 전적으로 단위노조의 재정납부에 의존한다. 또한 이들 국가의 일반적 특징은 노조조직률이 전반적으로 낮은 수준에 머물고 있다는 사실이다. 노동3권의 행사가 전적으로 개별기업 차원의 단위노조에 의해 이루어지기 때문에 기업규모가 작은 기업에서 노조의 조직과 활동은 제한적일 수밖에 없다는 사실이 부분적으로 이들 국가에서의 낮은 노조조직률을 설명해 준다.

이와 반대로 전국적 임금협상은 노조조직률이 높은 나라에서 공통적으로 이루어지고 있다. 북구 4개국과 오스트리아에서는 거의 대부분의 노동조합원이 단일의 정상조직에 소속돼 있으며, 단일의 정상조직은 기업가의 전국조직과 더불어 임금협상을 주도한다. 임금협상의 결과는 개별기업이나 하위노조 모두에 구속력을 갖는다. 하위노조는 전국적 상급조직의 허가 없이는 파업 등 단체행위를 할 수 없으며, 마찬가지로 개별기업은 기업가연합의 협상결과에 반발하여 임의로 직장폐쇄를 할 수 없다.

끝으로 산업별 임금협정은 전반적으로 노동이 산업별로 조직화된 곳에서 나타난다. 산업별 협정의 특징은 임금협상이 주도적 부문과 사양산업 등 다양한 산업적 차별성에 입각해 이루어진다는 사실이다. 따라서 주도적 부문의 조직노동자들은 지속적으로 임금인상을 이룰 수 있는 반면, 사양산업의 노동자들은 임금인상의 상대적 불공평성을 내

세우며 강한 전투성을 발휘할 가능성이 커지게 된다. 피조르노(1978, 282)는 이러한 현상을 임금인상 요구의 연쇄반응이라고 지적한 바 있다. 이들 국가에서는 산업부문별 임금차별이 심화되는 경향이 있다. 또한 이들 국가의 임금협상은 기업별 임금협상과 전국적 협상의 중간 수준에 위치한다는 특징을 갖는다.

노사 임금협정이 전국적인 수준의 정상조직 사이에서 행해진다는 것은 상부조직의 하부조직에 대한 강력한 권위 없이는 불가능하다는 것을 의미한다. 강력한 권위를 가진 중앙조직이 존재할 때 파편화된 산발적 파업행태는 발생하기 어렵다. 결과적으로 하부조직의 독자적인 파업이 금지되기 때문에 중앙조직이 빈번한 파업결정을 내리지 않는 한 파업행위는 상대적으로 낮은 수준에 머물게 된다. <그림 3-3>은 스웨덴과 여타 선진국의 파업행위를 시계열로 나타낸 것이다. 노동이 전국적 규모에서 잘 조직화돼 있는 스웨덴의 파업패턴은 평상시에는 낮은 수준을 보이면서도, 일단 정상조직이 조직적 위협력을 과시하기

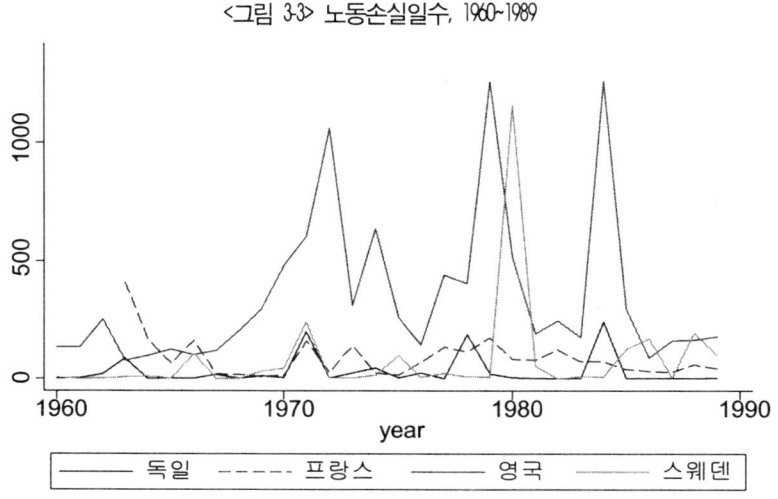

<그림 3-3> 노동손실일수, 1960~1989

로 결정하면 다른 어떤 나라보다도 통일된 힘을 가지고 폭발적인 양상의 파업이 주기적으로 분출하고 있다.

독일은 스웨덴과 마찬가지로 낮은 수준의 파업손실을 기록하고 있지만, 굴곡이 심한 편이며 파업의 파괴력이 스웨덴보다 낮은 수준을 보이고 있다는 것을 알 수 있다. 가장 불안정한 노사관계를 기록하고 있는 영국은 특히 1970년대 이후 극심한 파업에 시달렸다. 프랑스는 영국에 이어 두 번째로 잦은 파업순환을 나타내고 있다.

그러나 위의 분류법은 상대적일 수밖에 없다는 사실을 반복적으로 강조하고자 한다. 왜냐하면 최근 1980년대 초부터 코포라티즘 체제의 중앙집중적 협상방식이 약화되고 있기 때문이다. 임금협상의 중앙교섭 방식을 저해하는 가장 중요한 요인은 노동계급 조직의 내부에서 발생했다. 예컨대 스웨덴의 경우 노동의 주요한 세 조직, 즉 민간부문 생산직노동, 민간부문 사무직노동, 그리고 공공부문 노동 간에 임금상승률을 둘러싼 갈등으로 인해 전국적 수준의 중앙협정이 더 이상 불가능하게 됐던 것이다(Lash 1985; Ahlen 1989; Lange and Wallerstein 1992). 그러나 이러한 탈집중화 현상에도 불구하고 코포라티즘 체제의 임금협정이 다른 어떤 나라에서보다도 중앙집중화돼 있다는 점에는 이론의 여지가 없다.

<표 3-2> 임금협정 구조별 실업률

	중앙협정방식	산별 협정방식	기업별 방식	전체평균
1950~1973	2.16	2.27	3.59	2.26
1974~1985	3.64	6.66	6.50	5.43
1986~1990	4.05	8.01	8.72	6.75
1950~1973	2.08	2.27	3.57	2.26
1974~1990	3.87	7.12	7.29	6.09

출처: <표 3-1>과 같음

<표 3-2>의 1-3 세로 칸은 각 그룹의 시기별(1950~73, 1974~85, 1986~90) 실업률을 나타내고 있다. 그리고 마지막 두 가로 칸은 1950~73, 1974~90년 시기의 실업률 변화를 표시한다. 전체적으로 임금협정이 중앙집중 방식으로 행해지는 나라에서 실업률은 1.9% 오른 반면, 산업별 또는 기업별 임금협정이 지배적인 곳에서는 각각 4.85%, 3.72% 증가했다. 최고의 실업률 증가를 기록한 그룹은 산업별 협정이 지배적인 임금결정 구조인 나라로 구성되었다. 1973년 석유위기 전까지 이들 나라의 실업률은 중앙단위의 임금협정 구조를 가진 그룹과 비슷한 수준이었다. 그러나 제1차 석유위기 이후 산업별 협정그룹은 기업별 수준의 임금협정 국가와 비슷한 수준으로 급상승했다. 이후의 실업률을 그룹별로 비교해 보면 산업별 협정그룹은 이전의 낮은 실업률을 회복하지 못했다(<그림 3-4> 참조). 코포라티스트 그룹과 여타 그룹 사이의 실업률 편차는 석유위기 이후 더욱 벌어지고 있다. 이는 석유위기 이후 코포라티스트 그룹의 실업률 증가가 타 그룹보다 훨씬 낮았기 때문이다.[5]

제도적 차이가 실업률 편차에 미치는 효과를 보다 체계적으로 파악하기 위해 여기서는 두 가지 통제를 취했다. 즉 그룹별로 다른 임금협정구조에 더미(dummy)를 부여하는 동시에 과거의 실업률을 통해 회귀분석을 수행한 것이다. <표 3-3>의 회귀분석 결과는 실업률 편차가 임금협정 수준에 따라 변한다는 사실을 보여주고 있다. 과거의 실업률이 현재의 실업률에 미치는 효과를 통제할 때, 각 임금협정의 그룹에 따른 효과는 상반된 양상을 나타내고 있다.

---

[5] <표 3-3>의 첫째 세로 칸은 다음과 같은 회귀분석모델의 계측결과를 말해 준다. $U_{it} = a_1 U_{it-1} + a_2 C_i + a_3 M_i + a_4 D_i$. U, C, M 및 D는 각각 실업률, 중앙협정 임금구조, 산업별 협정구조, 그리고 기업별 협정구조를 나타낸다.

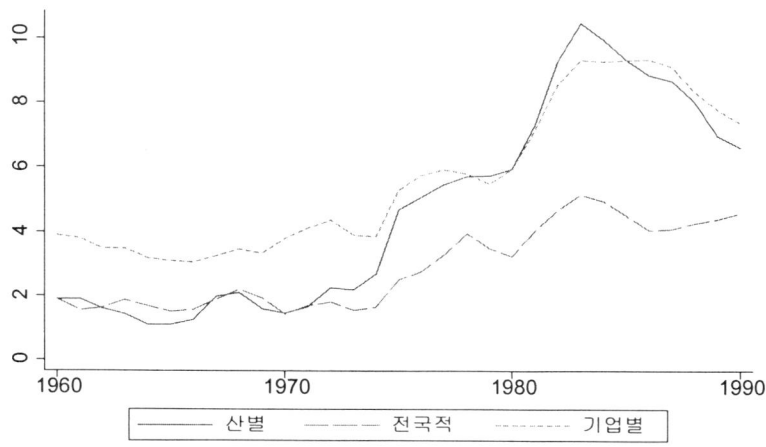

<그림 3-4> 협상수준과 실업률, 1960~1989

즉 중앙 임금협정 구조의 효과가 마이너스라면 다른 두 그룹의 효과는 플러스를 보이고 있는 것이다. 이는 실업률이 코포라티스트 그룹에서만 낮은 수준을 기록하고 있다는 것을 의미한다. 반대로 다른 두 그룹의 실업률은 매우 높다. 특히 주목할 만한 점은 산업별 협정구조의 효과가 통계적으로 유의미하다는 사실이다.

<표 3-3> 실업률과 임금협정구조

전년 실업률	.92***	.96***	.94***	.92***
중앙협정	.03	-.12	-.10	
산별 협정	.39**	.17		.37***
기업별 협정	.38**		.19	.36***
추세	.03**	.04***	.04***	.03***
rho	.32	.28	.31	.32
R2	94.2%	93.4%	93.4%	93.5%

종속변수는 실업률이다. **와 ***는 5%, 10% 유의성을 의미한다. 지연 실업률이 독립변수로 들어오기 때문에 AR(1)이 사용되었다. 첫째 칸에서 상수는 포함되지 않는다.

<표 3-3>의 회귀분석 결과는 산업별 수준에서 임금협정이 이루어질 때 타 수준의 임금협정구조보다 실업률이 높아진다는 캄포스-드리필의 가설을 미약하게 지지하고 있다. 그러나 이러한 일반적 결과는 실업률의 비교편차와 협정구조 사이의 상관관계만을 말해 줄 뿐이다. 이러한 상관관계를 이론적으로 구명하기 위해서는 임금·고용의 상반관계에 기초한 임금형성 과정을 분석해야 한다.

4. 노동조합과 실업

  최근 노동조합 경제학의 부활과 활성화는 전후 서구 산업사회가 누렸던 황금시대의 낮은 실업률과 비교하여 비정상적으로 높은 1970년대 이후의 실업률을 설명하기 위한 시도의 하나로 파악되고 있다. 선진 산업사회에서 임금이 대체적으로 조직화된 노동에 의해 결정된다는 현실을 고려할 때, 실업률의 국가 간 비교에서 노동조합의 구조나 역할은 매우 중요한 위치를 차지한다. 프리드만(Freedman 1962)이 지적한 바 있듯이 노동조합은 생산과 고용에 부정적 효과를 가져다줄 수 있다. 우리는 여기서 먼저 실업률이 임금에 가져다주는 영향에 초점을 맞추면서 노동조합의 실업률모델을 도입하고자 한다. 실업현상은 본질적으로 노동조합과 기업 사이에서 맺어지는 임금협상의 부속물이라고 할 수 있다. 임금·고용협상을 설명하는 여러 가지 모델이 제시되었지만, 노사협상에서 고용은 기업의 고유영역이고 임금은 노조와 기업 간 협상에 의해 결정된다고 가정하는 노동조합의 경영권모델이 현실과 가장 잘 부합되는 것으로 판단된다. 왜냐하면 선진 자본주의 국가의 경험상 고용에 관한 협상이 이루어지는 경우는 찾아보기 어렵기 때문이다.

경영권모델은 1940년대에 개발된 독점적 노동조합 모델(monopoly union model)을 현실에 맞도록 수정한 것이다. 독점모델 하에서 임금은 효용극대화를 추구하는 노동조합에 의해 일방적으로 결정된다. 노조에 의해 임금이 결정되면, 고용 또는 실업은 노동수요 곡선에 의해 정해진다. 한편 기업은 자신의 기술에 의해 결정되는 생산함수에 따라 이윤극대화를 추구한다. 이때 노동조합이 높은 임금을 결정하면 실업률은 높아질 수밖에 없다. 고용은 기업 이윤극대화의 일차 조건에 의해 결정되며, 결과적으로 임금이 높아지면 고용에 대한 수요가 감소하게 되기 때문이다. 이런 의미에서 고용은 임금의 함수이다.

한편 노동조합은 동일한 구성의 조합원 이익을 극대화하고자 하기 때문에 실업자 조합원의 이익도 고려해야 한다. 실업자 조합원은 실업수당에 의지하므로 노조의 입장에서 실업수당을 증액하는 것은 조직으로서 전체 노동조합의 이익이 된다. 결국 독점모델 하에서 균형임금은 실업률과 실업보상의 수준에 의해 결정되게 된다. 여기서는 실업이 한 단위 떨어짐에 따라 임금은 한 단위 이상으로 증가한다. 또한 실업보상이 높을 때 임금도 높아진다.

이와 같은 단순한 독점모델 하에서는 이론상 임금을 둘러싼 노사간 협상이 존재하지 않는 것으로 가정되고 있다. 그러나 임금이 고용자와 피고용자 사이에 존재하는 협상의 산물로 결정되는 현실세계에서 이러한 독점모델은 비현실적이라 하지 않을 수 없다. 이러한 문제점을 고려한 수정 독점모델에서 고용은 여전히 기업에 의해 결정되는데, 이는 경영권모델(right-to-manage model)로 불린다. 노동조합의 경영권모델에서 기업은 경영을 관장하여 고용을 일방적으로 결정하는 반면, 임금은 노동조합과 기업 간의 협상에 의해 결정된다. 균형임금은 '비대칭적 내쉬 협상해결'(asymmetric Nash bargaining solution)에 의해 정해진다

(Nickell and Andrews 1983; Carlin and Soskice 1990).[6] 임금이 현실세계에서 노사간 단체협상에 의해 결정된다는 사실을 고려할 때, 이러한 경영권모델은 경험적 현상과 잘 부합한다는 장점을 갖고 있다(Oswald 1985; 169).

이 모델에서 고용수준의 결정은 이윤극대화를 추구하는 기업의 고유영역으로 간주된다. 경영권모델과 독점모델과의 기본적 차이는 아래와 같은 내쉬해결함수에 있다. 아래의 방정식은 내쉬협상의 곱을 극대화한다. 협상은 당사자, 즉 노조와 기업의 힘의 관계에 의해 결정된다. 아래 식의 도출과정에 대해 자세히 논의하지 않을 것이지만, 협상의 결과인 균형임금(w)은 아래의 간단한 식으로 표현할 수 있다.

$$w = b + \frac{\alpha(\pi / E)}{U}$$

여기서 b는 실업보상을 의미하며 이는 일반적으로 복지국가의 수준을 반영한다. π는 기업에 대한 노동조합의 상대적 협상력을 의미한다. π는 기업의 소득함수, 그리고 E는 고용수준을 나타낸다. 이와 같은 협상모델에서 임금은 대체임금에 내포된 실업수당의 수준(b), 노동조합의 힘(α), 그리고 전국적 실업률(U)에 의해 결정된다. 임금과 실업은 명백하게 역의 관계를 나타낸다. 노동의 힘이 강력해 강한 전투성을 발휘할수록 임금은 상승한다. 높은 실업수당은 대체임금 증가효과를 갖기 때문에 실질협상임금을 증가시킨다.

이와 같이 임금 결정요인은 노동조합의 힘, 실업수당을 포함한 대체임금, 그리고 개별노동자가 실직 시 다른 기업에 취업할 수 있는 확률

---

6) 여러 경제학자들이 이 협상모델을 상정한다. Bean, et al.(1986); Hoel and Nymeon (1988).

등으로 이루어진다. 후자의 확률은 경제 전반의 실업수준에 의존하고 있다. 대체로 임금요구의 강도는 실업이 높은 수준을 보일 때에는 약화되기 때문이다. 이때 실질임금은 위에서 언급한 세 가지 설명변수를 핵심변수로 하여 결정된다. 기타 변수는 이러한 핵심 변수에 영향을 주는 매개변수 또는 간접변수로 볼 수 있다. 예컨대 좌파정부의 존재는 보수당정부에 비해 친노동적 입법을 추진하고 시행함으로써 노동조직화에 영향을 줄 수 있다.7) 이러한 임금모델 하에서는 노동조합의 세력이 강하고 실업률이 낮을 때 높은 임금인상 요구가 예상된다. 그러나 예상과는 반대로 북구처럼 노동이 강한 나라에서 노동은 임금자제를 통해 낮은 실업을 유지했다. 따라서 위의 임금협정모델이 현실을 구체적으로 설명하자면 노동이 어떻게 조직화되었는지를 파악하는 작업이 이루어져야 한다. 아래에서 우리는 노동시장제도를 통해 왜 임금자제가 이루어지는지를 해명할 것이다.

5. 시장제도와 임금자제

실업률의 국가 간 차이를 비교적 관점에서 볼 때, 일국의 실업률은 그 나라의 피고용인이 노동시장과 정치에 영향을 미칠 수 있을 때 더욱 높은 수준을 나타낸다. 다시 말해 강력한 노동조합이 고임금을 주장하고 일정한 제도 또는 법률이 높은 실업보상을 보장할 때 그 나라의 실업률은 높아지는 것이다. 제도 또는 법률이 갖는 효과는 좌파정당이 의회의 다수를 차지하거나 정부권력을 장악했을 경우 보다 강력

---

7) 실업효과를 강조하기 위해 생산물 시장의 영향은 여기서는 논의하지 않는다. 이에 관한 이론적 논의는 Carlin and Soskice(1990) 참조.

하다. <그림 3-5>가 보여주듯이 일본의 경우를 예외로 인정한다면, 집권당의 이념적 성격이 친노동적일수록 일반적으로 그 사회의 실업은 낮다. 즉 노동시장이 노동조합에 의해 규율되고 정치시장에서 친노동정당이 강한 것으로 특징지어지는 코포라티즘 체제 하에서 우리는 제도적 조건이 강하게 존재한다는 사실을 잘 알고 있다. 그러나 코포라티스트 국가의 실업률은 위에서 말한 이론적 기대와는 반대로 매우 낮은 수준을 나타내고 있다. 이론적 설명의 필요성은 여기에서 출발한다. 이와 같은 문제를 설명하기 위해 우리는 제도적 틀이 갖는 중요성에 주목할 필요가 있다. 그와 같은 제도는 헤디가 언급한 바 있는 노동시장 내 강력한 노동조합의 힘과 정치사회에서 좌파정당의 정치적 세력이라는 두 가지이다.

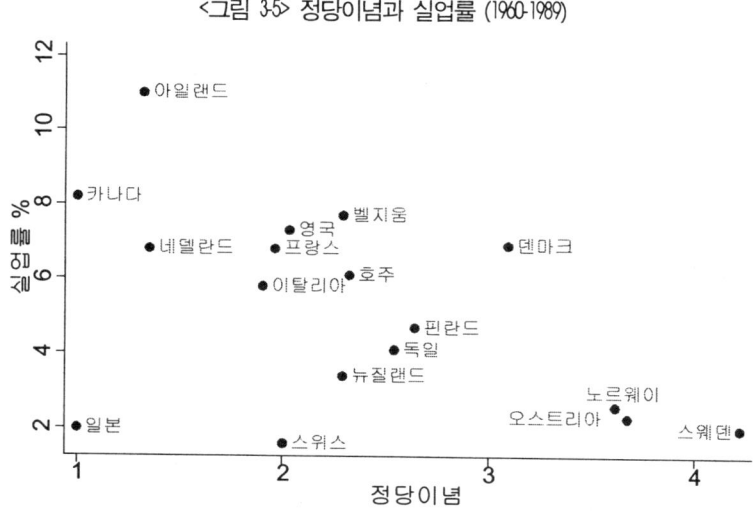

<그림 3-5> 정당이념과 실업률 (1960-1989)

자료: CEP-OECD Dataset, Woldendrop 등(1993).

노동시장에서 노동조합의 힘은 조직화의 정도, 임금협정의 결정수준에 의해 측정된다. 이러한 노조의 힘과 임금증가율의 상관관계는 일직선적이지 않다. 다시 말해 조직화의 증가는 임금협정의 수준에 따라 임금상승에 차별적 영향을 가져다주는 것이다. 임금이 전국단위로 중앙집중적인 방식 또는 기업수준에서 개별 독자적인 방식에 의해 결정되는 나라에서 조직률은 임금상승에 영향을 발휘하지 않을 수 있다. 그러나 임금이 산업수준에서 결정되는 나라에서 조직률은 강한 영향을 가져다준다. <표 3-3>은 임금협상의 수준과 실업률의 상관관계를 분명히 보여주고 있다.

이 장에서의 관심은 국가 간 실업률의 차별성을 경험적으로 검증하는 데 있다. 이를 위해서는 지금까지 제출된 모델을 분석하고 새로운 설명을 제시하기에 앞서 그들의 방법론을 먼저 비판적으로 평가해야 한다. 관련된 문헌 중 비교적 관점에서 가장 직접적으로 노동시장의 성과를 다룬 두 편의 논문이 언급될 것이다. 비판적 평가는 새로운 설명모델을 설정하기 위한 전초작업이라고 할 수 있다. 둘째, 새로운 기법의 사용에 의해 앞의 저술들이 간과하거나 설명할 수 없었던 이론적 모델을 설정한다. 경험적 모델은 임금과 실업 모두가 내생적 변수임을 고려하여 2단계 회귀분석(two-stage least square) 기법을 구사한다. 셋째, 이와 같이 선정된 모델은 실제 데이터의 사용으로 검증된다. 이 단계에서 제도적 틀이 갖는 중요성을 검증하기 위해 앞의 이론적 부분에서 언급한 바 있는 임금·고용관계를 기초로 표본이 사용될 것이다.

실업과 임금은 상호 영향을 주고받는 대상관계(trade-off)에 있다. 높은 실질임금(생산임금 또는 소비임금)은 고용을 축소하여 실업률을 높이게 된다. 한편 실업률이 높을 때 노동자는 실업을 우려하므로 고임금을 주장하기 어렵게 된다. 노동조합이 조직적 힘을 발휘하는 것이 제도적으로 보장된 선진 민주주의 사회에서 이 같은 임금과 실업의 국가

간 차이는 임금협정 수준을 중심으로 설명할 수 있다. 노동조합이 통일되지 않은 곳에서 노조가 개별기업과 임금협상을 할 경우, 노동자들은 실업자가 되면 다른 기업에 재취업할 수 있다는 점을 잘 알고 있다. 다시 말해 실업노동자는 마찬가지로 전국적 조직을 갖지 못한 여타 개별 기업주와 고용계약을 맺음으로써 새로운 일자리를 얻게 되는 것이다. 그러나 임금협상이 중앙단위에서 통제력을 가진 상층 노동조직과 기업가조직 사이에서 이루어지는 경우 노동자는 어떤 이유에서건 실업상태에 빠져들게 되면 다른 직장의 취업은 불가능하게 되고, 따라서 실업연금에 의존해야 한다.

6. 모델 설정

노동시장의 구조나 정치시장의 변화가 실업률에 주는 영향력을 분석하기 위해 두 가지 모델을 설정했다. 첫째, 실업률이 제도적 수준에서 결정된다는 점을 증명하기 위해 좌파정당의 집권 여부와 노동조직화의 정도가 동시에 작동하는 효과를 측정하고자 했다. 여기서의 가설은 좌파정부가 집권하고 노동이 전국적 수준의 조직을 갖추고 있는 국가에서 실업률이 낮아진다는 것이다. 이 모델은 임금상승이 실업에 주는 효과를 포착하기 위해 실질임금의 변화와 노동력증가를 통제했다. 둘째, 위에서 말한 바와 같이 우리는 임금결정 구조가 노동시장제도에 의해 결정된다는 것을 증명하기 위해 실질임금이 어떻게 정해지는가에 주목했다. 이를 위해 OECD 국가군을 임금협상 구조에 따라 세 그룹으로 분류하고, 각 그룹에서 임금이 정치적·제도적 요인과 어떤 관계를 갖는지를 설명하고자 했다. 우리의 가설이 정확하다면 노동이 잘 조직화돼 있는 국가에서는 오히려 강력한 노동의 힘은 실업이 상승할 때 임금을 자제하는 방향으로 행사될 것이다. 한편 여타 국가에서는 실업이 임금협상에 중대한 영향을 주지 못할 것으로 가정된다. 이와 같이 여기서는 그룹마다의 경험분석을 통해 실업이 미치는 임금효과를 비교분석할 것이다.

1) 시장구조의 제도효과와 변화

조직화된 이익의 공공이익에 대한 거시경제적 결과를 볼 때, 정치학자들은 사회적 합의(social consensus)의 존재가 낮은 실업률과 낮은 인플레라는 더 나은 실업·인플레 대상관계를 이룩하는 필수조건임을 인정하고 있다. 사회적 합의의 '공공재'(public goods)적 특성은 중앙집중화된 노동조직(centralized labor)과 기업가조직이 장기적인 이익을 위해 서로 협조할 때 얻어지는 정치적 결과물이다. 노동과 고용주 모두가 단기적 이득의 기회뿐만 아니라 그와 같은 선택이 장기적 이익에 대해 갖는 미래결과를 고려한다는 사실은 이들 경제주체 사이에 기대된 상호성이 존재한다는 사실을 의미한다. 각 경제주체의 현재의 행위는 미래를 보장하는 제도적 장치가 존재하느냐 하는 것에 커다란 영향을 받게 되는 것이다. 결국 이러한 '공공재' 획득의 국가 간 차이는 친노동정당과 노동조합의 힘(Lange 1985), 또는 국가규모와 개방성(Katzenstein 1985) 사이의 상호작용에 달려 있다고 할 수 있다. 랭과 가렛(Lange and Garrett 1985)은 이런 사실에 주목하면서 강력한 좌파정부의 집권과 높은 조직률을 갖는 중앙집중적 노조구조가 거시경제적 성과를 높인다는 가설을 제출했다. 동일한 모델은 패널데이터를 통한 통계적 검사를 거쳐 확장되었다(Alvarez, et al. 1991; Hicks 1994). 아래의 방정식은 이러한 논의에 입각해 제도적 요인이 실업에 미치는 정도를 검증하기 위한 모델로 제시된 것이다.

$$U_{it} = a_0 + a_1 U_{it-1} + a_2 w_{it} + a_3 L_g + a_4 Lab_{it} + a_5 party_{it} + a_6 LP_{it} + a_i \Sigma D_i \qquad 식(3.1)$$

위의 식에서 U는 실업률, U-1은 작년의 실업률, w는 실질임금, Lit는 노동력의 변화율을 의미한다. Lab은 노동의 조직적 힘을 나타내며, 노동조직의 중앙화 정도, 그리고 노동조합운동의 정도를 반영한다. 이 지표는 조직률과 노동운동의 중앙집중 정도에 대한 표준화된 점수의 합산으로서 랭이 사용한 값을 사용했다. Party는 좌파정당의 의석점유율, LP는 Lab과 Party 사이의 상호작용, 그리고 Di는 더미를 나타낸다. 실질임금을 포함시킨 이유는 그것이 실업에 영향을 주는 가장 중대한 변수이기 때문이다. 작년의 실업률은 최근 경제학자들에 의한 자연실업률 이론에서 논의되는 실업이력(hysteresis)의 현상을 통제하는 효과를 갖는다(Barro 1988).

좌파세력의 강도는 의회 내 의석점유율 또는 정당의 정책성향에 의해 측정될 수 있다. 위의 모델에 따르면 좌파정부는 중앙집중적 노동이 고도로 조직화되었을 때에 한해 유리한 거시경제성과를 도출할 수 있다. 다시 말하자면 좌파정부가 집권했을 경우에는 거의 예외 없이 노동조합의 힘은 거시경제에 긍정적 효과를 낳는 것이다. 국가별 가변수(dummy)는 자료부족에서 오는 제약요인으로 인해 포착 불가능한 잠재적 변인을 처리하기 위해 삽입되었다. 고정효과 모델은 정당효과 및 노동시장정책 같은 잠재적인 국부적 잔여(residual)와 관련된 가능한 효과를 제거할 수 있다. 바꿔 말하면 국가더미는 이와 같이 배제된 효과를 포착하는 기능을 한다. 이처럼 고정효과 모델은 자료문제 등 여러 이유로 인해 모델에 포함시킬 수 없는 경우 누락된 변인을 포착할 수

<표 3-4> 실업률과 제도

	실업률
전년 실업률	.91**
노동조직	.005
좌파정부	.04**
좌파정당과 노동의 상호작용	-.02**
실질임금	.81*
노동력증가	.05
추세	.01
R2	94.4%

종속변수는 실업률 수준이다. ***, ** 및 * 은 각각 1%, 5%, 10%의 통계적 유의수준을 의미한다.

있게 한다. 많은 나라를 비교분석하는 데 있어 각국 특유의 상세한 조건 모두를 사회과학적 모델에 고려하는 것은 불가능하며, 또 그럴 필요가 없을 때 고정효과 모델은 국가더미를 통해 특유 조건을 통제하기 때문에 대단히 유용하다고 할 수 있다.

<표 3-4>의 추정값이 말해 주듯이 노동조합의 힘과 좌파정부의 상호작용은 중대한 영향을 미치는 것으로 나타나고 있다. 노동이 전국 수준에서 조직화되고 좌파정당이 집권한 나라에서 노동은 오히려 자신의 힘의 행사를 신중히 고려하기 때문에 실업률이 낮아지는 것으로 이해할 수 있다. 반면에 노동이 통일돼 있지 않을 때 좌파정부의 집권은 사회통합에 기초하지 않기 때문에 미래상태를 보장하는 효과적 장치로 작용하지 못하게 되며, 따라서 노동은 분산된 채 각각의 단기적 이익만을 최우선으로 하는 전략을 추구함으로써 결과적으로 전체 실업이 증가하지 않을 수 없게 된다.

실업에 미치는 제도적 또는 정치적 효과에 대해서는 반론이 제기될 수도 있을 것이다. 회의론자들은 제도적 효과란 경제적 변수 또는 여러 가지 이유로 인해 포함되지 못한 요인이 제도적 변수에 의해 표출

되기 때문에 피상적이라고 주장한다. 이러한 반대주장의 논리를 반박 또는 억제하기 위해 노동시장의 변수를 통제하는 동시에, 각국에 특유한 고정효과를 추가로 통제하기 위해 국가 더미를 모델 내에 포함시켰다. 예컨대 세계시장에서의 공급충격 또는 회귀분석모델에 포함되지 않거나 누락된 각국 고유의 요인(예컨대 노르웨이의 예기치 못한 석유자원 발굴) 등이 제도적 요인에 의해 포착될 수 있다는 주장은 시간의 흐름과 상관없이 고정된 국가 더미를 포함시킴으로써 무력화된다. 나아가 시간 더미는 모든 나라에 공통된 시간적 충격인 세계경제적 요인을 포착할 수 있다.

<표 3-4>의 분석결과에 따르면 통제변수의 효과는 예상과 일치한다. 실질임금과 노동공급의 영향은 정의 방향으로 나타나고 있다. 제도적 상호작용은 1% 수준에서 유의미하며 부의 효과를 갖는다. 좌파정당의 세력 또는 노동의 힘은 그 어느 한 조건만의 존재는 부의 효과를 드러낸다. 통계적 유의성의 측면에서 정당효과가 유의미하다면 노동의 힘은 그렇지 못하다. 무작위 효과모델 역시 비슷한 결과를 보여주고 있다. 집권정부의 당파성이 실업에 미치는 영향은 조건적이고 부분적인 회귀계수에 의해 측정된다. 예컨대 좌파정부와 강한 노동이 결합되었을 때(Sweden)가 좌파정부와 유약한 노동이 결합되었을 때(Italy)보다 실업률이 4%나 낮은 수준을 보여준다. 조건적 노동조직의 영향도 마찬가지로 파악할 수 있다. 좌파정부가 집권하지 않았을 때의 실업률은 좌파정부 단독집권의 경우보다 두 배나 높다. 이러한 모델은 최소한 두 가지 점에서 랭 등이 의존한 기존의 모델보다 우월하다고 할 수 있다. 첫째, 실질임금과 노동력 규모 같은 독립변수를 포함시킴으로써 통계모델은 이론적으로나 현실적으로 보다 충실해졌다. 실업현상은 본질적으로 실질임금과 노동공급에 의해 중대한 영향을 받고 있기 때문이다. 둘째, 새로운 모델은 코포라티즘에서 낮은 실업률이 발생하는

현상을 경험적으로 강하게 지지한다.

2) 임금협정제도, 임금탄력성, 그리고 실업

앞의 논의는 각국의 임금협정 방식과 상관없이 OECD 16개국 모두를 대상으로 했다. 지금부터는 서론에서 언급한 것과 같이 실업발생의 실질임금적 요소를 집중적으로 추적함으로써 국가 간 비교의 미시적 기초(microfoundation)를 제공하고자 한다. 즉 <표 3-4>가 일정한 조건이 충족된 나라에서 우수한 노동시장의 작동을 말해 준다고 할 때, 이제 위의 조건을 갖춘 국가만을 따로 묶어 관찰하는 것이 필요하게 되는 것이다. 앞에서 이미 지적한 바 있듯이 16개 OECD국가들은 임금협정의 수준(전국, 산업, 기업)에 따라 세 그룹으로 구분되고, 각 그룹은 별도 패널회귀에 의해 통계처리를 받게 될 것이다. 코포라티스트 국가에서처럼 임금이 전국수준에서 이루어 질 때 임금은 낮은 폭으로 증가하며, 따라서 실업률 역시 낮아진다. 스웨덴의 경제학자 캄포스는 이를 실업의 외부효과(unemployment externality)라 부른다(Calmfors 1994; Soskice, 1989).[8] 이러한 임금협정제도 하에서 노동자는 다른 제도 하의 노동자보다 실업률에 민감하게 반응할 수밖에 없다. 극단적인 예를 들어 노동과 기업이 각각 전국적으로 단일한 조직에 소속돼 있어 양대 정상조직이 임금과 고용을 결정할 경우 실업노동자가 다른 기업에 재취업할 가능성은 논리적으로 존재할 수 없기 때문이다.

이처럼 임금의 외부효과는 노동조합의 자발적 임금억제를 통해 내

---

[8] 캄포스는 코포라티즘 체제 하에서 그밖에 6종류의 외부성을 추가한다. 소비자가격 외부성, 가격외부성, 투입가격 외부성, 재정외부성, 투자외부성, 시기외부성, 효율임금이 그것이다. 상세한 논의는 캄포스(1994)를 보라.

부화가 가능하다. 실업률 상승은 노동조합에 임금자제를 강제하기 때문이다. 코포라티즘 임금 회귀방정식에서 실업계수는 다른 체제의 동일한 계수보다 크고 유의미할 것으로 예상된다. 바꿔 말하면 특정 노동시장제도(여기서는 코포라티즘 또는 중앙단위의 임금협정) 하의 노동자들이 실업률이 상승할 때 임금인상을 자제한다는 사실이 밝혀지면 국가 간 실업률 편차에 대한 임금협상 접근법이 갖는 유용성이 강화될 수 있는 것이다. 기업별 임금협정 체제 하에서 비협조적 게임의 경우 개별 노동조합은 전체 경제와 독립적으로 임금이 결정된다는 사실을 잘 인지하고 있다. 그 결과 시장균형 임금 및 고용이 가능하다. 반면 임금협정이 중앙수준에서 이루어지는 경우, 즉 노동조합 사이의 협조게임이 이루어질 때 노동조합은 개별임금이 전체 고용에 가져다주는 효과를 인지하며, 따라서 결과는 낮은 임금 및 높은 고용이 된다.

임금·실업의 협상접근법은 전통적인 필립스곡선(Phillips curve)과 두 가지 점에서 전혀 다른 측면을 갖고 있다. 첫째, 종속변수가 명목임금 증가율이 아니라 실질임금 수준이라는 사실이다. 이 때문에 이 분야의 고전인 전통적 필립스곡선 모델은 완전히 수정된다.9) 실질임금의 수준을 종속변수로 설정하는 이유는 고용자와 피고용인은 협상 시 임금의 변화율이 아니라 가격인플레의 기대치가 계산된 화폐소득을 고려한다고 보는 것이 보다 합리적이기 때문이다. 두 번째 다른 점은 중심적 독립변수인 실업률에 대한 해석이다. 전통적 필립스곡선 이론은 실업률이 노동의 과수요를 반영한다고 보는 반면, 협상접근 이론은 노동시장에서 협상 행위자들의 협상력을 반영한다고 본다. 따라서 추정방정식은 다음과 같다:

---

9) 실질임금 방정식은 원래 사간(Sargan 1964)에 의해 개발되고 LSE(London School of Economics)학파에 의해 확장·발전되었다.

$$w_{it} = b_0 + b_1 w_{it-1} + b_2 U_{it} + b_3 \Delta wedge_{it} + b_4 k_{it} + b_5 UD_{it} + b_6 S_{it} + b_7 POL_{it} + b_7 T \quad \text{식}(3.2)$$

위의 식(3.2)에서 wit = 실질임금, wit-1 = 전년도 실질임금, U = 실업률의 로그, wedge = 웨지(쐐기) 증가분, UD = 노동조합 조직률, S = 파업손실일수, k = 자본/노동 비율, 생산성 추세를 반영, POL = 좌파정당 세력, T = 1974~85년 시기를 표시하는 더미를 각각 나타내고 있다.

여기서 실업률은 자연로그의 값을 취했다. 실업률과 임금상승은 동시적으로 움직이기보다 실업률이 다른 수준이면 이에 대한 임금수준도 다르다고 보는 것이 합리적이기 때문이다. 레이야드와 니켈(Layard and Nickell 1985)은 로그실업률이 가장 견실하게 설정된 모델임을 입증한 바 있다. 이들의 주장은 이 장의 자료를 통한 경험적 노력과 일치한다. 따라서 실업계수는 탄력성 개념으로 해석된다. 임금탄력성이란 실업률이 1% 높아 감에 따른 임금상승의 방향과 크기를 파악하는 개념이다. 이러한 함수관계는 시계열 표본자료가 고실업의 시기임을 고려할 때 현실적이라고 할 수 있다.

이러한 회귀분석의 주요목표는 앞에서 분류한 세 그룹에서 실업에 대한 임금반응의 변동을 관찰하는 것이다. 이는 간단히 말해 임금의 실업탄력성을 의미한다. 우리는 실업률 증가에 비해 임금증가가 약할 때 임금형성이 탄력적이라고 한다. 문헌의 일부 합의에 따르면, 코포라티즘의 주요규정 중의 하나는 실질노동비용이 탄력적인가 하는 데 있다(von Weizacker 1979; Bean, et al. 1986; Newell and Symons 1987; Pekkarinen 1992). 빈 등(Bean, et al. 1986)은 코포라티즘이 외부적 충격에 대해 매우 신속한 재조정을 특징으로 하고 있다고 지적한 바 있다. 완전고용을 일종의 '공공재'라고 접근할 때 이는 노동조합 집합행위의 문제가 된다. 이러한 특정의 공공재가 제공되려면 노동이 중앙단위에서 조직화되고 중앙조직이 임금자제를 하부단위에 설득 또는 강제시킬 수 있을 만한 힘을 보유해야 하기 때문이다.

또한 모델에서는 임금상승 압박요인으로 작용하는 세 가지 변수가 추가되었다. 전년도 실질임금을 포함시킨 것은 고용자 및 피고용자 모두 상대적 가격의 즉각적 변화에 대해 신속하게 조절하기 어렵기 때문에, 임금형성 과정에서 이러한 어려움을 반영하기 위한 것이다(Newell and Symons 1986; 1987). 이처럼 과거의 임금수준은 임금조정을 계측하는 요인으로 작용한다. 전년도에 임금이 높게 결정되었다면 그 다음 해의 임금은 전년도보다 낮은 수준에서 결정되기가 상당히 어렵게 된다. 기업의 입장에서는 임금의 대폭 상승이 노동자에 대한 기업 협상능력의 약화로 인식된다고 생각하기 쉽다. 마찬가지 논리로 노동자들은 임금에 영향을 주는 요인에 대해 기업보다 자세히 알 수 없는 정보의 비대칭성 상태에 있기 때문에 기업의 지불능력 또는 균형임금을 정확히 알 수 없고, 따라서 과거 임금수준을 통해 추측할 수 있을 뿐이다.[10] 이러한 이유로 노동자와 기업 모두가 환경변화에 신속히 반응할 수 없다 (Newell and Symons 1987, 574). 시계열적 경험분석에서 실질임금 방정식의 좌변은 종종 역동적 로그형태 (L)(w-p)[11]를 취한다.

또한 임금상승을 압박하는 노동조합의 힘을 나타내기 위해 두 종류의 대리변수(proxies)가 이용돼 왔다. 노동조직 힘의 계량화가 어려운 작업이라는 것은 이미 널리 알려져 있다. 개별국가 연구에서 이용된 가장 근사한 대안변수는 미조직부문과 조직부문 사이 임금의 차액이다.[12] 그러나 불행히도 노동조합원의 임금프리미엄은 국가 간 연구에

---

[10] 다음 임금증가 방정식에서처럼 전형적인 필립스곡선 역시 과거의 종속변수를 담고 있다: w=a pe+(1-a) w-1-cU.
[11] (L)은 시계열적 역동성을 나타낸다.
[12] 노동조합의 세력을 표시하는 데 조합임금 프리미엄이 조직률보다 낮다는 점은 영국 경험연구에서 증명되었다. Nickell and Andrews(1993) 참조.

사용될 수 있을 정도로 충분한 자료가 없다(Jackman 1990). 따라서 노동
조직률과 전투성은 자료획득의 측면에서 비교 가능한 대안변수이다.
실질임금의 압박은 또한 실질생산물 임금과 실질소비 임금의 차이, 즉
소비자지표와 생산물지표에 소득세 및 근로세를 합한 것과의 차이에
의해 계량화가 가능하다. 이 쐐기는 실질임금의 경직성을 말해 준다.
다시 말해 쐐기가 클수록 실질임금은 상승하게 된다. 따라서 임금협상
시 이 차이를 좁혀 나가는 것이 뜨거운 쟁점이 된다. 쐐기가 임금방정
식에 미치는 효과를 경험적으로 밝히기 위해 차이의 수준 또는 차이의
차액을 우변에 포함시켰다. 끝으로 세계경제의 공급위기가 임금에 가
져다주는 비정상성을 고려하기 위해 1973~1985년 기간을 가변수로 포
함시켰다.

<표 3-5>는 앞의 실질임금 방정식에 기초한 계측결과를 협정수준에
따라 세 그룹으로 분류하여 작성한 것이다. 중앙수준에서 노사협정이
행해지는 코포라티즘 국가에서의 임금자제는 실업 같은 노동시장 활
동과, 쐐기와 전년도 임금 같은 임금압박 변수의 효과를 통해 분석 가
능하다.

<표 3-5> 실질임금 방정식

	중앙	산별	기업별
실업률	-.04**	-.029	.16
전년 실질임금	.53**	.83***	.87***
노동조직률	.14	.16	.21*
파업	-0	N.A	.00005***
웨지	-.31**	.22**	-.13
자본/노동 비율	.32***	.18*	.02
좌파정부	.005	.008*	.0003
추세	.04*	.01	-.0007
R2	93.9%	98.4%	98.7%

종속변수는 실질임금의 자연로그 값임.

<표 3-5>에서 무엇보다도 주목할 점은 코포라티즘에서 실질임금의 실업탄력성(-0.04)이 부의 효과를 가지며 그 절대값이 크다는 것이다. 이는 실업률이 2%에서 3%로 상승할 때 실질임금은 1.71% 증가하는 효과를 갖는다는 것을 의미한다. 중앙협정의 임금결정 구조를 갖는 나라의 일반적인 낮은 실업률을 고려하면 이와 같은 실질임금의 영향은 매우 강하다고 할 수 있다. 바꿔 말하면 임금자제가 코포라티즘의 특징이라는 명제가 지지되는 것이다.

기업별 임금결정 구조의 국가군에서 실업의 증가와 임금의 증가가 연계되고 있다는 점 또한 주목되는 사실이다. 비슷한 결과는 빈 외(Bean, et al. 1986)와 홀름룬트 외(Holmlund, et al. 1991) 등의 개별국가에 대한 경험적 연구에서도 보고되고 있다. 이 점은 코포라티즘에서 발생하는 내부자효과로도 설명할 수 있다. 내부자효과의 주요한 측면은 고용된 내부자는 외부자로 지칭되는 실업자의 복지나 효용을 고려하지 않는다는 데 있다. 그러나 기업별 임금협상 구조에서 실업은 통계적으로 유의미하지 않다는 사실은 이와 좋은 대조를 이루고 있다.

둘째, 임금타성(wage inertia)은 임금의 중앙협정 구조에서 가장 낮은 (0.53) 반면 기업별 및 산별구조에서는 높은 수준을 보이고 있다(각각 0.83, 0.87).[13] 임금타성계수 0.53은 전년도 임금효과 중 53%가 다음 해까지 영향을 미친다는 것을 나타낸다. 한편 임금타성 효과는 협정계약 기간과도 관련이 된다. 정상적으로 임금이 2년 이내에서 계약되는 코포라티즘 체제의 경우 계약의 조정비용이 타 구조 하에서보다 적게 든다고 할 수 있다. 한편 계약기간이 길면 길수록 임금은 상승적 곡선을 타게 된다.

실질임금 방정식에 포함된 노동조합의 힘을 표시하는 조직률과 파

---

13) 개별국가 경험연구에 의하면 스웨덴에서 0.49, 미국에서는 0.83이다. Newell and Symons(1987) 참고.

업효과 등 대리변수(proxies)의 결과를 추계하면, 노동조직률의 증가는 기업별 임금협정 체제 하에서 미미하지만 통계적으로 유의미한 영향을 미친다. 비중앙적 임금결정 구조에서 조직률의 중요성은 내부자·외부자모델에 의해 설명할 수 있다. 임금결정 방식이 전적으로 기업이나 작업장 수준에서 이루어질 때 조직률의 증가는 조직노동자로 하여금 비조직화된 노동자보다 높은 수준의 임금인상을 요구하도록 만든다. 한편 이러한 총합적 효과나 영향은 임금협상이 보다 높은 수준에서 중앙본부에 의해 통제될 때 적게 나타난다.

파업의 임금상승 효과는 자료부족 문제 때문에 중앙임금 결정구조의 지역, 즉 코포라티즘 체제와 기업별 임금결정 체제에 한정해 추계되었다. 산업별 임금결정 구조를 가진 네덜란드와 벨기에 등에서는 파업 패널데이터가 없기 때문이다. 파업효과는 <표 3-5>에 나타난 것과 같이 기업별 임금체제 하에서만 유의미한 반면, 중앙 결정방식 구조에서는 거의 0에 가깝다. 이러한 대조적 추계는 코포라티즘 체제의 노동자는 임금상승을 위한 중요 수단으로 파업에 의존하지 않는다는 것을 말해 준다. 반대로 기업별 임금결정 체제 하에서 노동자들은 상대적으로 임금투쟁을 위해 파업을 동원한다고 할 수 있다.

좌파정당 세력이 실질임금에 주는 영향은 임금결정 구조와 관계없이 정의 효과를 갖는다. 그러나 좌파정당의 추계계수는 오로지 산업별 임금협상 구조 하에서만 10% 수준에서 유의미한 동시에 그 절대값이 가장 크다. 이는 실질임금은 좌파정당이 집권하여 경제를 운용하며 임금이 산업별로 협정되는 곳에서 증가했다는 것을 나타낸다. 한편 쐐기의 차의 효과는 어느 그룹에서든 부의 방향을 가리킨다. 즉 실질임금은 쐐기의 간극이 커진다고 해서 증가하는 것은 아니라는 것을 말해 준다. 보고되지는 않았으나 쐐기의 수준도 마찬가지로 통계적으로 유의미하지 않다. 근로세와 소득세가 쐐기에 내포된 점을 고려할 때 '세

금쐐기'는 임금을 상승시킬 만큼 강력하지는 않다.14)

결국 코포라티즘 체제가 과시하는 탁월한 고용성과는 임금협상 과정에서 실질임금이 어떻게 결정되는가에 의해 설명된다. 여기서 실질임금은 고용상황에 따라 신축적으로 정해지며, 따라서 고용주가 실업보다는 현재 수준의 고용을 유지하도록 한다. 이러한 임금자제는 낮은 파업률과 직접적으로 연관된다. 또한 임금협정이 전국적 수준에서 정상조직 간에 타결될 경우 파업은 임금상승의 주요기제가 아니다. 임금협정의 중앙결정 방식은 임금요구를 억제함으로써 고용비용을 내부화한다. 반대로 임금이 산별 또는 기업별 하부조직에서의 협정을 통해 결정되고 노동조직이 분절화된 지역에서 파업은 종종 임금협상의 주요한 시위제도로 활용되고 있는 것으로 보인다.

7. 맺음말

우리는 과거 20여 년간에 걸친 실업의 국가 간 편차를 제도주의적 접근법을 통하여 설명했다. 노스(1990)의 정의를 따르면 제도란 노동시장 내에서 행위자들이 준수해야 하는 게임의 법칙이다. 일찍이 산업화

---

14) 쐐기(wedge) 수준의 효과는 유의미하지 않고 정의 방향이다. 또 조세정책이 코포라티스트체제에서 실질임금을 낮출 수 있는가를 알기 위해 '조세쐐기'도 시도됐지만(Newell and Symons 1989; Knoster and van der Windt 1987) 여기에서 언급한 결과와 별 차이가 없음을 발견했다. 기존 연구에서 '조세쐐기'의 추계는 양면적이다. 레이야드와 니켈(1985)은 불만족한 결과를 보고했다. 빈 외(1986)는 국가마다 상반되는 결과를 보고한다. 뉴웰과 시몬즌(1985) 또한 비슷한 추계를 발표한다. 후자의 연구에 의하면 쐐기의 변화는 실질임금 형성에 유의미하며 정의 효과를 갖는다. 노스터와 빈트(1987)는 조세쐐기가 실질임금을 상승시킨다고 주장한다.

를 달성하고 자유민주주의를 수용했던 OECD국가에서 노동자의 권리는 제도적으로 보장돼 있다. 각국마다 역사적 조건에 의해 형성된 제도는 노동과 고용주의 관계를 제약한다. 노동자와 경영 측의 관계를 구성하는 가장 중요한 요소인 임금결정 방식은 세 가지 수준에 따라 형성되었다. 전국적, 산별 및 기업별 임금협정 구조가 그것이다. 임금협정의 수준에 따라 OECD국가군을 세 그룹으로 분류할 수 있으며, 그룹 간에 나타나는 노동시장의 차별적 성과는 바로 임금이 노동과 자본 사이에 어떻게 정해지느냐에 달려 있다. 코포라티즘 체제 하에서 드러나는 아주 낮은 실업률의 존재는 그곳의 노동조합 중앙본부와 기업가조직 본부 사이에 체결되는 임금수준에 기인한다. 하부조직으로부터 권위를 인정받고, 그에 상응하는 통제력을 갖춘 정상조직이 낮은 임금과 높은 고용을 추구하기 때문이다. 물론 하부조직에서의 '임금부상'(wage drift)이 존재하지만 일반적으로 재조정 폭은 다른 두 그룹에 비해 낮은 수준이다. 또 노동 중앙조직의 하부 가입노조에 대한 통제력이 강력하기 때문에 중앙의 허락 없는 하부조합의 일방적 파업투쟁은 용인될 수 없다.

 안정적 경제성장과 낮은 실업률의 대명사 격인 코포라티즘 체제는 임금협정 패턴과 제도적 환경을 통해 설명되었다. 이에 대한 경험적 분석은 1970년대 초 헤디(Heady)가 언명한 우월한 거시경제성과의 두 가지 조건을 지지하고 있다. 즉 좌파정부의 존재와 중앙집중식 임금협정이 바로 그것이다. 코포라티즘 체제 하에서 하나의 전국조직으로 조직화된 노동세력은 작업장에서는 임금과 고용으로 정의되는 노동시장에 대한 통제를 강화하여 노동자 복지를 향상시키는 한편, 정치적으로는 투표권 행사를 통해 사민당과 같은 친노동정당을 지지함으로써 노동자의 장기적인 이익을 추구했다.

 회귀분석 결과에 따르면, 임금이 중앙수준에서 결정되는 코포라티즘 체제는 낮은 실업률을 유지하는 데 성공했다. 노동조합의 시장제어력과 정치력의 상호작용 효과는 기성의 모델에서 보다 강하게 나타났다. 이 장의 논의가 갖는 두 번째 주요 성과는 임금자제와 낮은 실업률을 통해 드러나는 '죄수의 딜레마' 형태의 조합이 왜 코포라티즘 체제에서만 가능한가를 분석했다는 것이다. 이 체제가 과시하는 '자발적' 임금자제는 두 가지 경로로 중요성을 갖는다. 먼저 임금자제는 임금이 두 정상조직 사이에서 결정되는 코포라티즘 체제에서 나타나는 실업 외부성에 대한 해답이라는 점이다. 또한 이들 나라에서는 실업수준이 높을 때 임금이 신축적으로 결정된다는 것이다.

이와 같은 설명방식은 실업과 같은 노동시장적·거시적 경제결과를 임금협상 과정에서의 미시적 동기에 의해 유도된 독립변수에 의해 설명하기 때문에 기존의 모델에 비해 이론적으로 정치하다. 미시적 기초에 관계없이 거시적 결과물을 단순히 통계적 분석으로 재현하는 기존의 설명은 과학적 설명이라기보다 종속·독립변수 간의 통계적 관찰에 불과하다고 할 수 있다. 이 모델에 따르면 전국적 임금결정 구조 하의 낮은 실업률은 임금결정자 사이의 게임의 결과이다. 즉 노동이 완전고용을 목표로 낮은 임금을 선택함에 따라 기업이 고용을 보장하는 상호 협조적인 게임의 결과가 낮은 실업률로 나타난 것이다. 실질임금의 실업탄력성은 오직 코포라티즘 체제 하에서만 부의 방향으로 유의미성을 보여주었다. 이러한 현상은 이 체제 하에서 가장 낮은 임금지연 효과와 결합하여 훌륭한 노동시장 성과를 증명한다. 그러나 이러한 노동시장의 결과는 노동이 정치적 장에서 강력할 때, 즉 좌파정당이 강할 때 더욱 강력하게 나타난다. 다른 조건이 동일하다면 산별조직 국가에서 좌파정부의 역할은 유의미하다. 임금이 산별 및 기업별 수준에서 결정되는 곳에서 실업은 임금의 실업에 대한 비탄력성과 연관된다.

코포라티즘 체제 하의 비정상적일 만큼 낮은 파업은 앞에서 말한 노동의 '자발적' 임금자제를 반영하고 있다. 실질임금 회귀분석에서 파업계수의 유의성 결여는 임금자제가 낮은 실업률을 결과한다는 사실을 나타낸다. 이는 하부 노동조직의 비공인 파업이 중앙의 권위에 의해 통제된다는 것을 의미한다. 이와 대조적으로 노동조직이 분절화되어 노동계약이 낮은 수준에서 이루어지는 제도 하에서 파업은 임금상승의 주요 통로로 작용하고 있다.

〈부 록〉

　최근의 노동조합 경제학 이론은 1970년대 이후 비정상적 규모로 확대되기 시작한 실업문제를 설명하는 데 분석의 초점을 맞추고 있다. 이들 이론의 기본 가정은 노동조합의 구조나 역할이 실업률의 국가 간 편차를 초래하는 중요한 변수로 작용하고 있다는 것이다. 노동조합의 실업률모델로 현재 가장 주목받고 있는 효율적 임금모델(efficient wage model) 또는 내부・외부모델은 기본적으로 독점노동조합 모델(monopoly union model)을 기반으로 발전한 것이다. 독점노동조합 모델은 던럽(Dunlop 1944)에 의해 최초로 개발되었다. 던럽은 노동조합의 효용곡선이 원점으로부터 오목하며(concave) 노동수요곡선에 의해 제약된다고 가정하고 있다. 이러한 가정 하에서 임금은 효용극대화를 추구하는 노동조합에 의해 일방적으로 결정된다. 임금이 결정되면 고용 또는 실업은 노동수요 곡선에 의해 정해진다. 기업은 다음과 같은 생산함수에 따라 이윤극대화를 추구한다.

$$pF(K,E) - wE \qquad (1.1)$$

　여기서 p, w, E, K는 가격, 임금, 노동, 자본을 나타낸다. 이러한 생산함수는 정의 방향으로 증가하며(F_k, $F_E > 0$), 이차 미분은 부의 방향이다(F_{KK}, $F_{EE} < 0$).
　노동조합이 높은 임금을 결정하면 실업률은 높아진다. 고용은 특히 기업의 이윤극대화의 일차적 조건에 의해 결정된다,

$$\frac{d\pi}{dE} = F_E - w = 0 \qquad (1.2)$$

노동수요는 이때 FE의 역함수에 의해 결정된다.

$$E = E(w) \qquad (1.3)$$

동일한 구성의 독점조합이 최대화하려는 효용함수는 다음과 같다.

$$u = \frac{Eu(w)}{L} + (1 - \frac{E}{L})u(A) \qquad (1.4)$$

여기서 A는 유보임금이다. 이처럼 예상효용은 '시장'임금과 유보임금의 가중평균을 뜻한다. E/L은 보통 노동자의 고용 가능성을 의미한다. 이때 유보임금은 다음과 같이 정의하는 것이 가능하다.

$$A = (1-U)w + Ub \qquad (1.5)$$

여기서 b는 실업 시의 수당을 말한다. 실업보험금의 정도는 사회적 제도에 달려 있다. 유보임금은 실업이 높을 때 증가하며, 높은 실업은 노동자의 재취업 의사를 약화시키기 때문에 노동시장의 일반적 외부임금은 높아진다.

조합원의 위험부담 중립성(화폐로 환산 가능한 효용)을 가정하면 방정식 (1.2)는 다음과 같이 나타낼 수 있다:

$$\max u = E(w)w + (1-E(w))A \qquad (1.6)$$

방정식 (1.2)를 임금에 대해 미분하면,

$$wE'(w) + E = E'(w)A \qquad (1.7)$$

방정식 (1.4)를 E로 나누고 식 (1.2)의 A로 대체하면,

$$w + \frac{E}{E'} = A = (1-U)w + Ub \qquad (1.8)$$

노동수요 탄력성의 절대값을 아래와 같이 정하면,

$$\eta = -\frac{dE}{dw}\frac{w}{E}$$

협정임금은 다음과 같다:

$$w = (\frac{U}{U - 1/\eta})b \qquad (1.9)$$

방정식 (1.9)는 균형임금이 실업률과 실업보험 수준의 함수임을 말해 준다. 실업이 한 단위 떨어짐에 따라 임금은 한 단위 이상 증가한다. 또한 실업보험이 높을 때 임금은 높아진다.

이와 같은 단순한 독점모델 하에서는 임금을 둘러싼 협상은 이론상

존재하지 않는다. 그러나 임금이 고용자와 피고용자 사이에 존재하는 협상의 산물로 결정되는 현실세계에서 독점모델은 비현실적이다. 왈라스적 경매인(Wallrasian auctioneer)이 아니라 기업이 임금을 정한다고 가정하는 효율적 임금모델에서 임금탄력성은 효율함수로 대체된다. 효율함수에 영향을 주는 변수는 무성의한 노동자를 해고시키는 데 드는 비용이 좋은 예이다.

최근의 독점모델은 협상과정을 임금결정 구조에 반영시키기 위해 수정되었다. 수정 독점모델에서 고용은 기업에 의해 결정되는데, 이는 경영권모델(right-to-manage model)로 불리고 있다. 노동조합의 경영권모델에서 기업은 경영을 관장하여 고용을 일방적으로 결정하는 반면, 임금은 노동조합과 기업의 협상에 의해 결정된다. 균형임금은 비대칭적 내쉬 협상해결(asymmetric Nash bargaining solution)에 의해 정해진다(Nickell and Andrews 1983; Carlin and Soskice 1990).[15] 임금이 현실세계에서 단체협상에 의해 결정되는 사실을 고려할 때 경영권모델은 경험적인 면에서 현실과 잘 부합한다(Oswald 1985, 169).

고용수준의 결정은 이윤극대화를 추구하는 기업의 고유한 영역이다. 독점모델과의 기본적인 차이는 아래의 내쉬해결 함수에 있다. 아래의 방정식은 내쉬협상의 곱을 최대화한다.

$$\Omega = (w-A)^{\beta}((\pi(w))^{1-\beta}$$

위의 내쉬협상 함수는 로그 값으로 변환될 때 아래와 같이 선형으로 변한다,

---

[15] 여러 경제학자들이 이러한 협상모델을 상정한다. Bean, et al., 1986; Hoel and Nymeon 1988,

$$\log \Omega = \beta \log (w - A) + (1-\beta) \log \pi(w) \quad (1.10)$$

식 (1.10)에서 π는 기업이 목표하는 소득함수를 의미하고, β는 협상 시 노동조합의 힘을, 그리고 w는 협정임금을 가리킨다. 분석의 간편성을 위해 기업의 최후효용은 제로라고 가정한다. 기업이 작업장 폐쇄 시 얻는 이윤은 마찬가지로 제로이기 때문이다. 내쉬해결 함수는 조합과 기업이득 간의 가중평균이다. 만일 β가 1이면 임금은 노동조합이 최대의 이익을 취하는 점에서 결정됨을 의미한다. 이때의 임금은 독점모델의 임금결정과 같다. 반면 β가 0이면 임금은 기업이득의 극대화에 의해 결정된다. 이처럼 경영권모델에서 보면 전통적인 독점모델은 β가 1이 되는 특수한 경우일 뿐이다. 내쉬해결 함수의 최적 일차조건은 다음과 같다:

$$\frac{\beta}{w-A} = \frac{(1-\beta)E}{\pi(w)} \quad \text{or}$$

$$w = A + \frac{\beta}{1-\beta} \frac{\pi(w)}{E} = w = A + \alpha \frac{\pi(w)}{E} \quad (1.11)$$

식 (1.11)에서 α는 기업에 대한 노동조합의 상대적 협상력을 의미한다. A를 대체하면 아래의 실질협상임금이 나온다.

$$w = b + \frac{\alpha(\pi/E)}{U} \quad (1.12)$$

이와 같은 협상모델에서 임금은 대체임금에 내포된 실업수당의 수준(b), 노동조합의 힘(α), 그리고 전국적 실업률(U)에 의해 결정된다. 임금과 실업은 명백하게 역관계를 나타내고 있다. 노동의 힘이 더욱 강력하면 임금은 상승한다. 높은 실업수당은 대체임금 증가효과를 갖기 때문에 실질협상임금을 증가시킨다.

이와 같이 임금의 결정요인은 노동조합의 힘, 실업수당을 포함한 대체임금, 그리고 개별노동자가 다른 기업에 취업할 수 있는 확률이다. 후자의 확률은 경제 전반의 실업수준에 의존한다. 임금요구의 강도는 실업이 많을 때 약화되기 때문이다. 이때 실질임금 방정식은 위에서 언급한 세 가지 설명변수를 핵심변수로서 포함한다. 기타 변수는 이러한 핵심변수에 영향을 주는 매개변수 또는 간접변수로 볼 수 있다. 예컨대 좌파정부의 존재는 보수당정부에 비해 친노동적 입법을 추진·시행함으로써 노동조직화에 영향을 줄 수 있다.16) 이러한 임금모델 하에서 노동조합의 세력이 강하고 실업률이 낮을 때 높은 임금요구가 예상된다. 그러나 높은 실업률은 특정 제도를 가진 특정 지역에서 낮은 임금요구로 나타난다.

---

16) 실업효과를 강조하기 위해 생산물시장의 영향은 여기서 논하지 않는다. 이에 관한 이론적 논의는 Carlin and Soskice(1990)를 참조.

제4장 탈산업화, 세계화, 그리고 노노갈등

　2005년 시점에서 노동자는 물론 사회 일반에 익숙해진 노동시장의 유연성은 1997년 말에 있은 한국사회의 대혼란이 아니었다면 생겨나지 않았을 것이다. 1997년 11월 '갑작스러운' 외환위기의 발발로 한국사회는 즉각 대혼란에 빠져들었다. 금리는 하루아침에 20% 가까이 상승했고 외환시장의 혼란과 함께 한국의 대내외 경제활동은 일대 혼란에 빠져들었다. 재벌기업마저 퇴출되는 위기상황 속에서 고용은 격감했다. 모든 기업은 구조조정에서 살아남기 위해 노동비용을 절감하는 데 전력투구했기 때문에 고용사정은 더 악화돼 갔다. 이러한 구조조정 과정 가운데서 노사갈등은 더욱 깊어졌다. 그뿐 아니라 노동시장의 유연화 증대로 인해 노동 내부의 갈등도 생겨남에 따라 사회적 갈등은 과거와는 질적으로 다른 수준으로 발전했다. 이 장의 목적은 경제적 구조조정이 노동시장에 미친 파급효과를 설명하고, 이것이 다시 노동조직 내부에 미친 결과를 분석하는 것이다.

　이 장은 네 부분으로 짜여진다. 첫째 부분에서는 위기로 인해 불가피하게 진행된 구조조정이 노동시장에 준 결과를 서술할 것이다. 두 번째 부분에서는 위기 이후 한국에서 처음으로 실험한 노사정 사회협약의 탄생과 특징을 서술한다. 세 번째는 경제위기 이후의 노동시장 유연화가 낳은 사회적 갈등을 분석한다. 특히 노동시장의 유연성 증대로 인해 한국에서는 처음으로 발생한 노동 내부의 갈등, 즉 노노갈등을 설명한다. 네 번째 부분은 결론으로 노노갈등을 완화하는 데 필요한 한국형 노사정모델의 조건을 제시할 것이다.

1. 경제위기, 구조조정과 고용위기

경제활동의 급격한 위축으로 특히 타격을 입은 분야는 노동시장이었다. 재벌을 포함하여 대기업이 도산하고 이는 다시 중소기업으로 파급됨에 따라 고용규모는 대폭 축소됐다. 산업화 이후 과거 수십 년 동안 거의 완전고용을 유지해 온 노동시장에는 대량실업이 발생했다. 대량실업의 규모와 그 충격을 가늠하기 위해서는 외환위기 직전 2.5%에 불과하던 실업률이 1999년 초에는 8.5%로 3배 이상 상승한 점에 유의해야 한다. 1997년 10월 실업자수는 40만 명을 약간 상회했으나 1998년 7월에는 160만 명을 초과하는 대량실업으로 발전했다(<그림 4-1>). 이처럼 불과 1년 동안에 백만 명 이상의 노동자가 실업자로 바뀐 것은 한국 역사상 유례가 없는 일이었다. 경제위기는 기업의 입장에서 기업퇴출, 즉 도산을, 그리고 노동자의 입장에서 보면 곧 실업을 의미한다. 그림은 단순히 대폭 늘어난 실업을 보여주지만, 그 속에는 직장을 잃은 분노와 유무형의 막대한 사회적 손실이 숨어 있다. 여기에는 1998~2000년에 있었던 금융업 노동자의 저항, 자동차산업 노동자의 투쟁 등을 담고 있다.

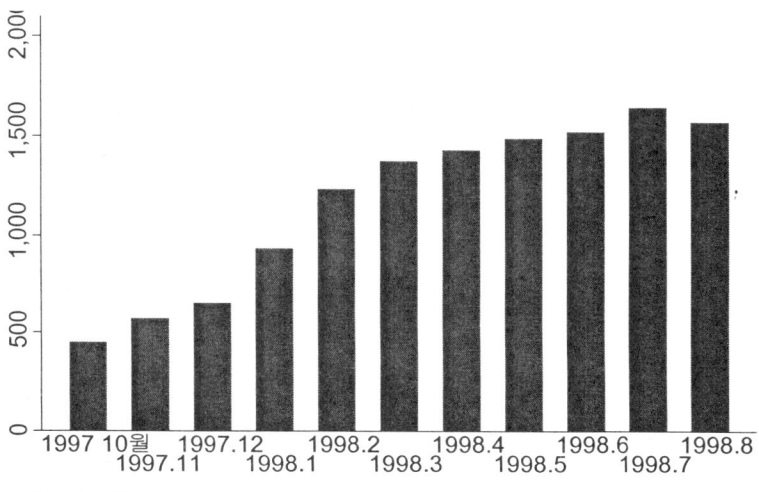

<그림 4-1> 금융위기 이후 월별 실업자 증가 (천명)

자료: 통계청

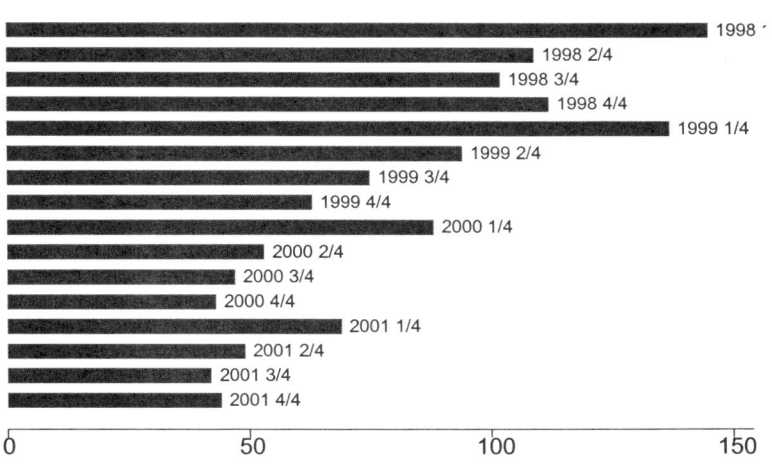

<그림 4-2> 금융위기 이후 분기별 실업자 증가 (천 명)

자료: 통계청

탈산업화, 세계화, 그리고 노노갈등__139

<그림 4-1>이 총실업자를 표시한다면 <그림 4-2>는 1998년부터 2001년까지 분기별 발생 신규 실업자수를 보여준다. <그림 4-2>는 새롭게 발생한 실업을 의미한다는 점에서 금융위기가 노동시장에 가한 충격을 일깨워 주는 데 보다 적실한 자료이다. <그림 4-2>에서 보는 것처럼, 신규실업자는 1998년 1/4분기에 급증하고 있다. 이후 약간 감소하다가 1999년 1/4분기에는 다시 증가하는 등 1999년 전반기까지는 줄어들지 않고 있다.

대량실업의 발생과는 별도로 노동시장은 급속히 유연화되었고 그 결과 이원화되었다. 노동시장은 정규직과 비정규직으로 양극화되었다. 비정규직은 계약직, 임시직 및 일용직을 말하며 정규직에 비하면 고용이 불안정하고 노동조건이 열악하다. 정규직 노동자는 표준임금 외에 보너스 및 초과수당을 받지만 비정규직 노동자는 그렇지 못하다. 사용자가 정규직 노동자를 집단으로 해고하려면 노동부에 통지해야 하지만, 비정규직을 해고할 때에는 법적 의무가 없다. 임시직 노동자의 계약기간은 1개월 이상 1년 미만이며 일용직은 일일 계약노동자를 말한다. 노동시장에서 차지하는 비정규직의 비중은 절반을 넘었는데, 이는 OECD 27개국 가운데 가장 높다. 외환위기 직전이던 1996년 정규직 대 비정규직의 비율은 56.7 대 43.3이었으나, 1999년 48.3 대 51.7로 처음으로 역전되었고, 2000년에는 47.1 대 52.9로 더욱 늘어나는 추세이다. 일부 OECD 회원국의 비정규직 비중을 보면, 스페인 32%, 호주 27%, 독일 13%, 일본 12%, 영국 7% 등 한국보다 현저히 낮다(조선일보 2001. 4. 2). 한국의 비정규직 노동자는 고용불안과 낮은 임금뿐만 아니라 4대 보험의 수혜를 받지 못한다.

2. 노사정협약 실험과 노동시장의 변화

　김대중 대통령당선자가 선언한 '민주주의와 경제의 병행발전'에서 출발한 노사정협약은 한국 역사상 최초의 실험이었다. 노사정협약은 노동, 자본 및 정부의 삼자관계가 전면적으로 바뀌는 새로운 제도의 출발이라는 점에서 역사적이다. 한국사회가 역사상 처음으로 실험한 노사정협약은 노동과 자본의 최상급 단체와 정부 세 행위자가 참여한 거시적 코포라티즘의 일종이다.[1] 최소주의적 관점에서 보면 한국의 실험은 그 자체로 중대한 역사적 의의가 있다.[2] 노사정협약은 한국 최초의 실험이란 점에서 어느 학자가 '네덜란드의 기적'을 설명하면서 주장한 '혁신적 코포라티즘'(innovative corporatism)과 흡사하다(Hemmerijck 1995, 183-226). 한국사회에 유례가 없던 두 가지 조건이 결합해 '혁신적 코포라티즘'의 출범을 가능케 했다. 첫째, 한국의 실험은 IMF가 부과한 외적 조건(conditionality)이 아니었다면 이루어지지 않았을 것이다. IMF 구제금융 체제라는 비상체제는 기존 경제체제 하의 노사정관계와는 질적으로 다른 관계를 부과했다.[3] IMF위기를 가장 잘 보여주는 것

---

[1] 코포라티즘의 전후 발전에 대한 이론적 논의에 대해서는 강명세, "사회협약의 이론," 강명세 편, 『경제위기와 사회협약』(세종연구소 1999)을 참고하라.
[2] 여기서 최소주의라는 용어는 쉐보르스키의 민주주의 분류, 즉 최대강령적 (maximalist) 및 최소주의적(minimalist) 정의에 착안하여 이를 사회협약에 원용한 것이다(Przeworski 1997).
[3] 국제통화기금의 나이스 단장은 100억 달러의 긴급지원에 대한 조건으로 노동시장의 유연화를 요구했고, 이에 정부는 노사정의 사회적 합의를 통한 실행을 약속했다(한겨레신문 1997. 12. 28).

은 앞에서 언급했던 것처럼 대량실업의 발생과 같은 노동시장의 급격한 혼란이었다.

사회협약을 가능케 한 두 번째 요인은 '국민의 정부' 등장으로 최초의 민주적 정권교체가 이루어졌기 때문이다. 공약이나 후보의 행적을 볼 때 김대중정부는 어느 정부보다 노동자의 이익에 우호적인 정부였다.4) 김대중 당선자는 당선과 동시에 노사정협약을 적극 주창했다5). 김대중 당선자는 금융시장 구조조정을 위해서는 노동시장의 유연화가 전제돼야 함을 잘 알고 있었기 때문에 노동의 협조가 절실한 상황이었다. 노동의 참여를 얻어내기 위해 김대중 당선자는 12월 24일 박인상 한국노총 위원장과 만나 노동의 유연성문제도 노사정 간 논의의 틀 속에서 국내외 문제를 감안, 협의를 통해 해결방안을 강구하겠다고 말했다(동아일보 1997. 12. 26). IMF위기와 같은 구조조정기를 잘 극복하기 위해서는 국가의 지원과 노동의 협력이 절대적이었다.

한편 노조는 정부가 추진하는 노사정협약에 대해 이중적이었다.6) 한국처럼 중앙본부의 권위가 없는 상황에서 노조지도부는 정부의 사회협약 추진에 대해 이중적일 수밖에 없었다. 정부가 희망하는 고용관

---

4) 가렛(Garrett 1998)은 세계화가 국내정치에 미치는 영향을 분석하면서, 경제위기로 인해 정부의 정책적 및 이념적 성격이 경제정책을 결정하는 데 더 중요한 요인이라고 주장했다.
5) 김대중 당선자는 12월 26, 27일 한국노총의 박인상 위원장과 민주노총 지도부를 만난 자리에서 노사정협약의 필요성을 역설했다. 이 자리에서 김 당선자는 새 정부는 과거와 달리 노사를 공정하게 대우하기 위해 최선을 다할 것이며 정부가 기업의 편을 들던 시대는 끝났다고 말했다(동아일보 1997. 12. 26).
6) 민주노총의 한 간부는 노사정에 대한 민주노총의 이중적 입장을 다음과 같이 말했다. "민주노총은 내부적으로는 정리해고 문제에 대해 타협을 위한 일정한 양보를 준비해야 한다는 의견이 간헐적으로 제기되고 있었지만, 이에 대한 명확한 정리를 하지 못한 채 공식적으로는 '절대 논의불가'라는 이중적인 태도를 보이고 있다"(천창수).

계법 개정이 필연적으로 대량실업을 몰고 오기 때문에 대표성이 약한 지도부는 이를 추인하기가 거의 불가능했다. 기업별 조직구조 하에서 노사정 참여에 대해 노조의 전국 지도부가 치르는 주관적 비용은 막대한 것이었다. 노조는 경제위기가 단기적으로 금융위기에서 촉발되었던 만큼 금융산업의 정리해고가 신정부의 가장 시급한 과제라는 것을 잘 알고 있었다.[7] 한국노총이 특히 반발했던 이유는 금융부문에 많은 회원을 가지고 있는 한국노총으로서 높은 조직적 희생을 감수할지도 모르기 때문이었다. 한편 민주노총은 처음부터 노사정협약에 대해 부정적 입장을 전달했다.[8] 이러한 상황에서 힘들게 성사된 2.6대타협은 간단히 말하면 노동과 국가 간의 정치적 맞교환이었다. 노동은 노동기본권을 확대하고 보장한다는 정부의 약속을 얻는 대신 국가에게 노동시장의 유연화를 양보한 것이었다. 그러나 앞으로 설명하는 것과 같이 맞교환의 성사와 더불어 노동계 내부는 심각한 내분에 휩싸이게 된다. 정규직을 중심으로 한 노조가 비정규직 양산에 무력하게 대처하자 실업자로 변한 노조원의 반발을 불러일으켰다.

  1990년대 이후 형성된 산업관계(노사개혁)에서 기업 측이 바라는 것은 노동시장의 유연성이었다. 한국은 OECD 가입과 함께 산업관계의 국제적 규범을 수용해야 하는 단계에 있었다. 외부적 조건의 변화에 따라 기업은 국제적 규범에 따르지 않으면 안 되게 됐다. 그 대신 기업은 정부에 노동시장 유연화를 요구한 것이었다. 기업의 태도를 변화시킨 또 다른 요인은 한국 노동운동의 꾸준한 성장이었다. 과거 수십 년

---

[7] 박인상 노총위원장은 1997년12월 24일 김대중 당선자와의 면담에서 정리해고를 반대하면서, 정리해고는 모든 노력을 다한 뒤 최후의 수단이어야 하며 경제 살리기 노력은 재벌과 관료의 폐해를 시정하는 것이 우선이라고 주장했다.

[8] 민주노총은 1997년 12월 27일 김 당선자의 면담에서 2, 3월에 노동계 소요가 일어날 가능성이 있으며, 이럴 경우 국정운영에 위협요소가 될 것이라고 주장하여 정리해고에 대해 강력한 반대입장을 전했다.

간 지속된 수출주도형 산업화는 기업만 비대하게 만든 것이 아니라 대기업을 중심으로 한 대규모 노동세력을 키우기도 했다. 한국의 노조운동은 기업별노조에도 불구하고 사업장 수준에서 강력하게 조직되었으며(60%의 조직률) 1980년대의 민주화투쟁을 거치면서 보다 전투적으로 되었다. 기업의 입장에서도 이러한 노동조직을 더 이상 비합법적 단체로 몰고 협의하지 않는 자세는 장기적으로 유리한 것이 아니었다.

노동시장의 유연성이란 노동시장이 사용자의 뜻대로 변화할 수 있는 탄력성을 의미한다. 유연화는 정리해고와 변형근로제 도입을 의미한다. 사용자는 금융위기 발생 전인 1996년 이미 심각해진 경기하강 및 수출부진에 따른 한국경제의 구조조정에 대응하기 위해 감원 등을 시도하려 했다. 정리해고제는 바로 기업이 시장변동에 따라 인력수급을 자유자재로 조정하려는 것이었다. 노동시장을 통제하는 다른 하나의 기제는 변형근로제이다. 사용주는 일정 시간의 노동력을 구매하여 이 기간을 기업이 원하는 대로 신축적으로 활용하고자 했다.[9]

여기서 노동이 원하는 최상의 선택은 유연성이 없는 제도개혁이지만, 정부나 사용자들은 이를 수용하지 않았다. 노사정협약에 참여해야 하는 노동지도부는 유연성과 합법화 교환의 딜레마에 빠졌다. 첫째, 지도부의 입장에서 볼 때 유연성이란 대가를 지불한다면 기층 일반노

---

[9] 한국의 산업관계는 OECD 선진국의 경험과 비교해 보면 상대적으로 유연성이 낮다고 할 수 없다. 유연성은 주로 작업장 수준에서 노동자와 기업 사이의 협조 관계에 따라 결정되기 때문이다. 한국 노동시장의 조직적 특성은 기업별노조이다. 기업별노조는 형식적으로만 상부단체와 관련을 가질 뿐, 실질적으로는 단체 협상을 포함하여 산업관계의 중심에 있다. 노조가입은 기업별로 이루어지며 개별노조는 조합비의 궁극적 수납처 및 사용자이다. 대표적인 것으로 노조의 대표적 실력행사인 파업의 결정은 전적으로 기업별노조가 하며, 서구와는 대조적으로 산별 혹은 전국본부는 소속 하부노조에 대해 파업을 명령하거나 중지하게 하지 못한다. 비교사적 관점에서 보면 이처럼 한국의 노동시장은 이미 유연했으며, 그렇지 않았다면 그간의 고도성장은 불가능했을 것이다.

동자의 반란에 봉착해 살아남을 수 없었다. 기층노동자에게 유연화는 바로 해고와 마찬가지로 해석되었기 때문이다. 둘째, 유연화는 단기적으로 분명하고 가시적인 악영향을 낳는 반면, 유연화의 보상으로 얻는 합법화가 노동자에게 주는 이익은 보다 장기적이어서 불투명했다. 그렇기 때문에 노동계급의 전반적 합의를 바탕으로 하지 않은 노사개혁은 노동지도부에 막대한 정치적 부담이 되어 결국 지도부 불신임으로 진행할 가능성이 크고, 이는 산업관계를 불안정하게 만들 수도 있었다. 나아가 자본이 주장하는 전임자 급여 폐지는 그렇지 않아도 취약한 중소기업 노조를 와해시킬 위험도 안고 있었다.

위에서 서술한 노동시장제도의 변화가 경제적인 것이라면, 노사정 협약이 담고 있는 복수노조 및 정치활동 허용 등은 정치적 변화라고 할 수 있다. 한국노동자는 그 동안 정치적으로 조직화되지 못해 왔다. 보안법이나 제3자 금지가 엄연히 존재하는 현행 노동제도 하에서 노동자는 집단적 사회이익을 주장하기 어려웠다. 노동이 하나의 집단으로서 정치적 영향을 발휘하려면 먼저 정치적으로 조직화돼야 한다. 정치적 조직화는 작업장에서는 노동조합, 정치공간에서는 친노동정당을 매개로 한다. 작업장에서는 노동조합을 통해 임금과 노동조건을 포함한 경제적 이해를 증대시키고, 투표장에서는 노동의 이익을 대표하는 정당에 표를 던짐으로써 정치적 이익을 신장시키는 것이다.

네덜란드의 기적이 보여주는 것처럼 위기는 때로 기회이기도 하다. 1970년대 유럽의 병자로 지칭되던 네덜란드는 1982년 노사 대타협을 통해 극적으로 회생했다. 네덜란드가 앓고 있던 중병은 1982년 GDP의 7%나 차지하던 재정적자 규모에서 알 수 있다. 노조와 자본은 헤이그 인근의 바세나르에서 만나 바세나르협약으로 불리는 역사적 대타협을 만들어 냈던 것이다. 이러한 노사 대타협은 나중에 정부의 추인을 통해 구체화되었다. 노조는 임금억제를 약속했으며, 이에 대해 자본은 일자리를 줄이지 않을 것을 선언했다. 한편 네덜란드정부는 노사 대타협을 지원하기 위해 감세 및 건전재정 정책을 실시했다. 바세나르 대타협은 유럽의 병자였던 네덜란드를 1980~1990년대에 다른 나라가 본받아야 할 유럽의 모델로 바꾸어 놓았다. 네덜란드의 폴더모델(polder model)10)이란 전후 네덜란드가 구축한 질 높은 복지국가를 크게 훼손하지 않고도 고도성장, 고용안정, 물가안정 및 흑자재정이 결합된 것을 의미한다.

돌이켜보면 1998년 한국정부의 운신의 폭은 두 가지 조건에 달려 있었다. 첫째, 정부는 노사정협약의 성공적 이행을 위해서는 공적자금 투여 등을 포함해 재정확대 정책에 의존해야 했다. 만일 금융위기가 촉발될 당시 한국이 남미처럼 높은 부채를 안고 있었다면 재정팽창 정책을 사용할 수 없었을 것이며, 이는 시급한 사회적 요구로 갑자기 부상한 사회적 안전망 구축을 불가능하게 만들었을 것이다. 노사 대타협을 지탱해 줄 수 있는 경제정책이 뒤따르지 않는다면 정부가 필요로 하는 초기의 신뢰구축은 어려웠을 것이며, 이에 따라 위기탈출은 더욱더 어려웠을 것이다.

3. 노동시장 유연화와 노노갈등

금융위기는 한국경제에 구조조정을 부과했다. 1998년 1월 IMF 캉드쉬 총재와의 회담 후 김대중 대통령은 경쟁력 없는 기업은 퇴출한다는

---

10) 폴더(polder)란 바다를 막아 개간한 땅을 말한다. 풍차의 나라 네덜란드는 지면이 바다보다 낮은 땅이 전 국토의 3분의 1을 차지하기 때문에 제방을 쌓아 바다로부터 육지를 막는 것이 중요하다.

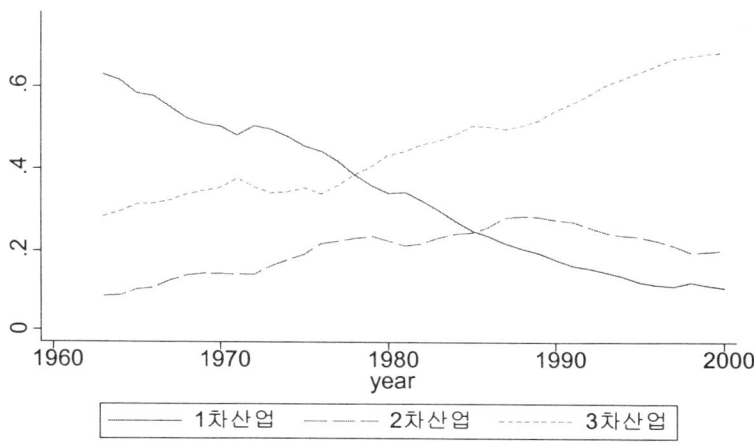

<그림 4-3> 고용구조의 변화 (1963~2000)

자료: 통계청

원칙을 강조했다. 기업퇴출은 대량실업의 신호탄이었다. 정부는 IMF의 금융지원을 얻기 위해 정리해고를 적극 추진하기로 했던 것이다.[11] 정리해고와 변형근로의 허용은 한국의 고용구조를 크게 바꿔 놓았다.

위기 이후 노동시장의 유연성이 높아진 결과 고용구조 패턴은 대폭 변하고 있다. <그림 4-3>은 1989~2001년 기간 고용구조의 변화를 보여준다. 고용구조의 변화를 파악하기 위해서는 근로자의 지위를 상용, 임시 및 일용으로 구분하여 그 추세를 관찰해야 한다. 이 그림에서 잘 나타나는 것처럼 금융위기 이후 한국의 고용패턴은 중대한 분수령을 맞았다. 위기 직전인 1977년까지 가장 많은 부분을 차지하던 상용근로자의 수는 감소하기 시작한다. 2000년 이후 다시 증가추세로 돌아섰지

---

[11] 1998년 1월 18일 캉드쉬를 만난 후 양대 노총 지도부는 정리해고가 강행될 경우 노사정위 불참과 아울러 총파업을 결행하겠다고 선언했다. 당시는 금융기관 정리가 가장 중요한 현안으로 떠오르던 시점이었다.

만 위기 이전의 수준에는 훨씬 미달하고 있다. 한편 임시직과 일용직 근로자의 절대적인 수는 계속해서 증가하고 있다. 특히 주목할 점은 일용직의 갑작스러운 증가이다. 위기 전까지 답보상태에 머물던 일용직이 급격히 증가하고 있다. 실제로 1996년의 경우 일용직 노동자수는 180만 4천 명으로 전년대비 5천명 감소했던 것이 1999년에는 약 230만 명으로 3년 만에 40만 명 이상 불어났다.

역사적으로 노동자 단결을 저해하는 데는 자본세력 자체가 아니라 노동자 내부의 갈등이 더 큰 적이었다. 시장사회에서 노동자에게 '외부의 적'은 언제나 주어진 조건이었다. 자본세력이 취약해졌을 경우 노동세력이 단결해 있지 못하면 이길 수 없기 때문이다. 자본과의 대결에서 승리하기 위해 노동자 내부의 단결은 절대적이다. 마르크스나 엥겔스의 예측과는 반대로 노동자는 선거에서도 투표권자의 다수를 점하지 못했다(Elster 1985; Sprague and Przeworski 1986). 시장의 발달과 더불어 제조업은 상대적으로 위축되는 한편 서비스부문을 포함하여 자영업자 및 소자본가의 수가 증가했던 것이다. 수적 열세의 상황에서 선거에서 이기기 위해서는 노동계급 전체의 단결이 전제되며, 이를 기반으로 중산층 일부 등 다른 계급과 연합해야 한다. 노동의 정치세력화를 저해한 중대한 요인은 내부분열이었다. 사회당과 공산당의 반목은 어느 사회에서나 나타나는 극히 보편적인 현상이다. 예컨대 과거 유럽, 특히 프랑스 및 이탈리아에서 사회당과 공산당의 대립은 친노동정당의 집권을 가로막는 요인이었다. 이러한 반목과 대립은 한국에서도 보인다. 정도는 다르지만 각종 선거에서 좌파정당의 난립은 이들의 의회진출을 어렵게 했다.12)

---

12) 5.31지방선거에서 한국의 좌파정당은 전국적으로 약 12% 이상의 지지를 얻었다. 선거제도가 전면적 비례대표 제도였다면 12%에 상응하는 의석을 얻을 수 있었을 것이다.

자본주의 경제구조의 변화는 노동자구성을 변화시키는데, 여기에는 잠재적으로 노노갈등이 있다. 서비스부문 또는 화이트칼라 노동자와 제조업 노동자의 이해가 다를 수 있으며, 수출부문과 내수부문 노동자들은 서로 다른 이익을 주장할 수 있다. 스웨덴의 역사적 경험은 노노갈등의 대표적인 사례로 들 수 있다. 스웨덴은 1980년대까지 노사타협의 대명사로 불리며 화려한 경제업적을 자랑했다. 스웨덴은 노노갈등의 두 가지 역사적 경험을 보여준다. 첫 번째는 1930년대 발생한 현상으로 건설부문과 금속부문 노동자 사이의 갈등을 말한다. 제조업부문을 중심으로 한 조직노동과 서비스 또는 공공부문 노동 간의 대립은 교역부문과 내수/국내부문의 대립과 일치한다. 스웨덴과 같이 작은 규모의 경제가 존립하기 위해서는 높은 국제경쟁력을 유지하는 길밖에 없다. 역사적 대타협으로 불리는 1938년 살쯔요바덴협약은 바로 경쟁력연합의 전형이었다. 당시 스웨덴 노동운동은 전투적인 건설업 노동자들이 주도하고 있었다.[13] 건설업은 대표적인 국내부문으로서 외국기업과 경쟁할 필요가 없고, 따라서 건설노동자는 과격한 임금인상을 요구해 왔다. 건설노동자의 임금요구는 다른 부문, 특히 수출에 의존해야 하는 금속부문으로 파급되어 금속산업의 경쟁력을 약화시키고 금속부문 노동자의 일자리를 위협했다. 이에 제조업 노동자의 중심인 LO를 중심으로 수출부문의 자본과 이 부문의 노동이 연합해 국내부문의 노자가 우위를 누렸던 헤게모니를 쟁탈한 것이다. 이처럼 노노갈등은 어제오늘의 일이 아니고 특정 국가의 문제도 아니다. 그것은 시장경제의 구조적인 문제이다. 스웨덴 수출부문의 노동과 자본은 1938년 살쯔요바덴협약을 기점으로 전국적 협상의 주도권을 장악했고, 이와 같은 노사평화를 바탕으로 사민당정부는 복지국가를 건설했다. 그러

---

13) 이 점에 대해서는 Peter Swenson(1989) 참고

나 복지국가의 팽창은 노노 간 힘의 관계를 역전시켰다. 스웨덴 전국 총연맹 LO를 구심점으로 뭉쳐 있던 제조업/수출부문의 노동은 복지국가의 발달과 함께 꾸준히 성장해 온 서비스부문의 화이트칼라 노동자 및 공공부문 공무원의 조직체 SACO, TCO 등과 갈등을 빚었다.

 1980년대 후반부터 스웨덴은 여러 가지 문제에 봉착했다[14]. 스웨덴의 아이러니는 1980년대 이후의 고통이 과거 이룩했던 성공에 뿌리박고 있다는 데 있다. 다시 말해 전통적 스웨덴모델의 붕괴로 인한 것이다. 붕괴에는 두 가지 구조적 원인이 있었다. 첫째는 내부적 도전으로 그것은 경제구조 변화 자체에서 발생했다. 제조업의 쇠퇴와 서비스업의 부흥으로 요약 가능한 후기산업화에서 비롯됐다. 이는 노동조직의 분산화와 다원화로 표출됐고, 공공부문 노조가 스웨덴 전국노총(LO)과 별도의 독자적 협상추진으로 내부갈등은 극에 달했다. 이처럼 후기산업사회의 도래와 함께 스웨덴 노동을 대표하던 유일한 조직 LO의 위상은 약화됐다. 서비스부문의 팽창으로 이 부문에서 독자적 조직화가 강화됨에 따라 LO는 더 이상 대표성을 독점할 수 없게 됐다. 그 결과 코포라티즘을 가능케 한 중앙집중화는 크게 떨어졌다. 1995년 공공부문 노동자는 전 노동자의 35%를 점했고 전국협상에서 공공부문 노조의 영향력은 제조업을 능가했다.[15] 서비스 및 공공부문의 사무직노동자는 LO가 아니라 전문노조(TCO) 혹은 전문노련(SACO)에 가입했다.[16]

 이처럼 1980년대 들어 스웨덴 노동조직의 판도는 크게 변했다. 특히 주목할 사실은 과거 수십 년간 LO가 주도했던 연대임금제가 사무직노

---

14) 스웨덴모델의 붕괴에 관한 논의는 다음 문헌을 참고하라. Moene and Wallerstein 1993; Poutusson and Swenson 1996; Pestoff 1995, 151-182; Kjellberg 1998.
15) 1995년 기준 공공부문 노동자를 성별로 분류하면 여성이 75%로 압도적 다수를 차지하며 여성노동자의 55%는 공공부문에 집중돼 있다. Kjlleberg 1998, 78.
16) 1996년 현재 LO의 실 조합원 189만 중 약 80만이 공공부문 노동자다. 1977년 지방공무원 노조(Kommunal)는 이미 금속노조를 제치고 LO 내 최대 노조가 되었다.

조에 의해 거부되었다는 점이다. 사무직노조는 사무직 내에서만 연대임금을 실시했기 때문에 제조업노동자의 임금과는 격차가 생겼다. 스웨덴 정치경제의 기둥 역할을 해 온 임금자제는 그 특유의 효력을 상실했고, 스웨덴 노사관계의 핵심으로서 스웨덴의 국제경쟁력 유지에 기여했던 전국협상은 무력화되었다. 노노갈등이 표면화됨에 따라 노동시장에서 노동조합은 일반노동자와 유리되었다. '역사적 타협'과 더불어 강화되었던 중앙조직은 세월이 흐르면서 관료화로 흘렀고, 현장노동자와 노동지도부 사이에는 틈새가 벌어졌다. 구조조정이 본격화되고 현장의 노동강도가 높아지면서, 일반노조원은 조합에 대해 소외감을 느끼고 조직적 유대는 약해졌다. 1960년대 후반 및 70년대 초 발생한 와일드 스트라이크는 바로 이와 같은 불만의 징후를 보여주었던 것이다.

한국의 노노갈등은 두 가지로 나뉜다. 첫째, 중앙조직 사이의 갈등으로서 한국노총과 민주노총의 대립은 대표적인 사례이다. 중앙조직 사이의 갈등은 오랜 역사를 가지고 있었는데, 노사정위원회 출범을 계기로 확대 증폭되었다. 노조는 대표성의 위기를 맞고 있다.[17] 전국적 리더십 간의 분열은 더욱 심각해졌을 뿐 아니라 하부단위 노조 내에서도 분열이 가속화되었다. 노총과 민주노총 등 전국조직은 정부가 주도하는 노사정협약에 참가할 것인가를 두고 계속 갈등했고, 하부노조는 노동시장 유연화에 따른 비정규직 문제를 둘러싸고 대립했다. 한국노총이 참여 속의 투쟁을 강조한다면, 후발 조직인 민주노총은 노사정위원회에 대해 처음부터 호의적이지 않았다(강명세 2000). 민주노총은 노사정위원회 구성 시작단계부터(1998. 1. 12) 정부가 추진하는 금융기관 정리해고 특별법이 철회되지 않는 한 참여하지 않겠다고 반발하고 나왔

---

[17] 서구에서 노사합의 모델로 꼽히고 있는 코포라티즘이 작동하기 위해서는 여러 가지 조건이 필요한데, 노조의 대표성 확보는 중요한 조건의 하나이다.

다(동아일보 1998. 1. 14). 비슷한 무렵 한광옥 노사정 위원장 내정자가 한국노총 박인상 위원장을 만난 사실과 비교하면 양대 노총의 차이는 분명히 드러난다. 1월 13일 정부는 노동의 동의를 획득하기 위해 재벌 구조조정안을 제시했으나, 심지어 한국노총마저 정부 안이 애매하며 일부는 재벌을 강화하는 측면이 있다고 반발하는 등 보다 강력한 재벌 책임론을 주장했다.[18] 정부는 당시 외채만기 연장협상 국면에 있었던 만큼 해외투자나 국제신인도를 향상시키기 위해 1997년 3월 노동법개정에서 2년 유예로 결론났던 정리해고의 즉각적 실시가 중요하다고 보았다. 그러나 경제위기 상황 속에서 노사정협약을 거부할 특별한 대안을 가질 수 없었던 민주노총은 1월 14일 마침내 노사정 출범에 동의하게 됐다. 한국노총은 김대중 대통령당선자의 조치를 환영하며 사회적 합의에 의한 대타협을 주장했다.

반면 민주노총은 노사정 구성과는 관계없이 총파업을 추진한다는 이중전략을 강조했다. 민주노총의 입장을 가장 분명히 보여주는 것은 2월 6일 대타협을 통해 지도부가 합의해 준 노사정위 안이 이를 인준하기 위해 열린 제8차 임시대의원대회에서 거부된 사실이다.[19] 민주노총은 정리해고 반대, 재벌개혁과 고용안정을 위한 재협상을 요구하며 파업에 돌입할 것을 결의했다. 이후 민주노총은 간헐적 참여와 불참을 거듭하던 중에 끝내는 탈퇴했다. 제2기 노사정위원회는 노동계 대표로

---

18) 한국노총의 반발은 민주노총의 입장을 고려한 측면이 강하다. 당시(1월 13일) 김대중 대통령은 4대 재벌 총수와의 회담에서 기업경영 투명성 제고, 상호지급보증 해소, 재무구조의 획기적 개선, 핵심부문 설정과 중소기업과의 협력 강화, 지배주주 및 경영진 책임강화 등 대기업 구조조정 방안 5개 항에 합의했다. 그러나 한국노총은 재벌개혁의 미흡을 이유로 약속되었던 조세형 국민회의 부총재와의 간담회를 거절했다.

19) 배석범 위원장직무대리가 합의해 준 노사정 안은 6시간의 격론 끝에 붙여진 표결에서 272명 대의원 가운데 184명이 반대하여 부결되었다.

는 민주노총의 참여가 없는 채 출범했다. 이러한 중앙조직 간 갈등은 사회적 합의를 가장 중요한 자원으로 삼는 노사정협약을 처음부터 불안정하게 만들었다. 한국노총만이 참여한 가운데 이루어진 노사정협약은 반쪽의 협약일 수밖에 없었으며, 따라서 그 파급효과 역시 제한적이었다.

두 번째는 고용형태 변화에 따른 노노갈등이다. 앞에서 말한 것처럼 1998년 2월 6일 '경제위기 극복을 위한 사회협약'을 구성하는 10대 과제 가운데 핵심쟁점은 노동시장의 유연성 및 노동기본권 강화 두 가지 사항이다. 사실 이 두 가지 사항은 노사 양측의 노사정협약 참여를 어렵게 만든 가장 큰 장애물이었다. 노동시장의 유연성은 정리해고의 즉각 실시와 파견근로제의 허용이다. 한국은 정규직 노동시장을 놓고 볼 때 경직성 면에서 OECD 27개국 중 26번째를 기록했다(OECD 2000; 조선일보 2001. 4. 2). 다시 말해 한국의 정규직 노동시장은 두 번째로 유연하다는 뜻이다. 한편 계약직, 임시직 및 일용직을 포함하는 비정규직이 한국의 노동시장에서 차지하는 비중은 절반을 넘으며 이는 OECD 회원국 중 가장 높은 비율이다.

노조는 조합원의 일자리를 앗아갈 유연화에 대해 표면상으로는 절대불가의 태도를 외치면서도, 위기적 상황 속에서 협상능력은 약해져 있어 실제적으로는 거부할 수 없었다. 현실적으로 노조지도부가 할 수 있는 최선은 줄 것은 주되 얻을 것, 즉 노동기본권 같은 정치적 권리의 회복 내지 확장과 실업대책의 확대 등에 온 힘을 쏟는 것이었다. 공무원의 노동2권 보장, 교원노조 합법화 및 정치활동 보장 등 노동기본법 합의는 장기적으로 노동의 조직화나 정치세력화에 중요한 자원으로 활용될 것이었기 때문이다. 한편 정부의 목적은 노동시장의 유연성을 확대하여 한국의 국제신인도를 높여 당면한 외채협상을 성공적으로 처리하는 것이었다. 이를 위해 정부는 위기로 인해 일시적으로 무력해진 재벌을 압박하여 노동에 노동기본권을 양보했다.

어쨌든 노동으로서는 노동시장 통제권을 상실하는 대가를 치렀다. 노동시장의 유연화는 잠재돼 있던 노노갈등을 촉발했다. 노동시장의 유연성은 해고비용으로 계측할 수 있다. 해고비용은 다시 노동시장이 얼마나 잘 조직화돼 있느냐에 달려 있다. 강력한 노동조합이 존재할 때 경영측은 임의로 해고할 수 없기 때문에 해고하려면 많은 비용을 감수해야 한다. 해고비용을 줄여 노동시장의 유연성을 높이는 방법의 하나는 계약고용을 실시하는 것이다. 계약고용은 일반적으로 노동조합에 가입하지 않기 때문에 노동조직의 성장을 저해한다. 반대로 노동조합이 노동시장을 장악하고 있다면 해고하기가 어렵기 때문에 경영의 해고비용은 높아진다. 구조조정의 여파는 정규직 축소와 비정규직 확산으로 나타났다. 고용비용이 많이 드는 정규직을 줄이는 대신 비정규직으로 전환했기 때문이다. 비정규직은 계약기간의 측면에서 일용직, 임시직 또는 계약직을 말하며 고용형태별로는 파견, 하청, 용역노동자와 특수 고용된 학습지 교사, 지입차주, 보험모집인 등 다양하다. 고용안정의 측면에서 비정규직은 극히 열악한 상황에 있다. 기존 노동조합은 주로 정규직 위주로 조직되었고, 조합의 일차적 목표는 정규직 조합원을 보호하는 것이다.[20]

노노갈등의 대표적인 사례로 한국통신 노사분규가 있다.[21] 한국통신 노사분규는 전형적인 구조조정의 파생물이다. 2000년 한국통신은 계약직 노동자[22] 1만여 명 가운데 6천 5백 명에 대해 해고를 결정했다.

---

20) 심지어 일부 정규직 노조에서는 비정규직 때문에 생산성이 떨어지고 조직충성도도 떨어진다는 불만이 나온다고 한다. 어느 지점장은 고객에 대한 비정규직 직원의 불친절한 태도로 고생한다는 불만을 이야기한다. 조선일보 2001. 4. 2.
21) 한통사건이 중요한 이유는 한통 비정규직 분규로 인해 비정규직 문제가 사회문제화 되었기 때문이다. 한통 비정규직 노조는 500일 이상 분규를 계속했는데, 2001년 11월 1일에는 국회 본회의장까지 들어가 농성하려다가 제지되었다.

이를 계기로 한국통신 비정규직 노동자의 분규가 촉발되었다. 1999년 3월 계약직으로 전환된 노동자들이 기존의 정규직 노조에 가입하려 했으나 정규직 노조는 이를 거부했다(한겨레 2001. 1. 30). 한통 계약직 노동자들은 정규직 노조의 거부로 가입이 어려워지자 10월 13일 계약직 노조를 결성했다. 한통 계약직 노조는 외환위기 이후 계약기간이 1년에서 6개월 또는 3개월로 짧아지고 또한 임금을 위시한 계약조건이 더욱 불리해지자 노조설립과 동시에 파업에 돌입했다. 계약직 노조는 1회 이상 계약을 갱신한 노동자에 대해서는 정규직으로 전환해 줄 것을 요구했다. 2000년 12월부터 정부가 구조조정의 일환으로 대표적 공기업인 한통의 민영화계획을 발표하자 정규직 노조도 파업에 돌입했다. 정규직 노조와 비정규직 노조는 파업 속에서도 동상이몽을 꾸고 있었다. 계약직 노조는 정규직 노조와 연대파업을 제의했지만, 실제로 명동성당에서 동시에 파업하고 있던 정규직 노조의 반대로 성사되지 못하는 등 정규직 노조는 자신의 이해가 계약직 노조와 동일시되는 것 자체를 반대했다.[23]

국가 역시 그 동안 비정규직 문제에 대해서는 특별한 대책이 없었다. 정부는 2000년 8월 비정규직 및 5인 미만 사업장의 노동자를 직장 의보 가입자로 전환하는 입법안을 예고했으나, 같은 해 11월 규제개혁위원회는 경제여건을 이유로 법안 상정을 보류하는 결정을 내렸다.[24]

---

[22] 계약직 노동자는 114교환원, ADSL 가설, 수리 등의 업무를 맡고 있었다.
[23] 비정규직 노조는 정규직 노조 및 민주노총 공공연맹과의 연대파업도 계획했으나 불발했다. 이들은 12월 18일 당시 명동성당에서 농성 중이던 정규직 노조에 동참하려 했으나 정규직 노조가 이를 거부했다. 한겨레 2001. 1. 30.
[24] 지금까지 5인 미만 사업장 노동자 및 임시·일용직, 시간제노동자 등 비정규직 노동자는 지역 가입자로 분류되어 국민연금 및 건강보험 보험료 전액을 본인이 부담해 왔다. 이러한 보험료의 과대한 부담으로 연금가입을 기피해 정작 노후대책이 필요한 저임금 노동자가 연금의 사각지대에 방치되는 결과를 초래했다. 그

정부는 한통문제가 크게 사회문제로 발전하자, 뒤늦게 노사정위원회 안에 비정규직근로자 대책특별위원회를 설치했는데, 이 위원회는 2002년 6월 기간제, 파견근로제 및 특수고용에 대한 공익 안을 제시했다.

4. 결론: 한국형 노사정모델의 일차적 조건

박정희의 경제성장을 가능케 했던 것은 국가·재벌 연합에 기초한 발전전략이었다. 박정희의 발전모델에서 노동은 정치시장과 노동시장에서 동시에 철저히 배제되었고 노동조직은 기업별로 원자화되었다. 기업별노조 체제 하에서 노동의 조직화는 기업단위에서만 허용되었고 이것의 일차적 기능은 생산성향상 같은 지극히 기술적인 것에 국한되었다. 노동은 노동정당의 부재에서 나타나는 것과 같이 정치적으로도 배제되어 일체의 정치활동은 허용되지 않았다. 역사적으로 한국의 정치시장은 양대 보수정당의 독과점구조에 지역균열이 지배하는 상황에서 노동의 정치세력화는 거의 불가능했다. 그러나 IMF경제위기로 과거의 권위주의적 국가·재벌 연합은 하루아침에 위기를 맞았다. 구조조정을 하지 않으면 기업은 생존할 수 없게 됐고 노동자는 구조조정과 동시에 실업자가 되었다.

IMF경제위기는 노사정 삼자관계를 구조적으로 변화시켰다. 경제위기 덕분에 역사상 처음으로 야당의 정권교체를 실현할 수 있었던 신정부는 경제위기에서 벗어나기 위해 효과적인 구조조정을 추진했다. 원

동안 시민단체들은 비정규직 및 영세사업장 가입자의 직장 가입으로의 전환을 통해 복지에 있어 수혜와 부담의 형평을 도모하고 사회보험의 범위를 확대해 나가야 한다고 주장해 왔다.

활한 구조조정을 실천하기 위해서는 당사자의 사회적 합의가 필요했다. 따라서 경제위기는 전통적 자본우위의 노사관계를 변화시켰다. 환란의 위기로 인해 대량실업이 속출하는 상황에서 노조가 원하는 최대의 목표는 고용안정이었다. 한편 환란위기의 제1책임자로서 구조조정의 대상이자 동시에 주체로서 기업의 최대 목적은 고용비용을 최소화하는 것이었다. 즉 절대적인 노동시장의 유연성을 확보하고자 한 것이다. 기업의 입장에서는 구조조정을 당하면서도 해고할 수 없는 것은 최악의 상황이었기 때문이다. 경제위기 속에서 합의된 노사정협약은 기본적으로 기업과 노조 및 정부 사이에 맺어진 빅딜로서, 이는 노동의 기본권 확대보장과 정부와 사용자 측의 유연화 사이의 상호교환을 말한다.

이러한 교환을 통해 노동시장의 유연화, 즉 정리해고와 파견근로 허용을 통해 대량실업이 합법화되고 노동조건은 열악해졌다. 노동시장 유연화는 한국사회에서는 처음으로 대대적인 노노갈등을 유발했다. 위기와 함께 노사갈등의 심화는 자연스러운 현상이었다. 기업은 구조조정을 위해 자유자재의 고용을 원했는데, 노동자에게 이는 노동조건의 열악화를 의미했기 때문에 저항했다. 노사분규 자체는 새로운 것이 아니었다. 새로운 현상은 노노 간의 갈등이었다. 노동시장 내부에 있는 정규직 노동자는 바깥에 있는 비정규직 노동자와 상반된 이해를 가졌다. 한국통신 노사분규에서 볼 수 있었던 것처럼 정규직 중심의 노조는 비정규직으로 떨어진 동료 노동자의 가입을 거부했을 뿐 아니라 나중에 결성된 비정규직 노조와의 연대도 거부했다. 정규직은 비정규직보다는 사용자와 더 많은 이해를 공유했던 것이다.

비정규직 노동자가 전체 노동자의 절반을 넘는 상황에서 새로운 노사관계를 만들어 나가야 한다. 새로운 노사관계는 비정규직 노동자의 이해를 반영하는 방향이어야 할 것이다. 노동시장의 유연화는 비정규직 또는 아웃사이더에게만 적용되고 정규직 또는 인사이더는 이로부터 자유롭다. 이미 유연해진 비정규직 노동자의 일자리를 어느 정도 안정시키는 것이 필요하며, 이를 위해서는 인사이더와 아웃사이더의 구분을 완화해야 한다. 지금처럼 어느 한 그룹의 노동자만이 고통을 감내하는 것이 아니라, 인사이더와 아웃사이더 모두가 고통을 분담하는 사회통합 모델의 개발을 서둘러야 한다. 국가가 할 수 있는 것부터 하는 것이 필요하며 사회보험의 혜택을 확대하는 것이 첫걸음이다.

제2부

한국에는 왜 사회당이 존재하지 않는가?

제5장 한국에서 왜 노동정당은 존재하지 못했고 또 존재하지 못하는가?

해방 이후 제16대 총선까지 한국의 노동운동은 정치시장 진입을 위해 노력해 왔다. 그러나 그 결과는 번번이 완패였다. 건국 초기 노동운동이나 좌파의 정당건설 노력은 분단으로 인해 구조적으로 분산되었다. 민주화 이후에도 마찬가지로 실패했다. 제16대 총선에서도 민주노총을 기반으로 한 민주노동당이 이름 그대로 노동정당으로서는 처음으로 총선에 참여했다. 민노당 지지는 불과 1.17%로서 15대 대선에서 권영길 후보가 얻었던 1.2%에도 못 미쳤다.[1] 노동조합에 가입한 근로자가 약 10%임을 고려할 때 턱없이 낮은 지지율이다. 그러나 이것이 한국 노동정당의 현주소이다. 한국의 노동자는 기업별 수준에서는 작업장에서 부분적으로 조직화에 성공했지만, 노동조합이 끊임없이 추구해 온 노동시장의 전국화는 아직도 멀며 정치적 조직화에는 완전 실패했다.

이 장의 목적은 왜 한국에서는 노동정당이 출현하는 데 실패하고 있는가를 분석하는 것이다. 이 장이 제기하는 가설은 실패의 원인이

---

[1] 민노당과 청년진보당의 지지를 합해도 1.82%밖에 안 되었다.

한편 구조적으로는 경직된 정치시장의 구조에, 그리고 다른 한편 전략적으로 노동시장 조직화 일변도에 몰두한 노동의 전략에 있으며, 노동은 의회진출을 원한다면 정치시장의 유연화를 위해 나서야 한다는 것이다. 노동조합운동이 이 구조에서 벗어나는 데 전력을 경주하지 않는 한 기성 정당체제는 그대로 유지될 것이다. 가장 원천적인 해답은 분단일 것이다. 그러나 여기에서는 분단구조를 주어진 조건으로 간주한다. 주어진 조건 속에서 가능했을지도 모를 행위자의 전략에 접근할 때 역사는 닫혀 있는 것이 아니라 열려 있는 것이기 때문이다.

이 장은 크게 네 부분으로 구성된다. 먼저 왜 사회당은 존재하지 못하는가 하는 주제가 중요한지 제기할 것이다. 두 번째 부분에서는 정치체제 자체로부터 비롯되는 네 가지의 제도적 장벽을 논할 것이다. 네 가지 장벽은 양당제 정당구도의 조기 정착, 대통령제, 보편선거권의 조기 부여, 지역주의 정치체제 등이다. 세 번째 부분은 위와 같은 제도적 장벽 속에서 노동정당의 성립을 더욱 어렵게 만들었던 노동조합운동의 구조와 노동운동의 전략을 논할 것이다. 마지막으로 네 번째 부분은 제3당의 진입을 어렵게 하는 한국정치 체제의 경직성 문제를 제기하고 이와 관련된 시민사회의 역할을 논할 것이다.

1. 문제제기

역대 총선에서 사회주의 계열 정당이 얻은 지지를 보여주는 <그림 5-1>에서 잘 나타나는 것처럼 한국의 친노동정당[2])이 역대 총선에서 획

---

2) 진보정당이란 총선에 참여한 넓은 의미의 사회민주주의 계열의 정당을 뜻한다. 사회당(제2대), 사회대중당, 한국사회당, 혁신연맹(제5대), 통일사회당(제7, 8대),

득한 최대의 지지율은 7%를 넘지 못했고, 그나마 민주화시대에 와서는 마의 5% 벽을 넘지 못하고 있다3). 한국의 노동이 정치권 진출에 번번이 실패한 이유는 무엇일까. 이런 질문은 언뜻 보면 자명하고 단순하게 대답할 수 있을 듯하면서도 또다시 생각해 보면 한국사회의 특수성 문제에 대한 해답이라는 점에서 깊은 논의를 요한다. 이 질문은 한 편의 글로 해답을 주기에는 너무나 중대한 문제이다. 따라서 여기서는 정치적 변수에 한정할 것이다.

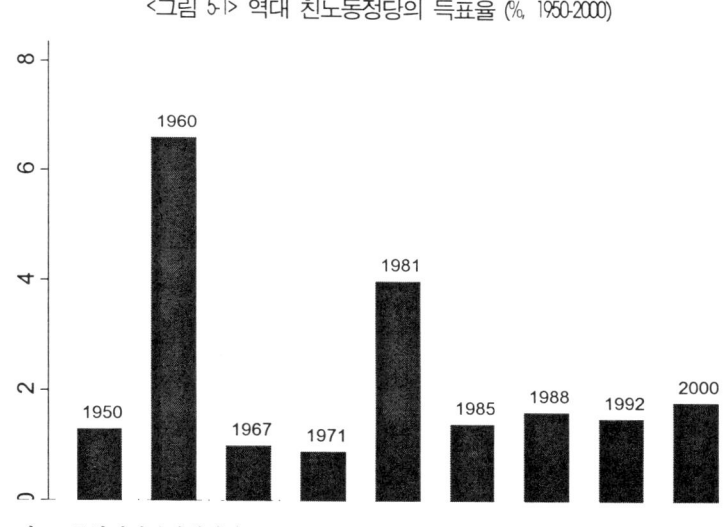

<그림 5-1> 역대 친노동정당의 득표율 (%, 1950-2000)

자료: 중앙선거관리위원회

민주사회당, 사회당(제11대), 신정사회당(제12대), 한겨레민주당, 민중의 당, 사회민주당(제13대), 민중당(제14대), 민주노동당, 청년진보당(제16대) 등을 말한다.
3) 2002년 총선에서 민주노동당은 비례대표에서 12%를 획득했다. 그러나 한국의 지배적 선거제도는 비례대표제가 아니다.

한국이 회원국으로 있는 OECD를 준거로 할 때 노동당 또는 사회당이 무력한 나라는 미국과 한국뿐이다. 유럽의 많은 나라에서 역사적으로 노동계열의 정당은 집권경험을 갖고 있으며 광범한 지지를 얻고 있다. 멕시코 노동당은 2000년 대선에서 약 17%를 획득하는 등 제3당의 위치를 지키고 있다. 미국에서 사회당이 실패한 역사적 사실에 대해서는 방대한 연구가 진행돼 왔다. '미국 예외주의'(American excpetionalism)로 일컬어지는 문헌은 오랫동안 왜 유럽에서는 보편적 현상인 사회당이 미국에서 뿌리를 내리지 못했는지 그 원인에 대해 다양한 분석을 제공해 왔다.4) 미국에 처음부터 사회주의 정당이 없었던 것은 아니다. '미국 예외주의' 문헌은 19세기 말 20세기 초 미국에서 처음으로 등장한 사회주의 정당이 왜 실패했는지를 주목했다. '미국의 예외성'은 한국의 비슷한 경험을 논의하는 데 이론적으로 의미가 있다. 서로 다른 요인이 작용하지만 OECD 가입국 가운데 양국에만 사회당이 존재하지 않는다는 점에서 미국의 사례는 적어도 이론적 준거틀이 될 수 있음을 시사한다. 미국문제에 대해서는 100년이 넘게 연구가 진행돼 왔음에도 불구하고 아직도 끝나지 않았다.

한국에서 사회당이 존재할 수 없었던 것은 냉전이라는 구조적 요인 때문이다. 지구상에서 냉전체제의의 가장 큰 피해자는 한반도이다. 냉전은 그 중에서도 한국의 노동에게 가장 혹독하게 엄습했다. 분단이 한국의 노동정당에게 준 영향은 아일랜드의 분단이 아일랜드의 노동당에 준 영향과 유사하다. 아일랜드는 유럽에서 사회당이 가장 취약한 국가이다. 아일랜드의 노동당이 서유럽의 다른 나라들과 대조적으로 미미한 제3당이 된 이유는 아일랜드가 영국으로부터 독립한 후 민족

---

4) 20세기 들어 최초의 본격적인 문제제기는 좀바르트에 의해 이루어졌는데, 이후의 문헌은 좀바르트의 1906년 논문 "Why Is There No Socialism in the United States?"를 큰 주제로 하고 있다.

문제가 압도적 이슈로 자리잡음에 따라 좌우의 문제는 주변적인 것으로 밀려났기 때문이다(Peter Mair 1987).

아일랜드 정치에는 두 가지 중요한 특징이 있다. 첫째는 아일랜드 정치의 장기간에 걸친 안정성이고, 두 번째는 단일성이다. 서유럽의 기준에서 아일랜드는 비교적 신생국가이지만 정당체제 자체는 오래되었으며 퇴행하고 있다. 지난 몇 십 년간 아일랜드 정치를 지배해 온 정당의 기원은 민주주의 정치의 동원과 20세기 초 아일랜드 자유국가의 건설로 거슬러 올라간다. 나아가 전후에 있은 대대적인 사회적 및 경제적 변화에도 불구하고 이들 정당은 유럽 다른 나라의 정당이 시기할 만큼 지속적으로 존재했다. 아일랜드 정당정치의 또 다른 특징은 갈등구조의 단순성이다. 초기의 정당배열은 신생국가가 영국과의 관계를 절단하는 강도에 대한 투쟁에서 파생되었고, 서유럽 대부분의 국가의 정당체제를 정의하는 고전적 갈등, 즉 교회 대 국가, 노동 대 자본 등은 아일랜드의 경우에는 관계가 없는 것처럼 보인다(Mair 1987, 12).

정도는 다르지만 아일랜드의 초기 정당체제는 민족갈등을 중심으로 만들어졌고, 따라서 노동과 자본의 균열은 부차적인 것이었다. 한국의 정당체제 수립은 더 극단적이었다. 한민족은 양분되어 전쟁까지 치렀다. 한국의 노동은 해방의 자유로운 공간에서 활동하려는 순간부터 억압되었다. 제2차대전 후 전쟁까지 경험한 민족국가의 분단과 그 지속은 유례가 없는 일이었다. 좌우 세력이 완전히 지리적으로 분리됨에 따라 남쪽에서 진보정당의 등장은 실질적으로 불가능한 일이었을지도 모른다. 그러나 한국전쟁의 상흔이 아직 마르지도 않은 1956년 제3대 대선에서 진보당 후보가 획득한 표는 역대 대선에서 가장 많은 득표라는 점에서 조봉암의 실험은 노동정당의 출현 가능성을 점검하는데 귀중한 자료가 아닐 수 없다.5) 조봉암이 얻은 23.6%는 신익희의 갑작스러운 죽음으로 인한 반사이익의 측면이 강함을 부인할 수 없지만,

분단효과의 절대성을 완화시키기에는 충분했다.

조봉암의 지지에 대한 몇 안 되는 본격적인 실증연구를 시도했던 손호철은 진보당의 선전을 가리켜 한국의 진보세력이 한국전쟁에도 불구하고 상당히 살아남아 1956년 선거에서 조봉암을 지지한 것이라고 주장한다(손호철 1995, 122). 분단의 구조적 조건이 한국정치사에 미친 영향은 거의 절대적일지 모르지만, 구조에 대해 지나치게 집착하면 행위자가 없는 역사가 된다. 역사 속의 행위자는 스스로 변경시킬 수 없는 구조와 더불어 살아야 한다. 이러한 어쩔 수 없는 구조와의 공존 과정 자체가 새로운 구조를 만들어 내기도 한다.

2. 정치시장과 노동시장

시장과 민주주의의 결합을 시행하고 있는 나라 가운데 사회당 또는 노동당이 존재하지 않는 나라는 극히 소수이다. 시장은 한 사회의 정치적 균열 가운데 가장 기초적이고 보편적인 기능적 균열이기 때문이다. 미국을 제외한 모든 선진국에서는 사회당이 존재하고 있다. 현재 유럽연합 15개국 가운데 12개국에서는 사회당이 단독 또는 다른 정당과 연합해서 정부를 장악하고 있다.6) 심지어 경제적으로 한국보다 열

---

5) 물론 손호철(1995, 101)이 지적한 것처럼 조봉암의 진보성에 대해서는 논란의 여지가 충분하다. 조봉암이 주도한 진보당의 정확한 성격에 대해서는 합의가 없으나 분명 '진보 정치인'이라 할 수 있는 조봉암이 획득한 23.6%의 득표는 분단 이후사(아마도 한국정치사)에서 진보정치 세력이 합법공간에서 획득한 최대치이기 때문이다. 진보당의 정강이 많은 부분 서유럽의 사민당 수준과 유사했다는 사실은 진보당을 사회민주주의와 비교할 근거를 제공한다.

6) 최근까지 유럽연합 13개국에서 노동정당이 국가권력에 참가했으나 오스트리아

약한 남미에서도 오래 전부터 사회당 등 친노동정당이 활동하고 있다.

민주주의체제 하에서 노동자는 두 분야에서 시민권을 행사한다. 첫째, 노동은 일차적으로 작업장에서 경제행위를 담당하는 주체라는 점에서 작업장의 민주주의를 요구하고 관철시켜 왔다. 노동은 작업장을 조직화하여 노동조합을 결성함으로써 임금과 노동조건의 향상을 꾀해 왔다. 조직화의 형태는 시대 및 국가에 따라 규모나 수준은 다르지만 노동은 언제나 자신에게 유리한 조건을 위해 조직화를 추구했다(Shorter and Tilly 1974; Colin Crouch 1990). 간단히 말해 작업장 민주주의는 노동시장의 민주주의이다(강명세 1998). 둘째, 노동시장에서의 요구는 정치적 영역의 민주주의와 불가분의 관계에 있다. 노동시장은 그 고유한 특성상 국가권력에 큰 영향을 받고 국가제도에 의해 규제되기 때문에 노동운동은 노동시장 외에 정치시장 진입을 요구하는 방향으로 진행한다. 즉 정치시장의 민주주의를 요구하는 것이다. 선진 산업민주주의 노동운동사를 보면 노동시장과 정치시장의 민주화는 국가별 편차를 제외하면 일반적으로 동시에 진행함을 발견할 수 있다. 정당은 단순한 지지집단의 대변자가 아니다. 정당은 역으로 지지집단의 이익을 정의하고 제한함으로써 정치의식을 변화시킨다. 노동계급에게 정당이 중요한 이유는 정당은 장기적으로 노조를 위시한 노동조직과 더불어 노동계급에게 노동계급의 집단이익이 무엇인지를 알려주며 또 선택을 주거나 주지 않기도 하기 때문이다(Przeworski 1985, 100-101). 조직화가 어느 방향에서 먼저 시작되었든 결국 두 가지 민주화가 모두 달성되었을 때 진정한 의미의 민주주의가 이루어졌다고 할 수 있다.

노동시장을 포함한 일반시장을 규제하는 것이 공정거래법 및 노동관계법이라면 정치시장을 규제하는 제도는 선거법 및 정당법이다. 세

에서 극우정당이 부상함에 따라 12개국으로 감소했다.

계획화와 더불어 노동시장의 유연성을 외치는 소리는 많고 또 노동시장의 유연화는 법제화되었다.[7] 그러나 정치시장의 경직성 자체에 대한 비판은 미미한 상황이다. 물론 정치인의 부패나 정당 내부의 민주화 등에 대해서는 많은 논의가 진행돼 왔다. 다른 시장과 달리 정치시장의 경직성이 바뀌기 어려운 이유는 규제 대상자와 규제하는 자가 동일하다는 정치시장의 특수성에 있다. 대의민주주의 하에서 정당체제 내의 기성정당은 배타적 입법권한을 갖는다. 노동시장의 유연성이 법적으로 제도화되기 위해서는 의회입법 과정을 거쳐야 한다. 노동시장의 유연성은 노사만의 관계로 해결되지 않는다. 한편 정치시장의 유연성 문제는 정당 및 정치엘리트들 자신의 문제다. 기성정당은 정당체제 내부적으로 갈등관계에 있지만 국외자 또는 신생정당의 도전에 대해서는 진입장벽을 높이는 데 이해가 일치한다. 정당체제의 이러한 현상을 카르텔 정당체제라고 부른다(Katz and Mair 1995). 정당활동에 대한 국고지원 증대, 기성정당 위주의 미디어 보도 등은 카르텔 정당체제의 징후이다.

3. 정치세력화의 요인

선진국 노동운동사를 보면 노동의 조직화는 노동시장에서 정치시장으로 진출하는 경로를 밟았다. 노동자의 이익을 극대화시키기 위해 정치적 진출 또는 정당체제와의 연계는 보편적이다. 노동과 정당의 결합은 각국의 역사적 조건에 따라 정도의 차이는 있지만 어느 나라에도

---

[7] 유연성은 고용 및 해고의 자유, 고용조건의 완화를 의미한다. 정리해고제, 변형근로제 및 파견근로제로 요약된다. 이에 대해서는 강명세(1999) 참고

존재하는 현상이다. 서구의 노동운동이 결국 정당화로 진행한 데는 몇 가지 요인이 있다. 첫째, 노동정당은 노동자를 작업장 안팎에서 조직화하고 '계급의식'을 형성시키는 데 주요한 제도이다. 노동자가 아무리 노동시장 내에서 잘 조직화돼 있다고 해도 정치적으로 조직화되지 못하면 국가정책에 큰 영향력을 발휘할 수 없다. 노동정당은 노동조합의 이해와 관련된 정책사안에 대한 고도의 일관성을 지녀야 하며 또한 노동조합은 조합 내의 특수한 이해보다 노동정당과 그것의 전반적 전략을 지지해야 한다(Venezuela 1992, 60-61).

노동시장만 조직화되고 정치시장이 조직화되지 못하면 노동은 작업장 내의 단체협상을 통해 임금이나 노동조건 등 단기적인 경제적 이익을 추구할 수 있지만, 실업연금을 포함한 복지 등 장기적 이익을 확보할 수 없다. 일반적 복지는 노동자의 이익에 두 가지 방식으로 관련된다. 경제정책의 수립과 시행은 노동의 경제적 이익에 직간접적으로 영향을 미친다. 정부의 재정정책은 일자리 창출 등 노동시장의 수급에 효과를 줌으로써 결과적으로 노동자의 일차적 관심사인 임금이나 고용에 영향을 준다. 물가정책은 실질임금의 높낮이를 결정하여 노동조합의 단체협상에 영향을 준다. 노동정당이 없다면 노동세력은 경제정책 수립에 직간접으로 참가할 수 없다.

둘째, 노동정당이 현실적인 대안세력이 되기 위해서는 노동시장 외부에 있는 청년실업자 등 잠재적 노동자나 노인과 같은 노동시장 퇴출자 등의 이해를 결집해야 한다. 노동은 언제나 잠재적 실업상태에 직면한다. 시장체제에 내재한 경기변동이나 불황은 노동자의 평생소득을 불균등하게 만들기 때문에 노동자는 미래의 리스크에 대비해 보험을 들 필요가 있다. 사회정책은 노동시장 밖에 있는 노동자의 복지에 결정적 영향을 준다. 노동정당이 없다면 사회정책은 정부의 '시혜'에 의존할 수밖에 없다. 한국의 기업별노조 구조 하에서는 노동자가 실업상태가 되면 더 이상 조합원이 아니다. 노동시장 내부의 노동자는 외부의 노동자에 비해 절대적으로 유리한 위치에 있다. 사회정책이 노동시장 외부의 인력에 초점을 둔 정책이기 때문에 노동시장 내부, 특히 조직화된 노동은 이에 큰 관심을 갖지 않는다. 이러한 무관심은 그러나 장기적으로 전체 노동의 집합행동을 더 어렵게 만드는 악순환에 빠지게 한다. 노동법을 위시한 노동제도는 최종적으로 의회의 영향력 하에 있다. 노동조합이 작업장에서 사용주를 상대로 맺은 각종 계약이 효과적으로 보장되기 위해서는 의회입법이 필요하다. 따라서 의회 내에 노동의 이익을 대변할 정당이 없다면 노동의 이익이 제도적으로 확보되기 어렵다. 대의민주주의 제도 하에서 정당은 사회 내 다양한 이익을 조직하고 표출하는 유일한 제도적 통로이다. 그러나 노동정당이 의회 내의 세력이 되는 데는 기성제도의 높은 장벽을 통과해야 한다. 장벽은 외부에만 있는 것이 아니라 노동세력 내부에서도 발견된다. 역설적으로 외부의 장벽은 주어진 조건이라면 내부의 장벽은 전략적으로 초월 가능한 것이다.

4. 노동정당의 진입장벽: 정치체제의 제도적 제약

문제제기에서 말한 것처럼 분단으로 인한 남북의 대립이 한국사회에서 의미 있는 노동정당의 등장을 봉쇄했다는 데는 재론의 여지가 없다. 예컨대 권위주의체제 하에서 보안법의 존재는 사회당의 제도적 존립 자체를 어렵게 했다. 분단효과를 전제로 할 때 노동이 정치시장으로 진입하는 것을 가로막은 요인은 몇 가지가 있다. 대통령제 같은 장벽이 해방 이후 계속 존재하기도 했고, 지역정당체제처럼 비교적 뒤늦게 만들어진 장벽도 있다.

첫 번째 장벽은 기존의 정당체제라는 제도 자체이다. 기성 정당체제는 양대 보수정당 위주로 이미 짜여진 판이기 때문에 노동뿐 아니라 새로이 진입하려는 모든 정당은 진입이 힘들다. 제도적으로 양당 중심의 정당체제가 사회적 지지를 선점했거나 아니면 지역주의 등 기득권을 이용해 지지를 왜곡시키기 때문이다. 특히 양당이 모두 보수 또는 중도 성향의 정당이라면 노동이익을 대변하는 제3의 새로운 정당의 출현은 마찬가지로 힘들다. 출현은 가능하더라도 지속되기가 어렵다. 양대 정당이 새로운 정당의 요구를 수용해 자신의 것으로 입법화하기 때문에 노동정당을 포함한 신생정당은 오래 갈 수 없다. 미국은 전형적인 예이다. 미국과 같이 정당체제가 일찍부터 성립된 곳에서는 노동은 정치적으로 조직화하기 힘들다. 이때 정당은 노동 외의 다른 사회세력을 지지기반으로 하여 만들어지고 발전했기 때문에 노동과 정당의 관계는 밀착될 수 없다. 남북전쟁 후 몇 차례 등장한 노동계열의 정당은 선거에 참여했으나, 지지율은 약했고 이후 소멸했다. 미국에서 노동정당이 정치시장에 뿌리를 내리지 못한 이유는 미국의 정당체제가 노동계급에게 개방되었다는 데 있다(Lipset 1970). 1912년 대선에서 노동계 후보가 6%의 전국적 지지를 얻었던 미국의 노동정당이 역사에서 사라지게 된 종국적 원인은 노동계급에게 개방되었던 미국 정당체제의 성격에 있다. 미국 노동에게 개방적 정당체제는 헤어날 수 없는 딜레마였다.

이 개방성은 노동조합으로 하여금 스스로 당파적 활동에서 격리하도록 만들었다. 또 한편 남북전쟁 이후 노동정당과 노동조합이 조직적으로 결합되지 않았기 때문에 시간적 여유가 있는 중산층 개혁세력이 노동정당을 장악하게 됐다. 결국 노동정당의 이념 및 프로그램은 노동조합 활동가뿐 아니라 노동개혁 공동체 내의 중산층 활동가들을 대상으로 했다. 예컨대 전국노동조합(National Labor Union)은 8시간 노동보다는 통화문제(greenback)에 더 많은 관심을 쏟았다. 이러한 현상은 일반노동자들로부터 제3당을 통해 정치에 참여한 노조활동가를 유리시켰다. 이처럼 미국 정당체제의 개방성은 노동자가 작업장에서 자신의 이익을 추구하던 조직의 영역과 정치의 영역을 분리시켰다(Shefter 1986, 243).

그러나 한국에서 노동의 정당화를 가로막은 것은 정당체제의 개방성이 아니라 경직성 또는 폐쇄성이었다. 폐쇄성은 제도적인 동시에 카르텔 지역정당체제에서 나타난다. 다수대표제와 1인을 선출하는 작은 선거구로 구성된 선거제도는 양당체제를 강화하는 역할을 한다.[8] 단순다수제와 일회투표제는 양당제를 선호한다는 '두베르제의 법칙'은 그 어디보다도 한국의 경험에 잘 들어맞는다. 다수대표제는 선거경쟁을 양대 후보의 경쟁으로 단순화시키기 때문에 자원이 빈약한 노동정당에 불리하게, 기성의 양대 정당에 유리하게 작용한다. 양대 보수정당은 법적·제도적 장치를 통해 노동정당의 생성을 억압했다. 특히 보안법은 서구 사민당 수준의 정당강령까지 불법화함으로써 노동은 사실상 정치권에 진입할 수 없었다. 또한 최근까지 노동조합의 정치활동은 불법이었고, 따라서 노조가 정치적으로 활동하는 데는 막대한 희생을 필요로 했다. 더구나 지역정당체제의 형성은 정당체제를 극도로 경직화시켜 노동당은 물론 지역에 기반하지 않으면 제3당의 출현도 어려운 현실을 낳았다.

두 번째 장애물은 대통령제이다. 대통령제의 특징은 행정부와 입법부의 권력이 각각 독립적이라는 데 있다. 의회중심제에서는 국가권력이 단일한 반면 대통령중심제에서는 의회의 정당분포가 대통령의 권한행사에 큰 영향력을 줄 수 없다. 이러한 권력분립 아래서 정당 간

---

[8] Douglas W. Rae 1971. 레는 다수대표제의 양당제에 대한 인과성 법칙과 관련해서 지방에 기반을 둔 소수정당이 있을 때는 예외라고 주장했다(Rae, 95).

연합은 중대한 의미를 갖지 못한다. 대통령 권력을 분점할 수는 없기 때문이다. 립셋과 마크스는 미국에서 사회당의 진출을 어렵게 하는 요인의 하나로 대통령제를 지목했다(Lipset and Marks 2000). 다수제투표로 뽑는 대통령선거 제도는 제3당 후보의 진입을 거의 불가능하게 만든다. 역대 대통령선거에서 진보적 후보가 가장 많은 표를 얻었던 것은 3대 대선이다. 당시 진보당의 조봉암 후보가 24%에 달하는 득표를 할 수 있었던 것은 제2당 후보 신익희의 갑작스러운 죽음으로 인해 후보가 양극화됐기 때문이다. 국회의원선거와 달리 전국적 이슈가 중요한 대선에서 다수제선거를 통해 제3당의 후보가 의미 있는 득표를 하는 것은 불가능하다. 다수제는 양당구도의 표몰이와 결합해 투표자로 하여금 제3당 후보 지지가 자신의 귀중한 한 표를 낭비하게 하는 것으로 인식하게 한다.9) 또한 승자가 독식하는 대통령제는 정당연합 전략을 어렵게 만든다. 대통령제 하에서는 내각을 분점할 수 없기 때문에 의회중심제에서와 같은 연합의 유인은 없다. 대통령제의 장벽은 뒤에서 언급할 한국의 지역균열에 의해 더욱 강고해진다. 지역정당체제에서 대통령 독식은 바로 특정 지역의 권력 독식과 마찬가지이기 때문에, 대다수의 투표자는 선거결과에 아무런 영향을 주지 못하는 제3당 후보를 외면하게 되는 것이다. 이 점은 대선과 기타 하급선거를 비교하면 잘 나타난다. 총선 또는 지방선거 등 하위단위의 선거에서는 진보정당 후보가 당선되거나 당선에 근접했다. 1960년 4·19혁명 직후 실시

---

9) 립셋과 마크스는 미국의 경험을 기초로 제3당 후보에 대한 지지는 양당 후보 경쟁구도의 성격에 따라 다를 수 있다고 한다. 즉 양당의 경쟁이 치열할수록 제3당 후보의 지지는 약해지며, 반대로 일찌감치 양당 후보 중 어느 한 후보가 압도적으로 우세한 선거일 경우 제3당 후보의 지지도는 상승한다고 주장한다. 양당 후보의 치열한 접전일수록 제3후보를 지지하는 유권자는 자신의 표가 선거결과에 아무런 영향을 미칠 수 없다고 판단하게 되고, 따라서 기권하거나 양당 중 어느 한 후보를 선택하게 된다는 것이다(Lipset and Marks 2000, 50).

된 제5대 총선에서 사회대중당 후보 129명 가운데 4명이 민의원에, 6명 중 1명이 참의원에 당선되었다. 하위선거에서 지역적으로 지지층이 집중된 산업지역에서 진보정당 후보에 대한 지지가 나타난다면 가능성이 낮은 대선에서는 이들 집중지역에서조차 진보후보에 대한 지지가 떨어진다. 더구나 대선에서는 지역주의가 강한 반면 기타 선거에서는 지역주의가 덜하다. 노조의 정치활동이 처음으로 보장된 가운데 실시된 1998년 지방선거에서는 노동후보들이 대거 약진했다. 특히 노동자 밀집지역인 울산의 경우 23명이 출마해 21명이 당선되었다. 울산 북구 및 동구 구청장에 각각 당선된 조승수 및 김창현 후보는 약 38% 및 42%의 지지를 획득했다.

세 번째 장애는 보편선거권의 조기 획득이다. 립셋과 마크스는 미국에 사회당이 존재할 수 없게 만든 중대한 이유 중의 하나는 보편선거권의 조기 부여라고 주장했다. 그러나 보편선거권의 조기 부여는 기존 정당구조를 매개로 하여 노동자의 정치세력화에 전혀 다른 영향을 준다는 사실을 강조했다.

호주와 스위스의 사례는 보편선거권의 조기 부여가 미국에서 발휘한 영향력을 평가하는 데 중요한 환경이라는 점에 주의를 기울이게 한다. 결정적인 것은 단순히 보편선거권의 조기 부여가 아니라 보편선거권이 주요정당 내에, 그리고 이들 정당의 도시 정치기제에 노동자를 편입시키는 데 어떤 역할을 했느냐 하는 것이다. 미국사회에서 조기 선거권은 하층민이 일찍부터 정치에 참여할 수 있게 하는 가능성을 열었지만, 정치참여의 성격은 기존 정치기회의 구조와 경쟁적인 정치성향과 균열에 대한 노동의 대응에 따라 영향을 받았다. 노동자는 여러 집단의 하나였기 때문에 주요 정당 내에서 가장 직접적으로 성취될 수 있는 정치적 목적을 이루기 위해서는 다른 집단과 연합을 해야 했다. 노동자는 민주당과 공화당이 새로운 지지층을 모색하고 있던 차에 정치적 활로를 추구했던 것이다(Lipset and Marks 2000, 60-61).

마지막으로 지역균열이다. 정당체제가 지역으로 쪼개지게 되면 계층에 기초한 지지는 설 자리를 잃게 된다. 막강한 위용을 자랑하는 지역주의 정당체제는 노동세력에게 특히 1987년 이후에 불가항력으로 작용했다. IMF위기는 한국에 세계화가 무엇인가를 경험으로 보여주었다. 위기 이후 노동시장은 급격히 유연해졌다. 근로자파견법, 변형근로제 및 정리해고제는 실업자와 비정규직 근로자를 양산하여 미조직 노동시장을 확대시키고 있다. 기업별노조 하에서 미조직 노동자는 아무런 보호장치도 갖지 못한다. 미조직 노동자의 복지는 노동정당이 담당해야 한다. 한국의 의회에 노동정당이 존재했다면 정부의 사회정책은 크게 달라졌을 것이다. 경쟁을 전제로 하지 않는 시장은 시장이 아니다. 경쟁은 시장에서 가장 질 높은 또는 값이 싼 제품을 만드는 기업만이 생존할 수 있게 하는 자본주의의 원동력이다.

정치시장도 마찬가지로 경쟁에 기초해야 한다. 각 후보나 정당은 정책을 표방하여 주기적 선거를 통해 유권자로부터 심판을 받는다. 선거 결과는 정당체제에 반영된다. 한국의 정치시장을 경직되게 만들고 있는 가장 큰 요인은 지역주의이다. 유권자나 정당 모두 지역주의의 포로가 될 때 선거는 의례적 또는 요식적인 행위에 불과하다. 민국당 같은 제3당의 출현도 지역주의의 파생물이다. 지역주의정치는 정치체제를 두 가지 측면에서 경직화시킨다. 첫째, 지역정당체제의 공고화는 선거를 통한 정치적 변화를 사전에 봉쇄하기 때문에 시민의 정치참여의식을 약하게 만든다. 자신의 투표행위와 관계없이 지역주의적 결과가 예견될 때 유권자의 투표의지는 약할 수밖에 없다.[10] 둘째, 지역주의적 정치균열은 사회 내의 여타 균열을 압도한다는 점에서도 다양한

---

10) 1987년 이후 지속적으로 하락하는 투표율이 이를 반증한다. 제16대 총선의 투표율은 역사상 가장 낮았다.

경쟁을 가로막는다. 여성, 환경, 노동 등 사회적 소수의 문제는 정치적 쟁점이 될 수 없다. 가장 조직화된 사회세력인 노동의 정치진출마저 불가능해진다. 투표행위가 사회적 위치가 아닌 출신지역에 따라 이루어지기 때문에 사회적 위치의 면에서 가장 동질적인 노동계급도 자신의 정당을 갖지 못하고 지역당에 투표하게 된다. 심지어 노동자 밀집지역에서조차 노동자후보가 당선되는 것을 허용하지 않는다. 이같이 경직된 정치시장 하에서 노동에게는 두 가지 선택이 가능하다.

5. 한국노동의 선택

1) 노동시장의 전국화: 맥시멀리스트의 악순환

첫 번째 선택은 노동이 주전선을 정치적 진출이 아니라 노동시장을 전국적으로 조직화하는 데 두는 것이다. 이 선택은 그 동안 한국 노동, 특히 민주노총의 주력사업이었다. 노동의 중앙본부의 하나인 민주노총은 기업별노조 구조에 대해 산업별노조 건설을 주전선으로 추진해 오고 있다.[11] 민주노총 산하의 금속연맹은 산별교섭 체제를 요구한 대표적인 노동세력이다. 현재 의료 및 금융부문이 산별노조 단계에 들어갔다.[12] 또한 금속노조 위원장 출신이 민주노총 위원장을 맡고 있다.

---

[11] 산별교섭 문제는 실업자의 노조가입과 직접 연관된다는 점에서 현재 노사관계가 풀어야 할 숙제이다. 산별교섭 체제 하에서 실업자는 기업단위에 소속되는 것이 아니라 산업별노조에 속하기 때문에 해당 사업장에서 실직하더라도 조합원의 자격을 유지할 수 있다.

[12] 임영일(1998, 180)은 민주화 이후, 즉 1987부터 1995년까지 노동운동의 갈등과 목표를 개괄하면서 노동운동의 당면목표를 노동법 개정운동의 재강화, 노동조합

민주노총은 IMF위기 이후 정부의 신자유주의적 정책에 대해 "신자유주의 반대 총력투쟁을 전개하여 신자유주의 정책의 기조를 바꾸어 내지 않으면 안 된다"고 주장했다.13) 민주노총이 주력사업으로 제기한 반신자유주의의 핵심은 산별노조 건설이다. 민주노총은 "노동시장의 유연화, 대규모 실업자층의 존재 등과 더불어 노동조합의 조직률이 하락하고 현장이 약화되는 등 기업별노조의 한계가 전면적으로 드러나고 있다. 이에 따라 산별노조 건설과 미조직의 조직화를 위해서 전력 집중하지 않으면 안 된다"고 주장했다. 한편 민주노총은 정당건설 작업은 신자유주의 정책에 대응하기 위한 보조수단으로 인식하고 있다. 민주노총은 민주노동당이 비례대표제를 핵심과제로 인식하는 것과 달리 "핵심 전략지구에 노동자후보를 당선시킨다"는 소극적 전략에 머무르고 있다. 이는 민주노총의 주전선이 산별노조 건설 등 노동시장의 전국화에 가 있음을 증명하는 것이다. 1999년부터 국회에서 시작된 선거법개정 과정에서 가장 적극적으로 개혁운동을 전개한 주체는 민주노총이 아니라 정치개혁시민연대, 참여연대, 경실련 등 시민단체였다.

그러나 기업별노조가 정착된 상태에서 산별노조로의 전환은 두 가지 점에서 대단히 힘들다. 첫째, 산별노조가 가능하자면 기업별노조의 자산과 권력의 양보가 뒤따라야 하지만, 이는 기업별노조의 저항에 봉착하기 쉽다. 노조가맹비 및 회비가 기업별노조에 귀속되는 현행 노동시장 구조 하에서 전국적 본부의 역할은 아주 취약하다. 둘째, 산별노조가 가능하자면 노동뿐 아니라 사용자단체도 산별로 조직화돼 있어야 하는데, 한국의 기업은 산별조직을 갖고 있지 않다. 노동시장이 전

조직의 발전=산별조직으로의 전환 두 가지라고 강조했다.
13) 반신자유주의 노선은 민주노총 노동운동발전위원회 제1차 전체회의 및 워크샵에서 김태현 민주노총 정책실장이 발제한 "민주노조운동의 주체적 상황과 과제"에서 주장한 것이다.

국적으로 존재하는 나라의 경험을 보면, 사용자단체가 자신의 필요에 의해 노동을 전국적으로 '조직화'시켰다. 예컨대 스웨덴의 금속노조가 산별협상에 성공할 수 있었던 이유는 사용자단체와 이해가 일치했기 때문이다. 국제경쟁에 민감한 금속사업자연합이 건설 등 국내부문의 노동이 요구한 높은 임금이 자기 부문의 노동에까지 파급되는 것을 막기 위해 금속부문의 산별조직화를 후원했다. 이러한 두 가지 요인의 결합으로 인해 한국의 노동시장이 전국적으로 건설되기는 힘들다.

더구나 노동시장구조와 거시경제적 변수의 관계에 대한 최근 학계의 논의는 산별 조직화에 호의적이지 않다. 기업별, 산별 및 전국적 협정 등 협상의 지점이나 구조가 경제 전반에 미치는 영향에 대한 연구 결과는 산별교섭에 대해 부정적이다(Calmfors and Driffill 1988). 임금협상이 각 산업별로 진행될 경우 우려되는 것은 산별 이기주의이다. 기업별 및 전국적 조직에 비해 산별 상급조직은 자신의 요구가 다른 산업에 미치는 고용효과를 고려할 필요가 없기 때문에 과도한 임금인상을 주장한다는 논리이다. 다른 한편 협의적 조정(coordination)을 강조한 연구도 산별 자체는 중요한 요인이 아니라고 본다(Soskice 1990). 스위스, 일본 및 독일의 예에서 알 수 있듯이 협상의 지점이 다르더라도 어느 한 부문의 주도적 역할을 통해 전체 노동시장의 조건이 조정된다면 협약과 동일한 효과를 낼 수 있다. 특히 주도적 역할을 하는 기업별조합이나 산별조직이 수출부문에 속해 임금자제를 선호한다면, 이는 전반적인 임금안정, 고용안정으로 파급돼 경제에 득이 될 수 있다.

노동의 정치세력화와 관련해서 볼 때 이 노선은 최대강령주의의 악순환을 낳는다. 맥시밀리스트의 전략은 현실적으로 가능한 전략이라기보다는 현실 타파적인 전략이다. 현실이란 기업별노조를 말한다. 노동시장 우선 조직화의 정치적 진출에 대한 입장은 논리적으로 본다면 산별노조 체제를 구축한 뒤 이를 기반으로 정치시장 조직화로 가는 방향일 것이다. 자본의 국제적 이동으로 대표되는 세계화 속에서 노동시장의 유연화가 거스르긴 힘든 추세임을 감안할 때 수십 년에 걸쳐 제도화된 기업별노조를 깨고 단기적으로 산별노조로 가기는 어렵다. 노동시장을 우선 전국화하고 그 후에 정치시장을 조직화한다는 점에서 장기적인 프로젝트이다. 그러나 앞에서 말한 이유로 노동시장의 전국화, 즉 산별화 작업은 오랜 시간을 요할 뿐 아니라 그 실현 여부도 불확실하다면, 산별조직 후 정치시장 진출은 더욱더 먼 장래의 프로젝트일 수밖에 없다. 두 번째 대안은 정치시장에 대한 적극적 진출이다.

2) 정치시장의 전국화: 미니멀리스트의 선순환

한국노동이 아직 진지하게 본격적으로 실험해 보지 못한 두 번째 선택은 정당건설을 통해 정치시장에 진입하는 일이다. 이 미니멀리스트 전략은 현행 노동시장의 구조를 인정하되 다른 문제에서 돌파구를 찾는 것이다. 즉 절차적 민주주의를 최대한 활용하여 최종적으로는 노동시장의 전국화를 획득하는, 즉 선순환효과를 극대화하는 것이다. 즉 노동운동이 전략을 변경해 주전선을 정치시장 쪽으로 이동하는 것이다. 물론 겉으로 보기에 민주노총이 2000년 1월 민주노동당을 창당한 것은 이러한 선택의 하나로 볼 수 있다. 그러나 현재의 선거나 정당제도 하에서 노동세력이 의미 있는 정당세력으로 성장하는 것은 불가능하다. 한국의 정치시장은 기성정당에 유리한 지극히 경직된 체제이다. 정치엘리트의 입장에서 지역주의적 동원은 동원비용이 가장 저렴할 뿐 아니라 가장 확실한 방법이다. 민주국민당이 부산경남 지역을 기반으로 한 것은 '합리적 선택'인 것이다. 유권자가 이처럼 지역주의로 사분오열될수록 노동의 정치세력화는 더욱 어려워진다. 앞의 4대 장벽에서 강조한 것처럼 지역주의가 지역정당을 체제화함으로써 유권자의 선택은 상당부분 이미 정해져 있기 때문이다.

미국의 정당체제와 같이 양대 정당구도로 발전해 온 한국의 정당체제는 모든 정당이 캐치올 정당을 표방함으로써 노동계급을 동원해 왔다. 또한 기성정당을 중심으로 짜여진 카르텔 정당체제의 형성은 기성정당의 활동에 대한 국가의 재정적 지원이라는 입장에서 일치한다. 정당카르텔은 또한 여론보도의 특혜를 누린다. 신문, 방송은 물론 일반 공청회나 토론회에서도 기성정당이나 현직 정치엘리트는 자신을 홍보할 기회를 갖지만 신생정당은 초대되지 않는다. 정치시장의 경직성을 낳는 또 다른 요인은 한국정치의 '고질적 병폐'로 지칭되는 지역주의이다. 노동자는 기업별노조를 통해 작업장에서는 조직화되고 있지만 작업장만 벗어나면 정치적 지역주의에 묶여 있다. 동별 향우회가 작동할 정도로 지역주의가 만연된 상황에서 노동자는 정치적으로 조직화될 수 없다. 19세기 후반 미국의 이민노동자가 작업장에서는 노조에 가입돼 있지만, 퇴근 후에는 각각의 인종적 공동체로 회귀하는 것과 비슷하다. 노동자는 스스로를(철강회사, 그리고 때때로는 자본 전체에 대립하는) 노동으로 본다. 그리고 또한 노동으로서 그들은 매우 전투적이다. 작업장 내에서의 일반적 생활은 계급적이다. 작업장 노조에서 그들의 다수는 과격한 봉기에 투표한다. 그러나 이러한 노동자는 퇴근해서 집으로 돌아가는 동시에 더 이상 스스로를 노동자로 생각하지 않는다(Katznelson 1981, 6).

단체협상 등 현실적 이익을 가져다주는 노동조합에는 가입하지만 정치적으로는 분열되는 것이다. 서유럽의 노동계급이 계급정당을 건설할 수 있었던 이유 중 하나는 정치적인 것이었다. 노동조합은 정치시장의 경직성을 붕괴시키고 이에 진입하기 위해 활발히 선거법개정 운동을 전개했다. 미국의 소선구제는 소수정당의 도전을 어렵게 만듦으로써 양당제를 더욱 강화시켰고, 이는 결국 노동정당의 진입을 방해했다. 또한 지역구 선거는 정치적 정체성을 거주지 위주로 하기 때문에 노동자가 노조를 통해 작업장에서 획득한 정체성은 도움이 안 된다 (Katznelson 1981, 71). 정치시장의 경직성은 제도적으로 선거법에 들어 있다. 재산이나 거주 등의 제한을 통한 노동자의 투표권 제한은 대표적이다. 노조 차원에서 추진된 선거법개정 운동은 노동자의 정치적 일체감을 형성시키는 데 공헌했다. 노동자는 작업장에서의 파업 등을 통해 일체감을 형성할 수 있지만 이는 한계에 봉착한다. 국가정책이 노동계급 전체에 주는 막대한 영향력을 고려할 때 노동계급의 이익을 제도적으로 확보하기 위해서는 정치시장 진출은 필수적이다. 미니멀리스트는 정치시장 진입을 통해 의회에서 최종적으로 맥시멀리스트가 추구했던 목적을 달성하는 것이다.

3) 정치시장의 변화: 비례대표제와 노동정당의 의회진출

한국 노동자가 정치시장에 진입하려면 우선 노동정당의 출현을 어렵게 만드는 장벽을 허무는 데 총력을 기울여야 한다. 정치세력화 문제는 노사정 1기에서 부분적으로 합의되기도 했지만 이는 지극히 미미하다. 본질적으로는 선거제도의 개혁이 필요하다. 수십 년에 걸친 선거결과에서 경험적으로 나타난 바와 같이 강고한 지역주의적 투표행태가 소선거구제와 결합될 때 노동의 정치적 진입은 거의 불가능하다. 노동운동의 목표가 혁명이 아니라 의회진출이라면 적어도 노동세력의 정치세력화에 가장 현실적인 대안은 비례대표제이다. 노동자의 투표행태가 지역주의로 흐르는 이유 중 하나는 노동계의 후보가 있다 해도 그 후보가 현실적으로 당선될 가능성이 없다고 믿기 때문이다.

이는 두베르제가 강조한 심리적 효과이다. 다시 말해 악순환의 반복이다. 가령 모든 노동자 개인적으로는 노동후보를 선택하고 싶어도 노동계급의 정치적 일체성이 부재한 상황에서 개인적 결정이 집단적으로 나타나기는 힘들다. 즉 무임승차 문제가 발생하는 것이다. 집합행위가 가능하자면 행위선택의 지침을 제공하는 제도적 구심점(focal point)이 필요하다. 다수대표제와 비례대표제는 바로 이러한 구심적 역할을 한다. 다수대표제와 지역균열이 결합된 체제 하에서는 노동자가 지역주의 투표를 하는 것은 합리적이다.

물론 민주노동당은 정당명부식 비례대표제를 주장했다.14) 민주노동당은 강령에서 정치개혁의 일환으로 "완전한 비례대표제의 도입과 선거공영제의 실현을 위한 민주적인 경쟁구도를 확립한다"고 분명히 밝히고 있다. 문제는 앞에서 지적한 바와 같이 의회진입에 대한 민주노총의 입장이다. 민주노총은 민주노동당의 모태이다. 따라서 민주노총의 정치적 의지는 노동의 정치세력화 성공 여부에 가장 중요한 변수이다. 민주노동당이 강령에서 천명한 '완전한 비례대표제' 주장이 민주노총의 '10대 핵심 정책과제'에서는 빠져 있다. 첫 번째 핵심과제는 "정리해고 철폐, 주 40시간 노동시간 쟁취, 비정규직 노동자 보호로 노동자 고용안정을 확보하고 최저임금제의 현실화를 통해 노동자의 생활안정을 도모하는 한편 노동자 소유경영 참가를 실현한다"에 잘 나타나는 것처럼 노동시장 유연화와 관련된 요구이다.

서구의 노동정당이 정치시장을 조직화해 나가는 작업은 투표권 획

---

14) 1999년 11월 29일 민주노동당 창당준비위원회 권영길 위원장 등은 국회정치개혁입법특위에 완전한 비례대표제의 실시, 공무원·교사의 정당가입 허용, 여성 30% 할당제 실시, 정치자금의 투명성 확보 및 선거기탁금제 완전폐지 등을 요구했다. 12월 10일부터 18일까지는 국회 앞에서 노동시간 감축과 정치개혁을 위한 철야농성을 실시했다.

득이라는 선거제도 개혁투쟁에서 출발했다(최장집·강명세 1996). 제도개혁은 노동자의 계급의식과 정치적 정체성을 확립하는 데 기여했다. 산업화는 민주주의보다 먼저 왔기 때문에 노동계급은 경제적으로는 유권자이기 전부터 존재했다. 이들은 1860~1870년대부터 1910~1920년대까지 약 50년에 걸쳐 투표권을 얻기 위해 노력했다. 스웨덴은 전형적인 예이다. 1889년 공식화된 스웨덴 사민당의 가장 큰 요구는 투표권이었다. 이 요구를 관철시키기 위해 대대적으로 당원확보에 주력했다. 독일 사민당도 비슷한 경험을 했다. 비스마르크 시대에 출범한 사민당은 투표권을 갖지 못한 노동계급을 상대로 투표권 획득운동을 전개했다. 1863년 라살레가 주도한 사회당은 정강정책의 유일한 목적으로 "평등, 보편적 및 직접 투표권을 위한 평화적이고 합법적인 투쟁"을 내걸었다(Epstein 1993, 135). 1875년 고타강령의 기조는 보편선거권 획득이었다. 초기 노동정당이 전개한 선거권투쟁은 노동계급의 정치적 정체성을 만드는 과정이었다. 이렇게 형성된 정체성은 노동조합이 노동시장을 조직화하는 데 기여했다.

반대로 한국은 많은 개도국처럼 민주주의가 산업화에 앞서 먼저 왔다. 한국의 시민은 해방과 동시에 보편선거권을 거저 획득했기 때문이다. 한국 노동자는 노동시장에 진입도 하기 전에 정치시장에 편입되었다. 한국의 노동은 정치적 정체성을 확보하기 전에 유권자가 되었기 때문에 나중에 산업화에 따른 노동시장에서 정체성이 생긴 후에는 보수정당의 동원대상이 되었다. 노동시장에서 정체성이 생겼다고 이것이 정치적으로 표현되는 것은 아니다. 정치적으로 조직화되지 않으면 노동계급은 반쪽의 정체성에 머문다.

제도의 변화는 행태의 변화를 유발한다. 퍼트남이 지적한 것처럼 역사가 중요한 이유는 역사가 과정 의존적(path-dependent)이기 때문이다(Putnam 1993, 88). 앞에 일어난 사건은 뒤에 일어나는 사건을 부분적으로 결정한다. 비례대표제라는 제도적 초점15)이 있다면 노동자 개인의 입장에서 볼 때 이는 지지하는 만큼 당선되기 때문에 노동후보를 선택할 가능성은 높아진다. 이런 점에서 선거제도의 변경은 지역주의를 완화시키는 역할도 할 수 있다. 노조는 사업장에서 비례대표제가 가져올 정치적 결과를 집중 교육해야 한다. 노동시장의 전국화에는 현재의 노동시장 구조상 단위노조가 그리 열성적일 수 없지만, 정치시장의 문제는 다르다. 정치시장의 전국화는 단위노조의 직접적 이해와 상충하지 않는다. 비례대표제가 시행된다면 첫 번째 선거에서는 물론 노동후보의 대거 당선은 어렵다. 그러나 일단 어느 정도의 성과가 가시화된다면 이는 노동계급의 투표행태를 크게 바꾸어 놓을 수 있다. 노동정당의 선순환효과를 기대할 수 있다. 지금까지처럼 노동이 의례적으로 총선이나 대선에 참여하는 것은 노동후보에 표를 던졌던 노동자를 좌절시킬 뿐 아니라 일반노동자들의 기대감을 약화시켜 다음 선거의 투표행태에도 영향을 줄 수 없다.

4) 시민운동과 정치제도의 변화

제도의 개혁이나 변화는 궁극적으로 정치시장의 내부행위자에 의해서 이루어진다(Lijphart and Waisman 1996). 내부행위자인 기성정당은 제도변화로 인해 피해가 예상된다면 그런 개혁에는 절대 찬성하지 않는다. 선거법개정 과정에서 분명히 드러난 것처럼 의미 있는 변화는 없었다.16) 그렇기 때문에 변화의 추동자는 기존의 체제 밖에 있는 그

---

15) 제도적 초점은 집합행위의 규범을 지시하는 등대와 같다. Kreps(1991) 참조.
16) 여야 3당이 참가한 선거법개정은 당초 논의되었던 정당명부식 비례대표제는 삭제하고 비례의석의 조건으로 5석 또는 득표율 5%의 규정을 두는 등 오히려 신생

룹에서 나오기 마련이다. 기성 제도에서 불이익을 감수해 왔던 노동 및 사회세력이 제도개혁을 제1의 과제로 주장하지 않는 한 제도권은 쉽사리 움직이지 않는다. 기성정당이 정치시장을 개방하지 않고 또다시 카르텔을 결성한 데는 노동을 포함한 시민사회의 책임도 있다. 기성정당이 제도개혁을 반대하고 현상유지를 원하리라는 것은 이미 예견되었던 것이다. 최근 시민단체가 추진해 국민들로부터 크게 호응을 받은 낙천·낙선운동은 전략적으로 너무 소극적이다. 인사이더인 기성정당 내부의 문제를 거론하는 것은 정치시장의 유연화를 위해서는 적극적이지 못하다. 정치시장 유연화를 위해서는 기성 정치시장이 진입장벽을 낮추도록 시민단체가 압력을 가했어야 했다. 내부의 경쟁법칙을 바꾸는 것도 중요하지만, 더 중요한 것은 노동, 여성, 환경 등 사회적 소수를 포함하여 정치시장 외부에 있는 세력이 자유롭게 진입할 수 있는 경쟁의 룰을 만드는 것이다. 노동은 가장 일차적인 관련자인 만큼 장벽을 허무는 데 전력을 쏟아야 했다.

한국 노동운동이 노동시장 전국화에 주력하는 이유 중 하나는 경직된 정치시장이 노동의 정치진출을 제도적으로 봉쇄하고 있기 때문이다. 오랜 민주주의 전통을 가진 나라에서 정당의 생성과 발전은 시민권과 노동계급의 위상결정과 밀접히 연결된다. 유럽의 발전경로는 노동계급의 성장이 시민권의 확장, 종교적 자유의 보장 등과 더불어 이루어졌다. 독일의 노동(공산당, 사회당)이 가장 급진적이었던 이유는 급속한 산업화에 따른 노동계급의 급성장, 경직되고 비타협적인 구 지배계급의 존재 때문이었다. 프로이센 지배계급은 1878~1891년에 반사회주의법을 통해 노동의 정치시장 진입을 제도적으로 봉쇄했다. 또한 1차대전에서 패할 때까지 독일에서는 평등한 선거권이 존재하지 않았

정당의 진입을 억압하는 데 합의했다.

다. 지배체제의 이러한 경직성은 급진적 노동운동을 낳았다. 한편 영국에서는 온건한 노동당이 발전했다. 여기서는 노동이 노동시장과 정치시장에서 조직화되기 전에 투표권을 비롯한 시민권이 부여되었다. 영국 노동은 독일과 달리 시민권획득을 위해 투쟁할 필요가 덜했다. 미국은 노동정당이 아예 성장할 수 없었다. 미국에서는 건국과 동시에 정치적 시민권이 다수의 노동계급에게 부여되었다. 노동계급이 주요한 사회세력으로 자리잡기 전에 구 지배계급, 종교 및 투표권 같은 정치적 문제가 이미 해결되었다(Lipset 1970, 26-27). 한국의 시민운동은 이제 유권자 모두에게 접근이 가능한 선거제도의 개혁을 이야기할 때이다. 진정한 시민권행사를 위해서는 정치제도의 개혁이 필요하다. 물론 정치개혁에 관한 한 시민운동의 역할은 보완적인 것이다. 노동운동이 먼저 노선을 정치시장 조직화라는 전략으로 수정하고, 이를 위해 진력투쟁할 때 시민운동의 역할은 더욱 힘을 발할 것이다.

제6장 권력구조와 지역균열, 선거제도

　한국의 민주화과정은 이미 10년의 역사를 맞이했지만, 자유민주주의를 떠받치는 정치적 제도는 여전히 확립되지 않고 있다. 최근 우리 사회를 휩쓸고 있고 권력구조 논쟁이 이를 반증한다. 대통령제 대 내각제로 압축되는 현재의 논쟁은 야당은 물론이고 지배연합 내부에서도 이견이 분분하다. 자유민주주의가 공고해져 일반시민 모두의 보편적 가치로 수용되기 위해서는 반드시 제도화의 과정이 필요하다. 민주주의의 제도화란 시민 다수의 선택에 의해 정치체제가 일단 결정되면 선거를 통해 반대했던 세력도 새로운 정치제도의 권위를 인정하는 데서 출발한다. 적어도 최소한의 형식적인 의미에서 민주화가 이처럼 자유민주주의의 규범을 시민의 가슴 속에 예상화시키고 내면화시키는 것이라면 현재의 권력구조 논쟁의 근저에는 1987년부터 자리잡은 지역균열에 일차적인 원인이 있다.
　비교사적으로 보면 권력구조를 포함한 정치체제의 변화는 각 체제에 고유한 사회균열의 복합적 성격에 달려 있다. 현재의 권력구조 논쟁은 단순한 권력엘리트 간의 파워게임이 아니라 한국사회를 가로지르는 정치균열의 반영으로 보아야 한다. 정치엘리트는 자신의 권력을 극대화하기 위해 실체적으로 존재하는 균열을 이용할 뿐이기 때문이다. 따라서 정부형태 및 선거제도의 변화는 앞으로 한국정치 체제의 안정에 중대한 결과를 낳을 것이기 때문에 권력구조에 대한 보다 진지한 논의가 절실하다. 이 장의 목적은 현재 진행 중인 권력구조 논쟁을 보다 분석적인 수준에서 설명하고 바람직한 선택을 위한 시각을 제공하는 것이다. 이러한 목적을 성취하기 위해 최소한 세 가지 작은 목적을 추구할 것이다. 첫째는 '대통령제 대 내각제'로 불리는 권력구조 논쟁의 분석적 전망으로서 제도라는 게임의 규칙이 얼마나 중요한가를 인식하는 것이 필요하다. 둘째는 이와 같은 게임의 규칙인 대통령제 또는 내각제의 단순선택이 과연 현재 한국사회의 정치적 균열을 해소하는 데 기여할 수 있을 것인가를 검토한다. 세 번째 목적은 두 번째 의문에 대한 회의로부터 출발한다. 정치제도가 정치발전을 제공하자면 정부형태와 더불어 마찬가지로 사회균열을 해소할 수 있는 선거제도의 개혁이 필요하다.

1. 정치제도, 사회균열 및 정치엘리트

내각제논쟁은 정치제도의 변경에 관한 논쟁이다. 경제제도가 시장영역의 공정한 경쟁을 위한 규칙이라면 정치제도는 공정한 정치시장의 규칙을 의미한다. 그러나 경제제도와 정치제도는 전혀 다른 원리에 바탕을 두고 있다. 정치제도와 경제제도가 기본적으로 다른 이유는 각 체제의 지향점과 해결점이 다르기 때문이다. 경제제도의 주기능은 경제적 효용을 극대화하는 것으로 그 목적은 효율성을 높이는 데 있다. 중앙은행의 독립이나 자유시장제도의 확립이 가정하는 것은 각 개인의 경제활동이 보다 효율적으로 작동하여 전체 경제의 파이가 커지도록 하는 데 일차적 목적이 있다. 반대로 정치제도의 주된 특징은 분배적 갈등이다. 정치제도의 기능은 상호 갈등적 이해를 조정하여 체제안정을 도모하는 것이다. 효율성을 높이는 것은 모두에게 복지의 증대를 의미하기 때문에 사회구성원의 합의를 도출하기 비교적 손쉬운 반면, 정치제도는 제로섬적 이해관계의 조정이라는 점에서 국민적 합의가 쉽지 않고, 그렇기 때문에 정치적 교환의 성격을 강하게 내포한다.

정치제도는 정치적 집단이 지켜야 하는 규칙의 제정이기 때문에 각각의 이해집단은 스스로에게 불리한 제도를 절대 수용하지 않는다. 따라서 새로운 정치제도의 형성은 언제나 이해세력 사이의 타협의 산물이다. 정치제도의 성립과정과 그 후의 정치적 영향력은 각기 다른 메커니즘의 영향을 받는다. 초기의 성립과정을 보면 제도는 각 사회세력의 상호작용에 내재적(endogenous)인 반면, 일단 형성된 제도는 외적 조건으로 주어져(exogenous) 정치행위자의 전략을 제약한다. 정치제도는 물론 각 나라에 역사적으로 고유한 제약 하에서 만들어지지만, 일단 형성된 제도는 정치블록의 사회적 이해를 결정짓기 때문에 어떤 제도를 선택하는가는 민주주의의 정착에 결정적인 영향력을 행사한다. 새로운 정치제도는 정치엘리트 및 집단에게 과거와는 다른 행위 인센티브와 제약을 부여하기 때문에 중대한 결과를 낳는다. 최근 소위 '제3의 민주화 물결'을 타고 있는 동유럽, 남미 및 동아시아 국가에게 정치제도의 선택은 민주화과정의 핵심적 사항이 되었다. 민주화에 따른 새로운 정치제도의 형성은 대통령제를 시행했던 남미의 정치적 불안정에 비추어 대통령중심제와 의회중심제는 이제 새로운 검증을 받기에 이르렀다.

로칸은 대중정치 시대의 개막을 연구하면서 두 가지 요인이 정치제도의 형성을 설명한다고 주장했다.

첫째, 정치제도는 민주화과정에서 행위자들의 전략적 산물이다. 민주주의가 가능하자면 최소한 달(Dahl 1971)이 언급한 두 가지 조건, 즉 참여와 경쟁을 충족시켜야 한다. 민주주의의 첫 번째 조건은 무엇보다도 정치적 시민권의 보장이다.[1] 정치적 시민권은 보편선거 및 비밀선거에 의해 규정되며 서구의 경우 대체로 전후에 확립되었다. 대중정치 이전의 서구는 보편선거권이 부여되기 전의 상태라는 점에서 아직 민주주의의 범주에 속하지 않는다. 둘째로 달에 따르면 민주주의는 개방적이고 경쟁적인 선거에 기초해야 한다. 선거는 강압이 개재되지 않아야 하고 권력교체의 가능성을 열어 두어야 한다. 20세기 초에 있었던 선거제도 논쟁은 경쟁선거를 제도적으로 보장하려는 것이었다. 공산당이나 권위주의 정부는 보편선거권은 부여하지만 경쟁성의 조건을 충족시키지 못한다는 점에서 민주주의라고 할 수 없다. 로칸은 특히 정치참여의 폭이 넓어지면서 발생하는 새로운 선거제도, 즉 비례대표제의 발생에 주목했다.

> 새로운 대표성의 원칙이 승리하게 된 것은 아래 및 위로부터 압력의 결과이다. 증대하는 노동계급은 의회에 진출하기 위해 대표의 장벽을 낮추기를 원했고 구체제 정치세력은 보편선거로 인한 새로운 투표자로부터 자신의 이익을 보호하기 위해 비례대표제를 선호했다(Rokkan 1970, 157).

제도의 기원과 전개과정을 보면 제도는 내재적임이 발견된다. 정치제도의 변화는 당시의 지배적인 정치균열에 내재적이다. 자유민주주의 제도가 정착한 초기 대중정치 시대를 분석했던 로칸은 정치제도의

---

[1] 마셜(T. H. Marshall 1977, 71-134)은 민주주의의 발전과정을 법 앞의 평등권, 참정권 및 복지권 등 세 가지 권리의 신장과정으로 특징지었다. 프랑스혁명 이래 시작된 평등권과 참정권은 서유럽에서 20세기 중반까지 완성되었으나 복지권은 아직도 많은 국가에서 미완의 단계에 있다.

성립이 민주화과정과 긴밀히 연관된 내재적인 것으로 파악했다. 민주화과정은 본질적으로 기성의 제도가 부정되는 불확실성의 시대이다 (Przeworski 1991). 보편선거권의 확대는 기득세력에게 정치적 미래의 불확실성을 가져다주었다. 보수층은 기존의 다수대표제 하에서 과연 다수를 차지할 수 있을 것인가에 대해 회의적이게 된다. 한편 보편선거를 통해 잠재적 지지기반이 넓어진 개혁세력은 오랫동안 권력에서 차단돼 있었기 때문에 다수대표제 하의 보편선거가 곧 자신들에게 유리한 정치적 결과를 가져올 것인지에 대해 불안하다. 개혁의 성공은 불확실성을 어떻게 제도화하느냐에 달려 있다(Huntington 1991). 또 불확실성의 제도화는 민주화과정의 주요세력 간 정치적 타협에 달려 있다. 정치적 타협은 모든 협상과 마찬가지로 행위자 사이의 힘의 균형에 의해 결정된다. 제한적이지만 보편선거권이 확대돼 가는 상황에서 보수세력은 현상유지를 꾀하거나 적어도 정치적 생명을 보존하기 위해 다수대표제에서 비례대표제로의 변화를 요구한다. 영국의 자유주의 세력은 노동당이 성장하면서 소수화됨에 따라 비례대표제를 선호했다. 한편 노동계급의 정당은 선거권 확대로 장기적으로 유리한 고지를 점할 수 있지만, 정당엘리트는 더 이상 제도권 정치에서 소외되지 않기 위해 기득권 세력과 타협해 다수대표제를 포기하고 비례대표제를 수용했다. 마찬가지로 한국의 내각제론자들은 현재의 지역중심적 정치균열에서는 영원히 국가권력에 접근할 수 없다고 믿기 때문에 대통령제로부터의 탈출을 시도하는 것이다. 뒤에서 자세히 언급하겠지만, 그러나 한국의 권력구조 개혁론은 순전히 보수엘리트 수준에서 권력게임의 성격이 짙다. 여타의 사회균열이 지역균열에 의해 희석되거나 무화된 한국정치 구조에서 역시 지역에 기초한 반대엘리트 세력은 지역균열을 이용하여 정권참여를 주장하는 것이다.

둘째, 로칸은 사회균열의 구조와 정치제도의 인과성을 주장했다. 사회균열구조가 다층적이고 복합적인 곳에서 비례대표제는 가장 자연스럽게 제기되었다. 종교적, 지역적 및 계급적 균열이 공존할 때 어느 한 세력이 지배적이지 못하고 여러 정파가 권력을 분점하게 된다. 비례대표제의 기원에 대한 로칸의 다음과 같은 주장은 시사적이다.

> 유럽에서 종족적으로 가장 이질적인 사회에서 비례대표제가 가장 일찍 도입된 것은 우연이 아니다. 덴마크(1855), 스위스(1891), 벨기에(1899), 모라비아(1905), 핀란드(1906) 등의 예가 이를 말해 준다. 언어 및 종교로 인해 분열된 사회에서 다수대표제 선거는 명백히 정치체제의 지속적 존립을 위협했다. 소수대표제 요소의 도입은 지역적 영토를 강화하는 핵심적 단계로 볼 수 있다(1970, 157).

복합적 사회균열구조 하에서 야권 엘리트의 전략은 처음부터 비례대표제를 요구했다. 비제도권의 반대세력은 어차피 자신이 다수를 확보할 수 없다는 점을 자각했기 때문에 비례대표제가 가장 적절한 제도적 장치로 받아들였다. 비례대표제가 가장 앞서 도입된 벨기에의 노동당은 창당선언문에서 벌써 비례대표제를 주장했다(Lorwin 1966, 156). 한편 집권세력 역시 보편선거 제도 하에서는 다수를 구성하기 힘들기 때문에 반대세력의 비례대표제로의 개혁2)에 대해 본질적으로 거부하지 않았다(Duverger 1967, 20). 사회균열의 특성과 정치제도의 관계를 통해 한국의 권력구조 논쟁을 보면 여전히 배제적이다. 비례대표제가 누락된 내각제는 소수의 배제된 사회세력에게 정치참여를 확대시키는 것이 아니라 역으로 기성 정치엘리트의 이익을 상호 분점하기 쉽기 때문

---

2) 반대세력은 두 가지 이유로 비례대표제를 주장했다. 첫째, 아직 보편선거권이 확립되지 못한 상황에서 정치권력에 접근하기 위해서는 불충분하지만 비례대표제를 통한 의회진입이 중요했다. 둘째, 보편선거가 확립됐으나 다수대표제가 존재하는 지역에서는 비례대표제가 의석과 지지의 괴리를 제거하는 데 유리했다.

이다. 다시 말해 소선거구제는 지역균열과 결합해 지역정치의 아성을 공고히 할 가능성이 높다. 따라서 공정한 정치참여의 관점에서 보면 현재의 내각제논쟁은 '불확실성의 제도화'가 아니라 '확실성의 제도화'라고 하겠다.

지역균열이 지배적 정치균열을 형성할 때 정치엘리트는 자신들의 정치적 미래를 제약하는 지역구도에서 벗어나기 위해 자신에게 유리한 새로운 제도를 요구한다. 정치행위자들은 각각의 정치적 이해를 최대화할 수 있는 제도를 추구하기 때문에 여기에 제도변화의 모티브가 있다. 합리적 선택이론 또는 게임이론의 관점에서 보면 새로운 제도의 태동은 균형점의 이동을 뜻한다(Laver Shepsle 1996). 새로운 균형이 가능하자면 새로운 제도는 정치적 행위자들의 이해와 상호 어긋나지 않아야 한다. 가격이 형성되자면 시장에서 수요와 공급이 일치하듯이 새로운 제도는 행위자의 제도에 대한 정치적 선호를 변화시킨다. 보편선거의 도입으로 증대하는 하층계급의 정치참여에 대응해 보수당은 기존 다수대표제의 위험성을 깨닫고 비례대표제에 강한 매력을 느꼈다. 노동정당의 엘리트는 노동정치가 정치적 이단으로 취급되는 구체제 하에서는 단기적으로 현재 이상의 지지를 얻기가 어렵다는 불만을 품는다. 한편 장기적 안목에서 보면 다수대표제 하의 보편선거는 사회의 다수를 점하는 노동세력에게 집권 가능성을 높여 줄 수 있다. 그러나 이는 확률일 뿐이다. 정치적 시간대에서 장기적인 시간은 정치엘리트에게 커다란 효용을 갖지 못한다. 민주화과정은 반전이 가능한 불확실성의 시기이기 때문에 새로운 체제의 구축을 목표로 하는 반대세력은 일시적으로 자신에게 유리한 제도를 선택하려 한다(Przeworski 1991, Xi). 정당은 영속할 수 있지만 정치엘리트는 무한히 존재하지 않기 때문이다. 현 제도 하에서 많은 정치적 혜택을 누리는 엘리트는 제도개혁을 반대하지만, 반대로 제도적 불이익을 겪는 세력은 개혁을 요구한다.

공산당의 세력이 강할 때 제도개혁이 이루어진다면 공산당은 우위의 협상력을 이용해 강력한 대통령과 다수대표제를 관철시키며, 공산당이 약화되면 공산당은 생존을 위해 강력한 대통령제에 반대하고 비례대표제를 주장한다(Elster 1996).

위와 같이 기회주의적 정치엘리트 모델은 제도가 왜 그리고 어떻게 생겨나는지를 분석하는 데 유용하다. 이 모델은 정치인은 자신의 정치적 자산을 최대화한다고 가정한다(Geddes 1996, 23). 정치제도에 대한 정치엘리트의 선호는 미래를 포함한 자신의 정치적 이해에 따라 결정된다. 현재 집권한 보수당은 가능한 한 보편선거를 미루거나 회피하려 하며, 부득이한 경우 비례대표제를 통해 보편선거의 피해를 최소화한다. 1990년대 초 동구의 공산당은 일반적으로 현재의 권력자산을 최대한 이용하기 위해 강력한 대통령제를 선호하거나 현직의 이점에서 다수대표제를 주장하다가 의회선거 후 실체가 드러나자 비례대표제를 선호했다(Elster 1996). 정치엘리트의 시간할인율은 높다고 할 수 있다. 시간할인율은 여러 가지 다른 요인에 의해서도 높아진다. 예컨대 소련의 개입 가능성은 결과적으로 협상에 참여한 모두에게 파국을 의미하기 때문에, 공산당정부나 개혁세력에게 신속한 타협을 종용하는 강력한 기제였다. 자민련은 지역균열구도 하에서는 물리적으로 집권당이 되기 불가능하다. 제1의 민주화과정에서 서구의 보수세력은 비례대표제를 통해 자신에게 불리한 시간을 멈추게 했다면, 제2민주화 물결의 와중에 처한 한국의 보수세력은 지역균열에 기반한 내각제에서 정치적 미래를 발견하고 있다. 이런 점에서 내각제는 영원한 소수의 위험에 처한 보수세력의 '합리적 선택'이다.

이처럼 제도주의 이론은 합리적 선택이론 또는 게임이론과 조우할 때 보다 역동적인 설명력을 갖는다. 행위자는 제도적 유인 및 제약을 고려해 자신에게 가장 유리한 제도를 선호한다. 그러나 제도에 대한 선호는 각기 다른 제도로부터 얻는 행위자의 효용이 다르기 때문에 이질적이다. 선호는 이질적이지만 모든 행위자는 정치적 안정을 무정부 상태보다 낫다고 보면서 협상해 제도를 구축하게 된다. 협상은 상호작용으로 구성되기 때문에 어느 일방이 가장 좋아하는 제도가 선택되는 것이 아니라 흔히 타협의 산물이 된다. 초기 민주화과정에서 선거제도는 외부적으로 주어지는 것이 아니라 정당경쟁에 내생적(endogeneous)이다. 로칸-립셋의 사회균열론은 아직 정당체제가 발전하지 못했던 초기 대중정치 또는 자유민주주의 시대에 어떻게 정당체제가 형성됐는지를 설명하는 데는 유용하다. 그러나 다수대표제가 양당 정치체제를 만든다는 두베르제의 법칙과 같은 제도주의적 관점에서 보면 일단 사회균열에 기초한 정당체제가 형성된 다음 단계에 오면, 어떤 제도를 택하는가는 중대한 정치적 결과를 갖는다. 사회균열이 구조적으로 정당체제를 결정한다는 주장은 정당체제가 구체적으로 어떤 게임의 규칙을 채택할 것인가는 설명할 수 없다. 유럽의 많은 나라에서 비례대표제가 채택된 것은 사회균열 하 각 정치적 이해 사이의 전략적 선택의 결과였기 때문이다. 즉 정치균열은 사회적 갈등에 의해 구조적으로 주어지지만, 어떤 제도가 만들어지느냐는 주어진 구조 속에서 움직이는 정파들의 정치적 전략에 달려 있다. 1인 1표로 특징되는 보편선거의 도입과 더불어 보수당의 선거 지지기반은 축소되는 반면 사회당의 지지는 증가할 수밖에 없다. 이러한 구조적 조건 하에서 보수당은 가능한 한 현상유지를 희망할 것이며 반대세력은 제도개혁을 요구한다. 보수파와 개혁파의 협상으로 나타난 비례대표제와 보편선거의 조합은 기득권과 반대세력을 동시에 만족시키는 제도적 균형이었다. 내재적 제도론은 초기 대중정치의 형성기를 넘어서 1989년 이후 민주화과정을 경험하는 동구에서 만들어진 민주제도를 분석하는 데도 유의미한 시각을 제공한다. 로칸의 가설은 공산주의로부터 민주주의로의 이행에 적용되었다(Lijphart 1991). 민주화과정은 민주화라는 게임에 참가한 행위자들이 취하는 전략으로 규정된다. 각 행위자는 자신의 현재의 자산에 기초해서 정치적 이익을 극대화한다.

그러나 현재 국내의 권력구조 논쟁은 지역균열에 뿌리내린 정치엘리트 수준의 야합으로 흐를 위험을 안고 있다. 대의민주주의 하에서 제도개혁은 어차피 정치엘리트에게 위임될 수밖에 없다면, 정치엘리트 선출에 대한 선거제도 개혁이 동시에 진행돼야 한다. 사회적 요구가 정치 세력화하는 통로인 선거제도에는 침묵인 채 권력구조라고 지칭되는 정부형태만 바꾼다면, 이는 지역구도 중심의 정치를 확대재생산할 것이다. 서유럽의 다수 지역에서 비례대표제로의 개혁이 처음 제기된 것은 배제의 정치로부터 통합의 정치로의 이행이라는 점에서 초기 민주화과정의 제도화에서 중요한 단계를 형성한다.

2. 대통령제 대 내각제: 효율성과 대표성

자유민주주의는 투표자가 정치인이라는 대리인을 통해 정치적으로 대표되는 대의민주주의이다. 대통령제와 의회제는 다른 지역과 역사적 조건에 따라 발전된 대의민주주의의 두 가지 대표적인 방식이다.[3] 이 두 가지 방법은 무엇보다도 대표성의 양식을 결정짓는 선출방법이

---

3) 대통령제 대 내각제의 대칭구도는 잘못된 언술체계이다. 특히 내각이란 정부조직을 의미하므로 어느 제도 하에서나 존재하기 때문이다. 대통령제를 채택하고 있는 한국이나 프랑스에 내각이 존재하지 않는가. 논쟁의 본질이 대통령 또는 의회가 권력의 중심인가를 의미한다면 대통령중심제(presidentialism) 대 의회중심제(parliamentarism)라고 부를 것을 제안한다. 그러나 타성은 쉽게 바뀌지 않기 때문에 내각제를 의회중심제와 혼용해서 쓸 것이다.

다르다. 그리고 대통령이나 내각을 선출하는 방법이나 수단은 선거와 의회의 대표성에 큰 영향을 준다. 두 제도를 비교할 때 고려해야 할 점은 특정 제도의 우월성보다는 각 제도의 고유한 특성이다. 이런 점에서 두 제도를 비교하는 것은 사과와 배를 비교하는 것과 흡사하다. 배의 맛과 사과의 맛을 동일한 척도로 비교할 수 없다. 마찬가지로 대통령제와 의회제도 동일한 기준으로 비교할 수 없다.[4] 의회와 행정부(내각 또는 대통령)의 관계는 효율성과 대표성의 상호교환 관계를 통해 이해할 수 있다(Shugart and Carey 1992). 효율성이란 선거가 투표자로 하여금 정당 등의 정치엘리트들이 제시하는 정치적 상품을 선택할 때 투표자가 가장 선호하는 정치지도자를 고를 수 있도록 하는 능력을 말한다. 한편 대표성은 사회의 다양한 이익을 반영할 수 있는 선거의 능력을 가리킨다. 그러나 슈가르트와 캐리의 이러한 두 가지 기준 중 효율성은 대통령제와 의회제에 공통된 요인을 지적하는 데는 효용가치가 있지만, 두 정치제도의 차별성을 지적하는 데는 실패한다. 이러한 문제점은 효율성을 대표성의 대비개념으로 파악하면 해결된다. 즉 대표성과 효율성은 정부구성과 정책추진에 드는 비용의 대립축을 형성한다. 유럽의 일반적인 정당연합 정부는 사회의 다양한 이익이 두루 반영된다는 점에서 대표성이 강조되는 모델이라면, 미국의 대통령제는 다원적 이해의 반영에서는 의회제에 미치지 못하지만 대통령이라는 전국적 지도자의 존재는 정책이 강력하고 신속히 반영될 수 있게 하는 특성이 있다.

---

4) 대통령제의 원형인 미국은 차라리 예외에 속한다. 경험적 연구는 대통령제가 일반적으로 의회제에 비해 정치적으로 불안정했다는 결과를 내놓았다. 메인워링(Mainwaring 1993, 204-247)은 지속적으로 존재한 31개의 민주주의체제 가운데 오직 4개의 체제만이 대통령제였다고 주장했다. 리그(Riggs 1993, 219-220) 역시 대통령제 사례 가운데 90%, 그리고 의회제의 31%가 붕괴했다고 보고했다.

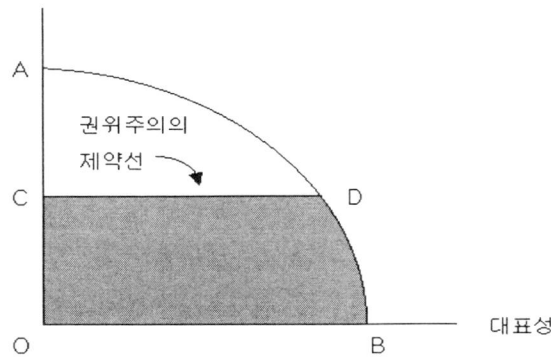

<그림 6-1> 정치체제의 효율성과 대표성

<그림 6-1>은 민주주의 권력구조를 삼각형으로 표현하고 위에서 언급한 효율성 대 대표성의 관계를 이해하기 위해 작성했다. 정부형태는 효율성을 중심으로 하거나 대표성을 강조하는 모델로 분류된다. <그림 6-1>에서 삼각형 OAB는 대표성과 효율성의 가능한 모든 조합으로서 어느 정치체제도 삼각형 OAB 속에 포함된다. 수직축은 효율성을, 수평축은 대표성의 정도를 의미한다. 빗변 AB는 파레토 최적선이며 삼각형의 내부는 효율성과 대표성 모든 면에서 빗변 AB에 위치한 민주주의보다 열악한 조합이다. 점 A의 정치체제는 효율성을 극대화하지만 대표성이 전무한 독재정부의 권력구조를 가리킨다면, 점 B는 사회의 다양한 이해가 완벽히 대표되지만 효율성이 취약한 정치제도이다.5) 그러나 점 A와 B는 이념형일 뿐 실제 정치체제는 대표성과 효율성 중 어떤 요소를 많이 갖느냐에 달려 있다. 예컨대 미국은 대표성보다는

---

5) 역사적으로 존재하는 정부 중에는 독일의 바이마르공화국이 가장 가까운 예이다. 한국의 경우 제2공화국은 효율성에 비해 상대적으로 대표성의 요소가 많아 과부하가 걸렸던 민주주의로 이해될 수 있다.

효율성을 많이 포함하고, 서유럽의 의회제는 효율성보다는 대표성을 강조하는 민주주의이다. 경제적 취약성에도 불구하고 높은 정치적 안정을 특징으로 하는 인도의 민주주의는 점 B에 근접한 사례이다.

의회제의 전형인 영국에서는 입헌왕정의 진행에 따라 왕권의 내각 통제권이 약화되고 입법부와 행정부가 내각이란 매개체를 통해 동일한 권력에 융합돼 있기 때문에 효율적인 정부를 구성하는 데 기여한다. 영국의 정부는 의회 내 다수구성에 따라 어느 때고 변화할 수 있기 때문에 투표자의 선택은 곧바로 행정부를 담당하는 내각의 선택과 직결돼 효율성이 뛰어나다(Cox 1987). 다시 말해 선거는 정부정책에 대한 투표자의 선호를 즉각 반영하며, 나아가 의회선거에서 투표는 지역구 후보를 선택하는 것이지만 선택은 정부구성에 영향을 준다는 점에서 결과적으로 전국적 이슈에 대한 선택과 동일하다. 역으로 비효율적인 정치란 선거가 지역구의 이해에 국한된 수혜자·피수혜자 관계에 기초하며 다당제의 경우 합의에 도달하는 비용이 높은 제도를 말한다. 미국의 입법과정을 보면 각 지역구의 이해를 대표하는 의원들이 재선을 위해 지역구 현안에 가장 많은 관심을 기울인다. 미국 대통령제의 가장 중요한 특징은 권력분립이다(Sartori 1994, 86). 즉 권력분립을 특징으로 하는 미국은 대통령제라는 정부형태의 면에서는 효율성이 높지만, 의회는 효율성이 낮은 이중구조를 갖고 있다. 이러한 이중구조에도 불구하고 권력구조에 국한해서 체제를 비교한다면 미국이 A점에 속한다고 할 수 있다. 위의 두 가지 기준에 비추어볼 때 한국의 위치는 대표성이 극히 취약한 정부형태로서 역시 점 A에 가까운 체제로 분류된다. 비례대표제 및 다당제에 기초한 서유럽의 의회제는 반대로 점 B에 속한다.

대표성은 사회적 이해를 반영하는 것으로 사회적 이해는 지역적 및 기능적 기초 위에서 가능하다. 지역적 대표는 지방적 수준의 이해를,

기능적 대표는 이익집단의 협애한 이해를 반영한다. 그러나 선거제도 및 권력형태에 따라 지역적 또는 기능적 이해를 초월해 전국적·보편적 이해를 반영할 수도 있다. 선거구가 작을수록 이해의 경계가 분명하기 때문에 편협한 지방의 이해가 충실히 대표되기 쉽다. 반면 전국을 하나의 선거구로 한다면 지방적 이해는 사리지고 전국적 이해만 존재하게 된다. 한편 기능적 이익에 기초하는 대표성은 상대적으로 지방의 범위를 초월해 종교, 인종 및 계급 등의 탈지역적 이해를 반영한다. 이 경우 대표성은 선거구가 클수록 극대화된다. 예컨대 이스라엘이나 네덜란드처럼 전국이 하나의 선거구가 될 때 기능적 대표성은 가장 높다고 할 수 있다. 서유럽 일반이 대선거구를 채택한 이유는 사회적 이해가 지역이 아니라 종교균열이나 계급균열이 전국적으로 산재하기 때문이다. 영국은 특수한 경우에 속한다. 영국이 지역구 중심의 대표성 체제임에도 불구하고 효율성이 상대적으로 높은 이유는 단순다수제와 결합된 소선거구제에서 발견된다. 소선거구와 단순다수제의 결합은 양당제를 만들어 내며, 이때 투표자는 분명한 양자택일을 할 수 있다(Taagepara and Shugart 1989). 양당 가운데 어느 하나의 정당이 다수를 형성해 집권당이 되기 때문에 효율성은 증대한다. 내각은 의회에 책임을 지기 때문에 정책정당이 발전하고 지역구의 이해보다는 전국적 이해가 중요한 정당규율이 형성되기 쉽다. 영국모델은 높은 효율성을 가진다는 점에서 정당구조는 다르지만 대통령제와 흡사하다고 할 수 있다. 그러나 영국모델은 본질적으로 지역적 기반에 기초하는 이상 지역 대표성이 약화되는 문제점을 안고 있다.

의회제의 다른 모델은 대표성을 강조한다. 대표성 모델은 대선거구제 하에서 발견된다. 선거구가 클수록 선거구 당 선출되는 의원의 수가 늘어나기 때문에 다당제 경향으로 발전한다. 비례대표제 하에서 선거구의 크기가 크고 당선자의 수가 많기 때문이다. 선거구가 클수록 지역적 대표성은 낮아지는 반면 이념적 및 계급적 경향의 다당제가 출현하기 쉽다. 양당제의 영국모델이 지역적 대표성의 문제를 갖는다면, 다당제의 대륙모델은 소수정당의 난립이 정치적 불안정을 유발하는 문제를 갖는다. 부문별 또는 계급별로 다양한 이해가 합의돼야 하는 만큼 정부구성이 곤란할 뿐 아니라, 일단 구성된 정부도 어느 한 세력의 반대에 봉착하면 정부가 붕괴해 다시 선거를 치러야 하기 때문에 정부의 존속은 일반적으로 짧다. 반면 대통령제는 고정된 임기가 보장된 독자적인 대통령직이 존재하기 때문에 의회제에서 흔히 나타나는 연정구성이나 잦은 정부교체의 위험은 없다.6)

1980년대에 제3의 민주화 물결이 시작되자, 특히 저소득국가의 다수가 채용했던 대통령제는 비판의 도마 위에 올랐다. 학문적 동향으로 보면 이 시기는 신제도주의학파가 사회과학의 새로운 조류로서 주류를 장악하기 시작한 시점이다. 신제도주의는 제도의 선택이 중대한 정치적 결과를 생산한다고 가정한다는 점에서 방법론적으로는 합리적 선택이론과 맥이 닿고 있다. 따라서 권력구조 논쟁이 사회과학의 주요한 쟁점을 형성했던 것은 우연이 아니다. 대통령제 비판은 1987년 린즈에 의해 처음으로 이론화된 모습을 드러냈다. 린즈는 다시 1990년 한 학술지의 창간호에 "대통령제의 위험"(perils of presidentialism)이라는 제

---

6) 슈가르트와 캐리는 대통령중심제는 투표자에게 소수의 전국적 후보자에 대한 명확한 선택정보를 제공한다는 점에서 일반적으로 의회제보다 효율성이 높다고 주장한다. 의회제에서는 행정부와 입법부가 하나로 융합돼 있고, 따라서 투표자는 의회선거를 통해 행정부의 대표를 간접 선출한다면, 대통령제 하에서의 투표자는 행정부 권력을 담당하는 대통령을 뽑는 데 있어 직접적으로 후보를 비교해서 선택할 수 있기 때문이다. 한편 대통령제 하의 대표성은 의회제와 전혀 다르다. 의회선거는 대통령선거와는 전혀 별도의 독립된 제도이기 때문에 대통령과는 별도의 선택메뉴가 제공되며, 따라서 나름의 대표성이 확보된다. 그러나 국민의 대의기관이 두 개로 분리되는 대통령제 하에서는 이중권력(dual sovereignty)의 문제가 야기되고, 이는 미국의 경험이 보여주듯 심각한 정책대립으로 발전한다.

목 하에 대통령제에 대해 정연한 비판을 가했다. 린즈의 비판은 세 가지로 요약될 수 있다. 대통령제와 의회제는 상호 대립적인 정치제도이기 때문에 한쪽에 대한 비판은 즉 다른 제도에 대한 옹호와 같다. 따라서 의회제 옹호론자들의 대통령제 비판은 동일한 사항을 다루기 때문에 두 가지 주장을 독립적으로 다루기보다 상호 교차적으로 분석하는 것이 효율적인 접근법이다. 한국의 경우 내각제가 논쟁을 촉발했기 때문에 내각제론의 대통령제 비판으로부터 시작한다. 논쟁은 다음의 세 가지 사항을 중심으로 전개되었다. 임기의 고정성, 승자독식의 문제, 그리고 이중권위의 위기가 핵심적 쟁점이다.[7]

1) 임기 고정에 따른 유연성 결여

대통령은 현실적으로 거의 불가능한 탄핵을 제외하면 임기가 보장되기 때문에 세 가지 문제가 발생할 수 있다. 첫째는 린즈의 비판이다. 대통령은 임기 동안 자신의 의지에 따라 국정을 수행하기 때문에 차기 대통령과는 전혀 다른 정책이 추진됨으로써 국정의 연속성을 기대하기 어렵다(Linz 1990). 첫째 비판이 다른 대통령 사이의 정책적 일관성에 대한 것이라면, 둘째는 특정 대통령의 임기 내 문제와 관련된다. 임기가 고정적으로 보장되기 때문에 자체의 임기 동안이라도 대통령의 실정을 교정할 아무런 장치가 없다는 것이다. 대통령 지지율의 급격한 하락에도 불구하고 실질적으로 의회의 3분의 2 이상의 동의가 요구되는 탄핵이 불가능한 조건에서 국가정책은 대통령 1인의 자의성에 함

---

7) 사르토리(1994, 5장)는 순수 대통령제를 정의하기 위해 세 가지 조건을 말했다. 첫째, 대통령이 국민에 의해 직접 선출된다. 둘째, 대통령은 의회에 의해 해임되지 않는다. 셋째, 대통령은 정부를 직접 관장한다.

몰되어 표류할 가능성이 존재한다. 나아가 의회도 고정된 임기를 보장받기 때문에 대통령이 의회의 지지를 받지 못하는 극한대립의 상황이 되면 체제위기로 발전할 수 있다. 셋째, 고정된 임기의 보장은 제왕적 대통령을 만듦으로써 대통령선거는 제로섬의 극한대립 선거로 발전한다(Linz 1990, 51-69). 대통령직을 얻는 데 실패한 세력은 다시 또 몇 년의 시간이 지나기까지는 정치권력으로부터 철저히 배제되기 때문에 대통령선거는 누구도 지기 싫어하는 게임이 된다. 승자의 파이가 큰 만큼 선거전에 드는 유무형의 갈등이 첨예해져 극단적인 경우 선거 후에도 패배를 인정하지 않는 위기상황으로 진행되기 쉽다. 한국에서 고정임기와 관련된 비판은 설득력이 있다. '깜짝 쇼'로 압축되는 대통령의 자의적 인사정책이나 실정은 고정된 임기를 보장받은 대통령의 실정을 교정할 장치가 없다는 것을 말해 준다.

2) 승자독식

의회제를 선호하는 학자들은 소수의 지지로 당선된 대통령이 직선제라는 이름 하에 제왕적 지위를 차지하는 동시에 승자독식을 통해 대통령에게 표를 던지지 않은 다수의 이해를 무시하는 독재적 요소가 있다고 비판한다. 이런 비판은 대통령제 하에서 의회의 승인 없이 대통령이 각료를 포함한 공직을 임명하는 특권에서 비롯된다. 미국처럼 의회의 인준을 요구한다 하더라도 결국은 대통령만이 각료를 지명하고 임명할 수 있다(Sartori 1994, 84). 1970년 칠레의 아옌데 대통령은 36.2%,[8]

---

8) 1970년의 아옌데 지지율(36.5%)은 1964년의 대통령선거에서 아옌데가 얻었던 지지율(38.6%)보다 낮은 것이었고, 독자후보인 알레산드리는 34.9%, 그리고 기민당 후보는 27.8%를 획득하는 3당 구조의 형태를 보여주었다.

스페인의 수상 수와레즈는 35.1%의 지지를 획득했다. 소수의 지지에도 불구하고 직선대통령제는 고정된 임기 동안 국가권력을 지배할 수 있기 때문에 의회의 대표성은 묵살되고, 이에 따라 의회 다수세력은 군부의 개입에 강한 유혹을 느낀다. 유혹은 칠레에서처럼 피노체트의 군부권위주의 정부를 초래했다(Valenzuela, 1994; Scully 1995, 100-137). 반면 의회제의 수상은 나머지 60% 이상의 반대세력에게 동의를 얻지 못하면 집권조차 불가능하다. 따라서 의회제의 집권당은 다른 정당의 동의를 얻어 내기 위해 노력해야 하며, 이러한 노력은 국민통합에 기여한다. 한국도 유사한 경험을 드러냈다. 노태우 대통령은 36%, 김영삼 대통령은 42% 등 과반수 미만의 지지를 기초로 국가권력의 전권을 장악했다. 특히 이러한 지지는 전국적인 광범한 지지라기보다 일정 지역을 배제했다는 점에서 부분적이나마 원천적으로 정당성의 위기를 내포하고 있었다. 승자독식의 문제는 삼권분립 구조가 취약하고 정책정당이 부재한 한국의 대통령제 하에서 더욱 심각하게 나타났다. 대통령제의 모델인 미국에서처럼 의회와 대통령이 상호 견제할 수 없고, 나아가 공천권 독점을 통한 대통령의 여당 지배는 대통령제 하에서 권력분립이 얼마나 귀중한 자정기구인가를 말해 주었다. 제도는 독재의 유혹을 방지하는 기능을 할 수 있다. 정부는 중앙은행의 독립을 제도화함으로써 정치적 목적을 위한 인플레를 사전에 제도적으로 방지하고 물가안정에 기여할 수 있는 것처럼, 정당과 의회를 독립적 대표기관으로 제도화할 때 자의적 권력에 대한 유혹은 제도적으로 방지되고 그만큼 더 민주화에 기여할 수 있다. 율리시즈는 누구도 뿌리치지 못했던 아름다운 음악 사이렌스의 유혹에서 벗어나기 위해 자신을 돛대에 묶고 병사들의 귀를 밀랍으로 막아 버렸다. 율리시즈는 단기적 이해에서 벗어나 장기적 이익을 보호하기 위해 스스로를 돛대에 묶는 제도에 의지했던 것이다.

3) 이중권력 문제

　대통령제의 가장 중요한 특징 중의 하나는 대통령은 전 국민의 투표에 의해 선출된다는 점이다. 국민이 직접 선출한 대통령은 임기 동안 국민으로부터 권력을 위임받는 만인지상의 독재자로 군림할 수 있다. 그러나 민주주의는 의회라는 또 다른 독자적인 국민 대표기관을 발전시켰다. 의회의원 역시 지역구 혹은 비례대표제를 통해 국민이 직접 선출하기 때문에 마찬가지로 민주적 정통성을 갖는다. "의원들이 잘 조직화된 정당을 통해 투표자들의 진정한 이념적 및 정치적 선택을 대표하고 또한 민주적 정통성을 향유한다면, 입법부의 다수는 대통령을 지지한 투표층과는 다른 정치적 선택을 대표할 수 있다"(Linz 1994, 3-90). 이중대표성의 문제는 의회가 대통령과 다른 정치세력에 의해 장악돼 각 기관이 선호하는 입법사항이 대립할 경우 심각한 권력경쟁으로 입법활동은 교착상태에 돌입한다. 가장 적실한 예는 1997년 1월의 노동법 파동이다. 소수이지만 국민의 대표세력인 야당은 여당이나 대통령의 노동정책에 적극 반대함에 따라 날치기로 통과된 법안은 곧 사회적 저항에 봉착해 소중한 자원을 낭비하게 했다. 이처럼 이중권위의 존재는 효율적 입법을 방해함으로써 심한 경우 사회적 위기로 발전할 가능성도 있다.

　그러나 위에서 언급한 대통령제 비판과는 정반대로 대통령제는 내각제에서는 불가능한 장점이 되는 기회구조를 제공할 수 있다. 대통령제 비판에 대해 대통령제 옹호론자는 '대통령제의 위험'을 인정하지만, 위험으로 지적된 문제점이 자유민주주의를 강화하는 데 기여할 수 있다고 주장한다(Carey 1992). 최근의 반론은 대통령제의 기원지인 미국의 경험을 중심으로 비교적인 관점에서 대통령제를 재조명함으로써 그간의 비판이 균형감각을 잃었다고 반박하고 있다. 따라서 옹호론은 비판론이 제기한 대통령제의 약점을 뒤집어 강점이 될 수 있다고 강조한다(Mettenheim 1979, 1-15). 옹호론은 약점을 강점으로 부각시키기 위해 의회제에서는 불가능한, 그러나 대통령제에서는 가능한 세 가지 기회에 주목한다. 첫째, 미국의 대통령제에서 역사적으로 실현돼 온 자유, 권력분산 및 효율적 정부의 세 가지 요인은 서로를 강화시킨다는 점에서 영국적 역사경험에서 발전한 권력집중의 의회제에 대한 민주적 대안이라고 강조한다. 앞에서 언급한 것과 같이 내각제는 일반적으로 타협과 합의에 기초해야 하기 때문에 정책수립에 많은 시간이 소요되며, 따라서 정책의 추진력이 떨어진다. 개혁기에 필요한 과감한 추진력은 내각제 하에서는 실질적으로 어렵다. 둘째, 대통령제의 특징을 구성하는 행정부와 입법부의 권력분점은 자유주의의 전통적 원리인 대의제와 직접민주주의의 이상을 동시에 실현할 수 있는 기회를 제공한다. 투표자, 시민은 지역구와 더불어 전국적 대통령을 직접 선출함으로써 자신의 정치적 이해와 선호를 분명히 표출할 수 있다. 즉 대통령제는 정치참여의 폭을 넓게 만드는 데 기여한다. 셋째, 미국정치사에서 흔히 발견되는 바와 같이 백악관과 의회가 각각 다른 정당에 의해 장악되었을 경우 대통령제 비판론이 지적하는 것과는 달리 입법활동이 보다 왕성했다고 주장한다.

이처럼 각각의 제도는 나름의 장단점이 있다. 따라서 이론적 관점에서 보면 대통령제와 내각제 중 어느 것이 민주주의 발전에 효과적인 제도인지를 확정하기는 불가능하다.9) 대통령제의 3대 구성요소라고 할 수 있는 임기보장, 승자독식, 이중권위는 어떤 렌즈를 통해 보느냐

---

9) 비슷한 관점에서 레이파트(1984, 1994)와 포웰(1982)은 의회제와 선거제도를 중심으로 양 체제의 성과를 비교분석하기 위해 경험적 방법을 동원했다.

에 따라 린즈가 말한 '대통령제의 독소'가 될 수도 있고, 반대로 자유민주주의의 실현에 기여하는 기회구조가 되기도 한다. 의회와 더불어 국민의 대표기관인 대통령을 만드는 대통령직선제는 권력분점을 허용한다. 이는 한편으로 고대 그리스 이래 추구되었던 혼합정체를 실현하는 데 기여한다. 그러나 다른 한편 이중권력에 기인하는 제왕적 대통령은 프랑스의 보나파르트에서 시작해 남미의 경험이 말해 주는 것처럼 권위주의체제로 빠지거나 심각한 정치위기를 조장하기 쉽다. 승자독식은 대통령에게 행정수행의 전권을 위임함으로써 임기 동안 일관된 국정수행을 가능케 하는 동시에 과반수 이상 반대세력의 이해를 묵살함으로써 국민의 정치적 및 사회적 통합을 저해할 수 있다. 마지막으로 고정된 임기보장은 대통령으로 하여금 사회의 다양한 이해관계에서 초월해 공정한 위치에서 자신이 옳다고 확신하는 정책을 일관되게 실천하게 만드는 기회가 되지만, 반대론자의 입장에서 보면 반대로 임기가 보장되기 때문에 국정운영이 난맥상을 보일 때 국민이 이를 제어할 아무런 방법을 갖지 못하는 경직성의 문제를 안고 있다. 이처럼 논쟁은 동일한 문제에 대해 전혀 다른 시각과 처방을 제시하기 때문에 이론적으로 어떤 방향이 맞다고 확신할 수는 없다.

3. 선거제도와 권력구조

대통령제 대 의회제의 이와 같은 이론적 교착은 두 가지 점에서 해명될 수 있다. 첫째, 제도는 중립적이지 않다는 점이 지적될 필요가 있다. 제도의 개혁이나 변경은 기성제도로부터 피해를 보는 세력의 기성제도 기득권층에 대한 도전이다. 20세기 초 보편선거나 의회주의 같은 정치제도가 확립된 제1의 민주화과정을 관찰하면 정치개혁은 본질적으로 개혁세력과 수구세력의 타협의 산물임을 알 수 있다. 대중정치시대를 가능케 했던 보편선거권의 도입은 보수세력의 정치생명을 심대하게 위협했기 때문에 보수세력은 노동세력에게 선거권을 허용하는 대신 비례대표제를 주장해 정치적 미래를 확보했다. 노동시장제도의 변경에서 드러난 것처럼 노동시장의 유연성은 기업의 고용권을 강화시키는 반면, 실업에 대한 노동자의 우려를 낳기 때문에 노동시장의 위기를 초래한 바 있다. 1989년 동구의 정치협상 과정을 보면 유고를 제외한 모든 곳에서 대통령제가 선택되었다. 장기집권을 통해 강력하고 대중적인 대통령 후보를 가진 공산당은 강력히 대통령제를 주장한 반면, 오랜 권위주의체제 하에서 미조직화되고 분열돼 있던 개혁세력은 대통령제에 반대하고 의회중심제를 주장했다. 왜냐하면 의회제 하에서 비로소 권력에의 접근이 가능하고, 나아가 권력분점의 가능성이 있기 때문이었다. 폴란드에서 상원이 신설된 이유는 공산당이 대통령제를 관철시키기 위해 개혁세력에게 상원 신설을 통해 권력접근을 허용했던 데 기인한다(강명세 1998).

한국에서 내각제개헌을 주장하는 정치세력은 현재의 대통령제 하에서는 영원히 소수화될 것이라는 위기감을 가지고 있다. 따라서 이들은 제도변경으로 사회적 지지에 상응하는 국가권력을 분점하려 하고 있다. 반대로 대중적 지지도가 높은 후보를 갖고 있는 정치세력은 대통령제의 특성에 의존해 재집권 또는 새로운 권력을 창출하고자 한다. 요약하면 제도는 정치세력의 이해로부터 자유롭지 않기 때문에 권력구조 논쟁은 제도를 둘러싼 권력투쟁의 특성을 내포한다.

권력구조 논쟁의 이론적 명암이 분명하지 않은 두 번째 이유는 정치균열이 기반하고 있는 사회균열에 대한 논의가 없다는 데서 발견된다. 자유민주주의는 사회적 수준의 다양한 균열을 정치제도를 통해 봉합시키는 정치제도이다. 민주주의체제 하에서 봉합을 하는 주요기관은 정당이다. 사회균열은 정당을 통해 정치적으로 대표되는 동시에 정당엘리트는 기능적 및 지역적 이익의 대리인으로서 정책을 논하고 추진하는 것이다. 정당의 미래는 선거제도에 달려 있다. 선거제도는 사회균열을 반영하는 투표를 정치적 힘으로 표현되는 의석으로 전환시키는 가장 중요한 메커니즘이다. 어떤 선거제도를 선택하는가는 권력구조에 막대한 영향을 준다. 따라서 권력구조와 동시에 추구돼야 할 것은 선거제도의 개혁이다. 권력구조와 마찬가지로 선거제도도 다양한 형태가 존재하지만 기본적으로는 다수대표제와 비례대표제로 분류할 수 있으며 이 둘의 혼합도 가능하다.

역사적으로 선거제도의 중요성을 언급한 막대한 문헌이 있다 이 글의 성격상 방대한 이론을 소개할 필요는 없다.10) 중요한 이유는 두 가지를 지적할 수 있다. 첫째, 선거제도는 정당의 수와 정당체제의 성격을 결정하기 때문에 정치엘리트와 투표자의 선택이나 전략에 영향을 준다(Duverger 1995; Rokkan 1970). 한국과 같이 다수제를 채용하는 곳에서는 제3당이 생존하기 어렵다. 지역균열이 정치적으로 동원되지 않았다면 자민련은 생존할 수 없었을 것이다. 첫 번째 요인이 선거제도가 갖는 정치적 결과를 의미한다면, 두 번째로 선거제도가 중요한 이유는 선거제도의 정치적 결과 때문에 정치엘리트는 기회가 오면 자신에게 유리한 제도로 변경하려는 유인을 느낀다는 것이다. 선거제도는 직접적으로 정치엘리트의 사활을 결정하기 때문에 역으로 제도변경의 당

---

10) 선거제도의 중요성에 대한 학문적 기여를 기준으로 해서 필수적으로 언급돼야 할 문헌을 간추리면 다음과 같다. 일반적 이론: Bogdanor and Butler 1983; Grofman and Lijphart, eds 1986.; LeDuc, et al., eds 1996. 정당의 수나 정치체제에 대한 영향을 다룬 문헌: Duverger 1954; Lijphart 1991; Rae 1967; Taagepera and Shugart 1989. 선거제도 변화사의 개괄: Castairs 1980.

사자인 정치엘리트는 선거제도를 자신의 이해에 따라 변경하려고 한다(Mainwarning 1993, 198-228). 따라서 민주화과정에서 어떤 제도가 만들어지냐는 정치엘리트에 의해 결정된다.

다수대표제는 일반적으로 소선거구제 하에서 선거구 당 한 명의 의원을 선출하는 제도이다.11) 누구도 상대적으로 많은 지지를 얻으면 당선되기 때문에 경마에서의 승리마에 견주된다. 다수대표제는 양당구조의 경향을 갖는다(두베르제의 법칙).12) 선거구 당 한 명만 당선되기 때문에 투표자의 선호는 양극화로 진행되기 때문이다. 역으로 비례대표제는 다당제적 경향을 나타낸다(DouglasRae 1971). 선거제도의 정치적 결과에 대해서는 선거구의 크기가 클수록 정당의 수는 증가한다는 것이 학계의 일반적 결론이다(Lijphart 1991).

<그림 6-2> 정부형태와 선거제도

	정부형태	
	대통령제	의회제
다수제	한국, 미국, 필리핀	영국, 캐나다
비례대표제	남미	서유럽 일반

선거제도

---

11) 사르토리(1994, 6)는 다수대표제를 가리켜 '최대소수'가 당선되는 승자결정 방식이라고 했다.
12) 두베르제는 다수대표제와 양당제의 인과관계가 두 가지 효과로 나타난다고 주장한다. 첫째, 소수당이 과소 대표되는 것을 가리켜 선거제도의 '기계적 효과'라 했다. 둘째, 투표자는 자신의 선택이 낭비되는 것을 원치 않기 때문에 자신의 일차적 선호가 소수당 후보임에도 불구하고 당선 가능성이 높은 후보를 선택하는 '심리적 효과'가 있다고 했다.

정부형태와 선거제도를 동시에 고려하여 민주주의를 분류하면 <그림 6-2>와 같이 네 가지 형태가 가능하다. 그림의 수직축은 선거제도의 분류, 즉 다수제 대 비례대표제를 지시하며 수평축은 대통령제와 의회제를 의미한다. 양축이 각각 두 개의 제도로 구성되며, 따라서 전체적으로는 네 개의 조합이 가능하다. 네 가지 조합은 대통령제와 다수대표제, 대통령제와 비례대표제, 의회제와 다수대표제 및 의회제와 비례대표제를 포함한다. 미국은 대통령제와 다수대표제가 결합한 전형적인 민주주의이다. 필리핀과 한국 등도 이 유형에 속한다. 대통령제와 비례대표제가 결합한 체제는 남미 일반에서 발견된다. 영국 민주주의는 의회제와 다수대표제 결합의 전형이며, 영국모델은 인도와 캐나다, 호주와 같이 과거 영국의 식민지에서 흔히 발견된다. 끝으로 서유럽의 일반적 모델은 의회제와 비례대표제를 결합한 것이다.

<그림 6-2>를 통해 경험적으로 알 수 있는 대조적인 사실은 같은 대통령제를 채택하더라도 선거제도에 따라 정치적 안정의 정도가 상반된다는 점이다. 대통령제와 다수대표제를 조합한 미국의 정치는 안정적인 반면 대통령제에 비례대표제를 선택한 남미가 악명 높은 정치불안에 시달려 왔던 점은 주목할 만하다. 언뜻 보면 미국과 남미의 대조적 차이는 선거제도이지만, 선거제도는 사회균열의 반영이다. 다시 말해 남미의 비례대표제는 다양한 정치세력의 공존을 가능케 한 다당제로 인해 의회 내의 합의가 곤란하기 때문에, 대통령제 비판론자들이 제기한 이중권력의 문제가 대두했다. 반대로 다수대표제와 연결된 미국의 양당제는 비록 대통령과 의회가 각각 다른 정당에 의해 지배될 때라도 의회가 여러 정치세력으로 난립하지 않기 때문에 적어도 의회는 대통령에 대해 통일된 입장을 갖게 되며, 이는 대통령과 의회의 합의가 도출되기 쉽게 한다. 대통령제와 선거제도의 관계는 한국의 논쟁에 중대한 시사점을 준다. 현재 논의되는 대통령제는 유지하되 선거제

도를 중·대선거구제로 바꾸는 것은 남미의 경험에 비추어 몰역사적인 선택일지도 모른다. 미국의 경험이 말해 주듯이 대통령제는 양당정치 하에서 보다 안정적일 수 있다. 비례대표제 혹은 중·대선거구제를 채택해 다당제로 나아갈 경우 의회의 행정부 견제력은 더욱 어렵게 될 가능성이 많고, 국민의 선택을 무시한 3당합당의 경험과 같은 정치위기가 재현될지도 모른다.

의회제는 일반적으로 다수제보다는 비례대표제와 결합될 때 정치적 안정을 기대할 수 있다. 의회제와 다수대표제를 결합한 영국모델은 선진국 정치경험에서 예외적이다. 다수대표제의 영국 의회제는 다수형성을 용이하게 만드는 데는 기여했지만, 자유당 같은 사회적 소수가 영원히 배제되는 정치적 통합의 위기가 잠재적으로 상존해 끊임없는 개혁의 요구가 발생하고 있다. 서유럽 민주주의가 보여주듯 의회제가 비례대표제와 결합될 때 안정적일 수 있다. 물론 비례대표제는 서유럽의 민주화경험에서 나온 것이다. 따라서 의회제를 정치적 대안으로 논하기 위해서는 선거제도에 반영된 사회균열에 대한 논의가 선행돼야 한다.

그러나 현재의 권력구조 논쟁은 단순히 정부형태에만 집중됨으로써 정치엘리트들이 자신의 정치적 미래를 영구히 보장하기 위한 전략적 수준에 머무르고 있다. 사회에는 다양한 사회균열이 존재한다. 각 사회의 구체적 조건에 따라 지배적 형태는 다르지만 언어, 종교, 지역 및 계급적 균열은 역사적으로 존재했고 앞으로도 존재할 것이다. 이를 아래로부터의 균열이라고 한다. 그 중에서 어떤 균열이 지배적인 것으로 자리잡아 가가는가는 정치엘리트의 정치적 동원전략에 지대한 영향을 받는다. 정치엘리트는 자신의 정치적 자원을 극대화하기 위해 아래로부터 존재하는 정서를 동원해 정치적 실체로 변환시키기 때문이다. 비교사적 관점에서 보면 한국과 같이 독특하게 동질적인 사회에서 산업화와 더불어 등장할 수 있는 균열은 소득의 많고 적음과 관련된 기능적 또는 계급적 균열이다. 그러나 계급균열은 한국전쟁의 결과 한국의 정치적 스펙트럼에서 적어도 정치제도의 차원에서는 사라졌다. 노동계급의 정당은 한국전쟁 이후 원천적으로 불가능했기 때문이다. 또 서구와는 달리 한국사회에는 종교적 대립이 정치적으로 발전하지 않았다. 막대한 교회의 숫자에도 불구하고 한국 교회는 개인적 차원의 문제에 머물렀기 때문에 종교는 정치 세력화하지 않았다. 이때 남는 유일한 균열은 지역균열뿐이다. 한국의 경우 급속한 산업화의 결과 계급균열이 아니라 정치엘리트 수준의 지역균열이 등장했다.

1980년대 이후의 어느 시점부터 한국사회를 지배하고 있는 지역균열에 편승해 정치엘리트들이 봉건적 성채를 만들 가능성을 배제할 수 없게 됐다. 정치적 전략으로 지역정치가 강고히 자리잡게 된 것의 문제는 노동이나 환경 등 사회의 다양한 이익이 정치제도로 여과될 수 있는 제도적 장치를 갖고 있지 않다는 데 있다. 소선거구제에 기초한 단순다수대표제는 정당의 지역화를 공고히 하는 데 기여하기 때문에 자연히 2.5당 내지 3당의 정당체제를 '제조'해 내고 있다. 이와 같은 선거제도 하에서 소위 내각제로의 전환은 정치엘리트 수준에서만이 아니라 기층수준에서도 지역주의를 강화시킬 위험이 많다. 따라서 '내각제'논쟁은 반드시 선거제도 논쟁에 의해 그 지역 강화적 요소를 순화할 필요가 있다. 선거제도 개혁에 대한 논의는 국민에게 허용치 않았던 선택권을 점진적으로 되돌려주는 차원에서 제기돼야 한다.

<그림 6-1>로 되돌아가 분단 및 한국전쟁의 역사적 조건에 의해 국민의 선택영역에서 제거되거나 제한되었던 작은 삼각형 CDB가 복원됨으로써 열린 선거가 가능할 때 진정으로 민주주의가 제도화된다고 하겠다. 이렇게 하여 국민의 선택권이 확대될 때 지역 일변도의 메뉴 대신에 다양한 종류의 정책이 경쟁하는 메뉴에서 투표자 시민은 각자

의 이해와 구미에 따라 정치적 선택을 할 수 있다. 이것이 수십 년 전 달이 주장하고 이제는 고전적 정의가 돼 버린 진정한 경쟁의 민주주의이다. '망국적' 지역주의를 타파하는 게 최선의 방법이지만 역사는 최선의 길에 우호적이지 않다. 정치엘리트는 투표에 의해 결정되지만, 일단 선출된 엘리트는 자신에게 불리한 길을 가려고 하지 않기 때문이다. 최선의 길을 닦는 방법은 투표자 시민의 뜻을 주기적인 선거나 비제도적인 시민운동을 통해 전달하는 것이다.

4. 맺음말

현재 진행 중인 정치제도 개혁이 진정한 민주화의 길을 열자면 내각제 또는 대통령제 같은 정부형태의 변경과 아울러 선거제도도 개혁할 필요가 있다. 선거제도의 변화 없는 권력구조의 변경은 지역균열을 확대재생산할 가능성이 높기 때문이다. 권력구조만의 변화는 한국의 민주화과정이 지역균열과 결합된 탄탄한 지역구에 기반하기 때문에 '불확실성의 제도화'가 아니라 '확실성의 제도화'로 변질될 소지를 안고 있다. 현재와 같은 단일선거구제 하의 다수대표제는 다수형성을 용이하게 만들어 강고한 양당정치를 제조하는 반면 소수당의 진출을 불가능하게 만든다. 다수제도 하에서 2등은 곧 낙선이기 때문이다. 1996년 15대 총선 당시 부산과 수도권에서의 선전에도 불구하고 의석획득에 실패한 민주당의 운명이 이를 말해 준다. 이러한 선거제도가 내각제와 결합한다면 정당체제는 지역당의 철옹성을 쌓는 정치적 결과를 낳을 것이다. 따라서 현재의 내각제개헌론은 기성 정치엘리트가 손쉽게 미래의 정치적 생명을 연장시키는 소수 보수세력의 '합리적 선택'

으로 이해돼야 한다. 선거제도의 개혁은 지금까지 금압되었던 국민의 다양한 요구를 담아 낼 수 있어야 한다. 현재의 제도는 모든 정치적 갈등을 지역 균열화시킴으로써 국민에게 폭넓은 선택을 봉쇄해 왔다. 각자의 선호에 따른 정당선택이 제도적으로 불가능한 상황에서 기업가, 환경운동가, 노동자, 그리고 주부는 한결같이 지역을 유일한 선택의 기준으로 삼는다. 서유럽이 일반적으로 채택하고 있는 대선거구·비례대표제 하에서는 녹색당 같은 사회적 소수의 대표성이 보장된다. 그러나 군소정당의 난립으로 인해 국민통합이 곤란해지는 것이 비례대표제의 약점으로 제기된다. 대통령제와 비례대표제가 결합된 남미의 경우 의회의 분열은 대통령제의 효율적 운영을 방해해 만성적 정치 불안의 원인으로 작용했다. 의회제와 비례대표제를 조합한 서유럽에서는 다양한 사회이익이 정치적으로 대표되기 때문에 민주성이 보장되는 반면, 여러 정파의 이해를 모두 반영해야 하기 때문에 국민통합의 비용이 높다.

    다른 지역의 역사를 배우는 이유의 하나는 보다 현명한 선택을 하는 데 도움을 주기 때문이다. 비교사적 경험으로부터 교훈을 통해 한국에서의 논쟁을 고려할 때 대통령제를 채택한다면 선거제도는 미국식의 다수대표제가, 의회제는 비례대표제와 결합하는 것이 바람직하다고 할 것이다.

제7장 노동시장과 정치시장의 교환

　제15대 대선에 의한 정권교체는 1987년 및 1992년의 선거에 이어 세 번째로 게임의 규칙이 정착됐다는 점에서 한국의 민주화는 과거 권위주의로부터 적어도 정치적으로는 완전히 결별했음을 의미한다고 할 수 있다. 그러나 산업민주주의는 1997년 1월의 노동법개정을 통해 이제 막 자유화의 관문을 통과했을 뿐이다. 따라서 앞으로 민주화의 과제는 산업민주화로의 이행일 것이다.
　산업민주주의는 크게 두 가지 수준의 민주주의를 의미한다. 첫째, 산업민주주의는 노사관계의 민주화를 말한다. 노동은 일차적으로 작업장에서 경제행위를 담당하는 주체라는 점에서 작업장 민주주의를 요구한다. 노동은 작업장을 조직화하여 노동조합을 결성함으로써 임금과 노동조건의 향상을 꾀해 왔다 조직화의 형태는 시대 및 국가에 따라 규모나 수준은 다르지만 노동은 언제나 자신에게 유리한 조건을 확보하기 위해 조직화를 추구했다(Shorter and Tilly 1974; Crouch 1990). 앞으로 작업장 민주주의를 노동시장 민주주의라고 부르기로 한다. 둘째, 노동시장의 요구는 정치적 영역의 민주주의와 불가분의 관계에 있다. 노동시장은 그 고유한 특성상 국가권력에 의해 많은 영향을 받고 국가제도에 의해 규제되기 때문에 노동은 작업장을 넘어 정치시장 진입을 요구하는 방향으로 진행한다. 앞으로 이를 정치시장 민주주의라고 부르기로 한다. 선진 산업민주주의 국가의 역사를 보면 노동시장과 정치시장의 민주화는 국가별 편차를 제외하면 일반적으로 동시적으로 진행된다는 것을 발견할 수 있다. 어느 방향에서의 조직화가 먼저 시작되었든, 결국에는 두 가지 민주화가 모두 달성되었을 때 진정한 선진민주주의라고 할 수 있다. 선진민주화는 결국 합리적 노사관계를 포함하는 산업민주화로의 진행을 의미한다.

이 장의 목적은 지난 10년간 한국의 민주화과정을 산업민주화의 관점에서 분석하는 것이다. 과거 10년에 걸친 민주화과정(이행 및 공고화)의 목적은 노동시장과 정치시장의 민주화로 요약할 수 있다. 이러한 민주화과정의 중대한 계기는 1987년의 민주화 출발, 1993년 문민정부의 노사관계 개혁과정, 그리고 1997년의 노동법개정 등이다. 이 장의 순서는 다음과 같다. 제1절에서는 지난 10년의 민주화과정에서 진행된 노동시장 민주화의 과정 및 결과를 추적하고자 한다. 분석의 초점은 노동시장에 대한 노동조합의 통제 및 전국적 조직화를 중심으로 한 노동시장의 변화에 두어진다. 제2절은 조직화된 노동이 관심을 노동시장에서 정치시장으로 전환하는 이유와 그 결과를 검토한다. 노동은 민주화과정에 노동시장을 상대로 한 조직화작업이 국가의 제도적 장애에 의해 봉쇄된다는 경험을 통해 전략적으로 정치시장 진출로 전환을 한다. 제3절은 1997년의 노동법개정이 민주화라는 주어진 조건 속에서 노동, 자본 및 국가 사이의 합리적 선택의 결과라고 주장한다. 제4절에서는 산업민주화의 조건을 설명하고 향후 발전방향을 전망한다.

1. 노동시장의 민주화

민주화는 민주주의의 제도화이다. 정치시장 민주화가 정치적 경쟁과 관련된 규칙의 제도화인 것과 마찬가지로 노동시장 민주화는 노사관계와 관련한 규칙의 제도화이다. 자유민주주의 정치시장에서 성인 모두에게 보편선거권이 보장되듯이 노동자들이 노동시장에서 스스로의 권리를 위해 조직화할 수 있어야 한다. 선진 산업민주주의의 역사를 보면 노사관계의 제도화는 대결적 관계(contestation)에서 협상적 관계(collective bargaining)로 이행했다(Crouch 1990). 민주화과정을 노사관계의 측면에서 보면 바로 이러한 변화가 일어난다는 것을 뜻한다. 이러한 변화는 민주주의와 시장이 결합된 곳에서 나타나는 보편적 현상이다.[1] 장기적 관점에서 보면 불안정한 대립관계는 노동세력의 힘이 아직 미약한 초기상태의 일반적 현상이며, 노동세력의 사회적 힘이 성장할수록 자본과 대등한 위치에서 협상을 추구하며, 나아가 사회적 협약으로 발전할 수 있다. 선진 산업민주주의의 역사적 경험은 대결로부터 사회적 협약으로 직행할 수 없다는 것을 보여준다. 사회적 협약으로 가기 위해서는 강력한 노동의 제도화가 전제돼야 하기 때문이다. 노사관계가 제도화돼 있지 않을 때 노동과 자본은 가끔 대규모의 타협에 도달

---

[1] 우리는 서유럽의 산업민주화 경험을 참고할 것이다. 권위주의시대에는 남미적 현상이 경험적 적실성을 가질지 몰라도, 일단 민주화가 공고화단계에 접어들면 서유럽의 초기 민주화경험이 시사적이다. 한국을 특수하고 단절된 경험으로 취급하면 진단이나 처방 역시 특수하며, 따라서 제한적이 되기 때문이다. 한국 사례를 보편적 경험의 연속선상에서 조망할 때 미래의 예측 역시 다양할 수 있다.

할 수 있다. 그러나 이러한 타협은 일회성에 불과하며 시간과 더불어 붕괴한다(Crouch 1990, 44). 전망이 불투명한 상태에서 일회의 타협은 미래의 구속력을 가질 수 없기 때문이다. 반대로 제도화된 노사관계 속에서 노동과 자본은 꾸준한 타협을 구축해 미래의 불확실성을 제거한다. 일단 형성된 제도는 자기 강화적(self-enforcing) 요소를 갖게 되기 때문이다.

한국의 산업민주화 과정에서도 노사관계는 대결에서 협상으로 변하고 있다. 대결에서 협상으로의 변화는 자본주의 발전에 따라 노동세력이 성장한 결과이다. 노동세력의 힘이란 노동자집단이 노동시장을 규제할 수 있는 정도를 말한다. 전체 노동력에서 차지하는 노동조합원의 비중, 노동계급의 정치세력화 정도, 전국적 조직이 하부노조에 행사하는 권위의 정도 등은 노동자집단의 힘을 나타내는 대표적인 지표이다. 나아가 노동의 힘은 사회적 균열의 종류나 성격에 따라 결정된다. 종교 및 지역균열이 계층균열과 공존하는 경우 노동자는 계급균열뿐 아니라 여타 균열에 의해서도 분열되기 때문에 집단적으로 통일된 힘을 발휘할 수 없다. 다른 조건이 같다면 사회균열이 복합적이고 이질적인 곳보다 간단하고 동질적인 사회에서 노동세력은 보다 큰 힘을 갖는다. 벨기에는 남북의 언어 및 지역균열이 없다면 노동이 정치적으로 지금보다 강력한 세력을 구축할 수 있었을 것이다. 마찬가지로 스웨덴이 종교적 균열에 지배되었다면 오늘날과 같은 막강한 노동세력의 형성은 불가능했을 것이다. 한국의 경우 역시 남북분단이 아니었다면 지금과는 전혀 다른 세를 형성했을 것이다. 영남 출신 노동자 후보가 영남에서 상대적으로 많은 지지를 획득하는 것은 한국의 지배적인 사회균열에 영향을 받기 때문이다.

그러면 한국의 노동은 지난 10년간 노동시장에 대해 얼마나 영향력을 행사해 왔는가? 이 질문에 대한 답은 대단히 중대하고 복합적인 만

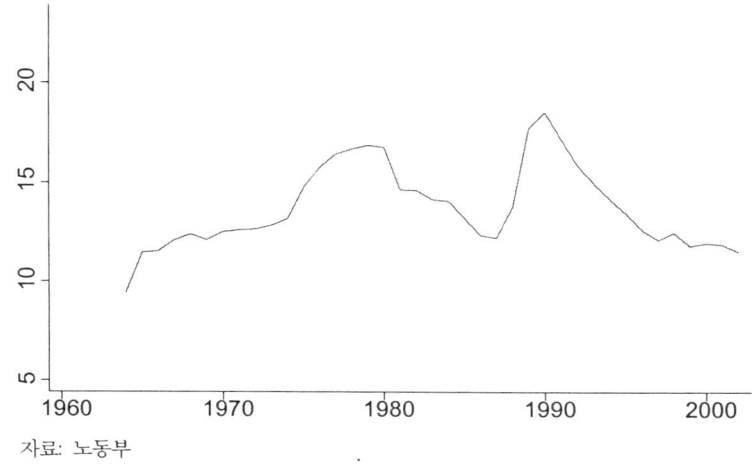

<그림 7-1> 한국의 노동조직률 (%, 1963~2002)

자료: 노동부

큼 완전하고 상세한 해명에는 또 하나의 독립된 글을 필요로 한다. 그러나 노동시장에 대한 영향력을 논할 때 노동력에서 차지하는 조직노동자의 비중이나 전국적 조직의 특성은 빼놓을 수 없는 가장 중요한 요인이기 때문에 여기서는 이 부분을 집중 조명하고자 한다(Windmuller 1987).

<그림 7-1>은 상시 피고용자에서 차지하는 노동조합원의 비율을 표시한다. 여기에서 나타나듯 노동조직률은 1990~95년에 대체로 15~25% 사이에 머무르고 있는 가운데 몇 가지 뚜렷한 흐름을 보여주고 있다. 1970년대 후반부터 감소하기 시작해 1980년 제5공화국 하에서 6.29선언이 있었던 1987년까지 꾸준히 감소했다. 1987년 민주화 이후의 추세는 역U자 형태를 보인다. 1987~89년에는 조직률이 20%를 상회하다가 1990년 이후 현재까지 지속적으로 하락하고 있다. 물론 <그림 7-1>의 노동조직률만 보고 조직운동이 실패했다고 단정할 수는 없다. 압축적

산업화에 따른 노동력의 팽창을 고려해서 읽어야 한다. 노동조직률의 분모를 의미하는 노동력의 크기가 노동조합원의 증가에 비해 훨씬 빠르게 일어났다는 것에 주목해야 한다. 다시 말하면 급속한 경제성장이 노동자가 노동세력으로 조직화하는 속도를 앞질렀기 때문이다. 일부 연구는 조직률 하락이 노동조합운동의 실패가 아니라 구조적이고 제도적인 장애 때문이라며 노동운동의 활성화를 위한 처방으로 산별노조로의 재편을 제시하지만(조효래 1977), 산별노조 체제가 일반적인 선진 산업민주주의에서도 조직률은 계속 하락하고 있다. 1987년의 정치위기는 외적으로 주어진 것이지만 산업민주화에 유리한 조건을 제공했다. 노동세력의 조직화는 실로 폭발적이었다(강명세 1995). 그러나 자생적이라기보다 정치적 위기를 틈타 성장한 노동운동은 조직화를 통해 제도화되지 않으면 장기적으로 성공하지 못한다. 전체 노동력에서 조직노동자가 차지하는 비중을 의미하는 조직률을 보면 초기의 급성장은 지속적으로 발전하지 못하고 점차 약화됐음을 알 수 있다.

노동력과 조합원의 증가속도가 다른 이유는 여러 가지로 설명할 수 있다. 첫째, 구조적으로 경제성장은 노동력의 초과수요를 요구한다. <그림 7-2>가 보여주는 것처럼 노동시장의 팽창은 농촌인구의 끊임없는 유입이 아니고는 불가능했다. 1965년 경제활동인구의 59%를 점하던 농업부문은 1995년에는 13%로 대폭 축소된 반면 제조업과 서비스부문이 지속적으로 팽창했다. 이농노동자가 가부장적 농촌질서에서 벗어나는 데는 오랜 시간이 걸리기 때문에 노동조합은 이들을 조직화하기 어렵다. 둘째, 압축적 산업화는 서비스부문을 팽창시켜 전통적으로 노조운동의 주력인 제조업을 위축시켰다. 더구나 제조업은 1990년 이후 감소하는 추세를 보인다.

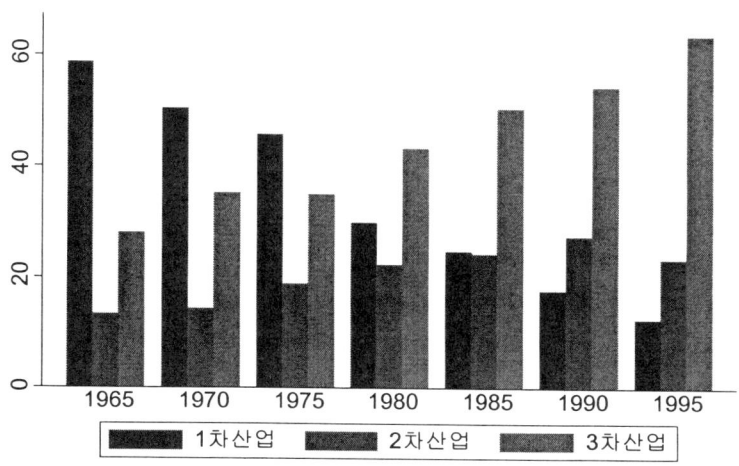

<그림 7-2> 고용구조의 변화 (%, 1965-1995)

자료: 통계청

위의 두 가지 요인이 사회경제적 제약이라면 세 번째는 노동조합에 대한 기업주의 태도이다(Visser 1994). 노동조합에 적대적인 기업은 그렇지 않은 기업보다 조직화하기 어렵다. 경영 측의 상이한 태도는 단체협약이 이루어지는 수준과 관련된다. 임금이나 노동조건이 기업별로 결정되는 기업별 노사관계에서 기업주들은 임금을 낮추기 위해 경쟁한다. 제품의 경쟁력을 높이기 위해 다른 기업보다 높은 임금을 주지 않으려 하기 때문이다. 반대로 임금이 산별 또는 전국적 수준에서 결정되면 기업주는 상호 임금경쟁을 할 필요가 없다. 모든 임금이 기업의 범위를 초월한 수준에서 결정되기 때문이다. 한국의 기업별 노사관계는 기업주를 임금과 관련해서 서로 경쟁적으로 만들고, 따라서 노동조합에 대해 적대적이도록 한다.

네 번째는 노동조합의 성장을 가로막는 국가의 제도적 요인이다. 국가의 노동법은 노사 힘의 균형에 결정적 영향을 주므로 노동시장의 조직화에 가장 막대한 영향을 준다. 국가의 억압정책은 노동조직화의 비용을 증대시킴으로써 노동자로 하여금 노조가입을 꺼리게 만들고 동시에 조직활동가의 위험부담률을 높여 조직활동을 어렵게 한다. 대표적인 반노동적 제도로서 제3자 금지조항, 공무원의 노조결성 금지, 노조설립 신고조항 등은 자유로운 노조결성을 사실상 불가능하게 했다. 민중부문이 활성화된 남미나 복지가 발달한 유럽에서 공공부문의 팽창은 노동조직률을 높이는 데 기여했다(Visser 1994). 그러나 한국에서는 민중부문이나 공공부문이 활성화되지 않아 조직화될 수 없었다. 동일한 정부 하에서라도 정부의 노동정책에 따라 조직률은 민감하게 변한다. 유화적인 정부 하에서는 증가하고 반노동적 정책 하에서는 감소하는 경향임을 알 수 있다. 1980년대 전두환정부는 노동쟁의조정법에 제3자 개입금지 조항을 신설해 단체교섭에 제3자가 개입하는 것을 봉쇄했다. 1986년 12월 노동법개정 전까지는 소위 어용노조라 불린 한국노총조차 노조활동에 관여할 수 없었다. 이처럼 노동운동가의 파업을 포함한 조직활동은 엄격히 통제됐기 때문에 조합조직 활동은 불가능했다. 나아가 노동법은 교사와 공무원을 포함해 공공부문 노동의 노동조합을 허용하지 않았다. 국가의 반노동정책은 조직률에 즉각 영향을 미쳐 1980년 이후, 그리고 1989년 이후 조직률은 하강하기 시작했다.

따라서 노동시장의 조직화를 보다 설득력 있게 보여주는 것은 노동력의 변화와 노조원의 변화를 동시에 관찰하는 것이다. <그림 7-3>은 1964~96년 노동조합원의 증가율과 피용자 증가율을 동시에 보여준다. 노동조합원의 수는 1987년의 정치적 위기를 틈타 조직운동이 활성화됨에 따라 급격히 상승하지만, 감소의 속도 또한 급격해 1990년부터는 하락한다. 반대로 피용자의 크기로 본 노동력은 1989년 이후 성장속도는 감소하지만 여전히 증가한다. 다시 말해서 이 그림은 조직운동이 지속적으로 유입되는 피용자를 조직화하는 데 실패했음을 보여준다.

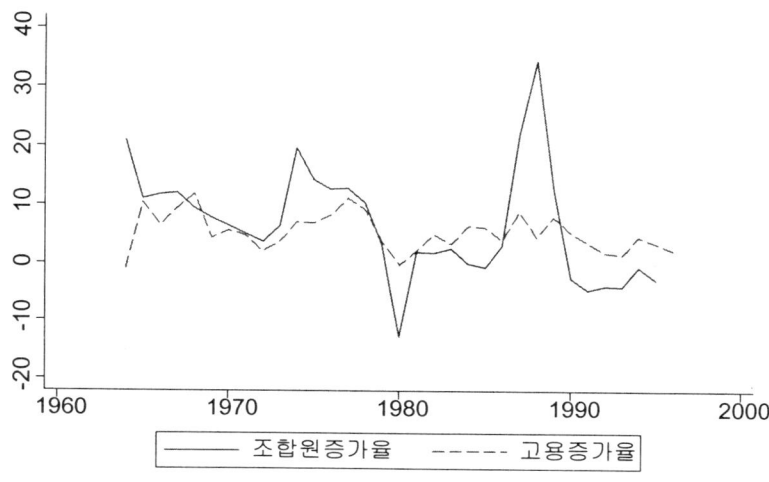

<그림 7-3> 조합원 증가와 고용증가율 (%, 1963~1996)

자료: 통계청

　노동시장의 조직화가 정부의 노동정책에 따라 등락하는 데서 나타나듯 산업민주화는 직선적으로 발전하는 것이 아니다. 산업민주주의는 넓은 의미의 민주화와 마찬가지로 공고화되지 않으면 역류해서 정체하거나 후퇴하기도 한다. 민주주의가 공고화되자면 보편선거, 정당 및 공정한 경쟁 등의 민주적 절차가 제도화돼야 한다. 제도화의 목적은 안정이다. 제도화가 안정이란 공공재를 제공하자면 민주화게임에 참여한 행위자들이 스스로 규칙을 준수할 유인을 갖도록 해야 한다. 산업민주화도 마찬가지로 제도화돼야 한다. 노동이 단결돼 있지 않고 분열돼 있을 때 국가는 노동의 이해를 억압할 유인을 갖는다. 국가는 노동의 일부를 어용의 파트너로 삼아 이들의 이해는 보장해 주는 한편 국가에 도전하는 노동세력은 억압하는 전략을 구사한다. 따라서 국가의 반노동적 태도를 바꾸고 국가로 하여금 노동의 이해를 존중하도록 하려면 노동은 통일돼야 한다.[2] 국가와 노동의 관계는 일회적이지 않다. 지속적으로 반복되는 게임에서 분열된 노동은 국가의 억압에 순응해 단기적인 이익을 누리는 것보다 일치단결하여 국가의 억압에 대항할 때 장기적으로 보다 많은 이익을 향유할 수 있다. 노동이 여러 세력으로 분열돼 있을 때보다 하나의 전국적 조직으로 잘 조직돼 있을 때 강력한 힘을 발휘할 수 있는 것도 동일한 원리이다. 노동의 전체 이익이 일원화된 대표체계를 가질 때 국가는 더 이상 분리·억압전략을 사용할 수 없어 노동의 이해를 존중하게 된다. 단결된 노동은 제3자 금지조항의 폐지, 공공부문의 노조결성 등 자유로운 노조활동을 확보함으로써 노동시장 지배율을 높일 수 있다. 그러나 노동시장에 대한 지배력은 자본의 반대에 부딪친다. 자본은 강력한 노조가 노동시장을 더욱 경직시킨다고 믿기 때문에 국가로 하여금 노동시장의 유연성을 확보하도록 영향력을 행사한다.

<표 7-1> 경제지표 (1987~1996)

	경제성장률	제조업 성장률	물가인상률	무역수지
1987	11.5	19.5	3.0	7659
1988	11.3	13.8	7.1	11445
1989	6.4	4.2	5.7	4597
1990	9.5	9.7	8.6	-2004
1991	9.1	9.1	9.3	-6980
1992	5.1	5.1	6.2	-2146
1993	5.8	5.0	4.8	1860
1994	8.6	10.4	6.2	-3145
1995	8.9	10.8	4.5	-4747
1996	7.1	7.4	5.0	-15278

---

2) 의회민주주의의 정치적 기초는 왕권에 대한 엘리트들의 단결에 있었다. 자유민주주의를 처음으로 시작한 영국에서 시민사회의 엘리트(토리와 휘그)는 의회제도를 통해 단결해 국왕의 독재를 분쇄할 수 있었다(Weingast 1996).

1989년의 급격한 조직률 감소는 경제위기와 밀접한 관계가 있다. 1988년 말까지 유화적이었던 노태우정부의 노동정책이 다시 억압으로 회귀한 것은 경기가 하강한 데 따른 것이었다. <표 7-1>에서 보이는 것처럼 1989년의 성장률은 88년 성장률 11.3%에서 급강하, 6.4%로 떨어졌다. 또 불황에 따라 투자가 위축됨에 따라 물가는 1988년의 7.1% 상승에서 89년에는 5.7%로 2.4% 하락했다. 1988년 흑자를 기록했던 무역수지 역시 89년에는 적자로 반전했다. 노태우정부는 국제경쟁력을 강화시키기 위해 노동평화가 필요하다고 보고 1987년 이후 전투적이던 노동운동을 억압했기 때문에 89년 이후 노동조직 운동은 약화되었던 것이다.

노동조직률의 하락은 민주화의 공고화가 시작된 문민정부 하에서도 지속되었다. 1993년 3월 출범한 문민정부는 신노동정책을 주창했다. 3당합당이라는 엘리트협약으로 만들어진 문민정부는 태생적 한계 때문에 보다 광범한 국민적 지지를 확보할 필요성에 직면했다. 이를 위해 문민정부는 1993, 94년 노총을 상대로 전국적 수준의 임금협상을 시도함으로써 사회적 합의를 모색했다. 정부는 노동의 분열을 이용해 노동을 분리지배(divide and rule)하려는 것이었다. 그러나 임금합의는 비합법조직인 전노협의 강경한 반발에 봉착해 중대한 성과를 내는 데는 실패했다(임영일 1997; 송호근 1994). 나아가 이인제 노동부장관 시절 무노동 부분임금의 파기에서 나타나듯 정부의 노동친화 정책은 경영 측의 반발로 무산되었다. 무노동 부분임금으로 널리 알려진 초기의 신노동정책은 그러나 현총련 파업을 경과하면서 경영 측의 강력한 반발로 곧 후퇴했다(정영태 1997). 민주노조운동이 배제된 임금협약은 기본적으로 분할지배 전략에 불과했다. 분할지배전략은 1995년 민주노총의 형성으로 좌초되고 문민정부는 새로운 대안을 찾아야 했다. 새로운 대안으로 마련된 노동법개혁은 바로 민주노조운동을 제도 속으로 유인하려는 것이었다. 김영삼정부의 노동개혁 정책은 두 가지 압력 하에서 추진되었다(조효래 1997; 임영일 1997). 첫째, 1987년 민주화 이후 조직역량을 증대시킨 제2의 노동세력은 끊임없이 대표권을 주장하며 정부의 노동정책을 공격했다. 1993년 전노대와 1995년 민주노총 결성으로 나타난 민주노조운동의 압력은 정부가 공약한 안정된 노사관계를 불가능하게 만들었다. 둘째, 김영삼정부는 ILO 등의 국제적 비난을 받아왔다. ILO는 제3자 금지, 교원노조, 공무원 단결권, 정치활동 금지 등의 노동시장 자율성을 억압하는 정부의 규제를 철폐할 것을 주장했다.

민주화과정이 노동시장의 조직화에 미친 다른 하나의 중대한 결과는 중앙조직의 재편이다. 1997년 노동법개정으로 합법화된 민주노총의 등장은 지난 10년간 진행된 산업민주화 과정의 첫 걸음이었다. 전국적 조직의 결성은 노조운동이 지향하는 목표였다. 전국적 조직이 없다면 국가의 사회 및 경제정책에 영향을 줄 수 없기 때문이었다.[3]

민주노총은 과거 50년 동안 노동시장의 이익대표 체계를 독점했던 노총과 함께 이제 또 하나의 전국조직으로 부상했다. 전국적 조직의 결성을 향한 민주노동운동의 노력은 전국노동조합협의회(1990), 전국노동조합대표자회의(1993)를 거쳐 1995년 민주노총을 조직하기에 이르렀다. 민주노동운동이 '제2노총' 건설에 힘쓴 이유는 1987~1988년의 민주화 열기가 식어 감에 따라 제도화되지 않는 한 조직확대는 물론이고 조직의 유지가 더 이상 불가능하게 된 경험에서 비롯되었다. 공식적 통로를 노총이 독점하는 한 민주노조운동은 국가의 억압에 노출되어 민주화 공간을 활용할 어떠한 자원도 갖지 못하기 때문이다. 1989년 국가의 억압이 거세지자 제도화의 필요성은 더욱 강하게 제기됐고 1990년에 처음으로 전투적인 전국조직인 전노협이 결성됐다. 그러나 전노

---

[3] 발렌수엘라는 노동조합의 조직적 발전에 필요한 네 가지 조건을 설명했다. 노동자의 신뢰, 노조 간의 조직적 연대, 작업장 및 전국적 조직을 말한다.

협은 여전히 1987년의 열기에 지배되어 민주화 이후 온건해진 노동 전체의 이해를 대변하는 데 실패하고 국가의 억압으로 위축되었다. 이러한 경험에서 출범한 전노대는 온건 개혁노선을 통해 보다 광범한 지지를 구축하려 했다(임영일 1997). 전노대를 통해 노조운동의 핵심인 대기업노조를 포함한 노동의 다양한 이해를 결집한 민주노조운동은 마침내 1995년 민주노총을 결성했다. 민주노총의 우선적인 목표는 궁극적으로 노총을 대신해서 독점적 대표권을 갖는 것이었다. 이를 위해서는 우선 국가로부터 법적 지위를 획득해야 했다. 둘째 목표는 합법적 지위를 활용해 마침내는 정치시장에 진입하는 것이었다.

요약하면 지난 10년간 민주화과정에서 노동에 의한 노동시장의 조직화는 정체 또는 하락했다. 노동시장의 조직화는 사회경제적인 구조적 요인과 특히 국가의 노동배제적 정책 때문에 제한되었다. 압축적 산업화의 결과 변화된 산업구성은 조직화에 불리하게 작용했다. 전통적으로 노동조직운동의 거점인 제조업은 축소되고 서비스부문이 급팽창했다. 그러나 사회경제적 요인은 상수로서, 외적으로 주어진 조건으로서 조직운동에 불리하다면, 노동시장의 조직화를 가로막는 가장 중대한 요인은 국가의 제도적 장애물이었다. 엘리트협약으로 가능했던 민주화 속에서 국가는 끊임없이 제도적인 노동배제 정책을 추진했다. 제도적 장애물을 타개하기 위해서 민주노동운동은 그 동안 제도화의 길을 모색했다. 이러한 노력은 1995년 민주노총의 결성으로 나타났다. 국가의 노동정책은 노동의 전략을 통해 변경시킬 수 있는 영역이다. 따라서 노동의 전략적 선택이라는 관점에서 보면 조직화를 가로막는 요인에 대한 처방은 달라진다. 합법화, 제도화의 길을 통해 민주노총은 노동시장으로부터 정치시장 진입을 모색했다. 국가가 그어 놓은 제도적 한계를 극복하기 위한 노동의 전략적 선택은 정치시장 진출을 통해 국가의 제도적 장애물을 철거하는 것이었다.

2. 정치시장과 산업민주화

산업민주주의는 좁은 뜻으로는 노사관계 민주주의를 말하지만 넓은 뜻으로는 정치적 대표체계에의 참여를 포함한다. 앞 절에서 언급한 것처럼 노동시장 규제는 정부의 정치적 및 이념적 색채에 막대한 영향을 받기 때문에 노동은 정치세력화의 길을 모색하게 된다(Hibbs 1987; Korpi 1983; Valenzuela 1994). 서유럽 민주화과정에서 보편적으로 일어난 사회당의 등장은 노동세력의 지지가 아니었다면 불가능했을 것이다. 따라서 민주화과정에는 노동시장을 둘러싼 노사관계의 새로운 변화와 더불어 정치시장의 변동이 필수적으로 등장한다.

이 절에서는 지난 10년간 민주화과정에서 한국의 노동세력은 정치시장 진출에 얼마나 성공했는가, 그리고 실패했다면 그 원인은 무엇인가 등의 질문에 답하고자 한다. 이 질문에 답하기 위해 오늘날 선진 산업민주주의 체제를 향유하는 서유럽의 역사적 경험에서 출발할 것이다. 서유럽은 한국과 마찬가지로 혼란스럽고 힘든 민주화의 과정을 겪었다. 노동정치(labor politics)는 산업국가의 보편적 현상이었는데, 산업화 이후 양적으로 사회의 다수를 구성하게 된 노동계급 또는 근로자계층이 자신의 사회적 이해를 증진시키기 위해 조직함으로써 노동시장 영역에서의 열등한 위치를 만회하려는 정치적 활동을 뜻한다. 좁게는 작업장 수준의 집단행동을 포함해서 넓게는 국가를 향한 노동입법에 영향을 주는 모든 정치적 행위를 말한다. 시장민주주의를 먼저 실시한 유럽이나 미국의 경험을 보면 일반적으로 작업장 민주주의가 먼저 발생하고 이는 후에 정치적 영역으로 확장된다. 예컨대 서구의 노동운동은 8시간노동을 위한 투쟁에서 출발해 최종적으로는 선거시장에 참여해 자본에 대항하는 사회당이나 노동정당을 결성해 나갔다. 전후 신생국에 무조건적으로 부여된 보편선거권은 서유럽에서 민주화과정이 진행되었던 1870~1920년에야 가능했다(최장집·강명세 1997). 자유민주주의의 원조이자 자본주의가 가장 먼저 꽃핀 영국에서조차 노동정당이 생겨난 것은 20세기 들어와서였다. 선진 산업국가의 역사적 경험을 보면 정치시장 민주화는 노동세력의 정치시장 진입을 통한 사회이해의 정치적 통합으로 요약할 수 있다. 1870~1920년에 서유럽에서 형성된 대중정치는 바로 노동세력의 정치적 시민권이 확립되고, 동시에 이들을 정치적으로 대표하는 정당이 발전한 것이라고 할 수 있다.

따라서 노동정치는 기존에 노사관계가 취급하는 노동의 범위보다 광범위한 영역을 다룬다. 작업장의 노사관계는 사회 전체를 관통하는 정치적 제도에 큰 영향을 받기 때문이다. 특히 정당이나 정치체제의 성격은 노동운동을 제약하는 가장 중요한 정치적 제도이다(Przeworski and Sprague 1987). 일군의 학자들은 사회당이 주요 정치세력으로 존재하는 정치체제는 사회당이 미미하거나 없는 체제보다 노동에 유리한 정치적 환경을 제공하며, 나아가 친노동정당의 집권은 노동운동의 향방을 결정한다고 주장한다(Korpi 1983; Esping-Anderson 1985). 한편 친노동정당의 수나 구도도 노동운동의 진로에 많은 영향을 준다. 공산당과 사회당의 관계나 힘의 배분은 노동운동의 분열, 나아가 노조운동의 성격을 결정한다.

산업민주화는 허공 속에서 일어나는 것이 아니라 그 사회의 전통적 균열구조의 제약을 받는다. 동시에 민주화는 세력 간의 갈등이란 점에서 새로운 균열을 만들어 내기도 한다. 앞의 요인이 외부적(exogeneous)이라면 두 번째 요인은 내생적(endogeneous)이다. 이러한 내생적 및 외부적 제약 또는 균열이 한국의 민주화과정을 지배해 왔다. 정치시장의 민주화가 공고해지는 데는 위의 두 가지 요인이 작용해 왔다. 한국사회를 관통하는 이념적 균열과 지역적 균열이 그것이다.

첫째, 이념적 균열은 국가수립과 더불어 동시에 생겨났다. 남북전쟁으로 고착화된 남북한의 분단구조는 남북 간의 민족분열과 함께 한국사회에 강력한 이데올로기적 균열구조를 형성했다(박찬표 1998; 정해구 1988; 박명림 1996). 제1공화국부터 제도화된 반공법은 1960년대 산업화의 과정에서 한층 강화되었다. 이념균열은 산업화에 따른 계급균열을 원천적으로 봉쇄했다. 급속한 경제성장에도 불구하고 산업화는 선진국의 산업화과정에서 볼 수 있는 노동세력의 조직화로 나아가지 않았다. 수출주도형 산업화는 전략상 저임금에 기반했기 때문에 노동은 작업장에서 조직화될 수 없었다(최장집 1997; 송호근 1994). 해방 직후부터 국가의 정통성으로 자리잡은 반공과 1960년대 이후 권위주의국가가 추진한 산업화는 친노동정당의 존립을 허용하지 않았다. 전후 분단으로 야기된 남한국가의 반공주의는 친노동정당의 근거를 위협했다. 반공주의라는 정치이데올로기로 표출된 이념균열은 한국전쟁에 의해 극도로 경직된 채 한국의 정치사회를 지배했다. 뒤의 <그림 7-4>에서 볼 수 있는 것처럼 반공법은 정치지형의 좌측을 제도적으로 봉쇄했기 때문에 친노동정당은 처음부터 존립할 수 없다. 노동세력은 국가의 강압과 내부의 취약성으로 인해 중간을 가로막는 잘려진 정치지형을 좌측으로 확대시킬 수 없었다. 또한 잘려진 정치지형 하에서 노동의 정치적 대표는 반영되지 않기 때문에 노동에 유리한 제도적·법적 환경은 거의 조성될 수 없는 악순환(vicious cycle)을 낳았다.

둘째, 노동의 정치적 동원은 제도적 제약 하에 있었다. 정당의 존재를 좌우의 단일한 차원에서 분석한다면, 정당은 자신에게 최대한 유리한 지점에 있으면서 최대의 사회적 지지를 확보하고자 경쟁한다(Downs 1958). 그러나 각국의 고유한 역사적 경험으로부터 생성된 정치제도는 지형을 좌우의 어느 한쪽에 유리하게 왜곡시킬 수 있다. 19세기 말 납세를 기준으로 한 제한민주주의는 대다수의 성인남자로부터 투표권을 빼앗아 부르주아에게 유리한 정치시장을 조성했다. 또한 여성참정권의 제한이나 30세 이상에게만 부여되던 투표권은 공정한 경쟁의 정치시장이 아니었다. 기왕의 정치시장 제도는 다른 한편 계속해서 노동에 불리한 입법을 함으로써 노동의 정치적 요구를 보다 강하게 만드는 결과를 낳았다. 선거권의 조기 획득은 노동자의 집단적 정치의식(collective identity)을 형성하는 것을 어렵게 만들었다. 아무런 희생 없이 얻은 보편선거권은 노동자의 개별적 정치참여를 보장해 준 반면 이는 집단적 정체성을 해체시키는 효과를 낳는다. 유럽 민주화과정의 일반적 특징은 선거권 획득을 위한 노동의 정치동원화이다(Rokkan 1968; Slomp 1990). 유럽의 노동세력은 선거법개혁을 통해 노동계급의 정치적 정체성을 확보할 수 있었다면, 국가형성과 동시에 보편선거권을 부여받은 한국의 대중은 정치적 정체성을 계발할 계기를 가질 수 없었다. 미국의 경험에서도 알 수 있듯이 노동계급의 형성과 관계없이 선거권이 처음부터 주어질 때 노동정당은 발전할 수 없으며, 노동이익은 기성 정당의 선거경쟁을 통해 제한적으로 대표된다. 마찬가지로 선거권 획득과정에서 노동정당이 태동하는 경로를 갖지 못한 한국의 노동은 자신의 사회이익을 정치시장에 투입할 수 없었다. 시장사회의 기본적 균열축인 계급균열은 정치적으로 형성될 수 없었다.

셋째, 노동의 집단적 이해표출을 더욱 어렵게 만든 요인은 민주화가 시작될 무렵 선거시장이 지역균열에 의해 지배되었다는 것이다. 민주화는 노동의 집단적 이해를 제도화할 수 있는 좋은 조건을 제공했음에도 불구하고 민주화과정에서 처음으로 치러진 정초선거는 지역균열에 지배되었다. 지역균열의 선거시장을 지배하게 되는 시점은 민주화과정과 일치했기 때문에 개별노동자는 계급이 아니라 자신의 출신지역과 관련해서 선거에 참여했다. 남부 벨기에의 노동자가 가톨릭 정당에 투표하고 북부 노동자는 개신교 정당을 지지하는 것처럼, 지역균열은 지역이나 시대에 따라 차이는 있지만 보편적인 정치현상이었다. 다원화된 사회에서는 여러 가지 균열이 상호 공존하고 교차한다. 노동자는 종교, 지역 및 언어 등에서 서로 상이한 균열구조 하에 있다. 민주화가 시작되면서 경쟁적 선거시장에 처음으로 참여하게 된 한국의 노동자는 오직 지역균열에 의해 분열되었다. 즉 한국 노동자의 정당선택은 지역에 기초했다. 지역균열이 지배적이고 노동정당이 존재하지 않는 선거경쟁에서 노동의 집합적 이해는 어느 정당에 의해서도 적극적으로 대표되지 않는다(강명세 1995; 장훈 1997).

지역균열은 엘리트뿐 아니라 하층계급에까지 침투해 여타의 균열이 정치적으로 표출될 수 없게 만들었다. 지역균열은 원래 엘리트의 국가권력 장악수단으로 등장했지만, 1987년 이후 지역동원 전략이 효과적임이 입증되자 일반대중의 정치적 선택에 결정적 영향을 주었다(최장집 1997; 임혁백 1997). 정치의식의 형성은 그 사회 내에서 역사적으로 형성된 여러 가지 복합적 요인의 산물이다. 노동자의 계급의식은 자신이 처한 경제적, 정치적 및 문화적 요인에 의해 형성된다(Katznelson 1986). 한국사회에서 노동자는 동시에 지역적으로 분열되었다. 다른 국가와 달리 한국의 노동자는 작업장에서조차 단결하는 데 실패했다. 지역균열은 작업장에까지 침투해 노동조합장 선거는 영호남의 대립에 의해 결정되었다.

그러나 이러한 기형의 정치시장은 장기적으로 재생산될 수 없다. 시장자유주의는 자본축적과 아울러 또한 의도하지 않은 결과로 강력한 노동세력을 잉태하기 때문이다. 산업화는 목표로 하는 경제적 복지를 증대시킨 반면 본래 원하지 않았던 환경파괴를 낳는 것과 마찬가지 이치이다. 수적으로 다수를 차지하는 노동계급은 자유민주주의 제도 하

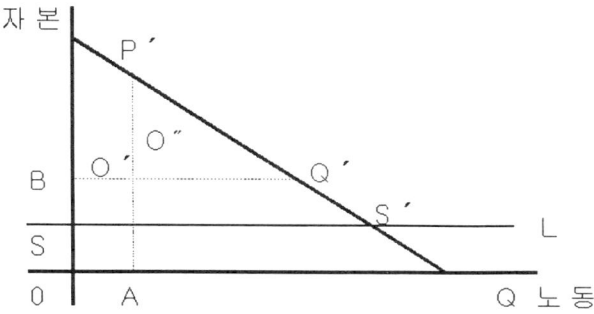

<그림 7-4> 파레토 우월의 노사협상

에서 집합적으로 정치시장에 중대한 영향력을 행사할 수 있다. 독일처럼 친노동정책을 표방하는 기성정당을 집단적으로 지지하거나 영국처럼 노동조합 정당을 만들어 정치시장에 도전했다. 시장자유주의 하에서 노동은 자신의 경제적 이익을 증대하고 보호하기 위해 스스로 노동조합을 결성한다. 노동조합은 노동시장에서의 개별적 관계를 극복하기 위해 노동공급을 규제함으로써 노동시장을 통제하는 동시에 의회정치를 통해 유리한 노동입법(labor legislation)을 확보한다(Slomp 1990).

<그림 7-4>를 통해 설명하면 다음과 같다. 합리적이고 생산적인 노사관계는 노동과 자본의 합리적 결합을 통해 사회적 잉여를 증대하는 것이다. 현재의 노사관계를 O'로 가정하면 기업은 OA의 이득을, 노동은 OB의 이득을 가진다. 자본이나 노동 어느 한쪽도 손해보지 않고 사회적 잉여를 증대시킬 수 있으면, 이 상태를 이전의 상태보다 파레토-우월이라고 한다. 이는 자본과 노동의 효과적 결합으로 사회적 생산이 증가하는 것을 의미하며, O'에서 O'Q' 방향으로 진행하는 것이다. 삼각형 O'P'Q'의 어떤 점도 O에 대해 파레토-우월하다고 한다. 즉 O'로부터 선분 P'Q'로 이동한다면 파레토-우월 또는 파레토-최적으로 움직였

다고 한다. 만일 원래의 상태에서 P′로 이동했다면 이러한 거래는 자본 측에 절대적으로 유리한 반면 노동에는 과거보다 나아진 것이 없다.4) 한편 노사관계에서 국가의 반노동적 역할은 삼각형 OPQ를 아래로부터 절단하는 직선 L로 이해할 수 있다. 직선 L은 노동이 잠재적으로 최대한 확보할 수 있는 복지를 OQ로부터 SS′로 축소시키기 때문이다. 반대로 자본의 잠재적 최소치는 O로부터 S로 증대하고 최대치는 변함없이 P이다. 직선 L이 아니었다면 노동과 자본은 각자의 시장지배력에 따라 행동하며, 어느 점에서 결정될 것이냐는 자본이나 노동이 자신의 기여를 철회함으로써 상대방에게 가하는 피해의 정도에 따른다.

그러나 위와 같은 이동은 파레토-우월이라는 점에서 효율적인 생산체제이지만, 시장생산은 노동자집단을 양산하기 때문에 집단적 저항에 부딪친다. O′에서 P′로 나아가는 산업화과정은 바로 노동자집단의 생성이기 때문이다. 노동자는 자본 측에 보다 유리한 시장교환 체제를 집합행동을 통해 바꾸려고 한다. 노동의 집합행동은 노동조합을 통한 파업 또는 친노동정당에의 투표가 가능하다. 노동자의 집합행동으로 말미암아 효율적 생산이 중단될 때 사회적 잉여는 감소한다. 즉 P′로부터 O로 이동한다. O는 P′에 비해 파레토-열등하다. 이러한 파레토-열등의 생산에서 탈피해 파레토-우월의 생산으로 전환하자면 노동과 자본은 협상을 맺어야 한다. 협상이 가능한 영역은 파레토-열등한 O의 우측, 그리고 위쪽의 점이다. 자본은 P′보다는 못하지만 그래도 노사대립으로 인한 결과점인 O보다는 우월한 점을 선택한다. 마찬가지로 노동은 과거의 O보다는 낫기 때문에 대립에서 벗어나는 것이 유리하다.

결국 노사협상은 모두에게 피해를 주는 대립적 관계에서 협상의 단계로 이동할 때 결과는 분배의 게임을 하는 것을 의미한다. 노사협상

---

4) 반대로 Q′로 진행했다면 노동에만 유리하고 자본에는 혜택의 증대가 없다. 그러나 이런 진행은 자본주의 경험에는 존재하지 않는 자본축적의 시나리오이다.

은 P'Q' 사이에서 움직이는 분배의 정치이다. 어느 점에서 결정될 것인지는 양측이 보유한 자원에 의해 결정된다. 자원이 많을수록 협상력이 커지기 때문이다. 자원의 크기는 앞 절에서 언급한 노동시장의 힘의 배분만이 아니라 정치시장에서의 힘의 균형에 따른다. 노동세력이 정치시장으로 방향을 바꾸는 이유도 이 때문이다. 민주화과정에서 노동조합이 요구하는 정치활동 금지의 폐지는 바로 정치시장에서의 유리한 환경이 중요하다는 것을 말해 준다. 권위주의정권은 노동조합법, 선거법 및 정당법 등을 통해 노동의 정치시장 진출을 봉쇄했다.

서구의 산업민주화 과정은 위에서 설명한 정치시장 개방으로 진행했다. 초기민주화 때 국가권력은 노동계급의 정치시장 진입에 적대적이었다. 19세기 말까지 이탈리아의 노동운동은 권위주의국가에 의해 철저히 배제됐다. 산업민주주의 측면에서 보면 이탈리아는 1901년 지올리티의 자유주의국가가 들어서기 전까지 대결의 산업관계에서 벗어나지 못했다. 노동과 자본의 상호 배타적인 대결구도 속에서 권위주의국가는 파업을 철저히 탄압함으로써 친자본적 성향을 노골화했다. 배제의 정치는 무엇보다 노동계급이 투표권을 갖지 못한 데서 나타난다. 1898년 보편선거법이 실시될 때까지 극소수의 성인남자에게만 투표권이 부여되었다. 이탈리아 혁신세력은 19세기 후반을 투표권 쟁취를 위해 보낸 결과 1898년 보편선거법이 통과될 수 있었다. 19세기 말 이탈리아는 정치적 대변환을 경험했다. 1901년 이전의 권위주의정부는 1901년 자유주의정부로 교체됐다. 지올리티의 자유주의정부는 권위주의적 탄압으로부터 불개입의 원칙을 강조했다. 이에 따라 노동운동은 급격히 성장할 수 있었다. 자유주의적 유화정책의 결과 파업의 빈도와 참여의 폭은 급격히 증대해 1904년에는 총파업이 발생할 정도였다. 총파업은 지올리티의 불개입정책을 과거의 억압정책으로 선회하게 했다. 1892년 처음 등장한 이탈리아 사회당은 처음으로 참가한 1900년 총선에서 전통적 양대 야당인 공화당 및 급진당과 비견될 수 있는 의석을 확보했다. 제1차대전이 발발하기 직전의 1913년 총선에서는 최대 야당으로 부상했다(Davis 1989).

대중정치 이전 시대의 독일정부도 노동을 극도로 억압했다. 특히 1878~1890년에 실시된 반사회주의법은 대표적 노동억압 기구로 작동했다. 사회당은 불법화됐다. 노동억압은 반사회주의법이 폐지된 1890년 후에도 지속됐다. 비스마르크의 권위주의정권은 사회주의적 색채가 있다고 의심되는 노동단체나 정치조직은 강제 폐쇄했고 노동운동가나 사회주의자들은 독일 내 덜 위험스러운 다른 지역으로 강제 이주시켰다. 독일의 권위주의국가는 자유주의 세력의 성장도 봉쇄했다. 19세기 중반에 독일사회에 처음으로 등장한 자유주의 세력은 영국이나 프랑스와는 달리 1848, 1849년 혁명 이후 국가의 극심한 탄압으로 지리멸렬했다. 그 후 1860년대 재차 독일제국의 헌정위기 상황에서 국가권력에 도전했지만 역시 좌절했다. 이후 독일의 중간세력은 정치적 영향력을 상실했고 일부는 권위주의정부를 지지했다(Geary 1989, 121, 126). 노동시장에서 국가의 억압과 배제는 그러나 노동으로 하여금 정치적 탈출구를 모색하도록 만들었다.

독일 노동운동이 정치적 방향으로 진행하는 데 가장 크게 공헌한 것은 제국의 권위주의적 정책이었다. 첫째, 국가는 프러시아 융커의 이익을 보호하기 위해 심지어 수입식량에까지 관세를 적용함으로써 노동의 생계마저 위협했다. 둘째, 제1차대전이 일어나기 전 국가의 군비확대 정책은 막대한 정부예산을 필요로 했고, 이는 대부분 노동계급에 대한 증세로 나타났다. 대지주 같은 특정 이익에 대한 국가의 지원 정책은 노동의 희생 하에서 가능했다. 재산세, 특히 토지세는 극히 낮게 책정됐다. 국가의 노동배제는 특히 주 선거제도를 통해 제도화됐다. 독일의 3층 투표제는 전체 유권자를 소수의 부유층, 중간층 및 하층으로 소득을 기준으로 구분해 불균등한 투표권을 부여했다. 즉 부유층은 수적으로 소수지만 수적으로 다수인 중간층이나 하층과 동등한 투표권을 행사할 수 있었다. 예컨대 1903년 238,885명의 부유층은 856,914명의 중간계층, 600만의 하층과 동일한 투표권을 가졌다(Geary 1989, 125). 연방선거는 1인1표로 치러졌지만 연방의회(Reichstag)는 아무런 실질적 권력이 없었다. 수상과 내각은 의회가 아니라 왕에게 책임을 지고 있었다. 따라서 독일사민당은 1912년 선거에서 다수당이 됐지만 국가권력에 접근할 수 없었다. 이런 제도적 조건에서 수정주의자 베른슈타인이 외친 의회를 통한 국가권력 장악은 공염불에 불과했다.

독일이나 이탈리아와 달리 영국에서는 노동운동 영역이 일찍부터 개방됐다. 영국의 자유주의정부는 19세기 후반부터 노조운동을 인정했다. 영국국가가 일찍부터 노조활동의 자유를 보장해 준 이유는 정치적이었다. 1867년 선거법개정으로 부분적이나마 도시 임노동자의 3/5이 투표권을 획득함에 따라 이들의 정치적 이익에 관심을 가져야 했다. 의회의 보수당과 자유당은 경쟁적으로 노동자들에게 표를 호소했다. 물론 선거법개혁은 노동자의 점증하는 정치적 요구가 더욱 과격해지는 것을 방지하기 위한 예방적 대응이었다(Phillips, Geary 1988, 39).

프랑스에서는 영국과 달리 노동조합이 1884년까지 불법이었다. 노동총동맹은 1895년에야 만들어졌다. 노동이 합법적인 대표체계를 갖지 못했기 때문에 프랑스의 노동운동은 작업장을 이탈해 정치적 방향으로 선회했다. 혁명적 과격파는 노동조합에 대한 정당의 우위를 강조했다(Magraw, Deary 1989, 74). 한편 온건개혁파는 선거정치를 통한 개혁을 주장한 만큼 파업행위를 과소평가했다. 이처럼 서유럽의 노동세력이 정치시장에 진입해 뿌리를 내리는 데는 장기간의 투쟁이 필요했다.

이처럼 비교사의 교훈으로부터 우리는 노동자집단의 정치시장 진출은 보편적임을 알 수 있다. 초기 대중정치 시대에 서유럽의 노동자집단이 그러했던 것처럼 한국의 노동자들도 철저하게 정치시장에서 배제돼 왔다. 그러나 노동시장에서 억압이 클수록 민주화가 시작되면 노동계급은 정치시장을 통해 집단적 이해를 관철시키려는 욕구가 강해진다(Luebbert 1991; Valenzuela 1994). 국가의 노동배제는 제도의 외부에 강력하고 전투적인 노동자집단을 형성하는 데 기여했다. 전국조직은 기업별노조로 인한 일반노동자와의 괴리 때문에 더욱 전투적으로 발전했다. 기업별노조주의 하에서 전국조직은 단위조합의 이해를 대변할 능력도 없고 국가에 의해 공인되지도 않은 불법단체이다. 일반노동자는 기업별로 분산된 노동시장의 논리에 지배된다. 임금과 고용은 철저히 기업별 수준에서 결정된다. 조합비는 단위노조에 납입되며 극히 적은 부분만이 전국조직에 배당된다. 노동법이 규정하는 제3자 개입 또는 복수노조 금지는 전국조직의 역할을 제도적으로 봉쇄했다. 좌절한 전국조직은 민주화의 등대가 보이기 시작하면 노동시장에서의 전투를 포기하고 정치적 해결을 추구하게 된다. 노동시장에서 오랫동안 억눌려 온 노동조합은 노동시장에서 탈피해(exit) 정치적 선택을 모색하게 된다. 노동시장의 전투에서 좌절한 노조지도부는 대중의 장기적 이익은 정치참여를 통해서만 해결될 수 있다고 확신하게 됐다.

3. 정치적 교환?: 1996/7년의 노동법개정

지금까지 설명한 노동시장과 정치시장의 문제는 1997년 3월의 노동법개정에서 적나라하게 드러났다. 뒤에서 설명하는 것처럼 신(新)노동법은 물론 노동이나 자본, 국가가 의도했던 최상의 결과를 가져오는 데는 실패했다. 그러나 법개정은 첫째, 지금까지 불법단체로 간주되던 노동단체를 제도권 내로 흡수했을 뿐만 아니라, 둘째, 개별적 노사관계 같은 노동시장의 측면에서도 노사관계에 중대한 변화를 가져올 역사적 전환이었다. 법개정이 가능하게 된 것은 노동, 자본 및 국가의 요구가 어긋나지 않았기 때문이다. 다시 말하면 각 행위자는 각자의 관점에서 개정요구를 수용했다. 법개정에 대한 그간의 논의는 지나치게 국가 중심적이었다. 국가 중심적 접근은 노동법개정을 일관되게 노동배제적 권위주의의 연장으로 해석한다. 그러나 우리는 신노동법의 공과를 논하기보다 왜 그러한 노동입법이 추진됐는지, 그 배경과 결과를 관련 당사자들의 전략적 이해를 중심으로 분석하고자 한다. 즉 노동법개정을 제도의 변화로서 새로운 균형의 성립이라는 관점에서 본다. 노동법이란 제도가 현실화되기 위해서는 어느 한 행위자의 이해만 관철되는 것이 아니라 관련 당사자의 이해가 부분적으로 일치해야 한다. 이해가 완전히 합의되지 않고 부분적으로 일치하는 이유는 당사자들의 전략적 이해가 상호 작용하기 때문이다.

노동법개정을 제도주의적 시각에서 관찰하면 그것은 하나의 정치적 교환(political exchange)의 실험이었다. 피쪼르노가 이탈리아의 노사관계에 처음으로 적용하고 개념화한 정치적 교환이란 국가와 노동대표 세력 사이의 거래를 의미한다. 정치적 교환이란 국가는 노동의 이익대표 체계에 정책결정권을 부여해 노동 중앙조직이 정책을 만들고 집행하도록 하는 반면, 노동은 국가정책이 효율적으로 실행되도록 대표권을 국가에 보장하는 것이다(Pizzorno 1978). 정치적 교환의 목적은 국가와 노동은 자신의 권력행사를 자제함으로써 모두에게 보다 나은 결과를 약속하는 데 있다. 노동이 정치적 교환에 참여하는 이유는 교환이 조직의 확대 및 강화의 이득을 주기 때문이다. 협정에 직접 참가하는 노동 중앙조직은 배제에서 참여의 정치에 가담함으로써 처음으로 공공정책의 결정과정에 접근할 수 있고 또 국가로부터 공인된다는 점에서 조직력을 강화시킬 수 있다. 피쪼르노를 더욱 일반화시킨 마린은 정치적 교환이 행위자의 합리적 선택임을 강조한다. 국가와 노동의 정치적 교환의 미시적 근거는 교환에 따른 비용과 혜택의 계산에 기초한 합리적 선택이다(Marin 1984, 128) 정치적 교환으로 노동이 얻는 혜택은 노동에 유리하도록 노동시장을 바꾸는 것이다. 국가와 노동은 다음과 같은 손익계산을 갖고 정치적 교환에 임한다. 첫째, 자본과의 협상보다 국가와의 협상에서 보다 많은 이익이 예상되면 노동은 국가와의 협상을 선호한다. 예컨대 노동시장에서 노동의 협상력이 취약하거나 또는 정치시장에 친노동정당이 존재할 때 노동은 정치적 교환에 참여할 유인을 갖는다. 둘째, 국가의 사회정책 및 재정정책 효과가 임금협상에서 얻는 임금증가보다 중요하다면 노동은 정치적 교환에 참여한다. 국가의 적극적 노동시장 정책이나 산업정책이 노사협상을 통한 작업시간의 축소보다 고용창출에 효과적이라면 노동은 국가를 협상파트너로 삼으려 할 것이다.

그러나 정치적 교환이 노동의 자발적 양보에 기초하는 한 노동에게는 다음과 같은 위험이 따른다. 첫째, 대표체계의 위기가 발생할 수 있다. 노동 자율성의 제한이나 양보는 일반노동자와 중앙조직 사이에 균열을 야기해 일반노동자의 조직에 대한 충성심이 약화되기 쉽다. 그 결과 중앙조직 간에 조직 확대전이 일어나거나 일반노동자가 기존 조직에서 이탈해 새로운 중앙조직에 가입하기 때문에 정치적 교환에 참여한 중앙조직은 붕괴할 위험이 있다. 코포라티즘에서 정치적 교환이 흔히 발생하는 것은 스웨덴이나 오스트리아처럼 전국적으로 하나의 중앙조직이 존재하고 조직률이 높기 때문이다(Shalev 1983, and Crouch 1985). 그러나 영국의 사회협약(1973)이나 이탈리아의 협약(1978)이 보여주는 것처럼 분산적인 체제에서도 정치적 교환은 가능하다는 사실은 정치적 교환의 조건이 획일적이지 않고 사회마다 특성에 따라 다를 수 있음을 시사한다. 영국과 이탈리아의 노동은 1970년대에 경제위기가 닥치자 고용안정을 위해 임금을 자제하는 대신 산업 및 노동시장 정책 참여를 확보하는 조건으로 국가와 협정을 맺었던 것이다(Visser 1996).

노동법개정은 지난 10년 민주화과정의 결산이었다. 개정에 대한 요구는 1987년 이후 노동이 더 이상 배제될 수 없을 만큼 성장했기 때문이다. 민주화과정과 함께 노동운동은 체제 순응적인 노총과는 달리 국가권력에 대해 새로운 도전세력으로 부상했다. 초기의 전투적인 전노협에서 현재의 민노총으로 발전해 50만 노동자 또는 조직노동자의 1/3을 점하게 됐으며 대기업노조가 핵심조직으로 가입했다. 그러나 국가는 1997년 복수노조 금지라는 법조항을 근거로 민주노동운동의 결집체인 민노총을 인정하지 않았다. 이러한 제도와 현실의 괴리는 노사관계를 극히 불안하게 만들었으며, 민주화의 산물인 문민정부는 민주노동운동을 체제 내로 끌어들여야 한다는 압박 하에 있었다.

<표 7-2>는 법개정의 핵심내용을 요약한 것이다.[5] 찬성과 반대는 해당 조항에 대한 정부 및 관련 이해의 선호도를 뜻한다. 신노동법의 핵심사항은 두 가지로 분류된다. 노동조합의 활동과 관련된 정치시장 및 조직에 관한 것과 노동시장 규제에 관한 것이다. 노동조합의 조직과 활동 및 단체교섭에 관련된 사항으로는 복수노조 허용, 노조의 정치활동 허용, 그리고 제3자 개입허용 등이다. 한편 노동시장에 대해서는 이른바 3제, 즉 정리해고제,[6] 대체근로제[7] 및 변형근로제 허용[8] 등 노동

---

5) 신노동법의 상세한 내용은 김재훈(1977)을 참고하라.
6) 경영상 이유에 의한 단서를 달아 1999년 3월까지 유예했다.
7) 같은 법인 내 근로자의 대체근로와 신규 하도급(외주)을 허용했다. 노사 간에 유니온샵 협정이 체결돼 있는 경우에는 사업 내 근로자의 대체가 불가능한 경우에 한해 외부 근로자의 일시적 채용 또는 대체근로를 허용했다. 실제로 1996년 12월 서울지하철 파업 당시 공사 쪽은 비노조원 간부와 청원경찰, 소방공무원 등 700여 명의 대체근로자를 투입했다.

시장의 유연성에 집중돼 있다(노중기 1996).

핵심쟁점 중 노개위에 참석한 모두의 동의를 얻은 것은 정치활동 금지 폐지조항뿐이었다. <표 7-2>에서 나타나는 각계의 선호를 일차원적 스펙트럼에서 표시하면 경영계 안과 노동계 안은 정반대의 대치관계에 서 있으며, 공익 안은 가운데 있다. 확정된 정부 안은 공익 쪽보다 경영계에 가까운 위치에 있다.

1997년의 노동법개정 사건은 노동과 자본의 일종의 정치적 교환으로 설명될 수 있다. 국가는 정치적 거래의 추진자 역할을 자임했다. 과거 10년의 민주화과정을 통해 노동의 실질적 대표세력으로 부상한 민주노총의 일차적 선호는 국가로부터 합법적 지위를 획득하는 것이었다. 즉 사회적 이익 대표체계에 진입하는 것이었다. 1995년 전노대를 대신해서 출범한 제2노총 민노총은 출범 이후 계속 비합법적 지위에 있어 효과적으로 이익대표 체계를 활용하기 곤란했기 때문이다. 한편 산업계는 급속히 전개되는 국제화의 조건에서 생존하기 위해서는 노동시장을 보다 자신에게 유리한 쪽으로 개선하는 것, 즉 노동시장을 보다 유연하게 만드는 것이 가장 중요하다고 믿었다. 이와 같은 양자의 요구에 직면한 국가는 노동시장의 유연성 증대와 정치시장 개방을 상호 교환시킴으로써 노동과 자본의 요구를 동시에 충족시키고자 했다. 경영 측의 일차적 선호가 노동시장의 유연화라는 것이 복수노조 허용이나 제3자 개입허용에 찬성한다는 뜻은 아니었다. 선호는 상대적이었다. 경총은 복수노조는 조직대상이 중복되기 때문에 노노경쟁을 유발하고 따라서 단체교섭에 혼란이 야기된다는 이유로 원론적으로는 복수노조에 반대했다. 그러나 현실적으로 경총이 복수노조에 반대하는 입장은 아니었다.9)

---

8) 업종별 주 12시간 초과연장근로를 인정한다.
9) 김영배(1966) 한국경총 상무는 현실적으로 존재하고 있는 연맹 수준의 복수노조

<표 7-2> 정치적 교환의 핵심쟁점

	노동계	경영계	공익	정부 개정안
정치시장 및 노동조직				
복수노조	찬성	반대	조건부 찬성	상부노조 인정
제3자 금지	반대	찬성	반대	원칙적 폐지
정치활동금지	반대	조건부 반대	반대	폐지
노동시장				
정리해고제	반대	찬성	조건부 찬성	도입
변형근로제	반대	찬성	조건부 찬성	도입
대체근로제	반대	찬성	조건부 찬성	도입

협상테이블에 참가한 자본의 선호도에서 보면 노동 측이 노동시장의 유연화를 양보한다면 여타 사항은 양보 가능하다는 점이 강조돼야 한다. 협상 행위자는 자신이 가장 중요하다고 하는 것을 관철시키기 위해서는 부차적으로 중요한 것은 양보할 것이다.

<그림 7-5>는 이러한 정치적 교환을 한눈에 보여준다. 그림의 수직 측은 노동시장의 유연화 정도, 즉 노동조합의 시장규제 정도를 의미한다. 수직축의 위쪽으로 갈수록 보다 유연한 노동시장을 뜻하는데, 경영측은 위쪽으로의 이동을 보다 선호한다. 한편 수평축은 넓은 의미에서 정치시장의 특성으로서 노조의 정치적 및 조직적 공간을 의미한다. 수평축의 오른쪽으로 갈수록 노조는 정치적 및 조직적 공간을 많이 확보하는 것으로 이는 민노총의 선호 정도를 표시한다.

OAB는 협상 가능한 모든 경우의 집합이다. 점 A와 B는 극단적인 경우이다. A에서는 자본에 가장 유리하고 노동에 가장 불리한 상황, 즉 노동시장이 극도로 유연해지지만 노조의 모든 활동이 금지되는 것을 말한다.

는 인정 가능하다고 밝혔다.

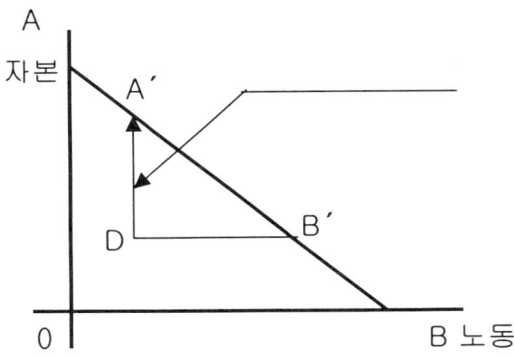

<그림 7-5> 일차 노동법개정의 정치적 교환

한편 B는 노동 측에 가장 좋은 결과로서 노동시장이 전적으로 노조에 의해 지배되는 상황이다. 점 A와 B는 가상이며 현실은 삼각형 OAB의 어느 점에 위치할 것이다. 현재의 노사관계를 점 D로 가정하자. 점 D는 삼각형 DA´B´ 내의 어떤 점보다도 자본과 노동 모두에게 만족스럽지 못하다. 삼각형 DA´B´ 내에서는 적어도 어느 한쪽에는 보다 유리한 상태이기 때문이다. 노사관계 개혁의 공감대는 현재의 불만족스러운 D로부터 삼각형 DA´B´ 속으로 옮기는 것이다. 이 그림으로 보면 1996년의 12월 26일 날치기 통과된 1차 개정은 선분 DA´ 상에 있는 것이다. 1차 개정 시에는 노동시장의 유연성만 강조되었다. 노동 쪽 관심사로는 정치활동 허용만이 포함되고 복수노조나 제3자 금지조항은 유예되었다.[10] 다시 말해 노동 쪽에는 아무런 실익 없이 경영 측에만 유리한 개정이었다.

민주노총의 일차적 선호는 조직의 합법적 인정이었다. 조직적 이해라는 점에서 볼 때 합법화는 산업민주화를 위한 최소강령적(minimalist)

---

10) 노태우정부 하에서 시작된 노동법연구위원회의 초안에서도 노조 정치활동 금지와 제3자 금지는 삭제할 것을 건의했다.

요구였다. 민노총의 입장에서 불법조직으로 남아 있는 한 이념적 순수성은 유지할지 몰라도 막대한 비용을 요하기 때문에 장기적으로는 생존이 불가능하다. 전국 수준의 단체인 민주노총이 합법공간을 획득하기 위해서는 기본적으로 상부노조의 인정은 필수적이기 때문에 민주노총은 복수노조 금지조항(노조법 제3조 단서 제5호)의 철폐를 요구했다(김태연 96. 6). 반대로 한국노총은 복수노조 허용이 자신의 조직적 기반을 침식한다는 우려로 일관되게 복수노조 허용에 반대했다. 노동관계법 개정방향에 대한 노총의 의제에 복수노조는 포함돼 있지 않았다.[11]

노동운동사를 보면 노조인정은 조직화의 일차적 과제이다. 노조는 조합인정에 대한 요구를 중심으로 노동자를 동원함으로써 조직기반 확대에 노력했다. 1980년대 중반 영국에서 노노분쟁은 상급노조가 단일기업과 협약을 통해 자신들의 새로운 단위노조를 인정받는 과정에서 촉발되었다(Towers 1989). 영국을 예외로 하면 유럽의 어느 나라에서도 1914년 이전에 단체협상은 시작되지 않았다(Geary 1989, 4). 둘째, 민주노총이 합법적 조직공간을 획득하기 위해서는 제3자 개입 금지조항(노조법 제12조 2)이 사라져야 한다. 합법적 노동단체인 한국노총은 집단적 노사관계에 합법적으로 개입할 권리가 인정되는 반면 민노총은 불법단체이기 때문에 집단적 노사관계에 관여할 수 없다. 셋째, 민노총이 자신에 우호적인 전교조 등 공공부문의 조직화가 유리한 만큼 공무원과 교사 등의 단결권(노조법 제8조 단서)을 요구했다. 넷째, 노동 측은 공익사업의 강제중재 및 긴급조정을 개정할 것을 주장했다. 공익사업의 범위를 필수적인 사업으로 한정하고 강제중재를 폐지할 것을 요구했다. 또 긴급조정 결정권자를 현행 노동부장관에서 대통령으로 격상할 것을 주장했다. 다섯째, 노동 측은 노동조합의 정치활동 금지조

---

11) 노총의 개정요구에는 공무원 및 교원의 조직화, 정치활동 보장, 산별체제 확립, 공익사업의 직권중재 폐지, 그리고 정리해고 요건의 강화가 포함된다.

항(노조법 제12조) 폐지를 강력히 주장했다. 기업주는 개별적으로 정치헌금을 허용하는 것은 형평에 어긋난다는 취지를 강조했다.

한편 경영 측은 노동시장과 관련해서 일차적으로 유연성 확보를 선호했다. 선진국에서 노동시장의 경직성 문제가 제기된 배경은 일차적으로 전후 지속적으로 성장한 노동세력의 거대한 힘이다. 서구의 노동조직률이 말해주듯 노동력의 상당부분이 조합에 가입한 상태에서 노동시장의 공급을 독점했다. 선진국 노동자들은 전통적으로 일자리를 보호할 권리를 향유해 왔다(Abraham and Houseman 1994). 기업주는 해고하기 일정기간 전에 당사자에게 통보해야 하며 해고와 관련해서 보상금을 협의해야 한다. 1970년대 초 석유위기가 발생하기 전까지 강력한 고용보호가 실시됐다. 그러나 1970년대 후반 및 1980년대 초반부터 불어 닥친 불황 때 이러한 고용안전법에 대해 자본이 강력히 반대해 약화되기 시작했다(Blank 1994). 이러한 역사적 계기와 더불어 1980년대 이후 전 세계를 휘어감은 세계적 경쟁은 기업으로 하여금 구조조정에 착수하도록 만들었다. 그러나 산업의 구조조정 효과는 장기적인 것이기 때문에 단기적인 손쉬운 처방은 노동시장의 변혁이었다. 경영 측의 대표적인 요구는 노동시장의 유연성이었다. OECD의 고용보고서는 유럽 대량실업의 주범을 노동시장의 경직성에서 찾았다. 해고비용은 기업주로 하여금 고용증대를 꺼리게 하여 노동수요를 축소시킨다는 주장이었다.[12] 그러나 노동시장의 변화는 대량실업을 결과하기 때문에 곧바로 정치적 파급효과를 낳는다. 노동시장은 유권자들로 구성돼 있기

---

[12] 고용안정법 같은 노동시장 규제가 완화되면 노동시장이 유연해질 것인가에 대해서는 많은 논쟁이 있어 왔다. 노동시장 규제완화를 주장하는 이론은 규제가 기업주로 하여금 경기변동과 장기적 수요변화에 적절히 대응할 수 없도록 만든다고 비판했다. 또 경기하강에도 불구하고 해고할 수 없도록 만드는 강력한 고용보호 제도는 한편 경기가 호조일 때 고용촉진을 방해한다는 비판이 제기됐다(OECD 1986).

때문이다. 즉 고용비용 축소가 가장 중대한 정치적 문제로 떠오른 것이다.

노동시장의 유연성이란 여러 가지로 정의할 수 있지만, 그 중에서 가장 중요한 요소는 해고와 고용비용의 저렴화를 들 수 있다. 노동시장을 규제하는 여러 가지 제도는 유연성에 영향을 준다. 최저임금은 고용비용을 높이기 때문에 노동시장을 경직되게 만든다. 또 근로기준법은 해고 및 고용비용을 높여 노동시장을 경직되게 만든다. 고용보호는 단체협상이 실패했을 때 기업주의 해고비용을 증가시킴으로써 노동자의 렌트를 늘린다. 실업보험은 실업발생 시 노동자의 외적 조건을 유리하게 만들기 때문에 임금수준을 높인다. 높은 해고비용은 임금협상에서 기업주의 협상력을 약화시키는 동시에 노동자의 렌트를 높이고, 따라서 고용보호를 낳는다.

OECD의 많은 국가가 1980년대에 노동시장 규제완화 정책을 추진·실시했다. 프랑스는 노동분담(work-sharing) 및 임금협상 분산화 정책을 추진했다. 네덜란드 및 스페인 역시 임금협상 분산화를 시도했다. 스페인과 서독은 고용계약 기간을 단축했다. 이탈리아는 임금·인플레 연계정책을 포기했다. 영국은 노동조합을 약화시키기 위해 산업관계법을 개정하고 실업자가 직업을 찾아 나서도록 하는 정책을 실시했다. 민영화는 정부부문의 고용을 축소했다. 일부에서는 미국 수준의 실업보험을 실시하기 위해 실업보험을 축소 조정했다. 1980년대 와서 거의 모든 유럽국가는 노동시장 개입을 축소하고 중앙집중적 산업관계를 약화시켰으며 과거보다 제한된 수준의 소득이전 정책을 추진했다.13)

---

13) 그러나 각국의 이러한 규제완화 정책이 목적했던 고용증대를 가져왔는가에 대해서는 논쟁이 있다. 영국의 노조억압 정책은 실업 면에서는 성과를 보지 못했다. 단기 고용계약 기간을 실시했던 스페인은 다시 고정된 고용계약 제도로 회귀했다. 나아가 노동시장 규제완화는 실업문제를 해결하지 못한 채 소득불평균

한국의 경영 측이 노동시장 유연성을 확보하기 위해 집중한 것은 고용 및 해고비용을 삭감하는 것이었다. 경영 측이 주장했던 정리해고제와 변형근로제 및 대체근로제의 목적은 고용시간의 신축적 이용을 통해 노동조합의 시장지배력을 제거하는 것이었다. 정리해고제는 경영 측의 필요에 따라 인원감축을 허용하기 때문에 과거와 같은 종신고용이 아니라 시장수요에 따라 노동조합과 상의하지 않고 인원을 유연하게 감축할 수 있게 한다. 대체근로제는 노동쟁의 발생 시 외부 근로자를 채용함으로써 생산을 계속할 수 있게 한다. 노동시장 경직성의 주범으로 지적되는 해고비용은 감소한다.

그러나 노동시장 유연화전략은 노동자집단의 정치적 저항에 직면하기 때문에 경제위기 같은 외적 조건이 없을 경우 성공하기 어렵다. 1994년 프랑스정부는 청년노동자의 최저임금 기준을 낮추려고 시도했지만 노동세력의 대규모 정치적 저항에 봉착해 결국 법안을 철회했다. 1995년 프랑스의 대통령후보는 최저임금 인상을 공약했다. 1994년 스웨덴정부는 실업수당을 임금의 90%에서 80%로 낮춘 뒤 실각했다. 통일독일의 실업률이 높아진 이유는 서독정부가 동일임금을 주장한 노조의 요구에 굴복했기 때문이다. 서독의 노조는 서독의 일자리를 지키기 위해 생산성의 차이에도 불구하고 동서독의 동일임금을 주장했다. 노조가 사회적 세력으로 공인된 곳에서 노동시장 유연화는 실시되기 어렵다.

반면 한국과 같이 노조가 협상의 파트너로 공인되지 않아 협상단계로 발전하지 못했을 경우 자본이 요구하는 노동시장 규제완화는 실현될 수 있었다. 그럼에도 불구하고 한국의 노동법협상에서 정리해고제

을 심화시켜 커다란 사회문제를 야기했다. 1990년대 와서 미국모델은 홈리스 인구의 증가를 수반함으로써 더 이상 매력적이지 않게 됐다.

<그림 7-6> 노동시장과 정치시장의 게임

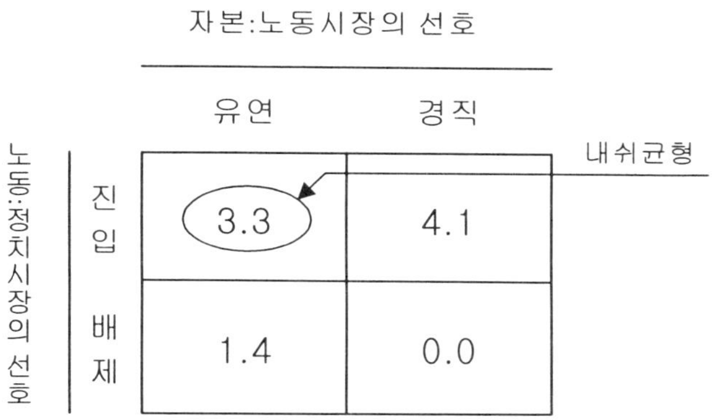

자본:노동시장의 선호

	유연	경직
진입	3.3	4.1 (내쉬균형)
배제	1.4	0.0

노동:정치시장의 선호

가 2년 유예된 것이나 파견근로제가 유보된 것은 노동의 대대적인 반대 때문이었다. 보다 중요한 것은 이들 노동시장 유연성에 관한 조항은 중앙조직이 선호했던 복수노조, 제3자 개입 등이 아니었다면 개정되기 곤란했을 것이다.

   <그림 7-6>은 정치적 교환의 게임을 표시한다. 수평축은 노동시장의 유연성에 대한 자본의 선호를 표시하며 기업은 경직된 노동시장보다 유연한 노동시장을 선호한다. 수직축은 노동의 선호, 즉 현재와 같은 배제·억압의 폐쇄된 정치시장에서 벗어나 개방적 정치시장을 선호한다. 행위자가 상대 행위자의 선택과 관계없이 특정한 선택을 할 경우 이 선택이 가져오는 효용이 다른 선택의 효과보다 크다면 효용이 더 많은 선택을 할 것이다. 이러한 선택이 가능할 때 위의 행위자는 지배전략(dominant strategy)을 갖는다고 말한다. 1996년 노동법개정이 논의될 때 노동은 두 가지 전략 중 어느 하나를 선택할 수 있었다. 즉 국가와의 협상을 통해 정치시장에의 진입이냐, 아니면 개정협상에서 벗어나

현상유지에 머무를 것이냐 하는 것이었다. 이러한 지배전략이 만나는 점을 균형점이라고 지칭하며 <그림 7-6>에서 상단의 좌측 칸에 있다. 상대방이 무엇을 선택하든 노동대표 세력과 산업대표 세력은 각각 정치적 대표기능과 노동시장의 유연성을 선택하기 때문이다.

그렇다면 왜 이러한 정치적 교환이 내쉬균형에 도달하지 못하고 1월의 대파국으로 치달았는가? 첫째, 정치적 교환이 성립하자면 이익대표 체계가 제도화돼 있어야 한다. 노조지도부와 일반노동자 사이에 추구하는 목표나 선호가 일치하지 않는다면 협상을 담당하는 지도부의 결정은 구속력을 발휘할 수 없다. 자본도 마찬가지이다. 노조지도부, 즉 민노총이 가장 선호하는 정책은 일반노동자의 선호구조와 다르다. 작업장 일선의 노동자에게 정치적 이익은 목전의 경제적 이익에 우선할 수 없다. 첫째, 노·노의 수직적 갈등은 일반노동자와 지도부가 다른 시간개념을 가지고 있다. 현장노동자의 시간개념은 단기적인 반면 전체 노동자의 구조적 이익을 대표하는 지도부는 장기적 전망의 시간개념을 가지고 있다. 현재의 임금자제는 미래에 보다 큰 이익을 가져다줄 수 있지만, 일반노동자에게는 비록 미래의 이익이 크더라도 그것은 확실한 몫이 아니다. 이와 같은 불확실성을 줄여 주는 제도적 장치가 없는 한 일반노동자와 지도부의 유인(incentives)은 일치할 수 없다. 둘째, 노조지도부는 장기적 비전을 추구하기 때문에 일반대중에 비해 정치적 이익을 중시한다. 노동시장의 희생을 통해 정치시장을 확보하려는 노조지도부의 전략은 따라서 일반조합원의 강력한 저항에 직면할 수 있다. 이러한 저항을 극복하고 하나의 통일된 집합행위가 가능하자면 노조는 강력한 위계질서로 무장돼야 한다. 그러나 중앙권위가 분산된 기업별노조 제도 하에서 중앙본부는 조합원에게 노동시장의 유연성을 양보하라고 설득할 수 없다. 기업별노조에서 산별노조로 발전하자면 기업별노조 사이에 자신들의 분권화된, 그리고 독립된 권위를 상부단체에 양보해야 하지만, 현재 막강한 자원을 독자적으로 행사하는 기업별노조가 이를 따를 인센티브는 없기 때문에 산별노조로의 발전은 힘들다. 또 다른 노동 내부의 요인은 노총, 민노총의 수평적 노노갈등이다. 앞에서 언급한 것처럼 복수노조라는 핵심 협의사항을 두고 노총과 민노총은 상반된 이해를 가졌다(노중기 1996). 유일한 합법단체인 노총으로서는 자신의 조직을 심대하게 위협할 복수노조의 허용에 반대하거나 일정기간 유예의 입장이라면 민노총은 복수노조의 허용이야말로 조직 생사의 문제였다.

둘째, 정치적 교환이 성립되기 위해서는 노사정 협정의 한 축인 국가의 정책적 배려가 필요하다. 노동조합이 노동시장 규제를 양보하는 것은 결국 임금이나 고용조건의 피해를 의미하기 때문에 국가는 정책을 통해 노동의 피해를 보전해 주어야 한다. 국가는 고용보험을 강화하거나 세제 및 물가정책을 통해 노동자의 실질임금을 어느 정도 보전해 줄 때 노조지도부는 일반노동자를 설득할 수 있다. 국가가 단순히 거간역할만 한다면 당시의 불균형한 노사관계에서 노동은 순전한 양보라고 믿거나 국가가 자본가와 결탁했다고 생각한다. 실제로 1997년 1월의 날치기통과는 정리해고제, 대체근로제 및 변형근로제 등 유연한 노동시장을 관철시켰지만, 그간 노동 측이 요구해 온 복수노조 허용, 3자 개입금지 삭제, 그리고 공무원 단결권 등은 포함되지 않았다. 노동은 날치기파동을 관찰하면서 국가·자본의 연합을 감지했다. 정치시장에 관한 것으로는 정치활동 금지조항을 삭제했을 뿐이다. 특히 복수노조의 3년 유예는 노동법협상에 공식 참가한 민노총을 배제하는 것으로 민노총 산하노조의 강력한 반대를 불러일으켰다. 노동의 불만은 총파업 위협으로 표출되었다. 노동세력과 시민사회의 강력한 반발에 부딪힌 정부는 3월 재개정에 합의하게 됐다. 위의 두 가지 조건은 흔히 서구의 코포라티즘에서 발견된다. 코포라티즘 문헌은 사회적 협약의 조건으로 노동시장 및 정치시장의 조직화를 강조한다. 즉 노동 전국조직이 통일되고 조직화의 정도가 높으며 친노동정당이 의회에서 다수 의석을 점할 때 올슨이 말한 것과 같이 외부비용의 내부화가 가능하다. 그러나 정치적 교환은 노동이나 자본 같은 사회적 이해의 조직적 특성에 의해서만 가능한 것은 아니다. 영국이나 이탈리아의 경험이 보여주듯 노동이 분열돼 있어도 이념적 통일로 단합할 수 있다면 조직적 취약성을 극복하고 국가를 상대로 단일한 이해를 대변할 수 있다.

셋째, 정치적 교환이 실패로 끝난 가장 중요한 이유는 국가의 무임승차에서 찾아진다. 노동법개정 과정에서 드러난 정부의 태도는 1996년 12월의 개정에서 나타나듯이 지극히 친자본적이었다. 상대적 자율성은 발견되지 않았다. 이러한 태도로 정부는 노동의 신뢰를 상실해 정치적 교환의 실패는 이때부터 시작됐던 것이다. 정치적 교환이 성공하기 위해서는 협상 당사자들의 양보를 보완해 줄 공공정책적 배려가 수반돼야 한다. 노동시장 유연화는 노동에게 실질임금 감소와 고용불안 증대를 의미하기 때문에 정부는 경제정책이나 노동의 정책참여를 통해 이해당사자들이 교환에 참여할 인센티브를 주어야 한다. 국가의 정책적 인센티브가 없다면 교환은 일시적 미봉책에 그친다. 노동은 실질적 양보를 요구하는 정치적 교환에서 얻을 이익이 별로 없다는 것을 곧 깨닫기 때문이다. 정치활동 허용은 선거법이나 정당법 개정 없이는 실질적으로 개정의 의미가 없다. 자본 측이 노조 정치활동 허용에 쉽사리 양보한 것도 이 때문이었다. 노동 측에 희생을 부과하는 노동시장 규제완화에 대해 정부는 아무런 정책적 보상도 제공하지 않았다. 예컨대 근로자 세제감면은 줄어들 실질임금을 보전해 주는 한 가지 방법이었다. 정부의 정책지원 약속은 제도화가 수반되지 않을 때 말동냥(cheap talk)에 불과하게 된다. 물가안정 약속을 중앙은행 독립 같은 제도적 개혁을 통해 약속할 때 노동은 정부의 정책을 신뢰할 것이다. 요약하면 정부는 노동법개혁을 추진한다는 취지 하에 사회적 이익의 양보를 요구하면서도 그에 상응하는 정책을 제시하지 않음으로써 노동법개혁에 무임승차하려 했기 때문에 실패할 수밖에 없었다.

위와 같은 관점에서 보면 1996, 97년의 노동법개정을 둘러싼 정치적 교환의 실험은 사회적 협약이 아니라 협상모델로의 전이에 수반되는 갈등에서 비롯된 것이었다. 노동시장 유연성과 정치시장의 교환이랄 수 있는 대립은 한마디로 단체교섭의 제도화 및 정치적 합법화에 기초하고 있다. 협약의 기초적 조건을 형성하는 것이었다. 대립적 노사관계로부터 협약적 또는 코포라티즘의 노사관계로 발전하기 위해서는 먼저 반체제적 노동조합을 협상의 파트너로 인정하는 단계를 거쳐야 하기 때문이다. 정치적 교환은 국가가 의도했던 목적을 달성하는 데는 실패했지만, 노동법개정은 법 외적 노동단체를 체제 내 조직으로 변환시켰다는 점에 역사적 의의가 있다. 정치적 민주화의 과정에 비유하면 산업민주화는 이제 비로소 자유화의 문턱을 통과한 것이다. 산업민주화의 공고화는 협상모델을 정착시키는 데서 출발할 수 있을 것이다.

4. 결론: 한국의 산업민주주의는 가능한가?

한국에서 진정한 산업민주화의 출발은 궁극적으로 통일 이후에나 가능할 것이다. 서구의 산업민주화 경험은 한국 산업민주화의 가능성과 관련해서 두 가지 요인이 있음을 알게 해 준다. 첫째는 노동세력의 점진적 성장을 통한 작업장 수준의 민주화이다. 노동은 작업장에서 노조를 통해 경제적 및 사회적 이익을 추구했다. 노동조직화의 정도는 각국별로 편차는 있지만 일반적으로 20세기 초부터 괄목할 만한 성장을 이룩했다. 노동시장 조직화가 상승할수록 노사관계는 대립관계에서 이탈해 협상관계로 발전했으며, 종국적으로 노동은 자본과 동등한 위치에서 사회적 합의체제를 구축했다. 둘째 요인은 첫째 요인과 밀접히 연관돼 있다. 조직적 성장을 기초로 노동세력은 나아가 정치시장 진입을 통해 사회적 위상에 걸맞은 정치적 위치를 확보했다. 노동정당의 등장과 집권은 협상에서 합의모델로 발전하는 과정에서 중요한 매개역할을 했다.

선진국의 산업민주화 단계에서 보면 한국의 산업민주화 과정은 정치적 교환의 실험을 거쳐 이제 비로소 협상의 단계에 접어든 것으로 판단된다. 여전히 대치적인 대결의 관계가 존재하지만 지배적 양식은 협상모델로 변했다. 정치활동, 복수노조 및 제3자 개입의 허용 등으로 압축되는 민주노총의 합법화는 협상의 기초적 조건이 된다. 이 기초적 조건을 구축하기 위해 노동지도부는 노동시장 규제완화 같은 중대한 양보를 했다. 노동세력이 노동시장을 양보할 수밖에 없었던 이유는 본질적으로 노동의 취약한 힘에 있다. 경제규모는 스웨덴에 비해 몇 배나 크면서도 무역의존도는 비슷한 수준에 있는 한국노동은 국제적 위기가 올 때마다 자본의 공세에 대해 속수무책이다.

비교사적 관점에서 보면, 한국의 산업민주화 이전의 상황은 1914년 이전의 독일이나 이태리의 그것과 아주 유사하다. 1889년과 1912년 광부파업 같은 대규모 파업은 군대나 경찰에 의해 분쇄되었다. 국가의 여러 가지 법은 노조활동을 사실상 불가능하게 만들었다. 독일의 노동운동 및 사회주의 연구는 위에서 기술한 국가의 극심한 억압정책이 독일 노동을 급진화시켰다는 데 동의한다. 그렇다면 왜 한국국가의 유사한 탄압은 한국의 노동운동을 과격화하지 않았는가?

이 질문에 답하기 위해서는 노동의 전략적 선택을 극도로 제한했던 구조(context)를 강조해야 한다. 노동은 힘의 균형을 변화시키기 위해 전략적 선택을 한다. 힘의 관계는 사회 내부의 관계는 물론이고 국가와 시민사회의 관계, 국제관계를 포함한다(Huber, et al. 1997). 힘의 관계라는 관점에서 민주화 및 민주주의의 유지에 세 가지 조건이 선행된다. 첫째, 시민사회 내에서 가장 중요한 힘의 관계는 계급관계이다. 둘째, 국가와 시민사회 관계의 구조는 국가와 사회의 힘의 관계를 형성하고 사회 내 힘의 관계에 영향을 미친다. 셋째, 초국가적 구조는 세계경제 및 국가체제에 근거하며 사회 내 힘의 관계와 국가·사회의 관계에 영향을 주고 정치적 정책결정을 제한한다.

첫째, 계급균형은 민주주의의 지속성 여부에 영향을 준다. 민주화가 어떤 형식에 의해 진행되었든[14] 일단 민주화가 시작되고 난 뒤의 상황은 과정 의존적(path-dependent)이다. 아래로부터의 압력이 약화됨에 따라 지배엘리트의 긴장은 떨어지고 민주화의 진행속도는 초기에 비해 급격히 떨어진다. 민주화의 진행속도는 역사적으로 형성된 정치지형에 의존한다. 서유럽의 민주화에서는 아래부터의 민주화요구가 정치적 반대세력과 결합해 제도화함으로써 형식적 민주화가 완성되는 경로를 밟았다. 아래로부터의 민주화요구를 수용할 수 있는 정당정치의 경험이 존재했던 페루 같은 곳에서 노동세력의 압력은 친노동정당 APRA를 통해 제도화될 수 있었다(Collier and Mahoney 1997). 한편 친노동정당이나 이념이 허용되지 않았던 한국의 경우 노동세력은 제도정당 내로 흡수되지 못했기 때문에 불안정한 노사관계가 지속되었다.

둘째, 국가와 시민사회의 관계는 민주화 진행경로에 따라 결정된다. 엘리트협약을 통한 민주화는 형식적 민주주의를 건설하는 데는 유리한 경로이나 산업민주화는 어렵게 만든다. 이유는 두 가지 때문이다.

---

14) 민주화이행의 일반적 양식은 엘리트 사이의 협약과 구체제로부터의 단절, 그리고 구체제의 탈출 세 가지로 분류된다. 민주화이행을 특집으로 다룬 *Comparative Politics* 1997년 29집을 참고하면 최근의 논의를 알 수 있다.

첫째 요인은 시간 불일치(time-inconsistency)의 패러독스다. 어떤 결과가 일어나기 전에는 그 결과에 대해 굳게 약속하지만, 일단 결과가 발생하면 약속한 행위자는 그 약속이 자신의 이익에 위반되기 때문에 강한 약속위반의 유인을 갖는다. 정치민주화 또는 자유화가 산업민주화 또는 경제민주화로 발전하지 못하는 이유는 엘리트협약의 내부적 성격에서 비롯된다. 브라질의 경우 엘리트협약을 통해 권위주의에 도전했던 민주파와 권위주의 엘리트가 혼합되기 쉽다(O'Donnell 1992). 오도넬은 민주화의 공고화가 어려운 이유를 엘리트협약에 따라 개혁파와 보수파 엘리트가 혼합돼서 민주화과정을 만든 정치적 균열을 붕괴시키기 때문이라고 주장한다. 엘리트는 정치적 위기를 극복하기 위해 상호 합의하여 권위주의국가를 붕괴시키지만, 일단 권위주의국가가 붕괴하면 엘리트들은 전통적 권력유지에서 공동의 이해를 발견하기 때문에 자신들의 이해와 상반되는 산업민주화를 실행할 유인을 느끼지 않는다. 나아가 민주화 연합세력의 분열은 산업민주화를 불투명하게 만든다. 엘리트협약으로 형식적 민주화가 공표되면 과거와는 전혀 다른 게임이 전개된다. 엘리트협약이 이익조정의 게임(coordination game)이라면 이후 산업민주화 게임은 전형적인 죄수의 딜레마(prisoner's dilemma)로 특징된다. 엘리트협약으로 공동의 목표가 성취되면, 노동을 포함한 반권위주의 연합은 구심점을 잃고 해체·분산되기 때문에 민주화과정에서 더 이상 정치적 영향력을 발휘할 수 없었다. 브라질과 마찬가지로 협약의 민주화 경로를 택한 폴란드의 솔리대리티도 유사한 분열을 겪었다. 정치적 미래를 불안해한 공산당 세력은 비례대표제를 요구하고 이 제도는 다양한 분파로 이루어진 솔리대리티의 이해와 부합되었다(Lijphart 1991; 강명세 1997). 그러나 비례대표제는 극심한 다당제15)를 초

---

15) 1991년의 의회선거에서 29개의 정당이 의회에 진출했다.

래해 의회와 행정부 사이의 갈등을 조정하는 데 많은 시간을 낭비해야 하는 결과를 가져왔다.

셋째, 국제환경의 변화는 직간접의 효과를 나타낸다. 냉전해체는 민주화에 기여한다. 직접적으로 미소대결의 시대에 팽배했던 권위주의에 대한 지원이 없어졌다는 것을 지적할 수 있다. 냉전시대에 양 초강대국은 자신들의 정치적 영향력을 확대·유지하기 위해 권위주의정권을 보호했지만 냉전의 종식으로 그러한 명분은 사라졌다. 국제정치 변화의 간접적 효과는 냉전해체와 함께 자본은 더 이상 공산당의 위협을 느끼지 않게 됐으며, 공산주의 위협이라는 명분 하에 만들어진 권위주의에 대한 가수요는 감소했다. 동유럽의 민주화가 남미의 그것에 비해 그토록 짧은 시간 내에 이루어질 수 있었던 기본적인 이유는 냉전의 해체에 있다. 폴란드, 헝가리 및 체코의 경험을 보면 처음으로 민주화를 치렀던 폴란드에서 구공산당 세력이 상대적으로 안전하게 잔류할 수 있었던 것은 아직 냉전체제가 확실히 붕괴하지 않았던 데 있다. 반대로 폴란드의 민주화를 관찰할 기회를 가졌던 헝가리와 체코에서 구공산당 세력은 소련의 불개입이 확실했기 때문에 반정부세력의 도전에 곧 백기를 들 수밖에 없었다. 이탈리아의 사례는 보다 더 적실하다. 1994년 이태리의 총선은 전후 일당지배를 구가해 온 기민당을 붕괴시켰다. 전후 기민당을 중심으로 한 이탈리아 정당체제의 안정은 공산주의의 위협 덕분이었다. 그러나 1990년의 냉전해체는 1992년의 정경유착 스캔들과 더불어 기민당 중심의 정당체제를 뒤흔들어 버렸다. 그 결과 1992년까지 존속했던 중간파 중심의 연합은 불가능하게 됐고 정치적 공백이 나타났다(Mair and D'Alimonte 1996).

그러나 분단체제가 지속된 한국의 경우 냉전해체는 민주화에 직접적이고 강력한 기여를 하지 못했다. 집권엘리트는 민주화과정에서 여전히 북의 위협을 강조함으로써 정치적 반대세력의 명분을 약화시켰다. 한국의 자본에게 북의 존재는 언제나 위협으로 인식되었고 이는 보수적 경향을 강화시켰다. 노동조합의 결성이나 파업행위는 북한의 군사적 위협을 도와주는 것으로 간주되었다. 이런 조건에서 노동에게 가능한 민주화의 공간은 협애할 수밖에 없었다. 북한의 존재는 또한 정치적으로도 친노동정당의 등장을 불가능하게 만들었다.

이상의 세 가지 조건을 고려할 때 산업민주화의 미래는 제한적이라고 예측할 수 있다. 그러나 구조는 전략을 결정하는 것이 아니라 제한할 뿐이다. 동일한 조건 하에서라도 노동이 각기 다른 전략적 선택을 한다면 산업민주화의 미래는 개방적이다. 작업장 수준에서는 고도의 단체협상을 통해 산업민주화가 가능할 수 있다. 민주화의 결과인 민주노총의 합법화는 노동조직의 강화를 이제 더 이상 외부적 조건이 아니라 내부적인 문제로 만들고 있다. 강력한 조직에 의해 뒷받침되지 않는 한 전국조직은 종이호랑이에 불과하다. 노동조직화의 두 측면, 즉 조직률 증대와 중앙조직의 권한강화는 노동조합의 역량증대에 달려 있다. 1989년 이후 나타난 꾸준한 조직률 하강을 막기 위해서는 변화하는 산업구성이나 노동력 변화에 맞춰 미조직부문을 조직해야 한다. 파트타임 노동자나 여성노동자에게 보다 충분한 자원을 투자해야 한다. 그러나 다른 한편 기업별노조가 지속되는 한 중앙조직의 권한강화는 어려울 것이다. 기업별노조는 인적 및 물적 자원을 중앙조직에 양보할 유인을 찾지 못하는 한 계속될 것이다. 높은 무역의존도는 북구에서 사회적 합의를 가능케 하는 환경으로 작용했지만, 기업별노조가 지배적인 한국에서는 기업 내의 합의에 국한되고 있다. 세계적 경제위기는 노사 양쪽에 동일한 위협으로 작용해 기업 내 노사협조를 가능하게 만들기 때문에 기업별노조를 강화하는 요인으로 작용한다.

노동시장 조직화는 정치시장 접근과 비교하면 상대적으로 희망적이다. 두 가지 요인이 노동계급의 정치세력화를 불투명하게 만든다.

첫째, 분단으로 인한 냉전의 효과는 노동의 정치세력화에 가장 커다란 장벽으로 남을 것이다. 분단요인을 극복하기 위해 노동은 이념적 지평을 보다 개방해야 할 것이다. 둘째는 지배적 정치균열로 나타난 지역균열이다. 1997년 대선에서 불과 30만 또는 투표자의 1.2%의 지지를 획득한 데서 알 수 있듯 동서의 지역균열은 확대재생산되고 있다. 지역균열의 확대재생산은 전통적인 이념균형과 결합하여 산업민주화의 또 다른 축인 노동의 정치세력화를 봉쇄할 것이다.

제8장 여야 균열구조와 한국 정당체제의 역사적 변화: 1948~1996

　　제15대 대선은 한국정치사에 중대한 역사적 의미를 갖는다. 국민에 의한 두 번째 문민정부의 선출은 남미의 경험과는 달리 한국의 민주화가 과거의 권위주의와 정치적으로 완전히 결별했음을 의미한다. 정치적 민주화의 최소한의 조건은 주기적 선거에 의해 정부가 바뀔 가능성의 실현에 있기 때문이다(Schumpeter 1965; Przeworski 1997). 따라서 이른바 '실질적' 정권교체라는 언술로 상징되는 민주화는 과거 50년의 정치사를 새로운 각도에서 재조명할 필요를 부과한다. 새로운 각도는 연구의 중심에 지금까지 한국정치사 연구에서 무시되거나 소홀히 취급돼 온 대중정당을 중심으로 한 정당정치를 위치시키는 것이다. 정치적 민주주의란 보다 현실적으로는 대중정치 체제를 말한다. 19세기 말 서유럽의 민주화과정에서 출발한 대중정치(mass politics)는 대중정당(mass party)을 낳았다. 대중정치의 발전에서 빼놓을 수 없는 가장 주목할 만한 역사적 현상은 정당의 출현이었다(Sartori 1967, 292).[1]

---

[1] 이 장의 정치적 출발은 회고적(retrospective)이 아니라 전향적(prospective) 전망이다. 혹자는 대통령제 하에서 의회나 선거 또는 정당에 대한 연구는 중요하지 않다고 말할지도 모른다. 그러나 대통령제 하이기 때문에 의회에 대한 연구는 더

정치적 시민권의 확립에서 비롯되는 새로운 유권자 층의 폭발적 증대는 엘리트 중심의 파당을 선거경쟁에서 생존할 수 없도록 만들었다.[2] 서구의 경험을 관찰하면 대중정당으로 구성된 정치시장의 형성은 전통적인 사회균열에 따라 분절되었다.[3] 산업화 이전부터 존재했던 종교균열과 중앙·지방의 균열(center-periphery)은 종교정당과 농업정당의 존립을 가능케 했고, 이후 산업화의 진전에 따른 노동 대 자본, 농업 대 산업의 대립으로 인한 계급갈등은 좌파정당의 부상을 예고했다. 다양한 균열구조에 기초한 정당의 존재는 동시에 정당체제의 성립을 의미한다. 상호 경쟁하는 정당으로 구성된 정당체제는 정치적 안정, 불안정을 파악하는 의회민주주의의 표시등이다. 이처럼 서구의 경우 정당체제의 성립은 전통적 및 근대적 균열구조에 따라 성립됐다.

서구와 달리 한국에서 정치적 시민권은 시민사회의 투쟁을 통해 획득된 것이 아니라 종전 및 식민지 해방에 따라 '거저' 주어진 것이었다. 정치적 시민권이 외부에서 그냥 주어진 만큼 정당체제는 전혀 새로운 구조 위에서 출발했다. 새로운 구조는 민족주의의 고양과 세계적 수준

중요하다. 3권분립이 지켜지지 않는 대통령제는 한낱 보나파르티즘에 불과하기 때문이다. 대통령제든 의회제든 최소한의 민주적 규칙을 따른다면 그것은 대중정당 체제일 수밖에 없다. 정당 간 경쟁이 없는 민주주의는 이미 민주주의가 아님을 역사는 증언하기 때문이다.

2) 보편선거권의 신설 및 확대는 과거에는 존재하지 않았던 정치시장을 만들어 냈다. 소위 '해방공간'이란 25세 이상의 성인남녀는 누구나 바로 정치적 시민권을 향유하게 된 데서 출발한다.

3) 정치체제 변동을 사회균열로부터 찾으려는 노력은 로칸에 의해 개척되고 이후 서구에서 가장 활발한 연구분야로 자리잡았다. 균열구조를 통해 정당정치를 분석하는 중요한 문헌은 다음과 같다. Lipset and Rokkan 1969; Rokkan 1970; Rose and Urwin 1970; Przeworski 1974; Sartori 1976; Pederson 1979, 1983; Maquire 1983; Shamir 1984; Bartolini 1984; Crewe and Denver 1985; Bartolini and Mair 1990; Mair 1989; Wolinetz 1995.

에서 발생한 냉전이 가져온 남북분단이었다. 분단사회는 유럽이나 남미 등에서 나타난 계급정당을 허용치 않았고 초기 한국사회에 균열이 있었다면 그것은 민족주의적 내부갈등이었다(최장집 1996). 이러한 갈등의 정치적 표현은 여야균열이었다. 분단의 결과 남한사회의 정치지형은 무정형의 것이었다. 무정형의 사회 위에 놓인 정당체제는 이념이나 정책이 존재하지 않는 발가벗은 권력투쟁이었다. 아일랜드가 1922년 영국으로부터 독립한 이래 양대 보수정당이 군림했듯이 분단 후 한국의 정치사에는 보수진영 내부의 갈등밖에 없었다. 물론 여야균열은 시대나 정치적 조건에 따라 민주, 반민주 또는 지역균열 등 다른 형식으로 표출되기도 했다. 그러나 이는 서구 정치사에 공통된 사회균열이 아니라 여야균열이었다. 한국의 여야균열은 영원한 여당과 영원한 야당의 공존으로 최근까지 정권교체를 동반하지 않았다. 이 장의 주목적은 한국정치사의 변동을 바로 이러한 여야균열의 구조와 변화를 통해 설명하는 것이다. 여기에서는 우선 정당체제 문헌의 탐색을 통해 정당의 변화와 정당체제의 변화를 구분한다. 둘째, 이러한 개념적 현미경을 통해 1948년의 정초선거부터 1996년 총선까지의 선거사와 정당체제의 변화를 집합자료에 근거해 역사적으로 개관할 것이다. 셋째 절은 여야균열이 정당체제의 역동성에 미치는 영향을 분석할 것이다. 넷째 절에서는 논의를 종합하고 앞으로의 연구과제를 점검한다.

1. 문헌탐색과 한국정당사를 보는 새로운 관점

경제에서 인플레나 실업 등의 경제현상이 시기별 및 국가별로 커다란 차이를 보이는 것처럼 시장경제의 정치적 기반을 제공하는 의회민주주의 또는 대중정치 체제에서 정당과 정당체제 역시 상이한 변동폭을 보여준다(<그림 8-1> 참고). 불과 50년 동안 6번의 공화국을 경험한 데서 알 수 있듯이 한국의 유동성은 선진국과 비교할 때 대단히 높다. 민주주의 정치체제를 주기적 선거를 통한 정치엘리트의 교체라고 정의한다면(Schumpeter 1942; Przeworski 1997) 선거변화는 정치변화의 가장 중요한 지표이다. 선거에 참여해 정치권력 장악을 목표로 하는 정당은 대중정치가 시작된 이래 선거정치, 즉 대중정치의 견인차 역할을 했다. 따라서 정당 및 정당체제의 변화를 분석하기 위해서는 선거정치를 관찰해야 한다. 정당체제의 변화에 대한 기존의 많은 문헌은 선거변동에 기초하고 있다.[4] 그렇다면 선거변동이란 무엇인가? 선거변동은 연속적으로 행해진 두 차례의 선거에서 정당지지율의 순변화(net change)를 의미한다. 그러나 관련문헌은 선거변동을 다양한 용어로 학자에 따라 동일한 의미를 여러 가지로 표현했다. 선거불안정(instability), 부동표현상(fluidity), 투표이동성(mobility), 투표이동(electoral swing) 및 투표행태의 제도화/퇴행(institutionalization/decay) 등이 그것이다. 최근 바르톨리니와 메이어(Bartolini and Mair 1990)는 부동표현상이나 투표이동이 규범적 또는 영미적 정치현상과 밀접히 관련돼 있다는 점에서 부적절하다며 이를 제외했다. 유럽대륙에 비해 유권자가 지지정당을 보다 빈번하게 바꾸는 영미의 경험은 상대적으로 '결빙'된 대륙의 정당체제와 다르기 때문이다. 이들은 불안정이나 선거유동, 불안정 등을 동일한 범주에 포함하고 이를 선거유동성(volatility)이라 불렀다.

페더슨(Pederson 1979)은 선거변동을 정당체제의 관점에서 처음으로

---

[4] 1970년 로즈와 어윈(Rose and Urwin)의 논문이 발표된 이후 정치체제의 유동성에 대한 다음과 같이 다양하고 대대적인 연구가 진행됐다. Przeworski 1975; Sartori 1976; Pederson 1979, 1983; Maquire 1983; Shamir 1984; Bartolini 1984; Crewe and Denver 1985; Bartolini and Mair 1990; Mair 1989; Wolinetz 1995.

대중화시켜 사용했다. 선거변동은 기본적으로 정당지지율의 편차에 달려 있다. 총변동(total volatility)은 각 정당이 지난 선거에 비해 이번 선거에서 획득한 지지율의 변화의 합이다(Przeworski 1975; Pederson 1979, 1983). 즉 정당체제의 유동성은 다음과 같이 정의되는데, 앞으로 사용하는 총유동성이란 바로 페더슨지수를 의미한다.

$$총 유동성 = (\sum |P_{t+1} - P_t|)/2$$

P는 각 정당의 득표율이다. 계속되는 선거에서 지난 선거의 득표와 현재 선거의 득표의 차이를 절대값으로 취한 뒤 모두 합하여 합한 값을 2로 나누어 총유동성을 구한다.

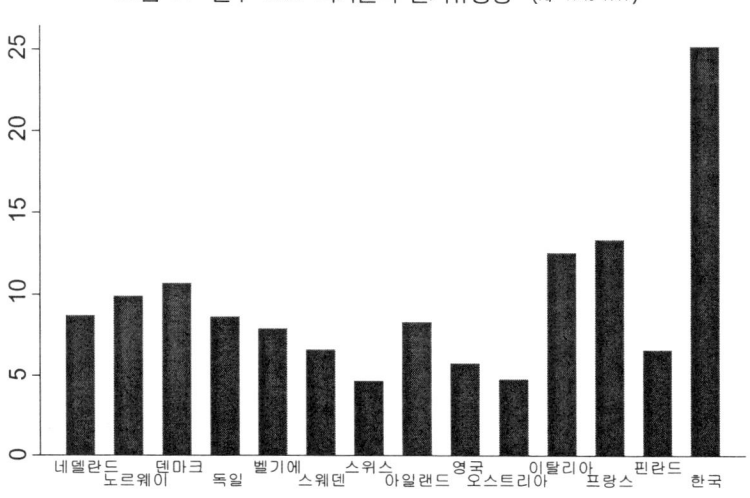

〈그림 8-1〉 전후 OECD 국가들의 선거유동성 (%, 1945-1997)

자료: Mackie and Rose, 1990, *European Journal of Political Research*, 각호.

<그림 8-1>은 1945년부터 1997년까지 위에서 정의한 총유동성의 평균값을 통해 한국과 서유럽국가들을 비교한 것이다. <그림 8-1>이 보여주는 것과 같이 서유럽 13개국의 정당체제는 서로 상이한 모습을 보인다. 서유럽에서 가장 빈번한 정치적 혼란을 겪은 프랑스의 총유동성은 약 13%로 최대치를 기록했는데, 한국은 무려 25%로 이보다 10% 이상 더 높다. 이 장의 문제의식은 <그림 8-1>에서 나타나는 각 나라의 총유동성이 서로 다르다는 점에서 출발해 그 원인을 밝혀내는 것이다. 우선 총유동성의 국가별 편차를 기술하고 유동성의 역사적 추세를 조사하는 일이 필요하다. 총유동성의 차이를 파악하는 것은 나중에 정당체제 분류에 유용한 작업이 된다. 선거시장에 진입하는 신생정당의 수가 늘어나거나 퇴출하는 정당이 있으면 총유동성의 크기에 영향을 주기 때문이다. 유동성의 역사적 편차를 파악한 다음의 과제는 이러한 차이를 가져온 요인은 무엇인가에 대한 분석이다. 총유동성을 면밀히 분석해 일정한 추세나 특징이 발견되면, 이에 대한 요인을 찾아내는 일이 논리적 순서이기 때문이다.

그러나 페더슨이 대중화시킨 총유동성지수가 정당체제의 유동성 전부를 설명할 수는 없다. 정당체제는 체제를 구성하는 개별정당 사이의 경쟁만이 아니라 이념적으로 유사한 정당의 합인 블록 간의 경쟁에 의해서도 변동하기 때문이다. 실제로 서구 정치사는 동일한 이념을 가진 정당 간의 분열과 재통합의 역사이다. 가장 대표적인 예는 네덜란드 종교정당의 분열과 재통합이다. 역사적으로 네덜란드 종교정당은 가톨릭과 개신교 세력의 대립에 따라 두 개의 정당으로 분리됐다. 19세기 말 개신교 정당은 다시 양분되어 종교정당의 수는 셋(반혁명당, 기독교역사당 및 캘빈당)으로 정착했다. 이후 세 개의 종교정당은 1977년 CDA로 통합되었다. 또한 벨기에의 분열은 지역라인을 중심으로 전개되었다. 벨기에 사회당과 기독교당은 1974년 플랑드르와 왈룬의 남북

으로 분당되었다. 이처럼 블록 간의 대립이나 경쟁은 서유럽의 어느 정당체제에서나 흔히 발견되는 보편적 현상이다. 한국의 보수정당도 이념이 아닌 여러 가지 이유로 분열하고 또 재결합했다. 여당은 1950년대의 자유당에서 1960~70년대의 민주공화당으로, 1980년대의 민정당, 민자당 및 신한국당으로 정치적 목적을 위해 재결집했다. 야당은 더 심각한 분열과 재결합의 과정을 밟았다. 야당사에서 중대한 위치에 있는 신민당, 국민당, 민주통일당, 민주당, 평민당, 국민회의 등이 그렇다.

총유동성은 그러나 이러한 블록 간의 경쟁에 대한 정보를 제공하지 않기 때문에 메이어와 바르톨리니는 다음과 같은 계급유동성을 사용하여 정당체제의 동학에 주목한다.

$$\text{블록 유동성} = (\ |L^{t+1} - L^t|\ +\ |R^{t+1} - R^t|\ )/2$$

L과 R은 각각 좌우블록을 말한다. 계급유동성은 블록 간 경쟁의 정도를 말하며, 첫 항은 좌파계열 정당의 득표율 상승 및 하락을, 그리고 두 번째 항은 우파계열 정당 간의 득실을 합한 절대값이다. 예컨대 총유동성의 변화가 좌우블록 사이의 변화라면 블록 내부의 변화가 적으며, 따라서 계급유동성의 값은 커진다. 반대로 총유동성이 주로 블록 내부의 경쟁에 의한 것일 때는 계급유동성의 첫째 및 두 번째 항의 값이 적으므로 계급유동성의 값은 작다. 한편 좌우블록을 분리할 때 좌파블록의 득은 당연히 우파블록의 실을 의미하기 때문에 블록유동성은 어느 한 블록 내 정당의 득실만을 합해 절대값을 취하면 계산된다. 우파블록에 비해 좌파블록의 정체성이 비교적 명확하기 때문에 여기서는 좌파블록의 값을 사용했다.

앞서 언급했듯이 서구와 달리 한국정치사에서는 계급정당이 존재할 수 없었기 때문에 계급블록이 존재한다고 할 수 없다. 하지만 정당이 없다고 해서 사회균열이 존재하지 않았다고 할 수는 없다. 정당이 사회균열 라인에 따라 형성되지 못하는 한 사회균열은 다른 형태로 표출되기 때문이다. 한국에서 다른 형태는 여야균열이었다. 사회균열이 정치체제 내에 반영되지 못하고, 따라서 유권자의 사회구성에 부합하는 정당이 제공되지 않는 정치시장에서 유권자는 자신의 이해와 가장 가까운 대체물을 찾게 된다. 한편 정치시장의 공급자인 정당의 입장에서 보면 여야의 관점에서 선거정치를 하게 된다. 여당은 정책실현을 담보로 여권 성향의 유권자를 동원했고 야당은 견제를 표방하며 야당 지지층을 형성했다. 초기의 여야대립은 다른 사회균열이 정당체제에 표현될 수 없는 한 지속적으로 유지될 수 있다. 다시 말해서 정당체제가 사회균열에 바탕을 두지 않는다고 해서 선거가 전혀 예측 불가능한 것은 아니다. 적어도 로칸이 주장하는 것처럼 정당체제가 사회균열 라인에 따라 '결빙'되지는 않았지만, 여야균열의 지속은 한국의 유권자가 여야를 넘나드는 투표를 하지 않았음을 보여준다.

이처럼 여야대결은 정치지형의 중대한 대립라인을 형성했고, 이는 유권자의 정당선택에 막대한 영향을 주었다. 초기 한국정당사의 특징적 투표패턴인 여촌야도는 여야블록의 대립이 오랜 전부터 존재했음을 시사해 준다. 1960~70년대의 독재/반독재, 1980년대의 민주/반민주, 그리고 1990년대 보수/개혁 언술 등은 여야블록을 의미하는 것이다.

총유동성은 체계적 속성 또는 개별적 정당지지 변화의 축적 두 가지로 이해될 수 있다. 총합변동의 체계적 속성은 정치엘리트를 포함한 정치시장 공급자의 시각에서 잘 나타난다. 체계적 속성은 정치엘리트가 정치적 환경의 변화를 인식하는 자료를 제공한다. 예컨대 다른 정당에 비해 당원의 증감에 민감한 사회당은 당원의 증감을 관찰한 후 향후의 전략을 수립한다. 다시 말해 향후의 선거전략은 당원수의 변화에서 나타나는 정당지지의 변화를 체계적 변화로 인식하는 데서 출발한다. 정당체제의 공급자인 정당의 관점에서 이러한 변화가 개별적 투표행태의 변화인지 아니면 다른 요인에 의한 것인지는 중요하지 않다. 체계적 속성의 시각에서 중요한 것은 변동성 자체이다.

한편 많은 연구는 개별변동의 시각을 채택했는데, 변동이 어디에 기초한 것인가가 연구의 출발점이다(Bartolini and Mair 1990, 27-29). 정치시장의 수요자인 유권자의 입장에서 보면 총유동성은 결국 개별변동의 간접적 지표이다. 개인투표자의 정당선택과 정당지지도 변동의 관계에 대한 연구는 양자 사이에 긴밀한 상관관계가 있음을 강조한다. 개별적 변동과 총합변동의 상관관계를 고려한다면 기존의 선거변동 연구는 여러 가지 개념적 문제가 있다. 이러한 문제점을 인정하고 그간의 선거변동 연구를 조사하면 다음 세 가지 방향으로 정리된다.

첫째, 일군의 학자들은 총합자료에 기초해 전반적 추세에 관심을 집중했다. 특히 1970년대 초의 개척적 연구가 이와 같은 흐름을 주도했는데, 연구성과는 국가별 또는 국가 간 비교에 치중했다. 로즈와 어윈(Rose and Urwin 1970)은 처음으로 개별정당의 유동성에 기초해 정당유동성과 정치체제의 안정성을 연관시켰다. 1970년까지의 자료에 기초한 이들의 연구는 정당과 정당체제가 변하지 않은 점을 해명하려 했다.

> 어떤 지표를 사용하든…… 동일한 모습이다. 서유럽 대부분의 정당의 전후 득표력은 매회의 선거, 10년 주기 또는 세대 간의 시간대를 두고 보아도 별 차이가 없다. 이러한 일관된 발견은 우리가 사용한 지표의 신뢰성을 높인다. 간단히 말해 전후 정당 및 정당체제의 발전에 대한 사회과학자들의 일차적 과제는 전후 정치사의 기간에 나타나는 무변화를 설명하는 것이다(Rose and Urwin 1970, 295).

이들은 정당 및 정당체제의 안정을 로칸과 립셋이 주장했던 결빙명제와 연결지었다. 이를 위해 각 체제 내 정당의 유동성을 조사했다.5) 이들은 균열의 구조가 정치체제에 장기적으로 미치는 안정성을 준거로 하여 개별정당의 유동성을 개념화했다. 이러한 가설에 따라 장기적 안정성이 증명되면 로칸의 결빙가설이 맞는 반면 장기적으로 불안정한 유동성이 증대한다는 사실은 로칸의 가설을 반증하는 것이다.

둘째 경향은 쉐보르스키의 개척적 연구가 대표적이다. 쉐보르스키는 첫째 그룹과 비슷한 시기에 출발해 마찬가지로 총량자료에 의존하면서도 다른 개념을 발전시켰다. 쉐보르스키는 "투표패턴의 제도화 및 퇴락"이라는 제목의 논문에서 유권자의 확대 또는 투표참여의 확대가 정당체제의 안정, 불안정에 미치는 효과를 검증하고자 했다. 쉐보르스키에 따르면 정치체제의 안정을 결정하는 요인은 전체 투표자 중 신규 유권자의 낮은 비율이다.

새로운 유권자가 대거 선거시장에 진입하면 이들의 투표패턴은 과거와는 다를 가능성이 많아지기 때문에 그만큼 정당체제는 안정적이지 못하다. 쉐보르스키에게 정당유동성의 총량지표는 바로 기성 투표자와 다른 신규 투표자의 정치적 선호를 의미한다. 따라서 기성 투표자에 대한 신규 투표자의 정치적 선호는 정확히 말하면 개별 투표자의 선호가 아니다. 쉐보르스키의 지표는 결국 세대별 투표패턴이다. 쉐보르스키는 이론적으로 정당득표율이 집단적 투표행태에 기초한다고 가정하고 총유동성을 정당득표율의 차이를 합한 것으로 정의했다.

그러나 총유동성을 투표자 개개인의 선호의 합이라고 가정하면 이는 쉐보르스키의 개념과는 다르다. 쉐보르스키는 개인투표자의 사회화가 투표자의 정치적 선택에 영향을 미친다는 기존의 주장을 비판하고 투표행위의 집합성을 강조한다. 다시 말해 새로운 투표자는 투표권

---

5) 로즈와 어윈의 시도는 1980년대 들어 다수 연구자가 재검토했다. 이들과 동일한 방법을 사용해 다른 자료에 접근한 연구로는 맥과이어(Maguire 1983) 참조

을 부여받기 이전에 사회화되었다고 보는 것이다.

> 제도로서 정당체제의 안정성이라는 관점에서 볼 때 이슈는 개별투표자가 내린 정당선택의 부침만이 아니라 총투표의 분포와 이 분포의 변화이다. 더구나 동원의 과정에서 사람들은 집단으로서 투표한다. 따라서 투표방향의 개별적 교환은 사람들이 유권자 군에서 퇴출하고 진입하는 것과 관련되지 않는 것이다(Przeworski 1974, 69).

셋째, 가장 최근에 발표된 연구성과는 위의 두 가지 연구성과를 비판하는 동시에 이를 기반으로 1980년대 후반에 급격히 발전했다. 메이어와 바르톨리니는 정당변동성에 대한 기존 문헌이 방법론적으로 두 가지 이유에서 부적격하다고 비판했다. 첫째, 로즈와 어윈이 준거틀로 삼고 있는 로칸의 결빙가설을 정치균열에 기반한 정치적 대안세력이 반드시 하나의 정당만이 대표하는 것으로 이해할 수는 없다는 것이다. 정치적 경쟁은 정당블록 간의 경쟁이 보다 일반적이기 때문이다. 그렇다면 기존 문헌이 총유동성을 측정하는 개별정당의 유동성은 균열구조의 안정성을 논의하는 데 부적격하다. 균열구조의 축이 종교, 계급 또는 무엇이든 균열의 지속과 변화를 의미하는 유동성은 어느 한 균열을 중심으로 대립하고 있는 세력 간에서 발생하기 때문이다. 두 번째 비판은 총유동성을 이용해 균열구조의 지속화를 주장한 논거에 대해 가해졌다. 총유동성에 영향을 주는 요인은 균열구조 외에도 여러 가지 요소가 존재한다. 따라서 균열구조가 총유동성을 결정하는 가장 중대한 요인이라는 주장은 정확할 수 없다. 양자의 인과관계는 전혀 반대일 수 있다. 총유동성의 증대는 균열구조를 강고하게 만들고 총유동성의 감소는 강고한 균열구조를 무너뜨린다.

2. 정당체제의 총유동성

　대중정치의 기초는 보편선거로 대표기구를 구성하는 의회선거에 있다(Laver 1989). 정당체제의 성립은 보편선거를 통해 이루어진다. 대중정당은 보편선거를 통해 의회에 진출하려는 정당이다. 그러나 선거시장이 갑자기 급팽창하면 기성 정치집단이나 신규 진입세력은 광범하게 형성돼 있는 유권자를 조직할 역량이 부족하다. 정당과 지지층의 고리가 형성되지 않아 정치시장이 아직 유아적 단계에 머물러 있기 때문에 정초선거에서는 정당의 득표력이 취약해 군소정당이 난립했고, 또한 당시 선거제도가 정당후보에 대한 제도적인 이점을 제공하지 않았기 때문에 많은 무소속후보가 출마했다. 서구에서도 이런 현상은 보편적이었다.[6] 한국에서 역사상 처음으로 보편선거 제도 하에서 치러진 제헌선거 및 1950년 선거는 두 가지 특징으로 압축될 수 있다. 첫째, 단정수립에 따라 중간파 다수와 좌파세력이 선거에 불참했고, 따라서 우파성향의 후보가 압도적으로 많았다. 우파정당은 이들을 중심으로 조직화된 것이다. 둘째, 정초선거는 문자 그대로 기성정당이 존재하지 않는 상황에서 치러진 만큼 당선자 다수는 무소속후보였다. 투표자들은 아직 신생정당이나 후보에 대한 정보를 갖고 있지 않았기 때문에 정당조직의 기득권은 존재하지 않았다. <표 8-1>에서 보듯 1948년의 5.10선거에서 38%의 득표력을 과시해 무소속은 어떤 정당보다도 많은 지지를 얻었으며 단일 선거제도 하에서 의석률은 더 상승해 42.5%를

---

　6) 서유럽의 1885~1997년 사이의 유동성변화에 대해서는 강명세(1998) 참고

<표 8-1> 제헌의회의 의석 및 지지율 분포 (%)

	지지율	의석	의석률
독립촉성국민회	24.6	55	27.5
대동청년단	9.1	12	6
조선민족청년단	2.1	6	3
대한노동총연맹	1.5	1	0.5
한민당	12.7	29	14.5
무소속	38	85	42.5
합계	100	200	100

차지했다. 한편 이승만의 독촉은 24.6%, 한민당이 12.7%, 그리고 대동청년단이 9.1%의 지지를 얻는 데 그쳤다.

여야균열이 처음으로 공식화된 것은 제2대 총선이었다. 그러나 아직 정당체제가 '결빙'되지 않은 상태였기 때문에 여야의 균열은 조직적 보수정당 대 무소속으로 나타났다.[7] 최초의 전국적 선거인 5.10총선이 단정구성을 의미함에 따라 좌파는 총선에 불참했고, 김구와 김규식 등의 중간파 세력은 조직적 대응이 아닌 개별적 차원에서 무소속으로 의회에 진출했기 때문이다(박찬표 1998; 박명림 1996; 백운선 1992).[8] 한편 무소속 당선자 중 적지 않은 사람들이 다른 정당공천에서 탈락했거나 정당후보의 약점을 기피하기 위해 고의로 무소속으로 나선 점을 감안하면, 무소속 당선자 중 상당수가 중간파에 속한다고 할 수 있다. 박찬표는 의정활동을 기준으로 정파별 소속을 분류하면 한민당 70~80석,

---

7) 제2대 총선, 즉 5.30선거의 성격에 대해 강정구(1993)와 전상인(1994)이 논쟁을 했다. 김일영(1995)은 이 논쟁을 중간적 입장에서 재정리했다.
8) 선거 후 당선자 스스로의 분류에 의하면 총 200명의 정원 중 무소속이 85명으로 가장 많았다. 대한독립촉성국민회가 54명, 한국민주당이 29명, 대동청년단 12명, 조선민족청년단 6명 등이다.

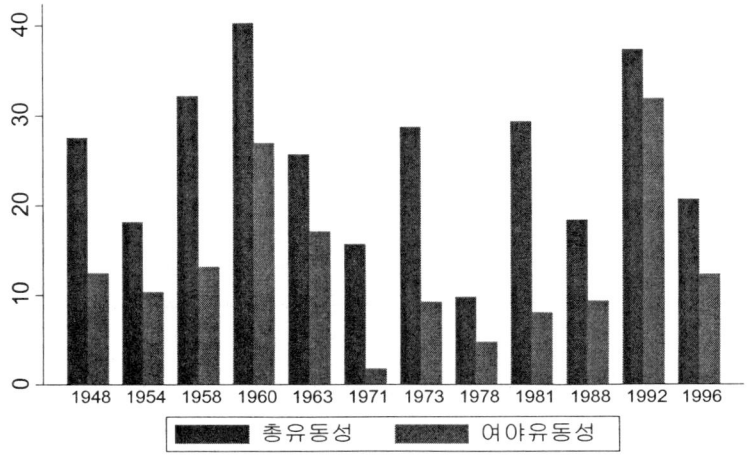

<그림 8-2> 총유동성과 여야유동성 (1948~1992)

자료: 중앙선거관리위원회

독촉 60석, 무소속 약 50석이 되며, 무소속은 제헌 및 조각과정에서 제3의 정치세력을 형성했다고 주장한다. 이처럼 제헌국회는 양대 보수정당 대 소장파의 3파전으로 압축되었다.

<그림 8-2>는 제1대 총선에서 제15대 총선까지의 총유동성과 여야유동성을 표시한 것이다. 총유동성과 여야유동성은 연속되는 선거에서 정당유동성을 기초로 작성되기 때문에 정당체제가 변한 시기는 하나의 횟수로 계산되어 총 관찰 수는 12회로 줄어든다. 정당이 처음으로 선거에 참여한 제1대에서 제2대까지, 그리고 박정희 쿠데타에 의해 기성 정당체제가 완전히 부정되고 새로운 정당체제가 만들어진 1963년 선거와 그 다음 선거인 1967년은 정당유동성에서 각각 하나로 계산된다. 마찬가지로 전두환 쿠데타로 인해 공화·신민 양당제가 붕괴하고 새로운 정당이 등장한 1981년과 1985년의 총선은 합쳐졌다. 한편 다

음 절에서 상세히 논의될 여야유동성은 총유동성 아래를 따라 움직이며 그 진폭 역시 총유동성의 운동과 궤를 같이한다. 여야유동성이 작을수록 여야 간 투표교차가 빈번하지 않다는 점에서 여야균열이 강력함을 의미한다. <그림 8-2>에서 총유동성과 여야유동성의 차이는 블록 내부의 유동성을 의미한다(Mair 1983). 예컨대 3당합당이 이루어진 1992년 총선에서 여야유동성이 감소했다면, 1996년 총선에서는 여야 간 투표이동이 주를 이루었기 때문에 여야유동성은 증가했다.

<그림 8-2>는 한국정당사의 몇 가지 특징을 제시한다. 첫째, 중대한 정치적 변화가 있었던 선거의 총유동성은 크게 상승하고 있다. 1960년의 4.19혁명을 통한 민주당정부의 탄생, 1980년 신군부정권의 등장, 그리고 1992년의 3당합당 같은 역사적 변화는 정당체제를 전면 재편시켰다. 둘째, 매 선거마다 유동성은 서로 크게 차이가 있다. 유동성이 가장 높은 선거는 1960년 제5대 총선이고 유동성이 가장 낮은 선거는 1978년 제10대 총선이다. 1960년에 정당체제의 유동성이 최고조에 달한 이유는 간단하게 여야교체에서 찾을 수 있다. 이승만 독재를 지지했던 자유당의 득표율이 2.9%로 급강하고 무소속 지지가 47%로 급상승하고 민주당 지지가 1958년 선거에 비해 7.5% 상승해 41.7%로 제1당의 지위를 차지한 것이다. 한편 제14대 총선에서 1960년과 거의 유사한 수준의 유동성을 기록한 이유는 몇 가지가 있다. 민정당, 통일민주당 및 신민주공화당의 3당합당으로 여당의 지지율이 크게 감소한 반면 이 부분이 통일국민당 및 부분적으로는 통합민주당으로 빠져나감에 따라 개별정당 수준의 유동성이 크게 상승했다. 다시 말해 1992년 선거는 여권블록 내부의 재편성에 따른 유동성증가라고 하겠다. 셋째, 1948~96년 기간의 평균은 25.3%이며 평균보다 유동성이 높은 선거는 1948~50, 1958, 1960, 1963, 1973, 1981, 1992년으로 총 12회 중 7회를 차지해 평균에 미달하는 선거보다 2회 더 많다. 넷째, 무소속의 지지는 전반적으

로 크게 감소하는 경향이 발견된다. 정당체제가 아직 구축되지 않았던 제1, 2대 총선에서 대거 진출한 무소속은 1960년 선거를 마지막으로 더 이상 정당체제에 불안정한 요소가 되지 못했다. <그림 8-3>은 무소속의 유동성을 나타낸 것이다. 초기선거에서 최대 득표율을 기록한 무소속은 1954년 및 1958년 연속해서 선거시장에서 퇴출당했다. 같은 기간 자유당, 민주당의 양대 보수정당 체제가 확립되면서 인적·물적 자원 면에서 취약한 무소속은 정당의 경쟁상대가 되지 못했다. 이후 무소속 출마가 금지된 1963~1971년까지를 제외하면 무소속출마가 재허용된 1973년 선거에 지지가 일시적으로 상승했지만 무소속은 이후 정당체제의 영역에서 사라지게 된다. 1992년과 1996년의 선거에서 약간 상승한 것은 기성정당의 공천에서 탈락한 후보가 무소속으로 출마했기 때문이다.

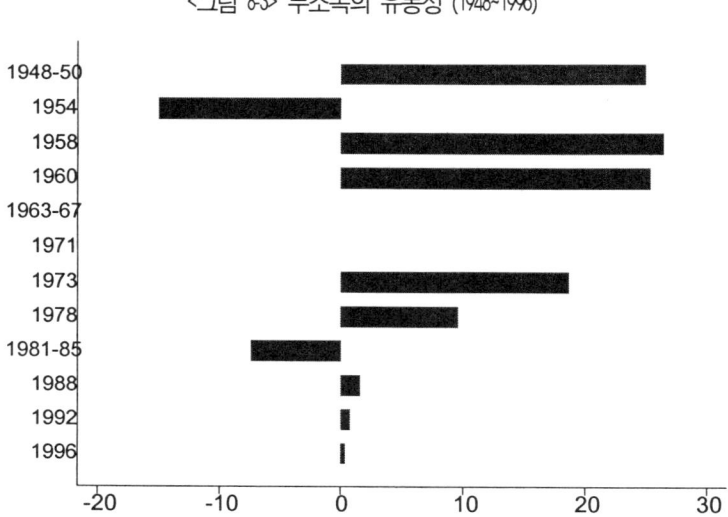

<그림 8-3> 무소속의 유동성 (1948~1996)

끝으로 1978년 제10대 총선이 최소 유동성을 보인 것은 유신체제라는 폭압적 정치 때문이었다. 정치적 자유가 부정된 유신체제 하에서 의석의 3분의 1인 73명의 의원을 대통령이 추천했기 때문에 정당활동은 극히 위축되었고, 공화당의 지지율은 1973년 선거에 이어 다시 7% 감소했지만 제1야당인 신민당의 지지율은 답보상태에 빠져 이를 대체할 만한 새로운 정치세력이 등장할 수 없었다.

3. 여야균열과 정당체제

여야균열은 정당체제의 안정, 불안정을 결정하는 중대한 요인의 하나이다. 계급균열이 서구 정당사에서 차지하는 중요성을 인정한 사르토리는 계급균열의 요인을 추가해 파편화(fragmentation)와 이념적 양극화(polarization) 두 차원으로 정당체제의 재분류를 시도했다. 그러나 분단과 동시에 계급균열이 폐색되어 이념이나 정책의 차이는 여야균열을 통해 표출될 수밖에 없었던 한국의 현실을 고려할 때 여야균열은 계급균열을 포함한 광범한 균열을 반영한다고 가정할 수 있다. 파편화는 정당체제 속에서 경쟁하는 정당의 수를 말하고 이념적 양극화는 정당의 수와 관계없이 사회적 수준에서 존재하는 이념적 대립의 정도를 의미한다. 체제분류가 정당의 수에 한정되면 유사한 이념적 성향의 정당이 하나의 블록으로 존재하는 것과 블록 내부의 역동성을 파악할 수 없고, 따라서 도식적이게 되는 문제점이 있다.

최근 메이어와 바르톨리니는 사르토리의 정신을 수용해 정당의 수라는 변수를 정당체제 내의 경쟁에 영향을 준다는 점에서 경쟁의 차원으로, 그리고 이념적 양극화는 정당이 갖는 정체성의 차원으로 재정리하여 정당체제의 분류를 시도했다. 다시 말해 역사적으로 형성된 한 정치체제의 균열라인은 경쟁의 영역과 정체성의 영역을 동시에 표출한다고 보았다. 그러나 균열라인이 갖는 이러한 동시성을 분석적으로 구분하는 것이 긴요하다. 이를 위해 균열라인 자체의 수준과 균열라인이 전체 정치체제의 변화에서 차지하는 비중을 구분할 필요가 있다. 총유동성은 개별정당의 득실에 기초하는 만큼 여야 혹은 다양한 균열구조의 대립으로 인한 정당체제의 변화를 분석하는 데는 유용하지 못하다. 나아가 정치체제에는 다양한 사회균열이 상호 교차하기 때문에 어느 한 가지의 정치균열이 정당체제를 변화시키는 유일한 요인이라고 하기는 곤란하다. 총유동성은 여야유동성 외에 여타 균열에 의한 유동성을 포함하며, 따라서 총유동성에서 차지하는 여야유동성의 비중이 얼마나 높은가는 여타 균열이 야기한 유동성을 간접적으로 표현한다.

<도표 8-1>은 총유동성과 여야유동성을 기준으로 한국의 선거정당사를 재분류한 것이다. 도표의 수직축은 총유동성의 정도를 양분하여 위 칸은 유동성이 높은 선거, 아래 칸은 낮은 선거를 지시한다. 한편 수평축은 여야유동성의 수준을 표시하며 좌측 칸은 여야유동성이 낮은 선거를, 우측 칸은 높은 선거를 의미한다.9) 정당체제의 총유동성이 높고 동시에 여야유동성이 높은 선거는 개방형으로 정의한다. <그림 8-4>는 이러한 분류를 공간상에서 표시한 것으로 수평축은 총유동성의 정도를, 수직축은 여야유동성의 정도를 나타낸다.

개방형은 정당 간 경쟁이 치열해 정당선택이 자유로운 동시에 여야를 넘나드는 투표패턴을 의미한다. 개방형 정당체제는 정권교체와 같

---

9) 총 12회의 선거를 표본으로 각 선거의 유동성이 전체 평균과 얼마나 다른가를 기준으로 했다. 표준편차(Z score)가 0.25 이상이면 유동성이 높은 것으로 0.25 미만이면 낮은 유동성으로 분류했다. 그 사이의 값은 특정한 의미가 없는 평이한 선거를 의미하며, 따라서 무시했다.

은 '혁명적' 선거에서 나타난다. 10년 이상 지속된 이승만 독재가 1960년 정권교체로 귀결될 수 있었던 것은 과거 여권을 지지했던 지지층이 이반한 것이기 때문에 여야유동성과 정당 간 변화도 높아 1960년 선거는 개방형으로 나타난다. 한편 폐쇄형 정당체제는 총유동성과 여야유동성 모두가 낮은 선거를 통해 표출된다. 총 12회의 유동성변화 중 총유동성과 여야유동성의 두 가지 차원 모두에서 표준편차가 유의미한 선거는 6회이며, 그 중 4회, 즉 1954, 1971, 1988 및 1996년의 선거가 폐쇄형에 해당된다. 1954년의 제3대 총선이 폐쇄형에 속한 이유는 다음과 같다. 첫째, 1952년 대선에서 대통령으로 재선된 이승만이 국민회, 대한국민당, 일민구락부, 조선민족청년단(족청) 및 대한노동총연맹을 규합해 자유당을 창당하고 선거에 나섬으로써 36.7%의 득표율을 과시한 반면 민국당은 1950년 9.8%에서 7.9%로 약간 감소했다. 즉 여권 지지는 무소속 지지의 대폭적인 감소에서 비롯되었다. 1950년 선거에서 선전했던 무소속이 이후의 의회 정치과정에서 몰락함에 따라 이제 여야균열은 보수 양대 정당 대 무소속이 아니라 독재, 반독재를 중심으로 한 자유당 대 민국당으로 양분되었기 때문이다. 자유당을 중심으로 한 여권은 이승만을 종신 대통령으로 추대하여 일인 권위주의를 영구화하려고 했으며, 이에 대항하여 원내 제1야당인 민국당은 내각제개헌을 시도했다.

<도표 8-1> 유동성과 정당체제 유형

비여야 경쟁 1973	개방형 1960
폐쇄형 1954, 1971, 1978, 1996	여야 경쟁

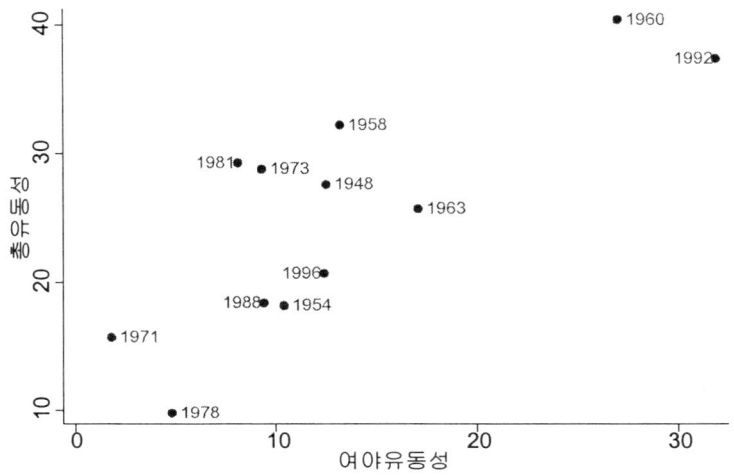

<그림 8-4> 총유동성과 여야유동성의 분포 (%, 1948-1996)

　　1971년의 제8대 총선이 폐쇄형에 속한 이유는 1963년 제6대 총선 이후 새로 구축된 정당체제가 공화당과 신민당의 양대 구도로 정착함에 따라 총유동성이 극히 낮은 안정적 정당체제가 형성된 데 있다. 민정이양 후 처음으로 무소속출마가 금지되고 실시된 1963년 총선에서 12개 정당이 난립해 선거시장에 진입했으나 5% 이상의 득표율을 기록한 정당은 5개에 불과했고, 야권이 신민당이란 단일 거대야당으로 등장한 1967년 선거에서는 5% 이상의 정당은 공화당과 신민당뿐이었다. 이러한 양당구도는 1971년 선거에도 계속되었다. 공화당과 신민당의 지지율을 합하면 1968년과 1971년에 각각 83.3% 및 93.2%로 양당체제는 강고하게 뿌리를 내렸음을 알 수 있다. 양당구도로 확립된 여야대결은 자연히 총유동성을 현저히 감소시켰다. 한편 양대 정당체제 하에서 여야유동성은 크게 줄었다. 1971년 선거의 여야균열 의제는 대통령 3선 개헌을 둘러싼 여촌야도 및 개발독재 대 반개발독재로 폭발했고 유권

자는 이러한 균열에 따라 투표에 임했다. 이러한 여야대립은 1971년 대선 및 총선에서 여당이 승리하고 1972년 유신체제의 성립에 따라 1973년 제9대 총선에도 그대로 연장되었다.

이와 같은 폐쇄형 정당체제는 1996년에 재등장했다. 제15대 총선에서 여야의 대립라인은 철저한 지역균열이었다(임혁백 1997; 최장집 1996; 강명세 1995). 제14대 총선에서 민자당으로 결집됐던 여권의 지지는 신한국당과 자민련으로 재분열됐고 야권 역시 국민회의와 민주당으로 분열됐다. 즉 지역주의 투표패턴이 강고해지고 여야가 내부에서 분화했기 때문에 여야유동성은 1992년에 비해 현저히 감소했다. 또 1992년 급조된 통일국민당이 퇴장함에 따라 1996년 총선에서는 통일국민당을 지지한 표의 다수가 신한국당으로 이동했기 때문에 정당체제의 총유동성은 감소했다. 끝으로 1973년 선거는 비여야 경쟁의 형태를 띠었다. 즉 여야대립이 고착돼 여야유동성은 낮은 반면 총유동성은 높은 선거였다. 유신체제가 등장함에 따라 기존의 독재·반독재 대항선이 더욱 강고히 발전해 여야유동성은 낮은 반면 신생정당 민주통일당이 생겨나고 무소속출마가 허용됨에 따라 체제 전체의 유동성은 급상승했다.

이처럼 총유동성과 여야유동성 두 차원의 분석을 통해 정당체제는 보다 정밀하고 새롭게 분석될 수 있다. 한편 위의 분석에서처럼 여야균열을 수준 자체가 아니라 총유동성에서 점하는 비중에 착안하면 정당체제의 분석은 보다 다양하게 조명될 수 있다. 여야균열은 선거사를 분류하는 데 유용한 틀일 뿐 아니라 그것이 정당체제에 미치는 역할 또한 정당정치를 이해하는 데 중요하다. <도표 8-2>는 여야균열에 주목해 정당정치를 분류한 것이다. 여야균열은 여러 가지 균열 중 하나이다. 사르토리는 정당체제를 분류하기 위해서는 정당경쟁의 바탕을 이루는 다양한 균열구조의 종류를 우선 검토할 것을 제안했다. 정당체제는 균열의 수나 종류에 따라 경쟁의 영역과 정체성 영역의 두 가지

기준에 의해 분류된다(Sartori and Sani 1983). 사르토리의 가설은 기본적으로 계급을 비롯한 여러 가지 균열이 존재하는 정치체제를 가정하지만, 한국적 여야균열 구조에도 적용 가능하다. 여야균열의 깊이를 알기 위해서는 부동층의 규모를 파악해야 한다. 지속적으로 여 또는 야를 지지하지 않는 투표층이 부동층이다. 부동층이 많을수록 정당은 경쟁적으로 이들에 호소하며, 반대로 이들이 적을수록 정당은 고정지지층에 의존하기 때문에 경쟁은 미약하다. 정체성의 정치란 여야균열이 결빙돼 총유동성에서 점하는 비중이 낮은 선거를 말한다. 즉 부동층의 규모가 작고 부동층을 겨냥하는 정당 간 경쟁이 약한 것을 말한다.

<도표 8-2> 여야균열과 정당정치

분절적 정치 1978	경쟁의 정치 1958 1960 1963~67
정체성의 정치 1948~50 1954 1971 1973 1996	분절적 경쟁 사례 없음

<도표 8-2>의 수직축은 여야유동성이 총유동성에서 차지하는 비중을, 그리고 수평축은 여야균열의 수준으로서 정당체제의 개방 및 폐쇄성을 뜻한다. 두 가지 기준을 중심으로 할 때 네 가지 형태의 정당체제로 구분할 수 있다. <그림 8-5>는 이러한 두 가지 차원에서 각 총선을 공간상의 분포로 보여준다. <그림 8-5>의 수평축은 여야유동성의 수준을, 수직축은 여야유동성의 비중을 표시한다. 첫째, 정체성의 정치는 여야균열이 고착화되어 폐쇄적인 동시에 전체 균열에서 여야균열이 낮은 비중을 차지할 때를 의미한다. 둘째, 반대로 여야균열이 개방적이고 여야균열이 여타 균열과 공존하는 상황은 경쟁의 정치이다. 셋째, 폐쇄적 여야균열과 여러 가지 균열이 공존하는 결합은 각 균열별로 분

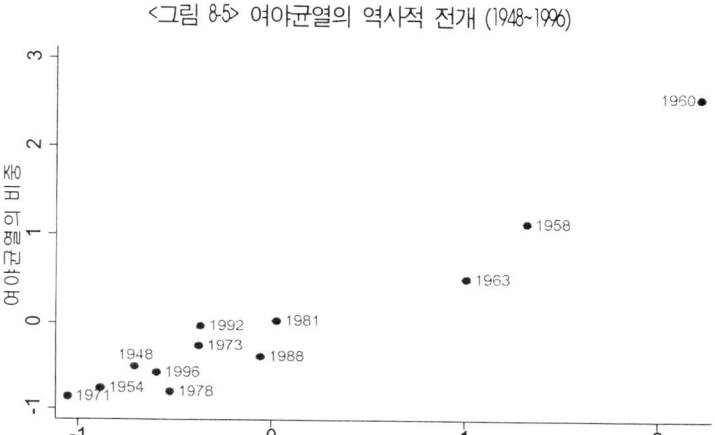

<그림 8-5> 여야균열의 역사적 전개 (1948~1996)

절됐다는 점에서 분절의 정치를 의미한다. 넷째, 개방적 여야균열이 전체 균열구조를 지배하는 상황은 분절적 경쟁의 정치로 정의했다.

이러한 틀을 통해 한국의 선거를 분류하면 각 선거는 <도표 8-2>에 있는 4가지 중 어느 하나에 해당된다. 1948~1950, 1954, 1971, 1973, 1996년의 선거는 여야유동성의 수준이 낮은 동시에 그것이 총유동성에서 차지하는 비중도 낮은 그룹에 속하는데, 한국 선거사에서 가장 흔한 모습을 보인다. 이러한 선거는 정체성의 선거로서 총 9회에서 5회를 차지하고 있다. 1948~1950년 처음으로 만들어진 정당체제가 정체성의 정치로 규정되는 것은 이례적이다. 아무런 균열이 존재하지 않는 초기 선거에서는 이론적 및 경험적으로 아직 정치적 정체성이 확립되지 않는다. 그렇다면 왜 한국은 처음부터 정체성의 정치가 표출됐는가? 이 질문은 국가형성 과정과 밀접히 연관될 것이다. 해방공간에서 민족국가 수립을 염원했던 대중의 이해가 이승만의 단정수립으로 무산됐다고는 하나, 적어도 사회적으로는 여전히 광범한 잠재적 지지를 받았다고 할 수 있다. 이러한 사회적 지지는 아직 기성정당이 뿌리를 내리지 못한 상황에서 중간파가 다수를 형성한 무소속에 대한 지지로 표출될 수 있었다. 1954년의 선거는 이러한 상황의 연장선상에서 파악될 수 있다. 종전 후 처음으로 실시된 1954년 선거에서 이승만의 자유당은 피난민의 대량유입 등 전후의 분위기에 편승해 반공주의를 더욱 강화하고 이를 기반으로 여권을 자유당으로 일원화함으로써 약 37%의 지지를 얻어 1950년 선거보다 약 18%의 지지를 더 얻었다. 반면 민국당의 지지는 7.9%로 지난 선거에 비해 1.9% 감소했고, 무소속후보 전체의 득표는 48%로 지난 선거에 비해 약 15% 감소했다. 이처럼 여야대립은 여전히 자유당 대 무소속으로 진행되었고 이러한 여야유동성이 총유동성에서 차지하는 비중은 낮았다.

공화당과 신민당을 포함해 12개의 정당이 참여한 1971년의 제8대 총선은 신민당의 대약진으로 요약된다. 48.8%를 얻은 공화당은 1967년 총선보다 불과 1.8% 감소해 여전히 제1당의 자리를 굳혔고, 나머지 어느 군소정당도 지지율을 증대시키는 데 실패했다. 이는 무소속출마가 금지된 상황에서 3선개헌 파동으로 박정희 독재에 대한 반발이 신민당 지지 쪽으로 선회했음을 의미한다. 다시 말해 여야균열은 10년 이상 계속된 개발독재를 중심으로 그어졌으며 개발독재에 대한 지지가 일정하게 유지됨에 따라 상대적으로 정당체제의 총유동성에서 여야유동성이 차지하는 비중은 낮았던 것이다. 여야유동성의 비중이 낮은 사실은 사회 내 여타 균열이 큰 비중을 차지함을 시사한다. 과연 여타 균열이 무엇일까는 앞으로 중대한 연구과제이다. 유신체제 하에서 실시된 제9대 총선도 비슷한 맥락으로 설명이 가능하다.

보다 중대한 관심을 끄는 선거는 1996년 총선이다. 이 총선은 지역균열이 최고조에 달한 선거이기 때문이다. 형식적으로는 야당인 통일국민당의 소멸에도 불구하고 지난 총선에서 통일국민당을 지지했던 표는 국민회의로 가지 않고 신한국당으로 향했다. 한편 여권의 범주에 속하는 자민련의 지지는 제13대 총선의 16.6%(신민주공화당)에서 0.4% 감소한 16.2%로 고정적이었다. 국민회의의 지지율 25.3%는 14대 총선(통합민주당)에 비해 7.3% 상승한 것으로 이는 지역균열 강화효과와 한겨레민주당 등 군소정당 지지층의 투표이동 덕분이었을 것으로 추정된다. 이처럼 여권단합에 의해 개별정당 수준에서의 총유동성이 낮았을 뿐만 아니라 지역균열 결빙에 따른 낮은 여야유동성은 1996년의 선거를 정체성의 정치라고 규정하게 한다.

한편 1950년대 말부터 1960년대까지의 정당체제는 경쟁의 영역에 속했다. 1958, 1960 및 1963~1967년의 선거에서 총유동성은 높고 동시에 여야 간 투표이동이 빈번했다. 1958년 선거는 이승만과 자유당의 장기집권 및 실정에 따라 이미 여권성향의 표가 이탈하기 시작했다. 관권적 분위기를 감안하면 자유당 지지의 상승은 미약했다고 볼 수 있으며 무소속을 지지했던 표는 대거 민주당으로 이동했다. 4·19혁명으로 이승만체제가 붕괴한 후 실시된 1960년 선거는 1958년 선거의 확대재생산이었다. 자유당이 몰락함에 따라 과거 여권성향의 표는 광범한 부동층을 형성했고, 그 중 다수는 무소속에 표를 던졌으며 소수는 민주당 지지로 돌아섰던 것이다.

민주당 장면정부가 쿠데타에 의해 무너진 후 박정희 군부정권 하에서 실시된 1963년과 1967년의 선거는 새로운 정당체제를 만들어 냈다. 군부가 중심이 된 민주공화당은 1963년 선거에서 33.5%의 지지를 획득했으나 1967년 선거에서는 무려 50.6%의 지지율을 기록해 17.1% 상승했다. 반면 신민당으로 통합된 야권은 1963년 선거에 비해 지지도가 무려 18%나 감소했다. 이처럼 신생정당의 압승과 신민당의 약세는 정당체제의 총유동성을 크게 높여 놓았을 뿐만 아니라 야권의 많은 표가 공화당을 지지함에 따라 여야유동성도 크게 상승했다.

끝으로 1978년의 선거는 분절의 정치였다. 유신체제의 말기적 상황에서 실시된 선거경쟁은 본질적으로 독재, 반독재 균열라인을 따라 전개됐고, 1973년 이후 다시 허용된 무소속후보의 출마는 총유동성을 크게 증대시켰다. 득표율에서 공화당은 31.7%를 얻어 7% 감소를 경험했고 신민당의 지지율 증가는 0.3%에 불과했다. 즉 반독재투쟁을 선도하던 야당의 지지는 고정적인 반면, 공화당의 지지는 대체로 친여성향인 무소속후보와 경쟁했기 때문에 총유동성은 높았지만 여야유동성은 낮았던 것이다. 그러나 낮은 여야유동성에도 불구하고 총유동성이 다른 선거와 비교해 상대적으로 낮은 편이었기 때문에 여야유동성이 총유동성에서 차지하는 비율은 높은 분절의 정치가 나타났다.

4. 결론: 새로운 연구과제

이 장의 목적은 한국정치사를 새로운 각도에서 종합하려는 것이었다. 새로운 종합이 필요한 것은 이제야 비로소 한국이 실질적 대중정치의 단계에 진입했다는 가정에서 출발한다. 대중정치의 무대는 선거와 의회이며 그 주인공은 대중정당이다. 불과 50년의 정치사에서 6차례의 공화국을 경험한 것에서 알 수 있듯이 한국정치사는 대규모 변동을 겪어 왔다. 정치사의 대규모 변동은 정당체제의 총유동성으로 표현된다. 총유동성은 선거에 참여했던 각 정당의 부침을 통해 드러나기 때문이다. 그러나 정당체제가 크게 유동적이었다고 해서 각 정당의 파편적 경쟁만이 정당체제의 변화를 설명하는 것은 아니다. 오히려 보다 중요한 변동을 이해하자면 한국정당사를 갈라놓았던 여야라는 블록을 분석해야 한다. 서구의 경험이 보여주듯 정당의 경쟁은 보수당과 사회당에만 있는 것이 아니라 보수블록 내부와 사회주의 정당의 내부경쟁에서 더 심각할 수 있다. 해방 후 국가형성기를 지배했던 이승만 세력과 한민당은 서로 경쟁했지만 경쟁의 대상은 동일한 지지계층이었다. 따라서 이 시기의 여야대립은 의회 수준에서 행해지는 독촉(자유당) 대 한민당(민당)이 아니라 선거시장에서 발견되는 2대 보수정당 대 소장파 중심의 무소속이었다. 통일국민당과 민정당은 14대 총선과 대선에서 대립했지만 동일한 지지계층을 선점하려고 경쟁한 것이었다. 즉 같은 블록이었던 것이다. 1996년 총선에서 자민련과 국민회의는 전혀 이질적인 지지층에 호소했다. 양당은 연합정부 참여자이면서도 지지층 구성 면에서는 전혀 다른 블록에 속했다.

　이 장은 선거경쟁의 두 가지 차원, 즉 정당체제 전체의 유동성과 여야의 블록유동성을 준거로 하여 지난 50년 동안 실시된 15회의 총선을 대상으로 정당체제의 성격을 다음과 같이 경험적으로 규명하려 했다. 첫째, 여야유동성은 시대적 조건에 따라 폐쇄적일 수도, 개방적일 수도 있다. 정당체제의 총유동성과 여야유동성 모두가 낮은 선거의 정당체제는 로칸적 의미를 확대 적용하면 '결빙'됐다고 할 수 있다. 총 15회의 국회의원선거 중 5회의 선거는 여야유동성이 낮고 또 이것이 총유동성에서 차지하는 비율이 낮은 정체성의 정치였다. 즉 1948~1950, 1954, 1971, 1973 및 1996년의 선거가 정체성의 정치를 표현한다. 1948~1950년 및 1954년의 선거는 초기 국가형성기에 속하는 시기에 야당이 아직 정착되지 못한 상황에서 여야균열은 집권당 대 무소속의 대립으로 표출됐다. 1970년대 초의 선거는 민주공화당의 장기집권에 신민당의 상승에 따른 여야균열로 이해된다. 끝으로 1996년 총선은 여권통합과 강고한 지역균열의 형성으로 여야 간 투표이동이 적은 여야균열이었다. 둘째, 경쟁의 정치였다. 경쟁의 정치는 총 3회에 걸쳐 나타났는데, 이는 선거사상 두 번째로 빈번한 것이었다. 정체성의 선거와는 대조적으로 여야유동성이 높고, 이는 총유동성에서 차지하는 비중도 높다. 경쟁의 정치는 1950년대 말부터 1960년대에 한정되는데, 이는 1960년대에 대한 보다 심층적인 연구를 필요로 함을 시사한다. 적어도 이 시기에는 여야대립이 고착되지 않고 투표행태는 여야를 넘나들었던 것으로 믿어지기 때문이다.

이 장이 목표로 한 선거경쟁의 해부가 받아들여진다면 다음 단계는 총유동성 및 여야유동성의 변동이 왜, 어떻게 일어났고 어떤 결과를 낳았는지를 밝히는 작업이 필요하다. 서론에서 밝혔듯이 정당체제의 변화에 영향을 주는 요인은 다양하기 때문이다. 마지막으로는 한국을 비교정치사적 시각에서 재검토하는 데 의미 있는 시사점을 주는 정당체제의 유동성에 대한 최근의 한 연구결과를 중심으로 한국정치사 연구의 과제를 소개하는 것으로 결론을 대신하고자 한다.[10]

첫째, 균열고착(cleavage-closure)의 완화는 정당지지의 변화를 가능케 함으로써 결국은 총유동성의 변화를 유발한다. 19세기 말 보편선거의 확립에 따라 대중정치 시대가 개막되면서 균열구조가 고착되지만, 사회경제적 변화나 시대적 특수사정에 따라 균열은 서서히 누그러지기 때문에 정당지지의 판도는 변화한다. 이로 인해 초기에 가능했던 구조적 수준의 균열고착화는 더 이상 가능하지 않게 된다. 이런 점에 비추어 보면 지역균열의 완화가 교정되지 않는 한 여야균열은 지역균열을 중심으로 지속될 것이다. 둘째, 슘페터가 말한 것처럼 정치엘리트의 시장개척으로 유권자의 선택범위가 확장되어 지지정당을 바꿀 수 있는 환경이 조성되었다. 정당은 서로 다른 정책을 표방하며 선거시장에 나섬에 따라 정책간격(policy distance)의 차이는 유권자의 상품구별을 쉽게 만들었다. 즉 정치엘리트의 경쟁적 선거전략은 유권자를 전통적인

---

10) 메이어와 바르톨리니는 총유동성의 수준이 6가지 요인에 의해 결정된다고 주장한다.

균열구조의 포로로 만들 수 없게 했다. 마찬가지로 한국에서도 정책정당이 뿌리를 내리지 못할 때 지역중심적 정당지지는 사라지기 힘들 것이다. 셋째는 정치체제 자체의 요인이다. 사르토리(Sartori 1978)의 고전적 이론이 강조하는 것처럼 정당의 수가 늘어나면 이는 유권자에게 선택의 폭을 넓히는 역할을 한다. 연속되는 선거에서 정당의 수가 증가하면 동일한 유권자가 과거 선거에서 지지한 정당을 다시 지지할 가능성은 약화된다. 이는 정치체제의 포맷이 주는 효과이다(Pederson 1979). 정당체제의 변화로 인한 소수정당의 진입은 기성의 여야균열을 약화시킬 수 있을 것이다. 넷째, 제도의 변화는 유권자의 선택에 영향을 준다. 이제까지 투표권이 없었던 신규 유권자의 대량 진입, 의무투표의 폐지 및 새로운 선거제도의 도입 등은 유권자의 선택에 영향을 준다. 투표연령을 낮추거나 비례대표제를 도입하는 것도 지지정당의 결정에 중대한 결과를 낳는다. 예컨대 현재 논의되는 비례대표제의 실시는 투표자로 하여금 전략적 투표행위를 하게 한다는 점에서 정책정당의 부상을 가능케 할 수 있다. 그러나 다른 한편 비례대표제는 다당제를 낳기 때문에 정치불안정의 요인이 되기도 한다. 다섯째, 투표참여율은 총유동성을 결정하는 또 하나의 요인이다. 어느 특정 선거가 예년에 비해 참여의 비율이 높다면, 이 선거는 과거에 비해 높은 유동성을 나타낼 것이다. 지난 6·4지방선거에서 명확히 드러난 것처럼 낮은 투표율은 기성의 균열을 강고하게 만들었다. 이러한 다섯 가지 요인은 유권자의 정당선택에 영향을 주는 구조적 또는 체제적 변수이다. 그러나 마지막으로 총유동성에 영향을 주는 요인은 위의 다섯 가지 요인이 설명하지 못하는 상황 특수적인 잔여변수이다. 잔여변수는 후보자 개인의 인기 또는 전혀 예측하기 어려운 상황의 돌출로 야기되며 단기적 요인이다.

제3부

한국 지역주의 정치의 시원과 확대

제9장 지역주의는 언제 시작되었는가?: 역대 대통령선거를 기반으로[*]

이 장의 목적은 지역주의의 정치적 기원을 찾는 것이다. 지역주의는 다양한 수준에서 논할 수 있다. 사회적으로는 지역감정의 사회적 역할과 그 결과가 논의의 중심이 된다. 문화적으로는 각 지역의 독특한 문화적 차별성이 중요한 관심사가 될 것이다. 그러나 지역주의는 정치적으로 표출될 때 그 분절성으로 인해 심각한 문제를 일으킨다. 정치적 지역주의는 사회적 또는 문화적 지역주의가 정당이나 선거를 통해 표출된다는 점에서 투표를 통해 자원이 재분배되는 민주주의 사회에서 경제적으로도 심대한 결과를 낳을 수 있다. 지역주의에 관한 많은 논의에도 불구하고 이것이 언제 시작됐느냐에 대해서는 본격적인 연구가 없는 것이 현실이다. 이 장은 이런 갭을 메우기 위해 정치적 수준에서, 특히 역대 대통령선거의 득표상황을 통해 지역주의 투표성향이 언제 나타났는지를 규명할 것이다. 첫 번째 부분에서는 역대 대통령선거에서 드러나는 여야 간 또는 후보 간의 지역적 득표력을 역사적으로 기술할 것이다. 두 번째 부분은 통계적 방법을 사용해 지난 2대부터 15대까지의 대통령선거 결과를

---

[*] 이 장의 글은 1999년 학술진흥재단이 지원한 선도연구과제로 추진될 수 있었음을 밝혀 둔다.

통해 지역주의 투표성향을 분석할 것이다. 세 번째 부분에서는 연구결과가 주는 정치적 함의를 도출하고 앞으로의 과제를 제시할 것이다.

1. 역대 대통령선거와 지역주의 투표성향

그 동안 한국의 지역주의에 대해서는 비교적 다양하고 풍부한 연구가 제시됐다.[1] 지역주의를 정서적·심리적 차원에서 접근한 연구는 지역주의의 시원을 삼국시대에서 찾는가 하면, 또 다른 연구자들은 고려시대에 지역정서가 시작되었다고 주장한다(김만흠 1994; 문석남 1984; 송복 1992). 심리학 또는 사회학적 연구가 활발한 반면 상대적으로 정치학적 관심은 비교적 최근의 현상이다.[2] 정서적, 사회적 및 심리적 지역주의는 그 시점을 찾아내기 어렵다. 지역주의가 심리적, 사회적 또 정서적으로 표출되는 명확한 시점을 발견해야 하지만, 관련된 중대사건을 지목하기 어려울 뿐 아니라 그 사건을 지역주의의 출발점이라고 하는 역사적 해석의 차이가 뒤따를 수밖에 없다. 사회적 및 심리적 현상과는 달리 지역주의의 정치적 현상은 비교적 쉽게 포착할 수 있다.

---

1) 지역주의에 대한 정치학계의 관심은 인접 사회과학 분야에 비해 뒤늦었다. 학계의 본격적인 관심은 1980년대 말에 나타난다. 1989년 한국사회학회가 펴낸 『지역주의와 지역갈등』은 1989년 사회학 학술대회의 결과물로서 다양한 영역에 걸쳐 지역주의를 논했다. 한편 심리학회는 1988년 지역주의를 주제로 학회대회를 개최하고 1989년 『심리학에서 본 지역주의』를 출간했다. 이갑윤(1998)은 그간의 연구성과를 사회경제적 접근법, 지역감정 접근법 및 정치사회적 충원을 통한 접근법 등 세 가지로 분류했다.
2) 지역주의 정치구도를 최초로 문제 삼은 연구는 김만흠에 의해 시작되었다. 김만흠(1994)은 지역주의는 일찍이 1960년대 영남에서 시작되었다고 주장한다.

지역주의정치를 선거를 통해 분석할 때 지역정당과 지역정당체제가 표출되기 때문이다. 따라서 여기에서는 한국 정당체제의 변화라는 관점에서 지역주의가 정치적으로 표출된 시점을 발견하는 데 국한한다.

지역주의의 정치화와 관련해서는 두 가지 가설이 대립하고 있다. 첫 번째 입장은 1971년 대선을, 두 번째 입장은 1987년의 민주화에 이은 1988년의 제13대 대선을 결정적 계기라고 주장한다. 정치학자로서 처음으로 지역주의 문제를 본격적인 학술논문으로 발표한 김만흠은 첫 번째 논의를 대표한다(김만흠 1994; 마인섭 1996; 김문조 1990; 조기숙 1996).3) 김만흠은 정서적 지역주의는 고려시대에 출발한다고 가정하면서 정치적 차원의 지역주의의 출발시점을 1971년 대선에서 찾았다.4) 그러나 정치적으로 동원되기 시작한 시점과 관련해서는 여전히 논쟁적이다. 다른 한편의 다수를 차지하는 연구는 1987년 민주항쟁 이후, 특히 88년 대선을 기점으로 보고자 했다(노병만 1998; 박상훈 2000; 손호철 1997; 이갑윤 1998; 최영진 1999). 이갑윤(1998, 63)은 지역주의가 선거연합과 결합된 시점과 관련해서 1987년의 민주화가 그 전환의 결정적 계기가 된다고 주장했다.

대통령선거의 지역주의 투표성향은 여러 가지 척도를 통해 알 수 있다. 가장 간단한 방식은 도별지지율이다. <표 9-1>은 역대 선거에서 각 후보의 득표력을 지역별로 정리한 것이다. 제4, 8~12대 선거는 제외

---

3) 마인섭(1996, 300)은 정당의 사회적 지지기반을 논하면서 지역균열의 출발을 1971년 대선으로 보고 영·호남의 지역균열은 1971년의 제7대 대선부터라고 주장했다. 한국사회학회와 한국일보가 1988년 10월 공동으로 실시한 여론조사에 의하면 응답자의 65%는 지역주의가 1960년대부터 시작되었다고 응답했다(배규한 1990, 309).

4) 사실 김만흠은 지역주의의 정치적 동원이 1960년대부터 시작되었다고 주장하고 있다. 한국에서 지역주의가 정치적으로 동원되기 시작한 것은 1960년대였다. 그러다가 1967년 6대 대통령선거에서 영남지역 유권자들이 연고지역 출신인 박정희 후보에게 압도적 지지를 보내 한국정치에서 최초로 지역연고에 따른 투표행태가 부각되었다(1994, 225).

<표 9-1> 대선후보의 지역별 지지도 (%)

		서울	경기	강원	충청	호남	영남	제주
2대	이승만	69.4	79.0	86.5	74.9	56.7	41.4	74.0
	조봉암	9.9	9.9	2.6	6.6	11.0	16.3	6.2
3대	이승만	14.1	40.4	73.4	47.8	54.0	49.4	78.2
	조봉암	19.6	19.6	8.3	15.3	26.3	34.2	10.8
5대	박정희	28.6	30.0	35.6	36.1	49.3	52.1	63.5
	윤보선	61.8	51.7	44.1	43.6	34.6	32.8	20.3
6대	박정희	43.6	39.0	48.6	43.4	41.1	62.6	53.9
	윤보선	49.7	49.2	39.6	42.2	45.3	24.7	30.6
7대	박정희	39.0	47.2	57.4	52.3	32.8	68.7	53.2
	김대중	58.0	47.8	37.2	41.1	58.6	26.9	39.1
13대	노태우	29.4	40.2	57.9	32.2	9.6	44.6	35.9
	김영삼	28.6	27.6	25.5	19.5	1.2	45.2	27.5
	김대중	32.1	21.2	8.6	11.6	86.2	5.4	26.5
	김종필	7.9	8.5	5.3	33.7	0.5	2.2	7.9
14대	김영삼	36.0	36.0	40.8	36.8	4.8	68.0	39.3
	김대중	37.3	31.5	15.2	26.9	89.6	10.0	32.4
	정주영	17.8	22.4	15.9	24.1	2.6	12.0	15.9
15대	김대중	44.9	39.1	23.8	44.0	94.4	13.2	40.6
	이회창	40.9	35.7	43.2	27.4	3.3	58.1	36.6
	이인제	12.8	23.5	30.9	26.6	1.5	24.6	20.5

했다. 제4대는 이승만 대통령이 단독후보로 출마해 민주적 경쟁에 위반되기 때문이다. 한편 유신체제 하에서 시행된 제8~10대, 그리고 군사정부 하에서 실시된 제11~12대 선거는 모두 '장충체육관 선거'로서 민주적 정당성을 상실하기 때문에 분석에서 제외된다.

도별 지지율은 도내 투표구의 평균인데, 이는 지역주의 정치구도가 도별균열에 따른 투표성향의 발현이라는 가정에 서 있다. 그러나 도별 평균지지율은 후보 간 지역경쟁을 기술하는 데는 유용한 자료지만, 도내의 투표구별 편차를 사상해 버리기 때문에 혹시 가능한 도내의 일탈 사례가 무시된다. 어느 한 차례의 선거에 대한 통계분석이 불가능하다.

<표 9-2> 제15대 대선에서 후보가 승리한 투표구 수

	투표구	김대중	이회창	이인제
서울	47	38	9	0
경기	57	27	27	3
강원	21	12	0	9
충청	35	31	2	2
호남	48	48	0	0
영남	91	0	91	0
제주	4	4	0	0
합계	303	160	129	14

투표구별 정보를 추가하면 투표구 지지율과 지역 지지율의 차이에 근거해 보다 고급의 통계기법을 사용할 수 있다. 투표구별 지지율은 두 가지 방식으로 활용 가능하다. 첫째, 후보가 획득한 투표구 수를 기준으로 지역별로 계산하는 것이 있을 수 있다. 둘째, 각 투표구를 소지역으로 가정해 지역을 이들 소지역의 집합으로 간주해 지지패턴을 분석하는 것이다. 특히 두 번째 방식은 지역주의 투표성향이 매 선거마다 계산 가능하기 때문에 시기별로 분석하면 지역주의 정치의 시원을 찾을 수 있다.

<표 9-2>는 제15대 대선에서 김대중, 이회창, 이인제 세 후보가 승리한 투표구 수를 계산한 것이다. 여기에서 보는 것처럼 제15대 대통령선거에서 김대중 후보는 부산, 대구를 포함한 영남지역의 총투표구 91개 중 어느 한 투표구에서도 1등을 하지 못했다. 반면 이회창 후보는 호남 48개 투표구 중 한 군데서도 1등을 하지 못했다. 김대중 후보의 전적을 보면 제7대에 43개 투표구 가운데 40개 투표구를 차지한 이래 제13대 이후 계속해서 호남 투표구 전체를 석권했다.

선거사상 지역주의가 언제 발생했는가를 포착하기 위해서는 지역 간 차이와 지역 내부의 차이를 비교·조사해야 한다. 지역 간 차이가

내부적 차이보다 크다면 지역주의 투표의 시점을 알리는 것으로 해석할 수 있다. 각종 여론조사에 따르면 지역주의가 후보결정에 가장 중요한 요인이다. 여론조사 결과에 기초한 집합자료를 이용해 지역주의 투표를 조사하자면 지역 간 지지도와 지역 내 지지도는 명확히 다르다는 가정에서 출발한다. 지역주의가 가장 중대한 결정변수라고 가정해 하나의 독립변수가 후보지지도라는 종속변수를 결정하는 간단한 분산분석 모델을 사용한다. 분산분석을 이용해 지역효과를 조사하기 위해서는 투표구별 후보지지도는 다음의 등식처럼 두 가지로 분류한다.

투표구지지도 - 전국지지도 = (지역지지도 - 전국지지도) + (투표구지지도 - 지역지지도) 등식 (1)

이 등식의 왼쪽에서 첫째 항은 지역주의 투표성향이 전체 결과에 미친 영향을 의미하며, 둘째 항은 지역 내부의 차이로서 잔차(error)이다. 어느 한 선거를 기점으로 양자의 값이 현저히 구별된다면, 이는 지역주의 투표의 기점으로 간주한다. 즉 전자가 후자보다 크다면 지역주의 정치구도의 시작으로 해석한다. 역으로 지역 내 차이가 지역 간 차이보다 크다면 지역주의 투표성향 가설은 부정된다.

지역정치체제의 성립시점은 경쟁의 정도를 통해 파악할 수 있다. 정당지지도가 지역별로 크게 차별화된다면 이는 바로 지역정치체제의 공고화를 의미한다. 특히 1위 당선자와 2위 차점자 사이의 지지율이 특정 지역에 따라 크게 차이가 나고 이것이 지속된다면, 그만큼 지역구도가 강고하다는 것을 의미한다. 이는 등식 (1)의 기본모델에 기초해서 약간 변형시켜 검증할 수 있다. 대통령후보의 지지도가 지역별로 얼마나 차이가 있는가를 조사하기 위해 역대 대통령선거에서 제1야당 후보와 여당후보의 지지도 격차를 종속변수로 하고 지역을 독립변수

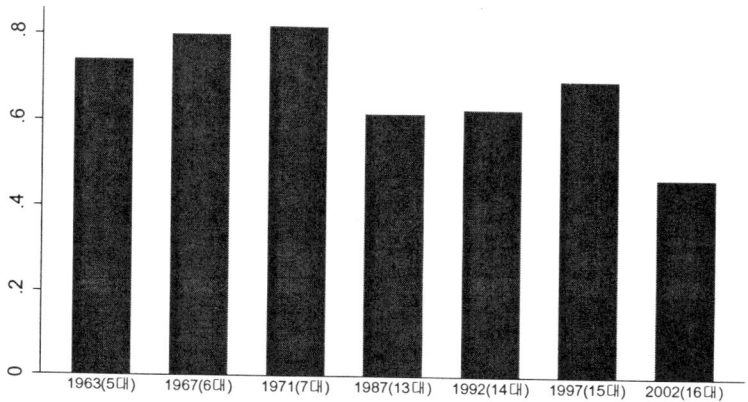

<그림 9-1> 역대 대선의 지역주의 효과 (1963~2002)

자료: 중앙선거관리위원회

로 놓고 지역적 유의성을 검토했다. 양대 후보의 득표력 차이는 지역 내 차이와 지역 간 차이로 분류된다. 지역 간 차이는 지역효과이다. 대통령 당선자와 차점자 후보 간의 차이가 지역별로 분명한 차이를 보이면 지역효과가 큰 것이다.

그 결과는 <그림 9-1>에 나와 있다. <그림 9-1>은 투표구별 경쟁도가 지역 내 차이와 지역 간 차이 중 어느 것에 의해 결정되는가를 보여준다. 예컨대 제2, 3대 대선에서는 조봉암 후보가 지역별로 이승만 대통령에게 상대적으로 얼마나 경쟁적이었는지를 확인하는 것이다. 또는 극단적인 예로 김대중 후보에 대한 호남지역 내부의 투표구별 지지도 차이는 영남지역의 평균에 비해 없다고 할 수 있다. 지역효과는 제3대 대선에서 가장 낮은 반면 제15대 대선에서 가장 높다. 바꿔 말해 지역 간 경쟁도가 제3대 대선에서 가장 높은 반면 15대 대선에서 가장 낮은 것이다. 일반적 추세를 보면 제5대 대선에서 60%에 접근했고 제7대 이후 지속적으로 증가한다. 1, 2위 간 경쟁도를 중심으로 살펴볼 때 지역주의는 5대부터 시작됐으며 13대 이후 결정적으로 증가했음을 알 수 있다. 지역주의 경향 역대 평균이 71%임을 고려할 때, 평균을 넘어서는 최초의 선거는 제6대 대선이다. 아직 영호남 후보가 등장하지 않은 2, 3대를 제외한 평균은 81%이다. 즉 과거와 비교할 때 박정희가 집권한 후 지역주의가 시작됐다는 가설이 성립될 수 있다. 마지막으로 지역효과의 증가추세는 지역주의가 갈수록 심화됨을 의미한다.

그러나 자세히 들여다보면 각 후보의 지지도 분포는 심한 차이를 보인다. 전국을 서울, 경기, 강원, 충청, 호남, 영남 및 제주의 7개 지역으로 분류하여 지지도의 분산을 보면 <표 9-2>와 같다. 초기 대선의 경우 이승만의 지역별 지지도는 조봉암에 비해 편차가 심함을 알 수 있다. 역대 후보 중 가장 편차가 심한 후보는 김대중이다. <그림 9-1>에서 지역주의 정치구도가 박정희 집권으로 처음 등장했지만, 제5대부터 7대까지의 기간을 비교하면 박정희와 야당후보의 편차는 거의 비슷하다. 박정희와 윤보선의 두 차례에 거친 경쟁에서 나타나는 것과 같이 지역별 편차는 같다. 특히 지역주의 정치균열이 처음 시작된 선거로 지칭되는 제7대 대선의 경우 박정희의 지역별 지지도 편차(12.4)는 김대중의 그것(12.9)과 거의 동일하다. 김대중 후보의 지역별 지지도가 심각한 편차를 드러내기 시작한 시점은 제13대부터이다.

<그림 9-2>는 제7대와 제13대 대선에서 김대중 후보가 획득한 지역별 득표율을 비교한 것이다. 두 막대기를 비교하면 제7대에 비해 제13대에 김대중 후보의 지역별 지지도가 심각하게 호남 중심으로 이동했음을 알 수 있다. 제7대에 김대중 후보는 역대 어느 후보보다 호남지역에서 높은 득표를 했지만 다른 지역에서도 비교적 비슷한 득표를 했기 때문이다. 그러나 제13대에 와서 김대중 후보의 지역별 지지도는 호남으로 쏠렸다. 제7대 대선 당시 서울에서 60%에 육박했던 지지도는 30%대로 약화되고 호남에서 90%에 접근할 정도였다.

<표 9-3> 대선후보의 득표 지역별 표준편차

	이승만	조봉암	박정희	윤보선	노태우	김영삼	김대중	김종필	정주영	이회창	이인제
2대	11.4	5.4									
3대	15.8	9.1									
5대			9.9	10.8							
6대			8.7	9.4							
7대			12.4				12.9				
13대					16.3	14.3	30.3	12.2			
14대						20	28.6		7.8		
15대							28.0			18.4	10.9
평균	17.0	9.2	11.1	9.8	16.3	17.9	25.1	12.2	7.3	18.4	10.9

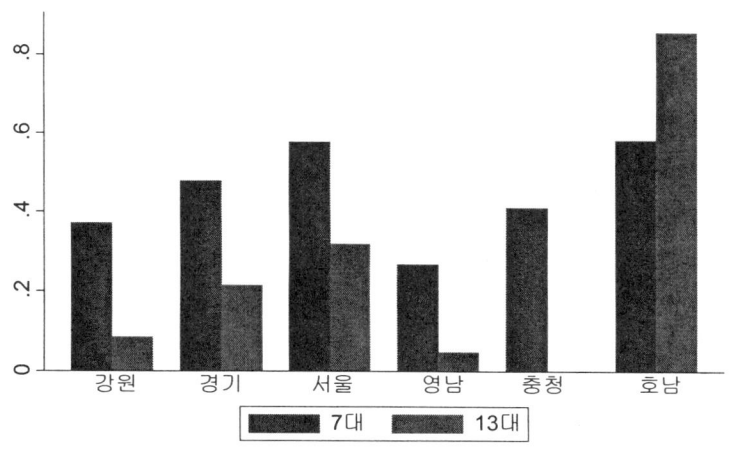

<그림 9-2> 제7대 및 13대 김대중 후보의 득표

자료: 중앙선거관리위원회

각 후보의 지지도를 지역별로 매 선거마다 분산 분석하면 <표 9-4>의 결과를 얻는다. <표 9-4>의 결과는 투표구의 득표를 기초자료로 하여 얻은 것으로 표의 항목값은 각 후보의 지지도를 지역 간 및 지역

<표 9-4> 역대 후보의 지역 간 지지도 격차

	2대	3대	5대	6대	7대	13대	14대	15대
이승만	44.7	37.3						
조봉암	37.5	40.3						
박정희			64.3	74.1	81.1			
윤보선			52.9	74.5				
김대중					75.4	98	97.8	97.2
노태우						69.8		
김영삼						72.1	92.8	
김종필						67.5		
정주영							79.4	
이회창								89.5
이인제								75.1
평균	41.1	38.8	58.6	74.3	78.3	73.9	90	87.3

내 분산으로 나눈 뒤 지역 간 분산이 총 분산에서 차지하는 비중이다. <표 9-4>의 가장 아래쪽에 있는 평균은 각 후보의 수치를 단순 평균한 값으로서 해당 선거의 지역 간 차별성을 말한다. <표 9-4>는 지역주의 정치체제의 기원과 관련해서 몇 가지 중요한 점을 알려준다. 첫째, 건국 초기 제2, 3대 대선의 경우 모두 50% 미만으로서 지역주의는 중대한 정치적 문제가 아니었음을 알 수 있다. 다시 말해 지역주의 정치동원은 적어도 박정희 집권 이후의 일임을 의미하는 것이다. 둘째, 박정희 후보의 지역주의는 처음부터 윤보선 후보에 비해 높고, 이후 증가해 제7대 대선에서는 80%를 넘었다. 한편 제7대 대선에서 김대중 후보의 지역주의 동원은 박정희 후보에 비해 낮았다.

셋째, 선거의 역사적 추세를 대변하는 평균값은 <그림 9-3>에 잘 나타나는 것처럼 증가하고 있다. 특히 제5대 대통령선거를 중심으로 처음 급증하고 제6대에서 다시 크게 늘어 제14대에서는 90%에 달했다가 제15대 대선에서는 약간 감소했다. 제15대에 감소한 이유는 이인제 후보의 수치가 김대중과 이회창 후보에 비해 낮았기 때문이다. 제13대

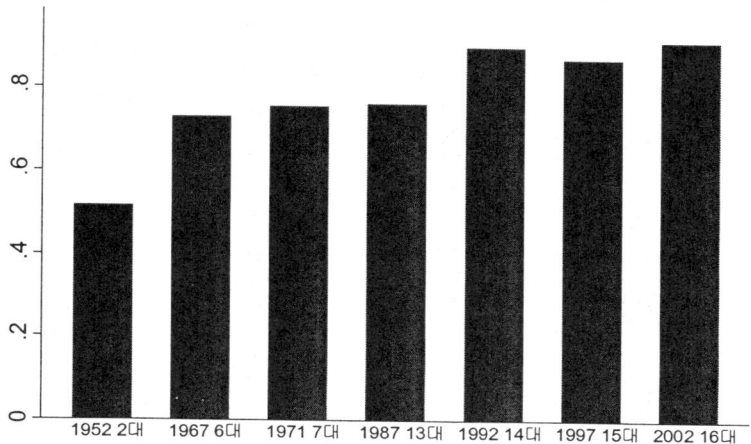

<그림 9-3> 역대 대선의 지역주의 경향 (1952~2002)

자료: 중앙선거관리위원회

평균이 제7대 평균보다 낮다는 것은 설명을 필요로 한다. 제13대의 평균이 제7대보다 낮은 것은 지역주의를 1987년부터로 보는 견해와 어긋나는 것처럼 보인다. 이는 대통령후보의 숫자에서 비롯된다. 후보 숫자가 작을수록 지역주의적 투표가 강해지며 반대로 후보가 많을수록 지역주의적 투표가 완화되기 때문이다. 동일한 지역에서의 경쟁이라면 후보가 많을수록 후보들은 경쟁적으로 득표활동을 벌이기 때문에 경쟁이 강해진다.

넷째, 김대중 후보의 지지도가 지역에 극심한 편중을 보이기 시작한 것은 제13대 선거에서부터다(<그림 9-4> 참고). 제7대 선거에서 지역 간 차이가 지역 내 차이를 설명하는 부분이 75%에서 민주화 이후 최초의 선거인 제13대 대선에서는 무려 98%로 대폭 상승했다. 이러한 상승은 이후의 선거에도 지속되어 대통령에 당선된 제15대에서는 97%였다.

1971년을 지역주의의 기원으로 삼는 주장은 세 가지 사실에 근거

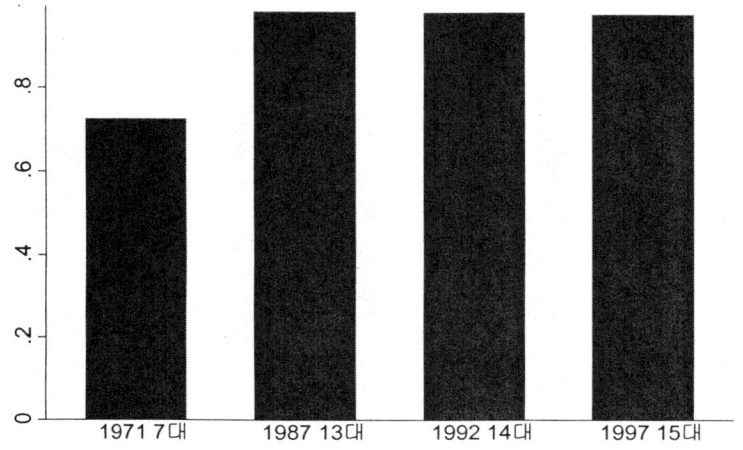

<그림 9-4> 역대 대선으로 본 김대중의 지역주의 경향

하고 있다. 첫째, 1971년설은 1971년 제7대 대선에서 김대중 후보가 사상 처음으로 호남에서 60% 가까운 표를 얻었던 점을 강조한다. 둘째, 김대중 후보가 등장하기 전까지 호남지역은 박정희 후보를 더 많이 지지했다. 제5, 6대 대선에서 호남지역의 박정희 후보에 대한 지지는 각각 48.9%, 41.3%였다. 한편 윤보선 후보에 대한 지지는 각각 35.1%, 45.3%였다. 제6대 대선에서는 호남지역의 다수가 박정희 후보가 아니라 윤보선 후보에게 더 많은 지지를 보냈다는 사실은 어떻게 해석될 수 있을까? 제5대에서 호남 투표자의 약 50%가 박정희 후보를 지지했다가 다수의 지지를 윤보선 후보로 바꿨다는 사실은 이미 박정희 후보의 영남 지역주의 동원에 반발한 것이었을 수 있다. 셋째, 영남은 박정희가 등장하기 전까지 호남에 비해 야성이 강한 지역이었다. 제2, 3대에 영남의 조봉암에 대한 지지(16.3%, 34.2%)는 호남(11%, 26.3%)에 비해 높았다. 이처럼 상대적으로 야당후보 지지가 높던 영남지역의 투표

성향은 제5대부터 급격히 변했다. 박정희가 처음 등장한 제5대 대선에서 영남지역은 약 53%의 지지를 보냈으며, 제6, 7대에는 각각 63%, 69%의 영남 투표자가 박정희 후보에게 표를 던졌다. 반대로 야당후보인 윤보선의 득표는 제5, 6대 대선에서 조봉암 후보가 3대에서 얻었던 득표에도 미달했다. 즉 1971년설에 따르면 영남지역 투표성향의 갑작스런 변화는 영남출신의 박정희 후보에게 있는 것이다. 마찬가지로 여권에 대한 지지도가 높던 호남지역이 야당후보 지지로 선회한 것은 김대중 후보의 등장에 기인하는 것이다.

2. 한국 정당체제의 연속성과 변화

정당체제의 특성을 파악한다는 것은 그 변화 혹은 연속성을 찾는 것과 같다. 로칸의 개척적인 연구 이래 정당체제 연구는 전통적으로 변화와 계속성에 관심을 집중해 왔다. 두베르제(Duverger 1954)가 제공한 정당체제의 변화를 바라보는 고전적 준거틀은 체제 내에 몇 개의 정당이 존재하는가에서 시작됐다. 이후 사르토리(Sartori 1976)는 두 가지 차원으로 정당체제를 분류했다. 한 차원은 분열도(fragmentation)로서 이는 체제 속에 정당이 얼마나 많은가로 두베르제가 제기한 정당의 수를 말하며, 다른 차원은 정당의 이념 또는 정책이 얼마나 차별적인가를 의미하는 분절도(polarization)이다. <표 9-5>는 역대 총선에서 나타난 정당의 수이다. 정당의 수는 분열지수의 역수이며, 여기서 선거정당과 의회정당이란 각각 선거에서의 득표율과 의석률에 따라 계산된 값이다. 정당의 수를 통해 본 한국 정당체제에는 몇 가지 특징이 엿보인다. 첫째, 국가형성 초기, 아직 정당체제 형성 이전의 단계에는 정당이 우후

<표 9-5> 역대 정당체제의 구도

	선거 정당	의회 정당
1 대	11.68	9.87
2 대	39.44	29.98
3 대	7.02	3.11
4 대	3.41	2.45
5 대	5.61	1.77
6 대	5.28	2.18
7 대	2.73	1.64
8 대	2.29	2.01
9 대	3.76	2.00
10 대	4.68	2.16
11 대	5.03	2.54
12 대	3.89	2.72
13 대	4.28	3.54
14 대	3.79	2.74
15 대	4.50	3.16
16 대	3.52	2.37

죽순처럼 난립해 분열도와 분절도가 극도로 높아 1950년 선거의 경우 선거에 참여한 정당의 수는 무려 40개에 가까우며 의회에 진입한 정당의 수는 약 30개에 달한다. 서유럽의 초기 또는 최근 동유럽 민주화과정에서 볼 수 있는 것처럼 정당체제가 아직 뿌리를 내리지 못한 상황에서 정당의 난립과 높은 유동성은 보편적인 현상이다(Bennett 1998).

두 번째 특징은 1950년대 이후 의석을 차지한 정당을 기준으로 할 때 양대 정당제의 경향이 나타난다. 1958년 제4대 선거는 "한국 선거사상 최초로 원내의 강력한 두 정당이 구심적으로 경쟁하는 총선거였다"(최한수 1996, 476). 소선구제로 인해 처음 두 차례의 '정초선거'를 제외하면 양당제의 방향으로 진행했다(Duverger 1954). 1960년 선거에서 의회정당의 수는 2에도 미달하는 1.8로서 양당제적 모습을 처음으로 드러냈다. 이후 선거에는 4~5개의 정당이 참여했지만 의회 수준에서는 4

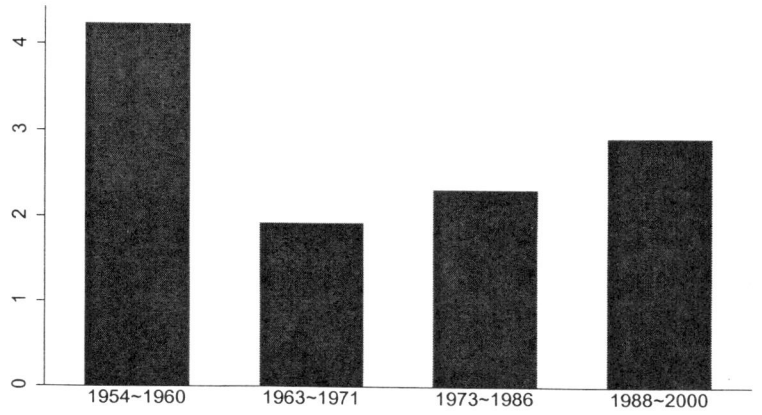

<그림 9-5> 역대 총선으로 본 의석정당의 수 (1952~2000)

를 초과하지 못했다. 제9~12대의 권위주의 시대에는 중선구제 실시로 여야 동반당선으로 인해 양당제적 경향을 공고화했다. 셋째, 민주화 이후 최초의 선거였던 1988년 제13대 총선에서는 정당의 수가 3.5 이상으로 증가했고, 이후 제15대 총선에서 충청권을 기반으로 구 공화당이 등장함에 따라 정당의 수는 다시 3개 이상으로 늘었다가, 제16대 총선에서 자민련의 후퇴에 따라 2.4가 되었다. 정당의 수를 시기별로 보면 <그림 9-5>와 같다. 이와 같이 네 시기로 나누어 보면 의회정당의 수는 평균 2 내지 3이며 민주화 이후의 시기에 약간 증가했음을 알 수 있다. 1988~2000년에 증가한 이유는 3김시대의 등장과, 특히 제13대와 제15대 총선에서 충청권의 정치세력화가 부분적인 역할을 했기 때문이다.

한국의 정당: 구조정당과 비구조정당

정당정치는 민주주의 정치의 꽃이다. 정당은 정당정치의 가장 중요한 행위이다. 정당은 후보자를 선출해 대의적 정치과정을 정당화할 뿐 아니라 정부를 구성하는 기본적 요소가 된다. 민주정치=정당정치인 서구 정치에서 많은 정당은 유권자보다 오래 존재했다. 이들의 대부분은 구조정당이다. 구조정당이란 시민사회의 전통적 사회균열에 뿌리를 박고 있는 정당을 말한다(Rokkan 1970; Lane and Ersson 1999). 구조정당은 계급, 종교, 종족 및 지역 등 사회의 구조적 균열에 기초한 정당이다.5) 다른 한편 역사가 오랜 정당 가운데 보수당이나 자유당 또는 극우정당이나 최근에 등장한 환경정당 등 이념적으로 특정한 사회계층의 지지에 기반하지 않는 정당은 비구조정당이다. 전통적으로 한국에는 구조정당이 존재하지 않았다. 한국 정당정치체제의 가장 큰 변화는 구조정당의 등장이다. 서구적 의미의 정당분류를 기초로 할 때 한국에는 구조정당이 존재하지 않았다고 하겠다. 이런 분류에 따르면 지역정당은 특정지역 지지층에 호소하고 있다는 점에서 지역정당이 구조정당에 가깝다. 한국의 정당체제를 분석하면 지역균열에 근거한 지역정당은 구조정당이며, 나머지, 예컨대 '꼬마민주당'은 지역기반이 약한 비구조정당이다. 한국정치사에는 지역정당이 생기기 전까지 보수 내지 자유당이 지배정당으로 자리잡고 있었다. 한국 정당체제는 1988년 총선을 기점으로 비구조정당 체제에서 구조정당 체제로 전환했다.

<그림 9-6>은 역대 총선의 구조정당과 비구조정당의 지지율을 나타낸다. <그림 9-6>은 두 가지 특징을 드러낸다. 첫째, 초기의 선거에서는 구조정당이 비구조정당과 균형을 이루어 대립하고 있다. 이 시기에는

---

5) 정당은 또한 지지층의 사회적 배경에 따라 역사적 정당과 신생정당으로 나눌 수 있다. 냉전 이후 구 공산권, 특히 동유럽에서 우후죽순처럼 등장한 신생정당은 서유럽의 오랜 전통을 가진 종교, 계층 및 종족에 기반을 둔 정당과 대비된다. 해방 후 한국에서 명멸했던 수많은 정당이 대표적인 신생정당이다. 신생정당의 구조와 조직에 대해서는 Olson(1998)을 참조하라.

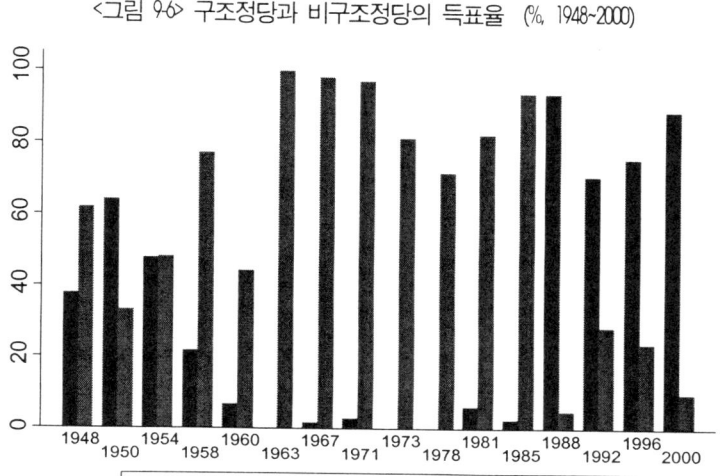

<그림 9-6> 구조정당과 비구조정당의 득표율 (%, 1948~2000)

무소속을 구조정당으로 분류했다. 건국 초기 및 초기 분단체제 상황에서 사회당계열의 인사들이 무소속으로 출마했기 때문이다(강명세 1999; 한태수 1961). 자유당이나 민주당 등 비구조정당의 지배적 색채는 무소속계열의 대거 당선으로 완화된 상태였다. 한편 시간이 흐를수록 비구조정당의 독점이 계속된다. 비구조정당의 지속은 1988년 지역정당체제의 등장으로 역전돼 이제는 구조정당이 지배적 정당으로 등장한 것이다. 물론 여기서 구조정당이란 계층이나 지역균열에 기반한 정당을 말한다. 제14대와 제15대 총선에서 비구조정당이 부분적으로 등장한 이유는 각각 통일국민당과 통합민주당의 참여에서 비롯됐다. 그러나 제16대 총선에서는 지역주의의 강화로 인해 구조정당의 비중이 증가하고 비구조정당이 약화되는 것을 알 수 있다.

3. 지역정당체제의 형성

지역정당체제의 성립시점

한국 현대정치사에서 가장 중요한 것은 정당체제의 지역주의 현상이다. 지역주의 현상은 다양한 척도를 통해 확인할 수 있다. 첫째, 지역정당체제의 대두는 정치참여의 지역편차를 분석함으로써 알 수 있다. 역사적으로 어느 한 지역의 유권자가 다른 지역의 유권자에 비해 현저히 높은 정치참여를 기록한다면, 이는 잠재적으로 지역정당체제의 존립기반이 된다. 둘째, 개인적 수준의 지역주의이다. 지역주의가 유권자 개개인 수준에서 이미 존재한다면 지역정당이 존재하게 되고, 따라서 지역정당체제가 성립할 것이다. 두 번째 가설은 지역주의가 개인적 수준에서 이미 존재한다고 가정할 때 예상되는 결과를 가지고 지역정당체제의 성립시점을 확인하는 작업이다.6) 셋째, 엘리트전략을 통해 지역정당체제의 성립시점을 분석하는 것이다. 절차적 민주주의의 특징인 경쟁에서 정치엘리트가 지역주의를 정치적으로 어떻게 조직화하고 동원하는가를 분석하는 것이 주목적이다. 두 번째와 세 번째는

---

6) 이러한 가정은 지역감정을 원초적인 것으로 역사적으로 형성됐다는 주장에서도 발견된다. 이갑윤은 충청, 경상, 전라 등은 자기정체성이 1천 년 이상 지속돼 온 지역으로서 사회문화적으로 동질성을 갖는 집단이라는 점에서 소속집단에 대해 정체성을 가지며, 내집단 선호도가 큰 것은 지극히 당연한 것으로 볼 수 있다(이갑윤 1998, 55)고 주장한다. 비슷한 주장이 다른 연구에서도 발견된다. 노병만(1998)은 한국민의 '지역연고 의식'과 지역갈등을 구분하면서 전자는 당연한 심리적 작용이며, 하등 문제될 것이 없다고 가정하고 있다.

상호 밀접히 연관된 현상이지만 분석을 목적으로 분리했다. 다음은 세 가지 가설을 차례로 조사한 결과이다.

첫째 가설에 따르면 높은 정치참여도는 특정 정당에 대한 지지로 이어지기 쉽기 때문에 높은 투표율은 지역정당체제의 성립을 의미한다. 예컨대 호남지역 유권자가 지역정당 후보의 당선을 위해 투표에 열성적으로 참여할 경우 지역정당의 지역적 지지기반은 공고해진다. 다른 한편 각 지역의 투표율이 동시적으로 변한다면 이는 지역주의적 동원의 전국화로 이해될 수 있다. 호남정당과 영남정당이 동일한 지역주의 전략을 강화해 투표자를 동원한다면 어느 특정 지역에만 특별히 높거나 낮은 정치참여는 존재할 수 없기 때문이다. 그러나 투표율의 높낮이는 지역정당체제의 성립시점을 말해 주지는 못하는 것으로 나타났다. 지역에 따른 투표율의 높낮이를 분산 분석한 결과 지역적 효과는 미미한 것으로 나타나기 때문이다.

두 번째 가설은 일부 유권자의 지역주의를 가정한 다음 지역주의는 개인투표자의 지지정당에 대한 선호도를 고정시키거나, 적어도 지지정당을 바꿀 가능성을 약화시킨다는 주장이다. 이 가설은 개인적 행위를 분석의 중심에 놓는다는 점에서 정당전략을 중심에 놓는 세 번째 가설과 다르다. 극도의 지역주의 체제를 가정할 때 투표자는 지역정당을 지지하는 것 외에 다른 대체정당에 투표할 유인책을 느끼지 않는다. 지역균열은 레이파트가 내세운 분절적 사회모형의 하나라고 할 수 있다. "완전한 다원주의 사회에서 선거는 분절적 센서스이다"(Lijphart 1981, 356). "분절적 사회에서 선거는 정책이나 후보에 대한 구체적 선거여론을 표현하는 것이 아니라 주기적 센서스이다"(Daalder 1996, 11). 이처럼 개인의 투표행위라는 관점에서 보면 지역주의는 투표행위가 선택행위가 아니라 자신의 출신지역을 재확인하는 일이다. 이 가설을 증명하는 것은 지역주의가 투표행위에 주는 영향을 측정하는 것과 같다.

유권자의 정당선호도 변화를 파악하는 간접적 자료는 선거유동성(net volatility)이다(Pennings 1998). 투표자가 지역주의의 영향에 압도돼 정당지지를 쉽사리 바꾸지 않는다면 선거의 유동성은 낮을 것이다. 반대로 유권자의 선호정당이 자주 바뀐다면 선거유동성은 증가할 것이다. 정당지지와 관련된 투표행태를 정확히 분석하기 위해서는 서베이자료가 가장 적절하지만 한국에서 서베이가 시작된 지는 얼마 안 됐기 때문에 차선의 대안으로 총합자료를 사용했다.[7]

한국의 유동성은 선진국의 역사적 추세와 비교하면 상당히 높은 수준에 있다. 나아가 오랜 민주주의체제와는 반대로 총유동성은 민주화 이후 상향하는 추세를 보인다. 비교적 절차적 민주주의가 지켜졌던 1948~60 및 1963~71년 기간의 유동성 평균이 각각 약 30%와 27%였던 것이 1988~2000년 기간에는 34%로 급상승했다. 특히 2000년 41%의 선거유동성은 한국 선거사상 1996년 총선에 이어 두 번째로 높은 것이다. 유권자의 지지정당 변화는 민주화 이후 지속적으로 상승하고 있다. 첫 번째 선거(1988)의 약 18%에서 1992년 총선에는 32%로 급증했고 1996년 총선에서는 약 43%로 대폭 증가했다. 왜 이와 같이 유동성이 증가했을까? 그 기본적 요인은 정당의 부침이다. 3김 또는 양김 정치의 지속에도 불구하고 지역정당체제의 공고화로 인해 지역적 기반이 약한 꼬마민주당이나 국민당이 일회성 정당으로 퇴장함에 따라 정당지지가 심하게 변했던 것이다. 제14대 총선에서 나타난 유동성의 급상승은 신생정당의 진입으로 정당지지를 바꿀 기회가 제공되었기 때문이다. 정주영이 급조한 국민당은 무려 17% 가까운 지지를 획득했으며, 이는 기성의 양당제를 일거에 변화시켰다. 제15대 총선에서는 다시 국민당이

---

[7] 두 자료는 서로 다른 속성을 갖지만 양자는 높은 상관관계를 갖고 있기 때문에 대체 가능하다(Bartolini Mair 1990, 37). 투표유동성 개념을 사용해 한국의 역대 총선을 시계열로 분석한 논문으로는 강명세(1998)를 참조하라.

사라진 반면 국민회의와 신민주공화당이 등장했기 때문에 유동성은 거의 배로 증가했다. 제16대의 높은 유동성에 가장 크게 기여한 요인은 민주당의 퇴출이며 그밖에 민국당의 등장과 민주노동당을 포함한 소수정당의 등장 때문이다. 이 점은 그간 많이 언급돼 온 '사당화' 현상을 말해 준다. 민주화 이후의 높은 유동성은 표면상으로는 가설을 부정하는 것처럼 보인다. 그러나 이는 지역정당체제와 모순되는 것이 아니라 역으로 증거가 된다. 유동성이 높아진 기본적인 이유는 '사당화'로 인해 지역정당이 끊임없이 정당의 명칭을 바꾸고 지역기반이 없는 정당이 사라졌기 때문이다.

지역정당체제가 아니라면 높은 유동성은 다수당체제로 이어졌을 것이다. 그러나 민주화 이후 한국의 지역정당체제는 2내지 3개의 정당이 독과점하고 있다. 지역정당의 독과점 현상은 레이가 제시한 정당체제의 분절화지수를 통해서 나타난다. 레이지수는 1에 가까울수록 정당체제가 극심하게 분절적이며, 반대로 0이면 하나의 정당이 선거를 독점하고 있다는 것을 의미한다. 지역에 기반한 정당이 지역의 지지를 독점하는 지역정당체제에서 분절지수는 작을 것이다. <그림 9-7>에서 볼 수 있는 것처럼 해방 이후 한국 정당체제의 분절도를 관찰하면 건국 이후 거의 1에 접근한다. 한편 1960년대의 지수는 양대 정당구도로 정착됨에 따라 역사상 가장 낮다. 분절도는 민주화 이후에는 약간 낮아지는 경향을 나타낸다. 특히 제16대 총선의 결과는 1990년대 이후 가장 낮은 분절지수를 기록하고 있어 영호남의 대립이 극심했다는 것을 말해 준다. 결국 정당의 부침에도 불구하고, 또 당명의 잦은 변경에도 불구하고 양당체제적 현상은 지역정당체제로 고착해 왔다는 것을 말해 준다.

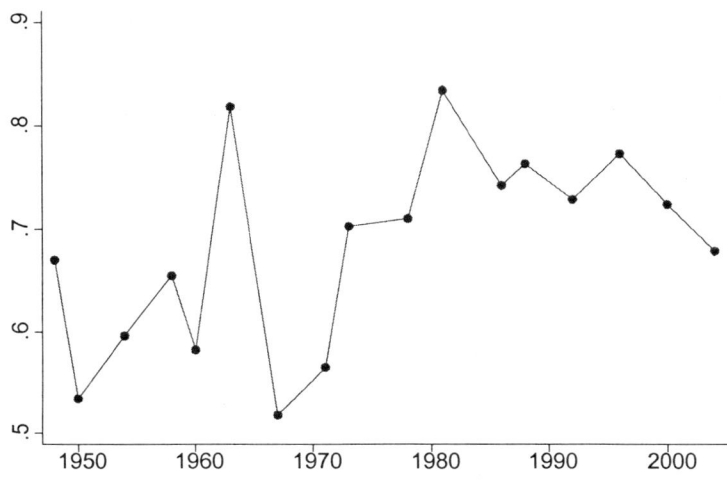

<그림 9-7> 한국 정당체제의 분절화 추이 (1948~2004)

정당경쟁과 지역정당체제

세 번째 가설은 지역주의는 정치적 대안의 공급을 제한한다는 주장이다. 지역정당은 지역의 정치적 대표이다. 그러나 이러한 대표성의 정당성은 다른 중요한 대안정당이 부재할 때 유지될 수 있다. 경쟁게임을 하는 정치엘리트는 자신이 생존하려면 지역주의 동원전략을 통해 정치적 경쟁의 공급측면을 제한할 필요가 있다. 지역정당의 과점은 지역정당 지지도의 합으로 나타난다. 민주화과정에서 호남이 본격적으로 지역화되기 시작한 1988년 선거에서 영호남 정당의 지지도를 합하면 76%이며, 지역주의에 동참하기 시작한 충청지역의 공화당을 포함하면 92%이다. <그림 9-2>에서 나타난 것처럼 지역정당에 대한 지지도의 합계는 1992년 정주영의 국민당이 진입함에 따라 대폭 감소해 67%에 머물다가 1996년 선거에서 74%로 증가했고, 다시 2000년 선거에서 90% 가까이로 육박해 1988년 선거의 수준으로 돌아갔다. 1992년 선거에서 지역정당 지지도의 합계가 감소한 것에서 알 수 있는 것과 같이 신생정당 국민당의 진입은 선택대안을 확대함으로써 지역투표 성향을 완화시켰다. 즉 공급측면이 개방되어 정당 간 경쟁이 높아지면 지역정당체제는 약화될 수 있었던 것이다.

이런 점에서 지역정당체제의 성립시점은 경쟁의 정도를 통해 파악할 수 있다. 정당지지도가 지역별로 크게 차별화된다면 이는 바로 지역정당체제의 공고화를 의미한다. 특히 1위 당선자와 2위 차점자 사이의 지지율에 크게 차이가 난다면 지역정당이 존재한다는 것을 의미한다. 이와 같은 비경쟁성이 지속적으로 나타날 경우 투표율은 떨어진다. 투표자 개개인의 입장에서 보면 한 표의 차이는 크지 않기 때문에 투표장에 나가지 않을 가능성이 많아진다. 지역균열이 완벽할 경우 정당과 유권자의 결속은 강고해지며 다른 지역당 후보의 당선 가능성은 희박해진다. 당선자와 2위 낙선자 지지도의 차이가 지역별로 갈라진다.

<표 9-6>은 1위와 2위 사이 정당지지도의 격차를 보여준다. 이 격차는 경쟁성의 정도를 의미한다. 유신 이후 권위주의시대에 실행된 선거(제9~12대)는 민주주의 시대와 비교하기 곤란하므로 제외했다. <표 9-6>

<표 9-6> 1, 2위 후보의 평균격차

선거	1-2위 평균격차
6대	11.9%
7대	22.9%
8대	18.7%
13대	18.9%
14대	18.2%
15대	19.8%
16대	21.7%

이 보여주는 것처럼 제7대 총선을 제외하면8) 1위 당선자와 차점자 사이의 지지도 격차는 벌어지는 추세를 보인다. 다시 말해 선거의 정당 간 경쟁성은 점차 떨어지고 있다. 민주화 이후의 시기에 국한하여 보면 정당지지도의 1위와 2위 사이의 평균격차는 점차 커져 2000년 선거에서는 22%에 접근할 정도이다. 지역정당의 지배가 지역 투표자를 얽매고 있기 때문에 자기 지역 출신에 대한 몰표현상을 반영하는 것이다. 경쟁성을 지역적으로 보면 지역정당체제는 더욱 확연해진다.

정당 간 경쟁의 지역주의화 현상을 보기 위해서는 정당 간 경쟁을 지역별, 시기별로 분석할 필요가 있다. 제6~16대 동안 1위와 2위의 격차가 지역적으로 어떤 패턴을 갖는가를 보기 위해 시기별(선거별), 지역별로 분산분석을 시도했다. <표 9-7>은 정당 간 경쟁성을 지역별로 분류한 것이다. 한국 정당체제의 지역화 현상이 언제 발생했는가를 조사하기 위한 가설은 지역 간 변동이 갑자기 커진 선거시점은 지역정당체제의 시점을 의미하는 것이다. 한편 시기별 변동이 없다면 1위와 2위의 격차가 고정적으로 나타나는 것이 지역정당체제가 고착됐다는 것을 의미한다. <표 9-7>에서 알 수 있는 것과 같이 지역별로 가장 경쟁적인 정당체제는 수도권지역이다. 특히 민주화 이후의 시대에 서울의 경쟁도는 최소 5.9%에서 최고 7.2%에 불과하다. 반면 호남지역에서 1위와 2위의 차이는 40% 이상이며 영남지역에서도 20%에 이르고 있다. 특히 호남지역은 16대에도 여전히 높은 폐쇄성을 유지한 반면 영남지역의 폐쇄성은 전국평균보다 낮다. 한편 지역정당체제에 뒤늦게 합류한 충청권의 경우 1, 2위 격차는 6~8대와 크게 다르지 않다. 이는 충청의 지역정치가 영호남 대결에 따른 반동의 성격을 갖고 있으며, 타 지역정당의 공략대상이 될 가능성이 높다는 것을 시사한다.

---

8) 제7대의 1위와 2위의 격차는 약 23%로 어느 선거보다 높다. 이러한 이상현상은 여기서의 분석범위를 넘으며 별도의 면밀한 분석을 필요로 한다.

<표 9-7> 지역별 평균격차

	6대	7대	8대	13대	14대	15대	16대
서울	14.5%	20.0%	22.6%	5.9%	6.7%	7.2%	5.9%
경기	7.3%	20.8%	18.6%	12.1%	9.5%	8.1%	11.6%
강원	8.4%	23.1%	18.5%	13.3%	12.6%	12.7%	13.6%
충청	13.2%	31.3%	16.3%	17.8%	16.7%	20.3%	17.8%
호남	10.1	22.1%	17.9%	44.3%	34.1%	47.8%	44.3%
영남	13.0	20.6	18.9%	18.8%	24.1%	22.0%	18.7%
제주	11.8%	31.5%	21.9%	10.8%	7.4%	6.8%	10.8%
전국	11.9%	22.9%	18.7%	18.9%	18.2%	19.8%	21.7%

<표 9-8> 정당경쟁의 변화

	1963~1971	1988~2000	1963~2000
지역별	10.5%	92.2%	41.6%
시기별	72.4%	0.7%	12.0%

<표 9-8>은 당선자와 제2낙선후보 간의 표차를 총변동과 지역 간 변동의 관계를 통해 분산 분석한 결과이다.9) 각 선거구별로 1, 2위 간의 차이는 지역 내 차이와 지역 간 차이로 분류된다. 예컨대 호남과 영남 지역에서의 1, 2위 간의 차이를 내부적 차이와 양 지역 간의 차이로 비교할 때 지역 내의 차이는 극히 작은 반면 지역 간의 차이가 높고, 이것이 매 선거마다 지속적으로 반복된다면 이는 지역정당체제를 말해주는 것이라 할 수 있다. 즉 검증하고 싶은 가설은 1, 2위 간의 격차가 지역별로 언제부터 대폭 확대되었는가를 보고자 했다. 권위주의시기를 제외한 제6대부터 8대까지의 기간, 그리고 1988년부터 2000년까지

---

9) 표는 일원배치 분석기법을 통해 전체자승합에서 차지하는 인자 자승합의 비중을 조사한 것이다. 총 변동 (또는 전체자승합)은 지역 내 변동(또는 잔차자승합)과 지역간 변동(인자자승합)의 합이며 지역간 변동이 총 변동에서 차지하는 비중이 높을수록 지역투표 경향이 높음을 의미한다.

의 기간을 대상으로 했다. 전 시기에 걸쳐 지역 간 격차의 변동이 전체 1, 2위 사이의 변동에서 차지하는 비중은 약 42%이다. 1963~1971년에 이 값은 약 11%에도 미치지 못했다. 그러나 1988~2000년에는 격차의 지역 간 변동은 92%를 넘는다. 나아가 이 시기에 선거별 변동이 불과 1%에도 못 미치는 점을 볼 때 위와 같은 추세는 시간의 흐름과 상관없이 지속되었음을 알 수 있다.

<표 9-8>을 통해 최소한 말할 수 있는 것은 적어도 1971년까지는 오늘날 우리가 보고 있는 것과 같은 지역정당체제는 전혀 아니었다는 점이다. <표 9-8>이 말해 주는 것처럼 1위와 2위 정당 간 지역별 패턴이 두드러지는 시기는 1988~2000년 기간이다. 이 시기를 1963~1971년 기간과 비교하면 그 차이는 명백하다. 지역 간 변동은 10.5%에서 92.2%로 급상승한다. 즉 총선의 지역화가 생긴 것이다. 전 시기의 평균은 약 42%이다. 한편 시기별 변동을 보면 초기(1963~71) 1위와 2위의 격차는 지역 간 패턴이 아니라 시기별 패턴을 드러낸다.[10] 1위 정당과 2위 정당의 격차는 6대에서 7대로 가면서 갑자기 높아졌다가 8대에는 다시 낮아지는 현상을 보인다. 이러한 역U자 현상은 지역과 상관없이 일어나기 때문에 시기별 변동이 높아지는 것이다. 1988~2000년에 전체 변동에서 차지하는 시기별 변동의 비중은 거의 없다. 이것은 지역 간 변동이 전체 변동을 결정했다는 것을 뒷받침한다.

셋째, 지역정당체제의 존립을 분석하는 데 필요한 또 하나의 중요한 작업은 정당지지도의 변동을 지역별, 시기별로 분석하는 것이다.[11] 한

---

[10] 이 시기만이 유일하게 높은 변동을 보이는 까닭은 앞에서 지적한 바와 같이 제7대 선거의 이상현상 때문이다. 제7대 선거에서 집권당인 공화당은 제6대에 비해 서울을 포함한 모든 시도에서 높은 지지를 획득했다. 예컨대 제6대 당시 서울의 공화당 지지율은 약 22%였으나 제7대에는 11% 증가한 33%였다. 공화당은 제1야당인 신민당과의 격차를 넓혔던 것이다.

[11] 사용한 통계기법은 일원배치 분산분석(one-way ANOVA)이다.

정당이 특정 지역에서 획득한 지지가 타 지역에 비해 크게 차이가 나는 반면 지역 내부적으로는 큰 차이가 없다면, 이는 지역정당체제가 존재한다는 것을 말한다. 나아가 이것이 수차례의 선거를 통해 변함없이 반복된다면 지역정당체제가 공고해졌다는 것을 의미하는 것이다. 이를 위해 분산분석을 이용했다. 정당지지도를 지역별로 분석해 그 지역적 편차가 얼마나 중대한가를 통계적으로 확인한 것이다. 총분산에서 지역적 분산이 차지하는 비중이 높을수록 지역정당체제가 강고하다는 것을 의미한다. 이 비중이 과거 총선의 역사에서 어느 한 선거를 기점으로 급격히 상승했다면 바로 이는 지역정당체제의 탄생시점이 되는 것이다. 지역주의적 투표행태를 통계적으로 조사하기 위해 1963~1971년(제6~8대) 및 1988~2000년(제13~16대) 기간에 투표자의 야당지지도가 다른 지역의 지지도와 얼마나 다른가를 검토했다.[12] 서울, 경기, 강원, 충청, 호남, 영남 및 제주 등 7개 지역의 투표성향이 서로 다른 정도를 측정했다. 즉 1963~1971년과 1988~2000년 자료를 기초로 할 때 지역균열은 전체변동을 약 23% 설명한다(<표 9-8> 참고). 이는 지역 간 차이보다 지역 내 차이가 훨씬 크다는 것을 의미한다.

　지역균열 발생시점을 포착하기 위해 자료를 두 부분으로 나누어 분석했다. 1963~71년의 자료를 분산 분석한 결과 지역 간 변동은 전체변동의 25%만을 설명하고 있다는 것을 알 수 있다. 이 결과는 적어도 1971년까지는 지역균열이 정치적 선호로 표출되거나 아직 동원되지 않았다는 것을 보여준다. 그러나 1988~2000년 기간만을 대상으로 호남의 정당지지도를 기초로 조사하면 지역 간 변동이 전체변동의 76%를 설명해 준다. 다시 말해 지역주의 투표경향은 적어도 1988년 이후의 현

---

[12] 야당이란 제15대 총선까지를 말한다. 이 기간에 DJ가 소속해서 활동한 정당이다. 제15대 대선에서 김대중 후보가 대통령으로 당선된 후 DJ정당은 여당이 됐지만, 우리의 관심은 지역 간 차별성에 있으므로 DJ정당으로 분류했다.

상이라는 것을 확인해 준다고 할 수 있다. 정당체제를 구성하는 주요 정당의 지역적 지지를 통해 동일한 분석을 하면 <표 9-9>와 같게 된다. 1963~1971년에 양당제를 구축한 공화당과 신민당을 대상으로 한 지역효과는 26%이며 전체 기간(1963~2000)의 지역효과는 약 23%에 불과하다. 그러나 1988~2000 년에 3개 정당의 지역효과를 평균하면 71%로 대단히 높게 나타난다.

한편 1963년 이후 97년까지 집권당이었고 현재 제1야당인 정당에 대한 지역효과도 DJ정당과 비슷한 상황이다. 제6, 7 및 8대 선거에서는 25%에 불과하던 지역효과가 13대 이후에는 69%로 급상승했고 전 시기에 걸친 값은 약 18%이다.

1987년 이후의 지역적 편차는 개별정당 지지도에서 더욱 확연히 드러난다. <표 9-10>에 표시된 것과 같이 영남을 기반으로 하는 민자당, 신한국당 및 한나라당의 지지도는 지역별 편차를 통해 약 70%를 설명할 수 있다. 한편 호남지역의 압도적 지지를 받은 평민당, 민주당, 국민회의 및 새천년민주당의 경우 약 76%가 지역별 분포에 의해 설명된다.

<표 9-9> 정당지지의 시기별 지역효과

기간	과거 여당	야당/DJ당
1963~1971	25%	26%
1988~2000	69%	76%
1963~2000	17.6%	22.7%

<표 9-10> 13대 이후의 정당별 지역효과

정당	지역효과
영남정당	69%
호남정당	76%
충청정당	70%
전체 평균	72%

4. 맺음말

　한국의 정당체제는 외견상 큰 변화 없이 지속된 것처럼 보인다. 정당체제 내 정당의 수를 분류척도로 삼는 정당체제의 형식(format)을 기준으로 하면 1950년대 이후 등장한 2, 3당 체제가 지속되고 있으며, 분단체제 이후 좌우균열에 따른 이념정당의 의회진입은 일어나지 않았다. 이 두 가지 기준에서 보면 한국의 정당체제는 연속적이다. 그러나 적어도 국회의원선거를 기초로 한다면 한국 정당체제의 가장 중대한 변화는 1980년대 후반에 발생했다. 정당의 수나 이념적 차원에서는 유의미한 변화를 발견할 수 없고 지역정당체제의 발생만이 대규모 격변이었다. 대규모 격변은 민주화가 출범한 1987년 직후인 1988년 총선에서 일어났다.

　총선 자료를 근거로 한 지역별 정당지지도 분석에 기초할 때, 지역정당체제는 1988년 13대 총선에서 출발했다는 것을 확인할 수 있다. 나아가 지역정당체제는 2000년 제16대 총선에서 역대 총선과 비교해서 공고해졌음을 알 수 있다. 지역정당체제의 징후는 여러 가지로 나타났다. 1988년 선거 이후 선거유동성은 감소했고, 1위 정당과 2위 정당의 지역별 차이는 확고하게 나타났다. 민주화 이후 계속되는 선거를 통해 각 지역정당 지지도의 분산분포를 분석하면 총변동에서 지역 간 변동이 높은 비중을 차지한다는 것을 알 수 있다. 다시 말해 특정 선거와 관계없이 지역정당에 대한 지역적 지지가 일관됐다는 것을 의미한다.

　지역균열이 정당체제, 나아가 정치체제의 변화에 주는 영향을 정확히 포착하기 위해서는 정치적 수요와 공급의 양 측면에서 분석할 필요가 있다. 수요측면이란 투표자의 투표행위와 관련되며, 공급측면은 정치엘리트의 전략문제이다. 이 두 가지 측면은 동전의 앞면과 뒷면 같은 상호 보완적 성격을 갖는다. 투표자의 수요가 없으면 지역정당은 처음부터 존립할 수 없으며, 마찬가지로 지역정당이 없다면 수요자는 다른 대안을 찾을 것이다. 지역정당체제가 공고해져 지역주의 투표를 하지 않는 투표자가 없다면 비지역주의 정당이 정치시장에 진입조차 할 수 없다. 지역균열에 기초한 한국형 지역정당체제의 문제는 과거의 민주당, 자유당 또는 공화당 등 비구조정당과 이념이나 정책의 면에서 아무런 차별성을 갖지 않는다는 점이다. 실제로 한국 정당체제의 가장 커다란 변화로 나타난 지역정당체제의 탄생은 민주당 신·구파와 인맥을 같이한다는 데서도 알 수 있듯 기성 보수정당이 투표극대화 전략의 하나로 지역동원 전략을 선택한 결과이다.

지역주의의 반민주적 문제 가운데 가장 심각한 현상은 민주주의의 근간을 이루는 정당 사이의 경쟁이 약화된다는 것이다. 민주주의체제에서 정당 간 경쟁을 의미하는 선거는 경쟁이 없을 때 무의미해진다. 경쟁 약화는 불확실성을 생명으로 하는 선거를 예측 가능한 것으로 만들기 때문에 유권자의 정치참여 의욕을 저하시킨다. 실제로 16대 총선의 투표율은 역사상 가장 저조한 57%에 불과했다. 투표율은 OECD국가와 비교할 때 가장 낮은 미국의 정치참여 수준과 흡사하다.

제10장 한국정치체제의 구조와 변화: 지역정당체제의 동학

　이 장의 목적은 한국 정당체제의 구조와 변화를 설명하고 한국정치사에서 최대의 변화인 지역정당체제가 어떻게 등장하게 됐는지를 분석하는 것이다. 정당에 대한 혐오는 세계적 현상이며 시대를 가리지 않는다. 어디나 할 것 없이 정당은 부패의 원천으로 지탄을 받고 있다. 그러나 정치대표를 통해 유권자의 선호가 표현되는 정치체제에서 정당 없는 민주주의는 불가능하다. 전례가 없는 정당불신에도 불구하고 열린우리당 창당이 보여주는 것처럼 정당은 끊임없이 새로 태어난다. 민주주의체제에서 정당은 시민사회와 국가를 연결하는 가장 중대한 제도이다. 이 장의 목적은 한국 정당체제의 구조와 그 변화를 분석하는 것이다.

　정당은 사회균열과 관련돼서 시민사회의 정치적 요구를 표출하고 조직화하는 역할을 한다. 정당체제는 이러한 정당의 상호작용을 의미한다. 그러나 정당체제가 곧 정당으로 환원되는 것은 아니다. 정당체제는 나름의 속성을 갖고 정당의 활동에 영향을 주기 때문에 정당체제는 정당과는 별도의 독자적인 연구대상이 된다. 정당의 기원과 발전은 사회균열의 종류와 그 정도에 따라 달라진다. 정당체제에 영향을 준 주요 사회균열에는 계급, 종교, 인종 및 지역 등이 포함된다. 다양한 사회균열 중 어느 것이 정치적 균열구조를 주조하는가는 사회가 처한 역사적 조건의 산물이다. 한국에서는 1970년대 이후 지역주의가 정치갈등을 지배하는 사회균열로 굳어졌다. 그 이전까지 한국사회에서는 어떠한 사회균열도 정치적 경쟁의 축으로 변환되지 않았다. 오랫동안 사회균열은 잠재적 갈등으로 내재했을 뿐 정치적으로 조직화되지 않았던 것이다. 그러나 민주화투쟁을 거치면서 한국정치에는 새로운 지역균열이 정치적으로 표출되기 시작했다. 지역균열의 원인과 역사에 대해서는 적지 않은 논란이 있으나, 적어도 현대사회의 정치적 균열로 나타나게 된 것은 리더십 문제와 깊게 결부돼 있다. 권력독점의 성향이 강한 한국의 대통령제 하에서 대통령직을 두고 영호남 지도자의 경쟁이 계속되면서 지역균열은 정치적으로 공고하게 발전했다. 리더십 문제가 해결되면 지역주의는 해결될 것이라는 것은 지나치게 소박한 희망이었다. 지난 20년 동안 공고해진 지역정당체제는 나름의 독자적 기반을 구축했으며 정당과 투표자의 행위를 구속하고 있다.

  이 장은 우선 한국 정당체제가 어떠한 특징을 갖고 있는지를 설명하는 것으로부터 시작할 것이다. 특히 다른 나라의 정당체제와 어떻게 다른지를 설명함으로써 한국 정당체제의 특성을 밝히고자 한다. 한국 정당체제에 중대한 변곡점이 있었는지, 있었다면 언제인지를 설명하고, 왜 그런 현상이 일어나게 됐는지를 분석할 것이다. 건국 이후 한국 정당체제의 최대 변화는 지역정당체제의 구축이다. 한국 정치체제의 가장 커다란 문제로 지적돼 온 지역정당체제 형성의 시점과 그 원인을 분석할 것이다. 마지막 부분은 결론으로서 앞의 논의를 재점검하고 지역정당체제의 변화 가능성에 대해 논할 것이다.

1. 한국의 정치경쟁과 정치적 결속체제

정당은 정치적 결속체제에 기반한 제도이다. 정치적 결속체제는 정치적 지형의 밑그림을 형성하는 사회균열의 연장이다. 립셋이 말한 것처럼 민주주의 발전은 균열의 제도화를 의미하며, 때문에 안정적 정당을 만들어 내는 것이 필수적이다(Lipset 2002). 정당은 선거에서 공직후보를 내는 정치적 조직이다(Sartori 1976, 64). 정당체제는 정치적 경쟁에서 일정하게 정형화된 방식에 따라 움직이는 정당의 집합을 말한다. 더 구체화시키면 정당체제는 정치적 경쟁의 패턴을 의미한다. 정당체제는 정당 간 상호작용이나 정당이 서로 관계 맺는 방식에 의해 정의된다(Mair 2001, 38). 정당경쟁은 정당체제를 구성하는 가장 기초적인 특징이며 정당체제와 관련해서 두 가지 점을 시사한다. 첫째, 정당은 동일한 정당체제 안에 있다 하더라도 각 정당이 동일한 비중을 갖지는 않는다. 주요 대정당에 비해 작은 정당은 정당체제에서 그리 중대한 의미를 갖지 않기 때문이다. 통합민주당을 비롯해서 한국정치사에서 특히 선거 때 생겨났다가 이내 소멸된 무수한 정당이 이를 말해 준다. 둘째, 정당경쟁은 '정당들의 체제'는 정당체제와 다르다는 사실을 강조한다. 정당경쟁이 없는 정당체제는 진정한 정당체제가 아니라 단순한 정당들의 체제에 불과하다. 예컨대 1980년대까지 네덜란드 정당체제의 특징이었던 분절적 정당체제에서 각 정당은 자신의 지지기반을 확고히 할 뿐 다른 정당의 지지자들에게는 지지를 호소하지 않았다. 여기서 정당은 지지경쟁을 하지 않으며 정당체제의 특징인 '정형화된 상호작용'을 하지 않는다. 두 번째 예는 개도국 정당정치에서 나타난다. 후진국 정치체제에서는 아직 정당일체감이 조직화되지 않았고 선거결속의 구조도 미약하며, 따라서 투표자와 정당 간의 지지패턴이 존재하지 않는다. 한마디로 이러한 사회의 정당체제는 제도화 이전의 단계에 있는 것이다.

정당체제가 얼마만큼 '체제성'을 갖는가는 시대마다, 나라마다 다르다. 정당체제 제도화의 단계는 역사적인 것이다. 제도화의 정도는 예측 가능성 여부를 통해 알 수 있다. 제도화의 단계가 높은 강력한 정당체제는 예측 가능성이 높으며, 반면 제도화가 취약한 정당체제는 예측하기가 어렵다. 정당 간의 상호작용은 선거 투표장, 의회, 정부 등의 다양한 장소에서 이루어지지만, 정당체제를 다른 체제와 구별하는 가장 중요한 특징은 집권방식이다. 예컨대 양당제의 정부교체 방식은 다당제의 방식과 다르다. 경쟁구조가 폐쇄적인 체제에서는 선거 후 정부교체는 예측 가능한 방식으로 나타난다. 참여정당의 폭과 범위가 예견된다는 뜻이다. 다른 한편 개방형 경쟁구조의 정당체제, 즉 비제도화된 정당체제에서는 정부교체를 예측하기 어렵다. 예상과 다른 정당의 참여가 발생하기 때문이다. 이와 같은 정당체제의 차이는 투표자의 선택에 영향을 미친다. 제도화된 정당체제에서 투표자는 예측 가능한 조건에서 정당을 선택하며 이는 잠재적 집권정당의 선택을 함축한다. 한편 비구조화된 정당체제에서 투표자는 정당 중에서 선택을 할 뿐이지, 이것이 정부구성을 예측한 가정에서 이루어지는 것은 아니다.

정당체제 분석은 체제변화에 대한 분석을 의미한다. 정당체제 변화는 정당의 변화와는 다르다. 정당이 변하더라도 정당체제는 변하지 않을 수 있다. 반대로 정당이 변하지 않더라도 정당체제의 변화는 가능하다. 로칸의 개척적인 연구 이래 정당체제에 대한 연구는 전통적으로 변화와 계속성에 관심을 집중해 왔다.

정당체제 연구를 처음 시작한 두베르제(Duverger 1954)는 정당체제의 변화를 밝히기 위해 정당체제 내에 존재하는 정당의 숫자에 주목했다. 정당체제의 본격적인 연구는 사르토리의 연구로 시도되었으며 이는 고전적 준거틀로 자리를 잡았다. 사르토리(Sartori 1976)는 두 가지 차원으로 정당체제를 분류했다. 두 차원이란 정당의 수와 정당의 이념적 격차이다. 정당의 수는 체제 속에 정당이 얼마나 많은가를 표시하기 위한 것으로 분열도(fragmentation)를 측정하는 데 사용된다. 두베르제가 제기한 정당의 수를 말하며, 다른 차원은 정당의 이념 또는 정책이 얼마나 차별적인가를 의미하는 분절도(polarization)이다.

<표 10-1>은 역대 총선에서 나타난 정당의 수이다. 정당의 수는 분

<표 10-1> 정당의 수[1])

	선거정당	의회정당	불비례성
1 대	11.68	9.87	1.8
2 대	39.44	29.98	9.5
3 대	7.02	3.11	3.9
4 대	3.41	2.45	1.0
5 대	5.61	1.77	3.8
6 대	5.28	2.18	3.1
7 대	2.73	1.64	1.1
8 대	2.29	2.01	0.3
9 대	3.76	2.00	1.8
10 대	4.68	2.16	2.5
11 대	5.03	2.54	2.5
12 대	3.89	2.72	1.2
13 대	4.28	3.54	0.7
14 대	3.79	2.74	1.0
15 대	4.50	3.16	1.3
16 대	3.52	2.37	1.2

---

1) 정당의 수는 실질적인 수를 말한다. 이를 구하기 위해서는 먼저 집중지수(p_2)를 구한 후 이의 역수를 취하면 된다. 한편 레이는 $1-p_2$를 분열지수로 사용했다. p는 각 정당의 득표율 또는 의석률을 말한다.

절지수의 역수이며, 여기서 선거정당과 의회정당이란 각각 선거에서의 득표율과 의석률에 따라 계산된 값이다. 정당의 수를 통해 본 한국 정당체제에는 몇 가지 특징이 엿보인다. 첫째, 국가형성 초기 아직 정당체제가 형성되기 전의 단계에는 정당이 우후죽순처럼 난립해 분열도와 분절도가 극도로 높아 1950년 선거의 경우 선거에 참여한 정당의 수는 무려 40개에 가까우며 의회에 진입한 정당의 수는 약 30개에 달한다. 마지막 칸은 선거정당의 수에서 의회에 진입한 정당의 수를 뺀 값으로서 정당별 의회분포가 사회의 정치적 분포로부터 얼마나 동떨어졌나를 보여주는 불비례의 정도를 가리킨다. 완전 비례대표제라면 선거정당의 수와 의회정당의 수는 같다.

두 번째 특징은 양당제의 경향이다. 정당체제가 어느 정도 정비된 1950년대 이후 의회에 진출한 정당을 기준으로 할 때 양대 정당제의 경향이 나타난다. 1958년 제4대 선거를 가리켜 한 연구는 "한국 선거사상 최초로 원내의 강력한 두 정당이 구심적으로 경쟁하는 총선거였다"고 기록했다(최한수 1996, 476). 이후 2000년 16대 총선까지 의회정당의 평균숫자는 2.4개로 양당제의 특성을 보인다. 이후 1960~1970년대에는 확고한 양당제로 발전했다. 제5대부터 제10대까지 평균 의회정당의 수는 1.9이다. 그러나 양당체제는 1980년대 군사정부의 등장과 함께 다당제로 전환한다. 군사정부는 선거구의 크기를 확대해 부분적으로 동반당선을 유도함으로써 양당제에서 이탈하는 데 기여했다. 그러나 민주화 이후 선거구의 크기가 다시 복원됐음에도 불구하고 지역정당체제의 도래는 과거와 같은 양당체제를 어렵게 만들었다. 지역정당체제에 동반하는 정당과 저항하는 정당의 부침에 따라 다당제적 성격이 나타났던 것이다.

2. 한국의 정당과 정당체제

1) 구조정당과 비구조정당

정당의 유형은 다양한 기준에 따라 여러 가지 분류가 가능하지만, 사회균열의 축을 따라 분류하면 구조화된 정당과 그렇지 않은 정당으로 양분된다. 구조화된 정당이란 계급, 지역 및 종교 등의 사회균열에 기초한 정당을 뜻한다(Lane and Ersson 1999, 3장). 반면 보수당이나 자유당 또는 극우정당 및 환경정당 등 이념적으로 특정한 사회계층의 지지에 기반하지 않는 정당은 비구조정당이다. 해방 이후 정당정치가 출범한 이래 한국에는 최근까지 구조정당이 극히 짧은 시기 존재했다가 한국전쟁 이후 완전히 사라졌다. 혹독한 냉전의 결과인 분단으로 인해 서구적 의미의 사회균열은 정치적으로 표출될 수 없었다. 이런 관점에서 보면 지역주의는 구조적 정당의 탄생을 알리는 신호탄이었다. 한국 정당정치체제의 가장 큰 변화는 지역주의 정당체제의 등장인데, 이는 지역정당이라는 구조정당의 등장과 궤를 같이한다. 이러한 정당분류를 기초로 한국의 정당체제를 분석하면 지역균열에 근거한 지역정당은 구조정당이며 나머지, 예컨대 '꼬마민주당'은 지역기반이 약한 비구조정당이다(강명세 2001). 전통적으로 한국에는 구조정당이 존재하지 않았다. 한국정치사에는 지역정당이 생겨나기 전까지 보수 내지 자유당이 지배정당으로 자리를 잡고 있었다. 한국 정당체제는 1988년 총선을 기점으로 비구조정당 체제로부터 구조정당 체제로 전환했다.

제9장에서 언급한 것처럼 역대 총선에서 나타난 구조정당과 비구조

정당의 지지율은 확연히 구분된다(제9장의 <그림 9-6> 참조). <그림 9-6>은 한국 정당정치의 두 가지 특징을 보여준다. 첫째, 초기의 '정초선거'에서는 구조정당이 비구조정당과 균형을 이루어 대립했다. 이 시기에는 무소속을 구조정당으로 분류했다. 건국 초기 및 초기 분단체제 상황에서 사회당계열의 인사들이 무소속으로 출마했기 때문이다(강명세 1999). 자유당이나 민주당 등 비구조정당의 지배적 색채는 무소속계열의 대거 당선으로 완화된 상태였다. 한편 시간이 흐를수록 구조정당은 소멸하고 이 자리는 비구조정당이 차지하게 됐다. 그러나 비구조정당의 독점은 지역주의 정당정치와 함께 붕괴된다. 1988년 지역정당체제의 등장과 더불어 비구조정당은 주변부로 밀려나고 해방 이후 처음으로 명실상부한 구조정당이 지배적 정당으로 등장한 것이다. 제14대와 15대 총선에 비해 16대 총선에서 구조적 정당이 더욱 두드러지게 된 까닭은 각각의 선거에서 4위를 차지한 통일국민당과 통합민주당의 존재 때문이다. 한편 제16대 총선에서는 비지역정당이 소멸하고 지역주의의 강화로 인해 구조정당의 비중이 증가하고 비구조정당이 약화됐던 것이다.

2) 지역정당체제의 성립

지역주의적 투표행태는 정당체제의 안정성을 높이고 예측 가능하게 하는 효과를 갖는다. 개인적 차원에서 보면 지역주의는 투표자의 지역정당에 대한 일체감을 강화시킨다. 다른 한편 정당체제 차원에서 보면 정당 간 경쟁을 예측 가능하게 만들고 정치시장을 봉건화 또는 폐쇄화시킨다. 폐쇄성과 안정성을 측정하기 위해서는 지역정당이 자신의 폐쇄적 지지시장에서 행사하는 독점적 지배력을 비교해야 한다.

지역주의 정당이란 자신의 지역에서 압도적 우세를 기록하는 정당을 말한다. 일부 산업이 특정 지역에서 배타적으로 특화된다면 이 지역에서 가장 많은 노동력을 흡수할 것이다.[2] 일례로 울산지역에서 기계산업이 특화되어 이 지역의 고용에 기여한다면 다른 지역과는 다른 특화된 성격을 갖게 된다. 다시 말해 특정 지역에서 특화될수록 다른 지역과의 차별성은 강해질 것이다. 지역주의 정당체제도 비슷한 논리로 설명된다. 한 지역에서 특정 정당이 상대적으로 높은 지지를 받는다면 이러한 정당은 지역정당이며 전국적 정당이 아니다. 전국적 정당은 각 지역에서 동일한 지지를 받는 정당을 말한다. 한나라당과 열린우리당이 전국정당으로서 영호남에서 고른 지지를 얻는다면 한국의 정당체제는 더 이상 지역주의 정당체제가 아니다. <식 1>은 지역균열지수를 의미하는데, 정당의 지역별 지지도의 절대값을 합한 것이다. X는 한 정당의 지역별 지지도를 의미한다. X*는 다른 정당의 지지도를 말한다. 각 정당의 지역별 지지도가 동일하다면 지역균열지수는 0이다. 반면 정당이 각 지역에서 얻는 득표가 전혀 다르다면 지역균열지수는 높게 된다. 그러나 지역균열지수는 지역별 가중치를 고려하지 않기 때문에 그 사용은 신중해야 한다. 지역균열지수는 지역이 많아지고 지역정당의 수가 많을수록 높아진다. 따라서 지역의 수가 적을수록 지역균열을 충실히 반영한다. 이러한 점을 감안해 여기에서는 지역을 가능한 한 줄이기 위해 서울, 경기, 강원, 영호남 및 충청의 5개 지역으로 분류하고 투표자의 수가 적은 제주도는 제외했다.

$$\text{지역균열지수} = \sum |X - X^*| \qquad \text{<식 1>}$$

---

[2] 크루그만(Krugman 1991)이 지역과 통상의 관계를 분석하기 위해 이용했다.

<표 10-2> 평민당 창당과 지역정당체제

	민정당	민주당	평민당
민정당		1.12	2.23
민주당			1.80

지역정당체제 성립의 일차적 요인은 지역정당의 등장이다(Mair 1997, 52). 이 점에서 보면 1988년 제13대 국회의원선거는 지역정당의 등장을 알리는 획기적인 사건이었다. 당시 김대중 후보가 주도한 평민당 창당은 그 이전까지 잠복적으로만 존재했던 지역균열을 정치적으로 조직화하는 것이었다. 당시 총선에서 평민당은 전국적으로 19%의 지지를 획득해 김영삼의 민주당이 얻은 24%에 못 미쳤지만, 호남지역에서 일거에 69%를 얻어 호남의 제1당이 되었다. 반면 제1, 2당을 차지한 민정당과 민주당의 호남 지지도는 각각 23%, 1%로 미미했다.

지역정당의 등장이 지역정당체제에 주는 의미를 보다 깊이 파악하기 위해서는 제13대 선거결과를 제12대 국회의원 선거결과와 비교해 보는 것이 필요하다. 제12대 선거에서는 아직 지역당이 뜨지 않았고 제1, 2야당이었던 신민당과 민한당은 전국정당의 성격을 갖고 있었다. 각 당의 호남에서의 지지도를 살펴보면, 여당인 민정당, 신민당 및 민한당은 각각 36%, 26%, 18%였다. 한편 이 3당의 영남에서의 지지도는 각각 36%, 26%, 20%로서 지역적 편중은 거의 없었다. <표 10-3>은 제12대 총선의 지역균열지수를 적은 것이다.

<표 10-3> 제12대 국회의원선거와 지역균열지수

	민정당	신민당	민한당
민정당		1.17	1.10
신민당			0.54

<표 10-4> 지역균열지수 (1948~2000)

역대 국회의원 선거	제1당과 제2당 간의 지역균열지수 (득표율 차)
제 1대 1948	1.23
제 2대 1950	0.60 (0.00)
제 3대 1954	1.91 (0.29)
제 4대 1958	1.05 (0.08)
제 6대 1963	0.75 (0.13)
제 7대 1967	1.37 (0.18)
제 8대 1971	0.72 (0.05)
제 9대 1973	0.56 (0.06)
제 10대 1978	0.61 (0.01)
제 11대 1981	0.92 (0.14)
제 12대 1985	1.17 (0.06)
제 13대 1988	0.83 (0.10)
제 14대 1992	1.26 (0.09)
제 15대 1996	1.50 (0.10)
제 16대 2000	1.18 (0.03)
평균	1.03

민정당과 신민당 간의 균열지수는 1.17로서 제13대에서 민정당, 평민당 간의 지수인 2.23의 반값에 불과하다. 요약하면 정당체제의 변화를 표시하는 요소 중 새로운 정당의 창당은 가장 중요한 요인의 하나이다. 1988년 선거에서 만들어진 평민당은 바로 새로운 지역정당의 창당이며 이는 지역정당체제로의 변화를 의미하는 것이었다.

지금까지 지역정당체제에 대한 논의는 주로 국회의원선거를 기반으로 했다. 지금부터는 위의 주장을 보강하기 위해 대통령선거의 지역균열성을 제시하고자 한다. 대통령선거 자료 또한 지역정당체제의 등장과 공고화를 증언해 준다. <표 10-4>는 역대 총선에 나타난 지역균열지수를 기록했다. 제4대의 균열지수는 계산할 수 없다. 4.19혁명 직후의 총선에서 민주당이 독주하고 무소속후보가 난무했기 때문이다.

<그림 10-1>은 역대 대통령선거에서 후보의 지지도를 근거로 만든

균열지수의 변화를 보여준다. 초기 국가형성기에 실시된 제2대 및 제3대 대선은 이상할 정도로 높은 균열지수를 기록하고 있으나, 이는 사실은 후보 간의 커다란 지지도 차이에서 나타나는 산술적 현상일 뿐이며, 따라서 역대 대선의 비교자료로는 적합하지 않다. 예컨대 제2대 대선 당시(1954) 1위와 2위를 기록한 이승만과 조봉암 후보의 득표율은 각각 72%와 11%였다. 모든 지역에서 이승만 후보가 압도하고 있으므로 당연히 균열지수는 높게 된다. <그림 10-1>은 유신독재와 전두환 독재시대에 실시된 대통령선거를 제외하고 1960년대 이후의 비교적 공정한 자유선거를 기초로 해서 비교한 것이다. 특히 1987년 민주화 이후 대통령선거 경쟁은 치열해 1위와 2위 간의 차는 4% 이내에 머물렀다. 역대 평균지수는 1.54로서 13대 이후의 모든 대선에서의 균열지수는 평균을 넘는 반면 5~7대 대통령선거 등 이전 선거에서의 지역균열지수는 평균치보다 낮다.

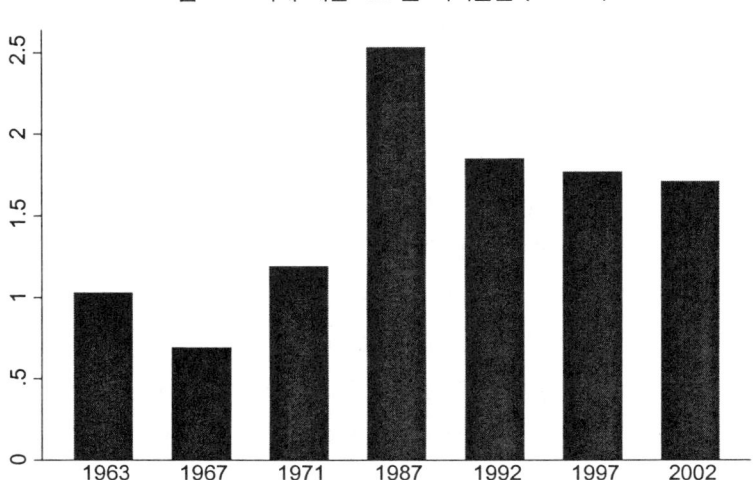

<그림 10-1> 역대 대선으로 본 지역균열 (1962~2002)

<표 10-5> 제13대 대선의 지역균열

	노태우	김영삼	김대중	김종필
노태우		0.86	2.33	1.78
김영삼			1.99	1.51
김대중				1.66

역대 총선의 지역균열지수 자료에서 가장 눈길을 끄는 것은 1987년 제13대 대통령선거에서 나타난 것이다. 지역균열지수 가운데 가장 높은 값은 노태우와 김대중 후보 간의 균열지수로서 2.3이라는 최고값을 기록했다.

제13대 대선에서는 전두환 대통령의 후계자인 노태우와 3김, 즉 김영삼, 김대중 및 김종필의 네 후보가 경쟁했다. 이들 후보의 지지율은 각각 35.9%, 27.4%, 26.5%, 7.8%였다. 영남지역은 남북으로 다른 지지현상을 보였다. 부산·경남에서 이 지역 출신인 김영삼 후보가 53%의 지지를 얻은 반면 대구·경북 출신인 노태우 후보는 36%를 획득하는 데 그쳤다. 한편 김영삼 후보는 경북지방에서도 26%의 지지를 얻어 28%의 지지를 받은 노태우 후보와 접전을 벌였다. 따라서 <표 10-5>에서 보는 것처럼 노태우와 김영삼 사이의 지역균열지수는 0.86의 낮은 수치를 기록한다. 다른 한편 노태우와 김대중 후보 사이의 경쟁은 균열지수 2.33으로서 노태우, 김영삼 사이와는 반대현상을 보인다. 김영삼, 김대중 사이의 균열지수는 1.99이며 노태우, 김대중보다는 작지만 노태우, 김영삼 간 균열지수의 2배를 초과한다. 이처럼 영호남의 대립은 여야뿐 아니라 야권 내부에서도 존재하는 만큼 후보단일화의 실패는 지역균열을 확대시키는 결과로 이어졌다. 김대중 후보는 호남지역을 '싹쓸이'한 반면 노태우와 김영삼 후보는 영남지방을 양분했다.

영호남의 대립은 제14대 대선에서도 재현되어 균열지수는 역대에서 두 번째로 높은 1.85를 기록한다. 형식적으로는 김영삼과 김대중 후

<표 10-6> 제15대 국회의원선거와 지역균열

	신한국당	국민회의	민주당	자민련
신한국당		1.50	1.30	1.20
국민회의			1.22	1.71
민주당				0.58

보 외에 정주영과 박찬종 후보가 가세한 4파전이었지만, 실질적으로는 김영삼과 김대중의 대결로 압축되었다. 지역주의 정당체제의 패턴은 제15, 16대로 이어졌다. 균열지수 자체는 약간 하락하지만 지역주의의 큰 추세는 변함이 없다. 정당 간 경쟁이 치열해 당선자와 차점자 사이의 간격이 1~2%에 불과했던 제15, 16대 대선에서 영호남은 각각 자신의 후보로 여겨지는 후보에게 몰표를 주었다. 제15대의 경우 김대중 당선자와 이회창 후보는 영남지역에서 각각 13%와 58%의 지지를 획득했다. 반면 호남지역에서는 정반대로 김대중 당선자는 93%, 이회창 후보는 3%를 얻었다. 이러한 격차는 김대중 후보가 호남지방을 완전 독점했음을 보여준다. 제16대 대선에서는 경남 출신의 노무현이 민주당 후보로 나섰지만 지역균열은 약화되지 않았다. 이회창 후보는 서울 출신이지만 한나라당 후보라는 점에서 영남지역에서 많은 지지를 확보했다. 노무현 후보는 호남에서 93%의 지지를 얻었다. 이는 제15대 대선에서 김대중 후보가 호남에서 받은 지지율과 동일하다. 이회창 후보는 영남에서 68%의 지지를 얻은 반면 노무현 후보는 25%를 획득했다. 노무현 후보의 영남지역 지지도는 제15대 대선 시 김대중 후보의 영남권 지지도였던 13%보다 12%나 높은데, 이 점이 당선에 결정적으로 기여했던 것으로 평가할 수 있다.

그러나 지역정당체제는 요동쳐 왔다. 지역정당체제가 구축되면 정당체제의 안정성이 높아질 것으로 예상되지만, 한국의 현실은 그렇지 않았다. <그림 10-2>에서 보는 것처럼 총선의 유동성은 3김시대를 전

<표 10-7> 제16대 국회의원선거와 지역균열

	한나라당	새천년민주당	자민련
한나라당		1.61	2.05
새천년민주당			1.76

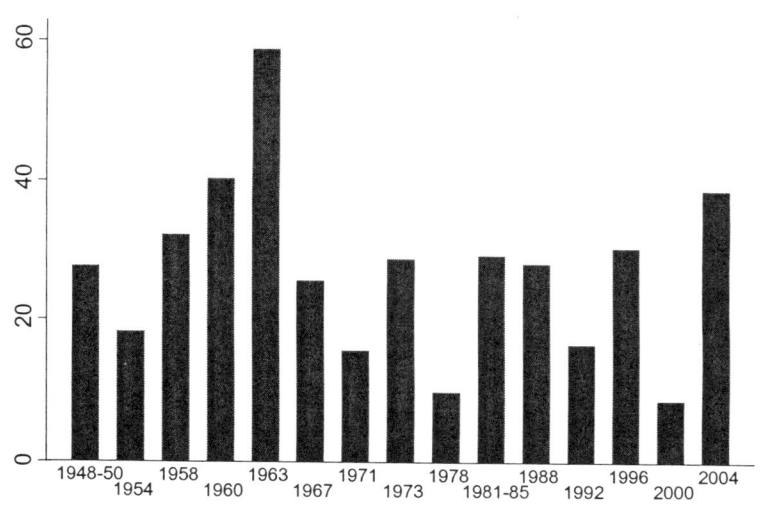

<그림 10-2> 역대 총선의 유동성 (1948~2004)

후해서 뚜렷한 패턴이 나타난다. 총유동성은 1980년대 3김시대의 개막과 함께 크게 상승했다. 3김시대 이전 가장 높은 유동성을 기록했던 1960년 선거는 4.19혁명으로 인한 자유당 퇴장에 이은 정치적 격변기로서 정치참여가 활성화된 시점이었다. 제5대 총선의 특수성을 제외하면 선거유동성은 1980년대 이후 팽창해 왔다. 박정희가 집권했던 1960, 70년대에 야당은 단일화돼 있어 양대 정당체제가 유지되었기 때문에 선거유동성은 높지 않았다. 1996년 제15대 총선에서는 43%로 역사상 가장 높은 유동성을 기록했다.

지역정당은 정치적 지지시장을 지역으로 분할한다. 지역정당체제의 독과점 현상은 레이가 제시한 정당체제 분절화지수를 통해서도 알 수 있다. 레이지수가 1에 가까울수록 정당체제가 극심하게 분절적이며 반대로 0이면 하나의 정당이 선거를 독점하고 있다는 것을 의미한다. 특정 지역의 지지를 독차지하는 지역정당으로 구성된 지역정당체제에서 지역균열이 다층적이지 않을 경우 분절지수는 작게 된다. 두 개 지역, 예컨대 영호남 지역균열이 존재하는 곳에서는 영호남지역에 할거하는 정당이 존립하게 되므로 정당체제는 분절적이지 않다. <그림 10-3>은 해방 이후 한국정당체제의 분절도를 보여준다. <그림 10-3>에서 보는 것과 같이 무수한 정당이 우후죽순처럼 생겨났던 건국 직후의 분절지수는 거의 1에 접근한다. 한편 1960년대의 지수는 양대 정당구도로 정착됨에 따라 분절도는 급격히 낮아져 역사상 가장 낮다. 분절도는 민주화 이후 약간 낮아지는 경향을 나타낸다. 특히 제16대 총선의 결과는 1990년대 이후 가장 낮은 분절지수를 기록하고 있다. 지역정당체제가 안정화되었다는 것을 반영하는 것이다. 3개 지역에 기반한 정당의 지지도를 합하면 83.5%에 이른다. 5% 이상의 지지를 얻은 정당은 3대 정당으로 제15대 총선에 비해 하나 감소했다. 통합민주당이 참여한 제15대 총선에서 지역정당 지지도의 합은 76%에 불과했다. 통합민주당은 전국적으로 비교적 고른 지지를 받았지만, 그 지지도는 11%로서 제4당에 그쳤다. 제16대 총선에서는 통합민주당의 소멸과 함께 분절도가 낮아졌다. 또한 정당의 이합집산이 없어 총유동성은 급격히 떨어져 5.6으로 정치사상 가장 낮은 수치를 기록했다.

지금까지 지적한 지역정당체제의 성격은 경쟁의 정도를 통해서도 재확인된다. 지역정당체제의 유무 혹은 그 정도는 지역별 정당지지도의 차이를 의미한다. 이런 점에서 지역정당체제는 경쟁이 없는 정당체제이다. 대통령 또는 국회의원선거 결과를 선거구별로 조사해 1위 당

<표 10-8> 평균격차

선거	1, 2위 평균격차
6대	11.9%
7대	22.9%
8대	18.7%
13대	18.9%
14대	18.2%
15대	19.8%
16대	21.7%

자료: 중앙선관위

선자와 2위 차점자 사이에 득표율이 크게 차이가 난다면 이는 지역정당체제의 존재를 알리는 것과 같다. 지역균열이 완벽하게 고착될 경우 정당과 지역 내 투표자의 결속은 공고해지며 당선 여부는 당내문제 혹은 공천문제일 뿐이 된다.

<표 10-8>은 제6대부터 제16대까지의 국회의원선거에서 1위와 2위 사이의 정당지지도 격차를 보여준다. 이 격차는 경쟁성의 정도를 의미한다. 격차가 클수록 폐쇄성이 높다. 유신 이후 권위주의체제 하에서 실시된 제9~12대 선거의 격차는 제외했다. <표 10-8>에서 나타나는 것처럼 제7대 총선을 제외하면[3] 1위 당선자와 차점자의 지지율은 점점 벌어지는 것으로 나타난다. 역대 선거는 점차 폐쇄적으로 변하고 있으며, 이는 지역정당체제가 더욱 공고해지고 있다는 사실을 반영한다. 제16대 총선의 격차는 약 22%에 도달해 1980년대 이후 최고치를 기록했다. 다시 말해 지역정당의 지역에 대한 독점적 지배는 날이 갈수록 강고해지고 있는 것이다.

---

[3] 레이값은 $1 - \sum p^2$을 통해 얻어진다. P는 득표율 또는 의식률을 의미한다.

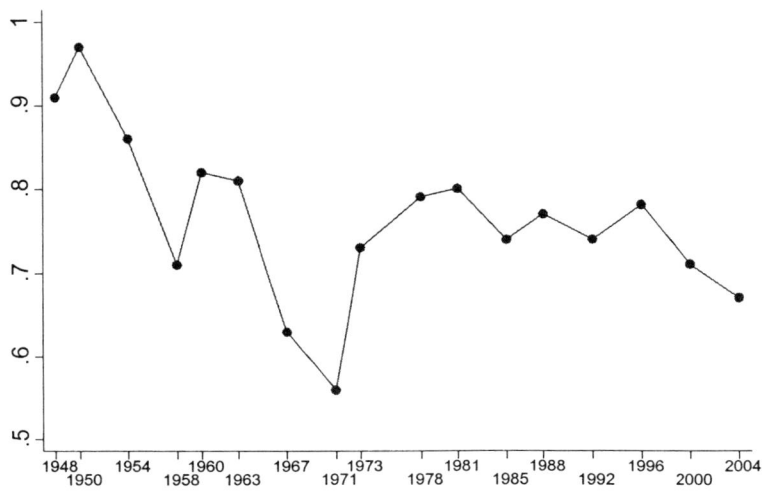

<그림 10-3> 한국 정당체제의 분절지수 (1948~2004)

한국의 지역정당체제는 왜 안정적이지 않은가?

앞에서 언급한 것처럼 지역정당체제는 원칙대로라면 당연히 안정적이어야 한다. 그러나 한국의 정당체제는 높은 유동성에서 알 수 있는 것처럼 불안정하다. <그림 10-2>와 <그림 10-3>은 서로 상반된 결과를 말해 준다는 점에서 모순처럼 보인다. 지역정당체제의 공고화는 안정적 정당체제의 확립을 의미한다. <그림 10-3>이 말해 주는 것처럼 정당체제가 안정되면 신생정당의 진입이 어려워지기 때문에 분절지수는 낮아지게 된다. 안정된 정당체제의 특징은 낮은 선거유동성이다. 그런데 안정된 지역정당체제에서 낮을 것으로 예측되는 유동성은 <그림 10-2>에 의해 부정된다. 선거유동성은 낮은 추세로 발전하는 것이 아니라 급격한 요동을 보인다. 이와 같은 불일치는 무엇을 의미하는가?

아직 한국의 지역정당체제가 안정적으로 굳어지기보다 불안정한 형태에서 벗어나지 못했다는 것을 뜻한다. 한국 지역정당체제의 특징은 끊임없이 반복되는 이합집산이다. 그 본질적 원인은 대통령제의 제도적 특성 때문이다. 권력독점을 특징으로 하는 한국의 대통령제 하에서 지역정당은 대통령 당이 되기 위해 모든 자원을 동원한다. 이 과정에서 지도자를 중심으로 한 정당의 이합집산이 지역정당체제에서 예측될 수 있는 안정성과는 반대로 높은 유동성이 생겨났던 것이다. 새천년민주당과 열린우리당의 분열도 비슷한 논리의 연장이다. 전국적 정당을 지향하는 열린우리당이 통합민주당의 전철을 밟지 않기 위해서는 지역정당체제의 해체가 선행돼야 하나 현실은 그렇지가 않다. 사르토리를 포함하여 많은 정당 연구자들이 말한 것처럼 정당체제는 단순히 종속변수가 아니라 독립변수이기도 하다.

3. 맺음말

정당의 숫자로 본 한국의 정당체제는 외견상 큰 변화 없이 지속되는 것처럼 보인다. 정당의 수를 기준으로 하면 1950년대 이후 등장한 2~3당 체제가 지속되고 있으며, 분단체제 이후 좌우균열에 따른 이념정당의 의회진입은 일어나지 않았다. 이 두 가지 기준에서 보면 한국의 정당체제는 연속적이다. 그러나 1980년대 후반부터 확연히 드러나는 지역주의의 대두는 한국 정당체제의 성격을 뿌리째 흔들어 놓았다. 정당의 수나 이념적 차원에서는 유의미한 변화를 발견할 수 없지만, 지역균열에 기반한 지역정당체제는 이전의 정당체제와는 본질을 달리하는 것이었다. 대지진의 격변은 민주화 원년인 1987년 직후인 1988년 총선에서 일어났다.

적어도 총선자료를 근거로 한 지역별 정당지지도의 분석에 기초할 때, 지역정당체제는 1988년 제13대 총선에서 출발했다는 것을 확인할 수 있다. 정당체제의 변화를 알리는 가장 기본적인 신호는 새로운 정당의 등장이다. 제13대 총선에서 나타난 평민당은 지역정당체제의 출범을 알리는 분수령을 형성한다. 나아가 지역정당체제는 2000년 16대 총선에서 역대 총선과 비교해 공고해졌음을 알 수 있다. 지역정당체제의 징후는 여러 가지로 나타났다. 정당 간, 대선 후보자 간 대립을 통해 본 지역균열지수는 1988년 이후 영호남 지역정당과 후보 간의 지역균열지수가 뚜렷하게 높다는 점을 보여주었다.

나아가 1, 2위 간 격차 역시 지역정당체제의 확립을 증언한다. 1988년 선거 이후 선거유동성은 감소했고, 1위 정당과 2위 정당의 지역별 차이는 확고하게 나타났다. 민주화 이후 계속되는 선거를 통해 각 지역정당 지지도의 분산분포를 분석하면 총변동에서는 지역 간 변동이 높은 비중을 차지함을 알 수 있다. 다시 말해 특정 선거와 관계없이 지역정당에 대한 지역적 지지가 일관됐다는 것을 의미한다.

지역정당체제는 한국의 독식적 대통령제와 결합해 더욱 공고해졌다. 지역정당은 대통령직을 획득하기 위해 투쟁했는데, 이 과정은 새로운 지역정당의 끊임없는 재창당이었다. 정당의 이합집산은 역설적으로 선거유동성을 높임으로써 한국의 지역정당체제는 안정적인 것이 아니라 불안정했다. 지역정당체제는 지역정당 자체의 존재로 말미암아 정당의 난립은 막았지만 지역정당은 주기적으로 이합집산했다. 제16대 총선의 총유동성은 역사상 가장 낮은 수치를 기록해 안정적 지역정당체제로 변하는 것 같았지만, 다시 또 열린우리당의 창당으로 불안정하게 나타났다. 정당체제는 정당이 그 안에서 활동해야 하는 엄연한 제도적 제약이다. 새로운 정당의 출현은 때로는 낡은 정당체제를 깨는 신호탄일 수도 있다. 그러나 동시에 신당이 구당을 깨는 데 실패하면 찻잔 속의 태풍일 수도 있다. 신당은 새로운 정당체제를 지향한다는 점에서 지역균열에 기초하지 않는 비구조적 정당이며 구조적 정당을 대체하려는 것이다. 그간 지역정당체제가 매어 놓은 정당과 투표자의 결속이 무너지지 않는 한 비구조적 정당은 정치시장에 진입조차 할 수 없다.

이처럼 구조정당으로 변신한 지역주의정당은 정당의 속성인 이념이나 정책을 지니고 있지 않다. 지역정당체제는 이미 한국 정당체제에 깊게 뿌리를 내렸다. 지역주의가 한국 민주주의에 야기하는 문제 가운데 가장 우려되는 부분은 민주주의만의 특징이랄 수 있는 정당 사이의 경쟁을 무력화시킨다는 점이다. 정당 간 경쟁이 없는 상황에서 주기적 선거는 그저 요식행위에 불과하게 된다.

제11장 지역주의 정치구조와 한국 정당체제의 재편

　이 장은 두 가지 목적을 추구한다. 첫째는 한국 정당체제의 '망국적'인 문제로 지적돼 온 지역정당체제의 구축과정과 그 정치적 결과를 분석하는 것이다. 두 번째는 제17대 총선의 의미를 파악하는 것이다. 많은 사람들은 지난 총선이 지난 15년 이상 존재해 온 지역정당체제를 전국적 정당체제(nationalization of party system)로 바꿀 수 있을 것으로 기대했다. 그 바람대로 재편선거(critical elections)였던가를 분석하는 것이다. 대통령 탄핵상황에서 실시된 제17대 총선만큼 개혁에 대한 바람이나 의지가 강력히 표출된 선거도 없었다. '물갈이'연대를 구성한 시민운동은 물론이고 이에 압박을 받은 각 정당의 내적 '체질개선' 운동이 총선 사상 이처럼 과감하고 활발하게 일어난 적은 없었다. 이러한 정치개혁 움직임은 아직 정당체제가 정착되지 못했기 때문이 아니다. 활발한 시민운동 자체가 정당체제의 적응능력 부족을 반영하는 것이다. 개혁운동은 부패정치에 대한 반작용의 측면이 없지 않지만 보다 개혁의 본질적인 대상은 지역주의이다. 개혁의 핵심내용은 탈지역주의 정치이다. 오늘날의 정치적 불확실성을 가져온 것은 구조적으로는 지역주의정치이다. 그렇다면 개혁의 대상으로 지탄받는 지역주의, 즉 정치적으로는 지역정당과 지역정당체제에 대한 보다 면밀한 분석이 선행될 필요가 있다. 한편 제17대 총선이 향후 정당체제의 변화에 어떤 역할을 할 수 있을 것인가의 문제와 관련해서는 역사적이고 이론적인 접근을 할 것이다. 현재 한국의 정치개혁이 마스터변수로 보는 지역정당체제로부터의 이탈 또는 탈지역정당체제의 구축을 보다 역사적 관점에서 접근하고자 한다. 한국의 짧은 정당체제의 역사를 재편선거 혹은 역사적 선거의 시점을 통해 접근하면, 이는 현재 갈구하는 변화의 방향이 현실적으로 얼마나 가능한 것인지 파악하는 데 중요한 단서를 발견할 수 있을 것이다.

이 장에서 첫째 부분은 전국적 정당체제의 관점에서 지역주의 정치체제에 대한 문제제기이다. 지역균열이 정당정치에 어떤 영향을 주었는지 보고자 한다. 두 번째 부분에서는 지역정당의 등장과 변화를 다룬다. 세 번째로는 정당이 아니라 지역정당체제 자체를 대상으로 한다. 넷째는 결론으로 정치개혁이 추구하는 탈지역화, 즉 전국화가 가능하려면 어떤 조건이 필요한지 살펴본다.

1. 지역균열, 정당의 몰락, 정당체제의 유동성

많은 사람들은 지역주의를 가리켜 망국적이라 한탄하며 마치 한국에만 존재하는 것처럼 간주하는 경향이 있다. 그러나 정작 문제는 많은 이들이 생각하는 것처럼 지역균열 자체가 아니라 지역균열의 존재를 부정한다는 데 있다. 마찬가지로 많은 사람들이 정당의 역할을 폄하하고 정당의 의미를 부정적으로 보지만 이 또한 한국사회만의 현상은 아니다. 샤츠쉬나이더가 20세기 전반 불었던 미국 내 반정당 정서에 대해 정당을 위한 변호를 역설한 것이 63년 전의 일이었다. 그는 민주주의는 정당 없이는 존립할 수 없다고 주장했다(Schattschneider 1942). 사실 정당의 역할과 기능의 변화는 세계적인 현상이다.1) 한국의 경우 정당의 역할과 그 한계를 정확히 이해하기 위해서는 지역주의와 정당 자체를 구분하는 것이 필요하다. 지역주의는 정치적으로는 정당의 국부화(local orientation)로 나타나며, 국가 간 차이는 있지만 많은 나라에 존재하는 보편적 현상이다. 지역주의의 국가별 변이를 설명하는 것도 중요한 연구대상에 속한다. 나아가 이러한 지역정치 구도는 민주주의 작동에 심대한 영향을 준다. 지역정당체제는 간단히 말하면 지역별 일당독재 체제를 의미한다. 지역 내 일당독주 하에서 투표자의 선택은 아무런 의미를 가질 수 없다. 각 지역에서 정치적 대안이 존재하지 않는다. 정당 간 경쟁은 사라져 버린다. 외견상은 경쟁하는 듯하지만 실제로는 지역정당의 틀에 갇혀 안주하고 있는 것이다. 민주화 이후, 특히 최근 10여 년간 한국정치의 화두는 지역주의의 청산이었는데, 이는 정치경쟁의 복원을 도모하자는 것이다. 1인 2표 방식 역시 지역독점을 부분적으로나마 완화하려는 의도 하에 추진되었지만, 지역정당에 기득권을 보장한다는 점에서 근원적 처방은 아니다.

지역정당체제를 벗어나는 방법은 정당체제를 전국화하는 것이다. 정치의 전국화는 지역주의 균열을 새로운 전국적 균열에 종속시키는 것을 의미한다(Schattscheider 1960, 71). 정당 간 경쟁의 복원은 전국정당의 건설이며 전국정당 체제의 수립으로 제도화되는 것이다. 지역정당체제는 키가 정당을 분석하기 위해 제시한 세 가지 차원, 즉 선거, 조직 및 정부와의 관계 측면에서 여러 가지 문제를 낳는다(Key 1964). 정

---

1) 최근 들어 정당정치의 현재와 미래에 대한 논쟁이 치열하다. 한편에서는 정당의 미래에 대해 회의적인 반면 다른 한편에서는 여전히 샤츠쉬나이더의 주장처럼 민주주의의 불가결한 제도이며 정당기능의 지속성을 강조한다. 이 논쟁에 대해서는 Dalton and Wattenberg, eds. 2000; Gunther, Ramontero, and Linz, eds. 2002 참고.

당은 선거, 조직 및 정부와의 관련을 통해서 분석된다. 첫째, 선거정당은 선거에서 투표자에게 정보를 제공하고 투표자를 동원하는 정당이다. 둘째, 조직으로서의 정당은 엘리트 충원 등을 포함한 기능이 강조된다. 셋째, 정당은 선거에서 승리한 후 여당으로서 정책을 책임지는 역할을 한다. 이러한 키의 정당분석을 원용해 보면 한국 지역정당의 폐해는 다음과 같다.2)

첫째, 지역정당은 선거정당의 역할을 하지 않는다. 민주주의를 받치는 선거의 본질은 불확실성의 제도화인 데 비해 지역정당체제는 확실성을 제도화한다는 점에서 민주주의에 어긋난다. 정당선택은 이미 지역주의에 의해 사전에 결정되기 때문이다. 둘째, 지역정당은 정책정당의 출현을 저지한다. 공공정책의 개발이 활성화되려면 정당 간 경쟁이 보장돼야 하는데, 한 지역을 일당이 독식하게 되면 정책제시와 개발에 소홀히 하기 쉽다. 사르토리(Sartori 1976, 44)가 강조한 것처럼 정당체제를 정의하는 것은 정당 간 경쟁에서 비롯된다. 경쟁을 기초로 할 때 1당체제는 용어 자체가 모순이며 정당체제에서 배제된다. 미국의 경험을 보더라도 남북의 갈등구조 속에서 만들어진 지역주의(sectionalism) 정당체제 하에서 남북에 각각 헤게모니 정당이 존재해 정치시장을 독점함으로써 지역 내의 정치적 경쟁을 무의미하게 만들었다. 지역주의는 남부에서 조직화된 정치세력으로서 공화당을 궤멸시켰고, 마찬가지로 북부와 서부에서는 민주당을 궤멸시켰다(Burnham 1981, 164). 이런 점에서 보면 한국의 정당체제는 영호남을 제외한, 특히 수도권지역에만 존재한다. 영호남에서는 정당 간 경쟁이 없는 일당 독점체제이다.

세 번째 문제점은 엘리트 충원의 폐쇄성이다. 사실 이 문제는 그간 한국언론에서 제법 상세히 다루어 왔다. 엘리트 충원이 편중돼 정치적

---

2) 키(Key 1964)의 주장과 관련해서 보다 자세한 설명은 Dalton and Wattenberg(2000) 참고

통합을 저해한다. 지역주의 정치체제의 관점에서 보면 민주당의 주도 하에 추진된 3월 12일의 탄핵사태는 이미 예견될 수 있는 사건이었다. 지역 내 독점구도를 놓고 경쟁하게 되는 새천년민주당과 열린우리당은 이제 극한 대치할 수밖에 없었던 것이다(Kleppner 1981, 18). 지역정당체제의 지역균열이 엄존하는 상황에서 새로운 균열라인을 형성하려는 열린우리당의 전선은 대규모 변동을 야기했다. 균열라인의 변화 혹은 교체는 친구를 적으로, 또는 적을 친구로 만들기 때문이다(Schattscheider 1960, 63).

국민국가의 형성은 정치의 전국화 과정을 의미한다. 지역에 기반한 정치의 상호 이질적인 체제가 전국적 수준으로 평준화되고 통합되는 과정이다(Caramani 2004). 정치참여나 정당지지의 수준에서 지역적 편향에서 벗어나 전국적 수준으로 진행하는 것을 말한다. 그렇다면 지역주의의 잔존은 전국적 정치체제가 아직 안착되지 못했음을 의미한다. 지역주의는 정치의 전국화와 역행하는 현상으로 이해된다. 이러한 정치의 지역주의를 파악하는 데는 여러 가지 방법이 가능하다. 역사적 추세를 관찰하기 위해서는 지난 수십 년의 선거결과를 활용하는 것이 편리하다. 한 가지 방법은 경쟁이 없는 지역구의 비중을 비교하여 전국적 정치가 어떻게 변해 왔는지를 가늠하는 것이다.

<그림 11-1>은 1948년 이후 한국 정당체제의 유동성을 표시하고 있다. 가장 높은 유동성을 기록한 것은 1996년과 1960년 선거이다. 1960년 선거의 유동성은 4·19시민혁명의 연장으로 이해된다. 한편 1996년 선거의 유동성은 국민회의와 자민련의 분당 또는 창당의 결과이다. 1996년 총선에서 민주당에서 국민회의가 분당함에 따라 사상 최대치를 기록한 정당체제의 유동성은 2000년 민주당의 소멸로 마찬가지로 사상 가장 낮은 유동성으로 가라앉았으나, 2004년 총선을 앞두고 벌어진 분당으로 정당체제의 유동성은 크게 상승할 수밖에 없었다. 여권의 분란

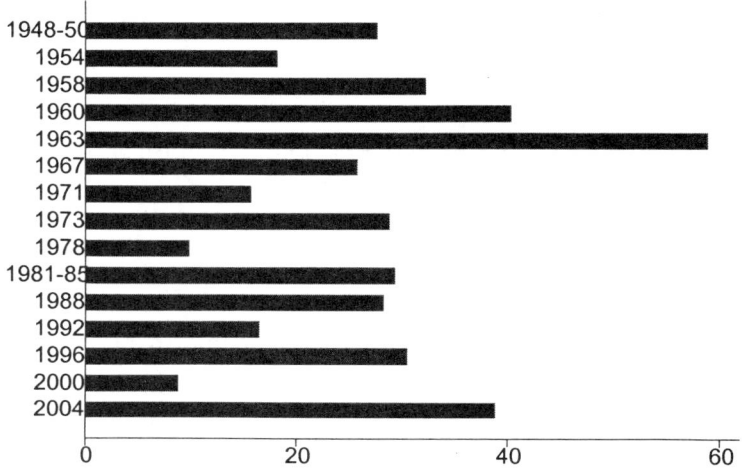

<그림 11-1> 역대 총선에 나타난 선거유동성 (1948~2004)

은 지역독점을 두고 일어난 것으로 지역정당체제에서는 대통령직이 취약해질 수 있다. 전국적 지도자여야 할 대통령이 처음부터 지역적 대통령으로 당선되기 때문에 대통령직은 끊임없이 분란의 대상이 된다. 지역 간 연합의 정치가 등장하지 않는 한 지역중심 정당체제는 정치적 불안을 끊임없이 확대재생산할 것이다. 정치적 불안은 시민운동의 급팽창으로 표출됐다. 열린우리당과 민주당의 분당으로 제16대 총선 후 안정으로 돌아섰던 정당체제의 유동성은 38.8%로 크게 상승했다.

정치불안의 확대재생산은 한국사회가 빠져 있는 장기적이고 구조적인 경제불황과 겹쳐 시민사회의 불만을 증폭시켰다. 오늘날 한국사회가 경험하고 있는 시민운동의 활성화와 개혁운동은 20세기 초반 미국에서 발생한 중산층 중심의 시민개혁운동(Progressivism)과 유사하다. 미국 시민개혁운동이 생기게 된 경제적 배경은 극심한 불황이었다. 진보운동의 압력으로 정치개혁3)이 이루어졌는데, 그 중에서 다음 두 가지 개혁이 한국에서 현재 진행 중인 변화와 흡사하다. 첫째, 시민개혁운동은 참여민주주의를 주장해 공천권이 과거의 소수 정당엘리트에서 떠나 예비선거를 거치도록 만드는 데 기여했다. 원래 취지는 재편선거의 결과 정당경쟁이 사라진 지역에서 실시하는 것이었으나, 나중에는 경쟁지역으로도 확대되었다. 이는 그러나 정당과 투표자의 결속체제를 붕괴시키는 계기가 되어 정당민주주의를 약화시키는 결과를 낳았다. 둘째는 직접민주주의의 강화이다. 이는 예비선거 도입과 마찬가지로 전통적 대의체계에 대한 불만에서 비롯된 것이었다. 상원의 직접선거는 이때 도입됐다. 시민개혁은 부패정치를 약화시키는 데 기여한 반면, 시민개혁이 목표로 한 정치참여와는 반대의 결과를 낳았다.

시민개혁운동은 정당을 약화시켰는데, 이는 다시 정당의 동원력을 떨어뜨려 정당과 투표자 사이의 결속을 이완시켜 투표율을 낮추었다. 한국의 경우 지역동원 체제는 투표율에 두 가지 상반된 영향을 주었다. 첫째, 확실성의 제도화는 정당정치를 약화시켜 정당 중심으로 추진되는 국회의원선거의 투표율은 갈수록 낮아졌다. 1971년 76%였던 투표율은 1996년과 2000년 제15, 16대 총선에서는 각각 61%, 54%로 급격하고 지속적으로 하락했다. 제17대 총선의 투표참여율은 탄핵으로 인한 동원에도 불구하고 16대보다는 높았으나 15대에는 못 미치는 60.6%를 기록했다. 한편 지역정치는 대통령선거에서는 더욱 강하게 작용해 높은 동원력을 발휘했다. 대통령선거는 정당이 아니라 철저히 후보 중심으로 치러지기 때문에 3김 및 양김이 후보로 나선 제13, 14, 15대 대선의 투표율은 각각 88%, 81%, 81%라는 높은 동원력을 과시했다. 제16대 대선의 투표율이 71%로 갑자기 급락한 것은 김대중정부의 퇴장으로 상징되는 3김시대의 종언과 관계가 있을 것이다. 1997년 제15

---

3) 정치개혁은 Walter Dean Burnham(1981)의 내용 가운데 한국 상황에 함축적인 부분을 소개한 것이다.

대 대선 때 부산, 대구의 투표율은 78.9%, 78.9%였으나, 2002년 16대 대선에는 각각 71.2%, 71.1%로 전국 투표율 하락보다 작게 하락했다. 반면 전라도지역의 투표참여는 급격히 떨어져 광주의 경우 15대 대선에서는 89.9%였으나 2002년 대선에서는 78.1%로 무려 11.8%나 감소해 전국투표율의 하락률보다 크게 떨어졌다. 이처럼 대선의 경쟁이 후보 중심인 점을 고려하면 정당정치는 퇴행하는 방향으로 가고 있으며 정치 참여율은 떨어지고 있다.

2. 한국 지역정당의 등장과 강화

지역정당은 특정지역의 정치시장을 독점하는 정당이다. 특정 정당이 한 지역에서 상대적으로 아주 높은 지지를 받는다면 이런 정당은 지역정당이다. 한편 전국적으로 고른 지지를 받는 정당은 전국정당이다. 전국정당이 획득한 전국평균은 지역 지지도와 비슷하다. 국회의원선거를 기준으로 할 때, 지역정당이 처음 등장한 선거는 1988년 제13대 국회의원선거였다. 당시 김대중은 잠재적 균열에 머물던 지역균열을 정치적으로 조직하고 동원하여 평민당을 만들었다. 평민당은 전국적으로 19%의 지지를 획득하는 데 성공했다. 이러한 득표는 김영삼의 민주당이 얻은 24%보다는 작았지만, 호남지역에서는 69%의 압도적 지지를 획득해 제1당으로 부상했다. 반면 전국적으로 제1, 2당을 차지한 민정당과 민주당의 호남 지지도는 각각 23%, 1%로 미미했다. 12대 총선에서는 아직 지역정당이 뜨지 않았고 제1, 2야당이었던 신민당과 민한당은 전국정당의 성격을 갖고 있었다. 각 당의 호남에서의 지지도분포를 보면 집권당인 민정당과 야당인 신민당 및 민한당은 각각 36%,

26%, 18%였다. 한편 이 3당의 영남에서의 지지도는 각각 36%, 26%, 20%로서 지역적 편중은 거의 없었다. <표 11-1>은 역대 정당의 전국화 정도를 지수화한 것이다. 지역당지수는 소득불평등을 측정하는 지니계수 방식을 따라 측정했다. 0부터 1 사이의 값을 갖는 지니계수는 높을수록 소득불평등이 심하다는 것을 의미하지만, 지역당지수는 1에서 지니계수 값을 뺀 값으로 높을수록 전국적 정당임을 의미한다.

한국의 초창기 정당은 비교적 전국적인 정당이었다. 1954, 58년 선거 시 자유당의 전국화지수는 각각 0.86, 0.9를 기록했다. 1958년부터 선거에 참여한 민주당의 전국화 정도는 0.83이었고 1960, 63년의 전국화지수는 각각 0.89, 0.79였다. 1963년 만들어진 공화당은 0.91을, 그리고 1971년 선거에서는 0.95를 기록했다. 1971년 제1야당이던 신민당의 전국화 정도는 0.91이었다. 권위주의나 군사정부의 선거는 민주적이지 못하거나 또는 중선거구제를 통한 동반당선 경향이 있기 때문에 전국화를 적용하기 곤란하므로 제외한다. 한국정당은 1980년대 이전까지는 상당한 전국정당이었다. 박정희의 민주공화당은 1979년 붕괴하기 전까지 전국화지수가 0.9를 상회했다. 이후 김종필이 승계해 1985년 총선에 참여했으나 충청권 정당으로 줄어들면서 전국화지수 0.65의 지역정당으로 전락했다. 다시 말해 모든 정당이 1980년대 이전에는 최소 0.74의 민주통일당에서 최대 0.96의 공화당(1971)까지 존재하는 등 전국정당의 면모를 갖추고 있었다.[4] 비교적 민주적 선거로 평가되는 1963~71년 기간 공화당의 평균지수는 0.93, 1960년대부터 70년 초기까지 제1야당이

---

[4] 1981년 선거에서 22% 득표한 민주한국당은 전국화지수 0.96의 전국정당으로 보이지만, 이는 당시 군사정부가 급조한 중선거구제에서 이루어진 '동반당선' 효과 때문이었으므로 제외한다. 물론 광주민중항쟁을 억압한 후 억압적 조건에서였지만 군사정부의 민정당은 중선거구제 덕분에 영호남에서 각각 34%, 35%를 얻는 등 전국적으로 고른 득표를 할 수 있었다.

<표 11-1> 정당의 전국화지수 (제3~17대)

	자유당	민주당	민주국민당	공화당자민련	민정,민자신한국한나라	신민당	민한당	평민,민주국민회의새천년	민주당	민주통일	통합민주당	열린우리당
1954	0.86		0.60									
1958	0.90	0.83										
1960		0.89										
1963		0.79		0.91								
1967				0.92		0.87						
1971				0.95		0.91						
1973				0.96		0.89				0.80		
1978				0.92		0.86				0.74		
1981					0.95		0.96					
1985					0.91	0.80	0.92					
1988				0.65	0.88			0.41	0.71			
1992					0.90			0.68				
1996				0.60	0.87			0.52			0.79	
2000				0.53	0.74			0.77				
2004				0.40	0.73			0.38				0.84

자료: 중앙선관위 선거통계.

던 민정당, 신민당의 평균지수는 0.89를 기록한다.

정당정치의 지역화가 결정적으로 나타난 선거는 1988년 제13대 총선이었다. 소선거구제 하에서 치러진 1988년 총선부터는 전혀 다른 모습이 나타난다. 민정당, 민주당, 평민당 및 공화당 등 4당이 경쟁한 이 선거에서 각각의 득표율은 34%, 24%, 19%, 16%였다. 한편 4당의 전국화지수는 각각 0.88, 0.71, 0.41, 0.65를 기록하고 있다. 여기서 주목할 점은 민정당을 제외한 모든 야당의 지역정당화이다. 전국화지수 0.41을 기록한 평민당은 전국정당에서 가장 멀어졌다. 김종필의 공화당도 정도는 작지만 분명히 전국정당이 아니었다. 김영삼의 민주당도 0.71로 전국정당에 미흡했다. 1992년 총선을 앞두고 민정당, 민주당, 공화당의 합당으로 탄생한 민자당(민주자유당)은 전국화지수 0.9의 전국정당으로 부상했다. 반면 민주당5)과 합당한 평민당은 민주당으로 제14대 총선에 나서 전국적으로 29%의 지지를 획득하고 전국화는 0.68로 상승했다. 1996년의 제15대 총선에서는 지역주의가 더욱 강화되었다. 신한국당은 전국정당을 유지한 반면 국민회의의 지역화는 다시 강화되었고, 양김 어느 편에도 가담하지 않은 의원들의 통합민주당은 전국적 득표율은 불과 11%였지만 지역별로 고른 지지를 얻었다는 점에서는 전국정당의 위상을 보여주었다. 한편 1990년대 후반으로 오면 모든 정당은 지역정당의 방향으로 진행한다. 2000년 제16대 총선에서 신한국당을 이어받은 한나라당의 전국화지수는 0.74에 불과했는데, 이는 선거사상 가장 낮은 수치일 뿐 아니라 1996년 총선에 비해서도 급격하게 하락한 것으로 점차 지역정당으로 퇴행하고 있다는 증거였다. 전국화지수가 불과 0.53에 불과한 자민련은 적나라한 지역정당으로 변질되었다.

외견상 한나라당의 강화되는 지역주의 경향은 적으나마 새천년민주당이 보여주는 전국화 강화 경향과 대조적이었다. 그러나 이는 양당이 모두 지역정당의 방향으로 가고 있음을 말해 주는 것이었다. 새천년민주당은 제15대 당시 국민회의가 전국화지수 0.52로 적나라한 지역정당으로 후퇴했던 것에서 약간 회복해 0.77을 기록했다. 이처럼 2000년 총선은 한나라당과 새천년민주당 모두가 지역정당으로 수렴하고 있다는 것을 보여주었다. 제17대 총선에서 압승을 거둔 열린우리당의 지수는 0.84로 새천년민주당보다 앞섰다. 그러나 뒤에서 상세히 논하는 것처럼 이는 충청과 수도권의 강세에서 비롯되는 것으로 탄핵의 후폭풍과 행정수도라는 소지역주의와 뗄 수 없는 관계에 있다. 열린우리당의 전국화 정도는 한나라당이나 민주당보다는 높지만 1960~1970년대 정당의 전국화에는 훨씬 못 미친다.

---

5) 잔류 민주당은 김영삼의 3당합당 후 8석의 미니정당으로 전락했다.

3. 한국의 지역정당체제

지역정당체제는 지역정당의 상호작용이며 앞에서 논의한 지역정당의 등장과 함께 성립된다(Mair 1997, 52). 한국 정당체제는 크게 한 차례의 역사적 재편을 경험했다. 1988년을 기점으로 한국의 정당체제는 크게 전혀 다른 두 가지 체제로 구분된다. 1988년 제13대 총선이 가져온 변화는 지역정당체제의 구축으로 이어졌다는 점에서 재편선거에 해당된다. 지역정당체제로의 전환은 여러 가지 방법을 통해 확인된다. 지역정당체제가 이전의 정당체제와 다르다면 어떻게 다르며 또 얼마나 다른 것인지를 보다 분석적인 차원에서 밝혀 보자. 가장 단순한 방법은 경쟁성의 정도를 분석하는 것이다.

1998년 김대중정부의 등장은 정당체제의 변화와는 큰 관계가 없다. 오히려 지역정당체제의 강화이거나 연속이었다. 다른 지역의 인물이 대통령직을 차지했다는 것뿐이다. 제16대 대선이 15대 대선의 연장이라는 점에서 노무현 대통령을 만든 제16대 대선도 마찬가지였다. 국민회의의 후보였던 김대중과 새천년민주당의 후보였던 노무현 대통령의 지지도 분포가 이를 말해 준다. 한국의 정당정치가 비교적 자리를 잡았던 1960년대부터 대통령후보의 지역편중도를 관찰하면, 1960년대의 후보는 일반적으로 전국적인 지지를 받았다. <표 11-2>가 보여주는 것과 같이 1963~1971년 대선에서 박정희 후보의 전국화 성적은 역대 후보 가운데 가장 높다. 두 차례 박정희와 겨뤘던 윤보선 후보 역시 높은 전국화지수를 기록한다. 그러나 1987년 이후 후보들의 전국화지수는 크게 떨어진다. 역대 후보 중 가장 낮은 전국화지수, 즉 가장 지역 폐쇄적인 후보의 지수는 3김이 경쟁했던 1987년 김대중의 0.42이며 그 다음이 0.45의 김종필이다. 김영삼과 노태우 후보는 각각 0.73, 0.76을 기록했다. 양김이 경쟁했던 1992년 선거를 보면 김영삼과 김대중 후보는 각각 0.75, 0.63을 기록한다. 김대중 후보가 승리한 1997년 김대중과 이회창의 전국화지수는 각각 0.70, 0.74이다. 김대중 후보의 전국화지수는 이회창 후보보다는 낮았지만 1992년 대선의 지수(0.63)에 비해 크게 상승한 것이다. 끝으로 2002년 대선을 보면 이회창과 노무현의 전국 득표율 차이는 불과 3.5%에 불과했지만, 두 후보의 전국화지수는 각각 0.17, 0.80으로 커다란 격차를 보인다. <표 11-2>는 전국화지수가 낮은 후보는 당선될 수 없다는 것을 보여준다. 지지가 지역적으로 편중되면 그만큼 고른 지지를 받지 못하는 것이다. 김대중 후보의 몇 번의 실패가 이를 잘 보여준다. 이회창 후보에 비해 압도적으로 높은 노무현 후보의 전국화지수는 새천년민주당의 대선전략이 그대로 성공했음을 보여준다. 호남의 압도적 지지에다 영남의 플러스알파가 대선 승리의 비밀이었던 것이다.

<표 11-2> 역대 대선후보의 전국화 정도 (1963~2002)

박정희 1963, 1967, 1971	0.88, 0.91, 0.87
윤보선 1963, 1967	0.88, 0.90
김대중 1971, 1987, 1992, 1997	0.86, 0.42, 0.63, 0.70
김영삼 1987, 1992	0.73, 075
김종필 1987	0.45
노태우 1987	0.76
정주영 1992	0.69
이회창 1997, 2002	0.74, 0.17
이인제 1997	0.72
노무현 2002	0.80

자료: 중앙선거관리위원회.

<표 11-3> 역대 총선 정당체제의 전국화지수

3대	1954	0.39
4대	1958	0.33
5대	1960	0.33
6대	1963	0.56
7대	1967	0.67
8대	1971	0.83
12대	1985	0.81
13대	1988	0.65
14대	1992	0.68
15대	1996	0.62
16대	2000	0.62
17대	2004	0.67

자료: 중앙선관위 선거통계.

<표 11-3>은 1954~2004년 기간 역대 총선의 정당득표율을 기초로 하여 측정한 정당체제의 전국화 정도를 표시한 것이다. 정당 및 정당체제의 전국화는 유권자의 선택이 얼마나 동질적인가를 의미한다. 정당은 지역에 관계없이 전국적으로 비슷한 지지를 받는 것이다. 마찬가지로 주요정당의 지역별 득표율이 비슷하게 나타날 때 이를 정당체제의 전국화라 한다. 정당체제의 전국화는 정당경쟁의 동학을 구성하는 주요요인이다. 두 정당체제가 정당 수와 이념적 대립의 정도에서 유사해 사르토리적 의미에서는 동일한 정당체제라고 하더라도 전국화의 정도에서는 다를 수 있다. 전국화의 정도가 다르면 경쟁의 동학은 전혀 달라진다. 전국화가 강한 정당체제에서 하위단위의 선거경쟁은 비슷한 양상을 띠지만, 전국화가 약한 정당체제의 선거경쟁에서는 지역별로 전혀 다르다.6) 다른 한편 전국화의 정도는 정당의 선거전략에도 영향

---

6) 정치의 전국화 논의는 주로 미국에서 빈번히 다루어졌다. 1960년 Schattschneider의 문제제기 이래 많은 이들이 논의에 참여했다. Stokes 1965, Sundquist 1973, Claggertt 등 1984, Brady 1985, Kawato 1987 등은 전국화 문제를 더욱 정교하게 분

을 준다. 두 정당이 전국적으로는 동일한 지지를 획득하더라도 지지도가 특정지역에 편중된 정당과 지역별로 고른 지지를 받는 정당하고는 다른 전략을 수립한다.

전국화는 두 가지 차원으로 나누어 분석된다(Kawato 1987). 첫째는 정당지지의 수렴을 뜻한다. 각 지역의 정당지지도가 비슷한 방향으로 나타나는 것이다. 전국화의 두 번째 개념은 외적 충격에 대한 일관된 반응을 의미한다. <표 11-3>에서 사용된 전국화지수의 계산은 소득불평등을 측정하는 데 쓰이는 지니계수를 이용했다. 지니계수가 소득불평등의 정도를 의미하는 것으로 1에 가까울수록 소득불평등이 높다는 것을 나타낸다. 한편 전국화지수는 1에서 지니계수 값을 뺀 것으로 높을수록 전국적임을 표시한다. 정당체제의 전국화지수는 역U자형의 패턴을 보여준다. 초기 국회의원 선거결과는 당시 정당체제가 전국적이지 못했음을 의미하며 이후 높아져 제7대 총선에서 가장 높은 0.9를 기록한 이후 다시 낮아지는 추세를 보여준다. 1985년 실시된 제12대 총선은 전국화가 약간 높아지는 결과를 낳았으나, 이내 다시 약해져 지역정당체제로 진행하는 추세를 보인다. 정당정치의 지역화가 결정적으로 나타난 선거는 1988년 제13대 총선이었다. 정당체제의 전국화지수는 제12대의 0.81에서 0.65로 급강하했다. 이후 지역화는 지속적으로 이루어져 제15, 16대에는 0.62에 머물러 있다. 제17대에는 소폭 상승해 0.67이었으나 지역주의 정치가 극성을 부린 1992년 제14대 총선 때의 0.68에도 못 미친다는 점에서 명백히 지역주의 체제이다.

최근에 나타나는 이러한 전국화 약화경향은 다른 나라와 비교해 보면 더욱 분명해진다. 미국, 캐나다를 포함한 중남미 15개국의 전국화를 조사한 연구(Jones and Mainwaring 2003)에 따르면, 지난 2000년 미국 하원

석하는 데 공헌했다. 전국화에 대한 최근의 논의를 보려면 Jones and Mainwaring 2003을 참고하라.

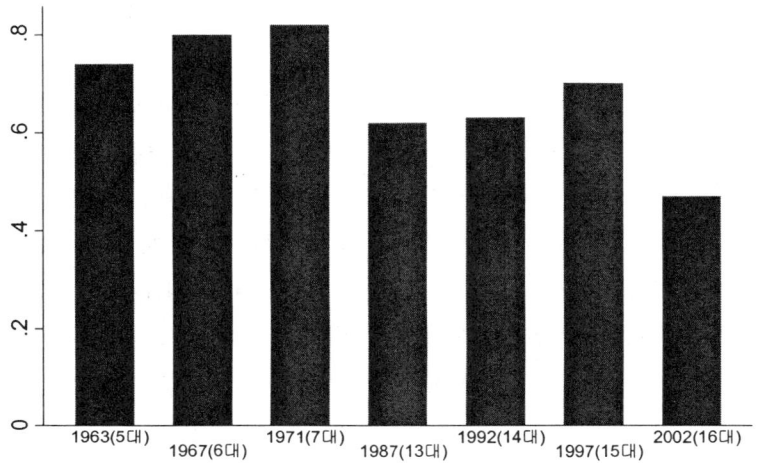

<그림 11-2> 역대 대선과 지역정당체제 (1963~2002)

의원과 멕시코 선거를 기초로 한 정당체제의 전국화지수는 각각 0.82와 0.83으로 한국보다 높았으며 2000년 캐나다의 전국화지수는 0.63으로 한국과 비슷했다. 요약하면 한국 정당체제의 역사적 변화는 1971년 제8대 총선에서 비교적 전국적인 수준을 달성했으나 이후 지속적으로 지역주의의 방향으로 퇴행했다.

대선에서는 국회의원선거에 비해 지역주의가 더 강화된다. 대통령선거가 정치적으로 더 중요하기 때문이다. 역대 대선이 보여준 지역정당체제의 정도를 살펴보자. <그림 11-2>는 제5~7대, 제13~16대 대통령선거에 나타난 정당체제의 전국화 정도를 말하며, 1에서 지니계수를 뺀 값의 나열이다. 정당체제는 1963년 5대 대통령선거 이후 상승해 공화당 박정희와 신민당 김대중이 대결한 1971년 제7대 대선에서는 0.82로서 역대 대선 가운데 가장 전국적인 정당체제를 과시했다. 그러나 1987년 3김과 노태우가 겨루었던 제13대 대선에서 전국화지수는 0.62

로 하락해 지역정당체제의 탄생을 알렸다. 이후 전국화지수는 약간 호전돼 1997년 제15대 대선에서 0.7을 기록했다가 노무현 후보가 당선된 제16대 대선에서는 사상 최저값인 0.47을 보였다. 전반적으로 대선을 중심으로 관찰하면 정당체제의 전국화는 1987년 이후 지역정당체제로 전환했음을 알 수 있다. 2000년 총선에서 0.62였던 전국화 정도는 불과 2년 후인 2002년에는 0.47로 하락했다. 대통령선거에서는 지역주의가 더욱 강하게 작용했다는 증거이다. 하락의 원인은 이회창 후보가 호남지방에서 전혀 지지를 받지 못했기 때문이다. 한편 경남 출신의 새천년민주당 노무현 후보는 영남지방에서 적지 않은 지지를 얻었다. 노 후보는 부산, 경남 및 대구, 경북에서 약 30%, 27%, 18%, 20%의 적지 않은 지지를 얻은 반면7) 이회창 후보는 광주, 전남, 전북에서 각각 4%, 5%, 6%의 미미한 지지를 얻는 데 그쳤다. 이처럼 많은 사람들의 희망과는 거꾸로 한국 정당체제는 날이 갈수록 지역화하고 있다.

한 가지 분명한 것은 정당체제의 전국화는 더욱 악화되고 있다는 점이다. 개별정당이나 후보는 비교적 높은 전국화지수를 보여주지만, 그 정당의 상호작용 전체는 지역정당체제로 고착되고 있다. 각 당의 지지기반이 극도로 편중되어 있다는 표시이다. 다시 말해 제16대 대선에서 노무현 후보의 전국화지수는 0.80으로 2000년 총선 시 새천년민주당의 전국화지수인 0.77과 크게 다르지 않다. 한편 이회창 후보는 0.17을 기록해 지역대립이 얼마나 강했는가를 보여준다. 지역연합이 선거승리에는 훌륭한 전략으로 기능할 수 있지만, 그것이 지역정치체제를 허무는 것으로 믿는 것은 착각이다. 반대로 2002년 대선결과가 보여주는 것처럼 체제적 수준의 지역성은 더욱 강고해지고 있다.

---

7) 제14대(제15대) 대선 시 부산, 경남, 대구 및 경북에서 김대중 후보의 지지도는 12%, 9%, 8%, 9%(15%, 11%, 13%, 14%)로 양대 선거 모두에서 제16대 노무현 후보가 받았던 영남권 지지도를 훨씬 밑돈다.

4. 제17대 선거는 재편선거였는가?

결론부터 말하면 아니다. 제17대 총선은 외견상의 변화에도 불구하고 역시 지역주의정치의 연장에 있다. 정당체제의 불안으로 표출돼 온 정치불안의 원인은 지역주의이다. 선거와 정당이 처음 도입된 시기에는 언제나 유동성이 높다. 어느 정당도 아직 시민사회에 뿌리를 내리지 못했을 뿐 아니라 유권자 역시 정당에 대한 일체성(party identity)을 갖지 못했기 때문이다. 민주주의 발전이란 정당체제의 결빙을 말하는 것이고 여기서 유동성은 낮아지게 된다. 그러나 혁명적 상황에서는 기존 정당이 완전히 부정되고 새로운 정당이 만들어지기 때문에 정당체제의 유동성은 급상승하게 된다. 한국 선거사에서 1963년 선거가 유동성이 가장 높은 이유는 바로 4·19혁명 이후의 정치적 격변을 반영하는 것이다. 그러나 한국에서는 민주화 이후에도 유동성은 좀처럼 낮아지지 않았다. 그 일차적 원인은 지역주의이다. 선거를 앞두고 지역정당이 급조되어 등장했기 때문이다. 2004년의 높은 유동성은 지역주의의 산물이다. 호남 정치시장을 독점한 정당은 새천년민주당에서 열린우리당으로 바뀌었지만 다른 정당은 전혀 뿌리를 내리지 못했다. 마찬가지로 영남 유권자 역시 한나라당에 대한 압도적 지지를 계속함으로써 다른 정당은 명목상으로만 영남권에 진입했을 뿐이다.

선거가 끝나고 많은 사람들이 열린우리당의 압승을 가리켜 지역주의가 완화되는 계기라고 해석했다. 열린우리당의 승리를 지난 총선과 비교해 보면 지역주의의 완화를 말할 수 있는 근거는 수도권, 충청권의 우세에 있었다. 그러나 영호남의 공고한 성곽은 전혀 흐트러지지 않았다. 과거 총선에서 집권당이 비교적 전국적 정당의 면모를 갖출 수 있느냐는 역시 다른 야당에 비해 영호남지역 외에서 얼마나 선전했느냐에 달려 있었다. 열린우리당이 과거 여당과 다른 차이는 역대 여당보다 영호남 이외의 지역에서 가장 좋은 성과를 거두었다는 점이다. 좋은 성적을 거둘 수 있었던 이유는 탄핵의 후폭풍과 행정수도 건설이었다. 이 두 요인은 역대 여당이 누려 보지 못한 변수였다. 특히 민중주의 물결에 동반된 후폭풍은 심대한 영향력을 행사했다.

선거는 민주주의에서 중대한 정치행사이다. 제17대 총선은 특히 지역체제의 붕괴를 알리는 선거가 될 것인가의 문제와 관련해서 주목받았다. 선거는 크게 보면 세 가지 종류가 있다.[8] 하나는 기존 정치세력을 다시 추인하는 선거이다. 이를 체제유지 선거라고 하며 재선이나 재집권이 이루어진다. 두 번째 형태의 선거는 일시적 권력교체가 이루어지는 일탈선거이다. 세 번째 유형은 기존의 정치구도를 전면 재편하는 재편선거 또는 역사적 선거이다. 재편선거는 단순한 일회성의 변화가 아니라 영구적 변화를 알린다는 점에서 중대선거 또는 역사적 선거라고도 한다. 그 외에 일탈선거를 다시 뒤집어 본래의 상태로 돌아가는 선거를 추가할 수 있다. 역사적 선거는 역사상 드물지 않다는 것을 시사하기도 한다. 사실 19세기 이후 미국 선거의 역사에서도 역사적 선거는 1850년대, 1890년대, 1930년대의 3회에 불과하다(Burnham 1974; Kleppner 1981). 미국 선거사상 최초의 역사적 선거로 기록되는 1854~60년의 정당체제 재편은 산업화 세력의 연대가 노예농에 기반한 지주세력을 이기고 근대화의 주도세력으로 자리잡았다는 의미를 갖는다. 제2의 역사적 선거인 1893~1896년의 재편기는 공화당이 주도세력으로 부

---

8) 미국의 선거유형에 대해서는 Key 1955, Burnham 1970, 1974; Kleppner 1981 등 참고. 중대선거 논의는 재편론자들에 의해 강조됐다. 중대선거의 존재와 기능에 대해서는 재편론에 대한 비판론도 인정된다. 비판론에 대해서는 Mayhew 2002 참고.

상하는 계기가 되었다. 공화당의 부상은 두 가지 사회경제적 갈등의 폭발을 기초로 했다. 첫째는 포퓰리즘 운동으로 분출된 산업·농업의 갈등이다. 두 번째는 중앙·지방의 갈등으로 남부가 흑인의 참정권을 빼앗고 북부의 간섭으로부터 독립하게 된 사건이다. 이 두 가지 갈등의 와중에서 민주당과 공화당의 운명은 정반대로 움직였다. 민주당은 남부의 정당으로서 남부의 정치적 독점에 골몰하고 산업자본주의를 거부하는 토착 지주세력의 정치를 지향했다. 한편 공화당은 서부와 북부의 패자로서 미국에서 가장 경제적으로 발전한 지역의 이해를 대변하는 정당으로 변신했다.

미국 정치학은 미국의 정당체제를 분류하는 기준으로 중대선거에 주목해 왔다. 이러한 선거를 가리켜 재편선거 또는 역사적 선거라고 한다. 1856, 1896, 1932년의 대통령선거가 그것이다. 공황의 와중에서 개막된 루스벨트 대통령의 뉴딜시대가 정당체제의 변환과 관련해서 갖는 역사적 의미는 미국정치를 전국화시켰다는 것이다. 미국에서는 지역주의(sectionalism)와 인종주의가 복합돼서 일당지배 체제를 낳았다. 1850년대에 구축된 공화당 일당지배 체제는 대공황 직전까지 유지됐다(Burnham 1974). 1889년부터 대공황 때까지 남부에서는 민주당이 단독으로 지배했으며 남부에는 정당체제가 존재하지 않았다. 민주당은 흑인을 정치적으로 배제시켜 남부를 독점적으로 지배하는 대신 북부에 대해서는 간섭하지 않았다. 미국의 전국적 정당은 1932년이 돼서야 복원됐다. 대공황과 더불어 계급균열이 발생하고 공화당 일당지배는 종식되게 됐다.

1932년의 뉴딜선거가 그렇듯이 제17대 총선이 탈지역주의를 이루어내자면 지역정당체제를 무너뜨려 정치의 전국화에 기여해야 할 것이다. 지역주의 균열을 대체하는 새로운 균열을 중심으로 한 정당체제가 등장해야 한다는 것이다. 뉴딜시대의 민주당이 남부지역에서 벗어나 전국적 지지를 얻은 것처럼 한나라당과 열린우리당이 전국정당으로서 영호남에서 고른 지지를 얻는다면 한국의 정당체제는 지역주의 정당체제에서 벗어날 수 있을 것이다.

그렇다면 17대 총선은 어디로부터의 변화인가? 변화를 설명하기 위해서는 우선 현재 체제가 무엇인지를 분명히 파악해야 한다. 변화는 현재의 문제점으로부터 파생되기 때문이다. 지금까지의 정당체제는 어떤 체제인가? 앞에서 언급한 것처럼 현재 한국 정당체제는 지역정당체제이다. 다시 말해 제17대 총선이 가져올 변화는 지역정당체제에서 벗어나는 변화이다. 한국에서는 1997년 금융대란을 겪으면서도 정당체제의 와해는 이루어지지 않았다. 금융위기는 '삼수생' 대통령이 극적으로 당선되는 데는 기여했지만, 1932년의 공황이 미국 정당체제 자체를 바꾸어 놓은 것과 같은 효과를 내지는 못했다. 1997년 금융위기 후에 다가온 대통령선거는 유권자의 심리에 당시 집권당을 '갈아야 한다'는 압박감을 주었지만 그것은 일시적인 것일 뿐이었다. 지역균열을 대체하는 새로운 사회균열이 일어나지 않았으며 앞에서 지적한 것처럼 지역균열은 더더욱 공고해졌다. 전국화되지 못한 정당체제에서 선거전은 정책 중심이 아니라 후보 중심의 대립만이 난무하는 '사인화의 정치'(personalization of politics)로 빠지게 된다(Burnham 1974, 664). 지역주의 문제가 심각한 만큼 매번 선거가 올 때마다 탈지역주의에 거는 기대도 크다. 그러나 기대와는 반대로 지역정당체제는 더욱 기승을 부린다.

제17대 총선 역시 정치의 전국화에 크게 기여하지 못했다. 그 이유는 다음과 같다. 첫째, 전국화를 위해서는 선거제도의 획기적인 변화가 필요한데, 현재 제도는 그렇지 못하다. 이번에 처음 도입된 1인 2표제는 부분적으로 전국화를 강화시킬 여지가 있지만, 그것 역시 지역주의에 동원돼 온 투표자의 선택에 어떻게 영향을 줄지는 불확실하다. 네덜란드나 이스라엘처럼 전국을 하나의 선거구로 하여 비례대표제를 실시한다면 투표자에게 다른 대안을 주지 않는다는 점에서 강제적 효과를 기대할 수 있다. 특히 비례대표제는 여성 등 소수세력의 정치참여에 호의적이며 '지역정치 봉건제의 성장'을 제약한다(Reynolds 1997, 63). 둘째, 여당의 분당은 장기적으로 호남의 지역주의를 더욱 강화시킬 것이기 때문에 전국화와는 반대의 방향으로 가는 것이다. 다만 보다 작은 단위의 소지역정당체제로 변화될 가능성이 많다. 비례대표제도의 영향으로 노동정당이 소수당이나마 의회에 진입했다. 그러나 중부권 창당이 소지역주의를 더욱 부채질할 것이다. 키는 역사적 선거를 강도와 지속성으로 정의했다(Key 1955). 역사적 선거의 특징은 이전 선거에 비해 변화의 강도가 크고 그것이 다음 몇 차례의 선거를 통해 장기간 지속된다는 데 있다. 이번에도 한국은 지역정당체제의 강도와 지속성에서 벗어나지 못했다. 정당체제는 때로 독립변수로 작용한다. 새로운 제도로의 개혁이 힘든 이유는 기존의 정당체제가 새로운 제도의 도입을 거부하기 때문이다. 지역주의 정당체제가 15년 가까이 지속되면서 나름의 동학을 발휘한다. 급격한 재편이 가능하기 위해서는 경쟁의 방향이 바뀌어야 한다. 경쟁의 방향은 정당의 전략이나 이념의 변환 및 대규모 선거변동에 의해 촉발된다(Mair 1997, 51-54). 공황이나 통일 같은 보다 큰 규모의 폭풍이 와야 하는 것일지도 모르겠다.

참고문헌

강명세 1995. "제15대 총선에 나타난 정당선택과 사회균열구조," 세종연구소 편, 『제15대 총선 분석』(세종연구소).
_____ 1995. "한국의 파업과 1987년의 대폭발," 송종래(편), 『한국과 EU국가들의 노사관계』(법문사) 263-292.
_____ 1998. "노동시장과 정치시장의 교환?" 『한국 민주주의 10년』 (세종연구소).
_____ 1999. "여야 균열구조와 한국정당체제의 역사적 변화," 『국가전략』, 4:2, 169-92.
_____ 2001. "지역주의는 언제 시작되었는가?: 역대 대통령 선거를 중심으로," 『한국과 국제정치』, 17:2, 127-58.
_____ 2001. "한국정당체제의 구조와 변화: 지역정당체제의 대두"(세종연구소).
강정구 1993. "5.10 선거와 5.30 선거의 비교연구," 『한국과 국제정치』 (봄/여름), 1-29.
김만흠 1994. "정치균열, 정당정치 그리고 지역주의," 『한국정치학회보』, 28:2, 215-237.
김일영 1995. "농지개혁, 5.30 선거, 그리고 한국전쟁," 『한국과 국제정치』 (봄/여름), 301-335.
김재훈 1997. "신노동법: 달라지는 노사관계," 『노동동향분석』, 10권 2호, 63-104.
노병만 1998. "지역할거주의 정치구조의 형성과 그 원인 분석," 『한국정치학회보』, 32:1, 59-85.
노중기 1996. "노사관계 개혁과 한국의 노동정치," 『경제와 사회』, 가을호.
마인섭 1996. "정당의 사회적 지지기반," 윤정석 외, 『한국정당정치론』 (법문사).
문석남 1984. "지역편차와 갈등에 관한 한 연구: 영 호남 두 지역을 중심으로," 『한국사회학』, 18, 184-209.
박명림 1996. 『한국전쟁의 발발과 기원』(나남).
박상훈 2000. "한국 지역정당체제의 합리적 기초에 관한 연구," 고려대학교 박사 학위논문.
박찬표 1998. "제헌국회의 의정활동: 분단 냉전체제하의 정치사회와 대의제 민주주의," 미발표 논문.
배규한 1990. "선거과정과 지역감정," 『한국의 지역주의와 지역갈등』(한국사회학회), 307-330.
백운선 1992. "제헌국회 내 '소장파'에 관한 연구" (서울대학교 박사학위논문).
손호철 1995. "1956년과 1963년: 조봉암, 박정희 득표는 잔존 좌파의 지지였나?," 『해방50년의 한국정치』 (새길), 98-130.

송복 1990. "지역갈등의 역사적 설명,"『한국의 지역주의와 지역갈등』(한국사회학회), 13-26.
송호근 1994.『열린 시장 닫힌 정치』(나남).
윤천주 1981.『우리나라의 선거실태』(서울대).
이갑윤 1998.『한국의 선거와 지역주의』(오름).
임영일 1997. "노사관계 민주화의 조건과 전망," 최장집·임영일 편,『한국사회와 민주주의』, 327-358.
_____ 1998.『한국의 노동운동과 계급정치(1987-1995)』(경남대).
임혁백 1994.『시장, 국가, 민주주의』(사회비평사).
_____ 1997. "지연되고 있는 민주주의의 공고화," 최장집·임현진 편,『한국사회와 민주주의』(나남).
전상인 1994, "강정구의 '5.10선거와 5.30선거의 비교연구'에 대한 반론,"『한국과 국제정치』(봄/여름), 283-301.
정해구 1988.『10월 인민항쟁연구』(열음사).
조기숙 1997. "지역주의 논쟁: 비판이론적 시각에 대한 비판,"『한국정치학회보』, 31:2, 203=232.
조효래 1997. "1987년 이후의 노사관계의 변화,"『동향과 전망』, 1997 여름호 34집, 50-80.
최영진 1999. "한국지역주의 논의의 재검토,"『한국정치학회보』, 33:2, 135-155.
최장집·강명세 1997, "서유럽의 민주주의 제도화 과정: 선거권확대와 정당, 비례대표제도," 최장집 편,『유럽민주주의와 노동정치』(법문사), 75-124.
최장집 1996.『한국 민주주의의 조건과 전망』(나남).
_____ 1997.『한국사회와 민주주의: 한국민주화 10년의 평가와 반성』(나남).
_____ 1997.『한국노동운동과 국가』(나남).
최장집·강명세 1996. "서유럽의 민주주의 제도화 과정: 선거권확대와 정당, 비례대표제도,"『유럽민주주의와 노동정치』(법문사).
최한수 1996. "한국의 야당," 윤정석 외,『한국정당정치론』(법문사).
한국사회학회 1990.『한국의 지역주의와 지역갈등』(성원사).

Ahlen, K. 1989. "Swedish Collective Bargaining Under Pressure: Inter-Union Rivalry and Income Policies," *British Journal of Industrial Relations*, 27:3, 330-46.
Alvarez, M, G. Garett, and P. Lange 1991. "Government Partnership, Labor Organization and Macroeconomic Performance, 1967-1984," *American Political Science Review*, 89: 5390-56.
Ashenfelter, O. and J. H. Pencavel 1969. "American trade union growth: 1900-1960," *Quarterly Journal of Economics*, 434-484.
Bain, G. and F. Elsheikh 1976. *Union Growth and the Business Cycle. An Econometric Analysis*, Oxford, OUP.

Bain, G. and R. Price 1980. *Profiles of Union Growth: A Comparative Statistical Portrait of Eight Countries*, Oxford, Blackwell.

Baletstra, Pietro 1992. "Fixed Effect Models and Fixed Coefficient Models," in Matyas and Svestre, 30-45.

_____ 1992. "Introduction to Linear Models for Panel Data," in Matyas and Svestre eds., *The Econometrics of Panel Data*, 19-29.

Baltagi, B. H. 1992. "Specification Issues," in Matyas and Svestre eds, *The Econometrics of Panel Data*, 196-205.

_____ 2001. *A Companion to Theoretical Econometrics* (Blackwell).

_____ 2003. *Econometric Analysis of Panel Data* (Wiley).

Barro, T. J. 1988. "The Natural Rate Theory of Unemployment," *American Review of Economics*, 78:2, 32-37.

Bartolini, S. and Mair, P. 1990. *Identity, competition and electoral availability. The stabilization of European electorates 1885-1985* (Cambridge).

Bean, R and K. Holden 1990. "Economic and Political Determinants of Trade Union Growth in Selected OECD countries: Updata," *Journal of Industrial Relations*.

Bennett, Anne 1998. "Party System Change in Redemocratizing Countries," in Paul Pennings, P. and Jan-Erik Lane, eds., *1998 Comparing Party System Change*(Routledge).

Binmore, K., A. Rubinstein and A. Wolinsky 1986. "The Nash Bargaining Solution in Economic Modelling," *Rand Journal of Economics*, 17, 176-88.

Blaas, W. 1992, "The Swiss Model," in S.A. Marglin and J.B. Schor(eds.), *The Golden Age of Capitalism*, Oxford: OCU.

Blanchard, O. J. 1991. "Wage Bargaining and Unemployment Persistence NBER," working paper, no. 3664.

Blandchflower, D. and Oswald, A. J. 1990. "The Wage Curve," *Scandinavian Journal of Economics*, 92(2):215-35.

Blank, Rebecca M. and Richard B. Freeman 1994. "Evaluating the Connection Between Social Protection and Economic Flexibility," Rebecca M. Blank, ed., *Social Protection versus Economic Flexibility: Is There a Trade-off?* (Chicag), 21-42.

Bruno, M. and Sachs, J. 1985. *The Economics of Worldwide Stagflation*, Cambrige.

Blyth, C.A. 1979. "The Interaction between Collective Bargaining and Government Policies in Selected Member Countries," in *Collective Bargaining and Government Policies*, Washington Conference.

Calmfors, L. and Driffill, J. 1988. "Bargaining Structure, Corporatism and Macroeconomic Performance," *Economic Policy*, 6, 13-62.

Calmfors, L. 1990. "Wage Formation ad Macroeconomic Policy," Oxford, OUP.

Cameron, D. 1978. "The Expansion of the Public Economy: a comparative Analysis," *American Political Science Review*, 72.

_____ 1984. "Social Democracy, Corporatism and Labor Quienscence: The Representation of Economic Interests in Advanced Capitalist Societies in J. H. Goldthrope," ed., *Order and Conflict in Contemporary Capitalism*, New York, OUP.

Cameron, S. 1985. "Historical Variations in the Impact of Union Density on Strike Frequency," *Relations Industrilles*, 40:2, 367-71.

Carlin, W and D. Soskice 1991. *Macroeconomics and the Wage Bnargain*, Oxford.

Carruth, A. and S. Schnabel 1993. "The Determinants of contract wages in West Germany," *Scandinavian Journal of Economics*, 95:3, 297-310.

Carruth, A., J. Oswald, and L. Findlay 1986. "A Test of A Model of Trade Union Behaviour: The Coal and Steel Industries in Britain," *Oxford Bulletin of Economics and Statistics*, 48:1, 1-18.

Casey, B. and Gold, M. 2000. *Social Partnership and Economic Performance: The Case of Europe* (Edward Elgar).

Castles, F. G. 1982. "The Impact of Parties on Public Expenditure," in Castles, ed., *The Impact of Parties*. London.

Chaison, G. N. and J.B. Rose 1981. "The Structure and Growth of the Canadian National Unions," *Relations Industrialles*, 36:3, 530-551.

Clayton, R. and Pontusson, J. 1998. "Welfare-state retrenchment revisited. Entitlement cuts, public sector restructuring, and inegalitarian trends in advanced capitalist societies," *World Politics*, 51, 67-98.

Coase, Ronald 1960 "The problem of social cost," *Journal of Law and Economics*, 3, 1-44.

Collier, David 1999. *Paths Toward Democracy: The Working Class and Elites in Western consociational democracy* (Routeldge).

Compston, Hugh 2003. "Beyond corporatism: A configurational theory of policy concertation," *European Journal of Political Research*, 42, 787-809.

Crewe, Ivor and David Denver, eds. 1985. *Electoral Change in Western Democracies* (Croom-Helm).

Cronin, J. E. 1979. *Industrial Conflicts in Modern Britain*, London, Croom Helm.

Crouch, C. 1981. "Wage and Employment determination under trade unionism: the international typographical union," *Journal of Political Economy*, 89, 1162-81.

_____ 1985 "Conditions for Trade Union Wage Restraint", in L.N. Lindberg and C.S. Maier, *The Politics of Inflation and Economic Stagnation*, The Brookings Institution, Washington D.C.

_____ 1990a. "Trade Unions in the Exposed Sector: their Influence in neocorporatist behavior," in C. Dell'aringa and R. Brunetta, eds., *Labour Relations and Economic Performance* (International Economics Association).

_____ 1990b. *Industrial Relations and European State Traditions* (Oxford).

Cusack, T., Notermand, T., and M. Rein 1989. "Political-economic aspects of public employment," *European Journal of Political Research*, 17: 471-500.

Daalder, Hans and Peter Mair, eds. 1983. *Western European Party Systems: Continuity and Change* (Sage).

Davis, John A. 1989. "Socialism and the Working Class in Italy before 1914," in Geary, 182-230.

Ebbinghaus, Bernhard 2002. "Trade unions' changing role: membership erosion, organizational reform, and social partnership," *Industrial Relations Journal*, 33:5, 465-483.

Edwards, S. and Nora Claudia Lustig, eds., at. *Labor Markets in Latin America* (Brookings).

Elster, Jon, 1985. *Making Sense of Marx* (Cambridge).

Epstein, Leon D. 1993. *Political Parties in Western Democracies* (Transaction).

Erik Lane, eds., *Comparing Party System Change* (Routeldge), 185-201.

Esping-Anderson, Gosta 1985. *Politics Against Markets: The Social Democratic Road to Power* (Princeton).

Farber, S. 1986. "The Anaysis of Union Behaviour" in O. Ashenfelter, et. al., eds., *The Handbook of Labor Economics*, Amsterdam, North-Holland.

Fajertag, Giuseppe and Pochet, Phillippe, eds. 2000. *Social Pacts in Europe - New Dynamics* (ETUI).

Pestoff, Victor A. 1995. "Towards a New Swedish Model of Collective Bargaining and Politics," in C. Crouch and F. Traxler, eds., *Organized Industrial Relations in Europe: What Future?*(Avebury), pp.151-182.

Fiorito, J., D. G. Gallergher, and C.R. Greer 1986. "Determinants of Unionism: A Review of the Literature" in K. M. Rowland, et. al., eds., *Research in Personnel and Human Resources Management*, Greenwich, JAI, 269-306.

Flanagan, Robert J. "Macroeconomic Performance and Collective Bargaining: An International Perspective," *Journal of Economic Literature*, 37:3, 1150-1175.

Flanagan, Robert J., J. Hartog, and J. Theeuwes. 1993. "Institutions and the Labour Market" in J. Hartog and J. Theeuwes, *Labour Market Contracts and Institutions: A Cross-National Comparison*, 1993. Amsterdam.

Flanagan, R. J., K.O. Moene, and M. Wallerstein, eds., *Trade Union Behaviour, Pay Bargaining an Economic Performance*, Oxford, Clredon Press.

Flanagan, R. J., Soskice, D.W. and Ulman, L. 1983. *Unionism, Economic Stabilization, and Income Policies*, Washington D.C.

Freeman, R. 1988. "Union Density and Economic Performance: An analysis of U.S.," *European Economic Review*, 32: 707-16.

Freeman, R. 1990. "On the Divergence of Unionism among Developed Countries," in R. Brunetta and C. Dell'Aringa, *Labour Relations and Economic Performance*, 304-324.

Garrett, Geoffrey 1998. *Partisan Politics in a Global Economy* (Cambridge University Press).

Garrett, Geoffrey and Mitchell, Deborah 2001. "Globalization, Government Spending and Taxation in the OECD," *European Journal of Political Research*, 39:2, 99-106.

Garrett, Geoffrey and Way, Christopher 1999. "Public Sector Unions, Gorporatism, and Macroeconomic Performance," *Comparative Political Studies*, 32:4, 411-34.

Geary, Dick ed. 1989. *Labour and Socialist Movements in Europe before 1914* (Berg).

Geddes, Barbara 1996. "The Initiation of New Democratic Institutions in Eastern Europe and Latin America," in Arend Lijphart and Carlos Waisman, eds., *Institutional Design in New Democracies* (Westview), 15-42.

Glickstein, Jonathan A. 2002. *American Exceptionalism, American Anxiety: Wages, Competition, and Degraded Labor in the Antebellum United States* (University Press of Virginia).

Goetchy, J. and A. Jobert 1993. "Industrial Relations in France," in Bamber, G. J. and R. D. Lansbury (eds.), *International and Comparative Indusrial Relations*, London, Routledge.

Goetschy, J. and P. Rozenblatt. 1992. "France: The Industrial Relations System at a Turning Point," in Ferner, A. and R. Hyman (eds.), *Industrial Relations in the New Europe*, Oxford, Blackwell.

Golden, M. 1993. "The Dynamics of Trade Unionism and National Economic Performance," APSR, 87:2, 439-54.

Goldthorpe, ed., *Order and Conflict in Contemporary Capitalism* (Oxford), pp. 60-80.

Griffin, L., C. Botsko, A-M Wahl, and L.W. Issac 1990. "Theoretical Generality, Case Particularity: Qualitative Comparative Analysis of Trade Union Growth and Decline," in M. Hallinan, D. Klein, and J. Glass, eds., *Change in Social Institutions*, 111-136. New York. Plenum.

Goldthrope, J. H. 1985. *Order and Conflict in Contemporary Capitalism*, Oxford, OUP.

Griffin, L., H. McCammon, and C. Botsko 1990. "The Unmaking of a Movement? The Crisis of U.S. Trade Unions in Comparative Perspective in M. Hallinan," D. Klein, and J. Glass, eds., *Change in Social Institutions*, 56-81. New York. Plenum.

Grubb, D. Jackman, R. and Layard R 1983. "Wage Rigidity and Unemployment in OECD Countries," *European Economic Review*, 2(1/2): 11-39.

Gunderson, M. and N.M. Meltz 1987. "Recent Developments in the Canadian Industrial Relations System," *Bulletin of Comparative Labour Relations*, 16: 77-91.

Hall, P. and Soskice, D. eds, 2001. *Varieties of Capitalism. The Institutional Foundations of Camparative Advantage* (Oxford University Press).

Hibbs, D. 1987. *The Political Economy of Industrial Democracies*, Cambridge, Harvard University Press.

Hicks. A. M. 1994. "The Social Democratic Corporatist model of Economic Performance in the shor- and medium-run perspective" in T. Janoski, et. al., eds., *The Comparative Political Economy of the Welfare State*, Cambridge, CUP.

Hines, A. G. 1964. "Trade unions and wage inflation in the United Kingdom 1893-1961," *Review of Economic Studies*, 31: 221-252.

Hirsch, B. T. and Addison, J. T. 1986. *The Economic Analysis of Unions*, Boston.

Holmund, B. 1989. "Wages and Employment in Unionized Economies" in B. Holmund, et. al., eds., *Trade Unions, Employment, and Unemployment Duration*,Oxford, Clarendon Press.

Huber, Evelyne, Dietrich Rueschemeyer, and John D. Stephens 1987. "The Paradoxes of Contemporary Democracy: Formal, Participatory, and Social Democracy," *Comparative Politics,* 29:3, 323-42.

Iversen, T. 2001 "The Dynamics of Welfare State Expansion: Trade Openness, De-industrialization, and Partisan Politics," in P. Pierson, ed., *The New Politics of the Welfare State* (Oxford University Press), 45-79.

_____ 1999. *Contested Economic Institutions: The Politics of Macroeconomics and Wage Bargaining in Advanced Democracies* (Cambridge University Press).

Iversen, T. and Wren, A. 1998. "Equality, employment and budgetary restraint: The trilemma of the service economy," *World Politics,* 50, 507-546.

Jackman, R. 1991. "Wage Formation in the Nordic Countries Viewed from an International Perspective," in Calmfors, L(eds.), *Wage Formation and Macroeconomic Policy in the Noric Countries,* Oxford, OUP.

Kassalow, E. 1977." Industrial conflict and consensus in the United States and Western Europe: A comparative approach," Industrial Relations Research Association: Proceedings 30th Annual Meeting.

Kassalow, E. 1987. "Unions and Industrial Relations, Toward the Twenty-First Century" in Blainpain, *Bulletin of Comparative Labour Relations,* 16, 1-26.

Katz, Richard and Peter Mair 1995. "Changing Models of Party Organization and Party."

Katzenstein, Peter 1985. *Small States in World Markets: Industrial Policy in Europe* (Cornell).

Katznelson, Ira 1981. *City Trenches: Urban Politics and the Patterning of Class in the United States* (Pantheon).

Kenworthy, Lane 2000. "Quantative Indicators of Corporatism: A Survey and Assessment," *MPIfG, Discussion Paper,* 00/4.

Knoster, A. and N. van der Windt 1987. "Real Wages and Taxation in Ten OECD Countries," Oxford Bulletin of Economics and Statistics, 49, 151-69.

Korpi, Walter 1983. *The Democratic Class Struggle* (Routldge).

Korpi, Walter and Shalev, M. 1979. "Strikes, Industrial Relations and Class Conflict in Capitalist Societies", *British Journal of Sociology,* 30.

Kreps, David M. 1990. *Game Theory and Economic Modelling* (Oxford).

Krugman, Paul 1991. *Geography and Trade* (MIT).

Lane, Jane-Erik and Svante Ersson 1999. *Politics and Society in Western Europe* (Sage).

Lange, P. and M. Wallerstein. 1992. "The end of Corporatism?," Paper presented at the 1992 annual meeting of APSA.

Lange, P., Wallerstein, M., and M. Golden 1991. "Union Centralization Among Advanced Industrial Societies: An Empirical Study mimeo."

Lash, S. 1985." The End of Corporatism?: The Breakdown of Centralized Bargaining in Sweden British,"

Journal of Industrial Relations, 23:2, 215-39

Lehmbruch, G. 1984. "Concertation and the Structure of Corporatist Nations," in John H.

Lijphart, Arend and Carlos H. Waisman 1996. "Institutional Design and Democratization."

Lipset, Seymour M., and Gary Marks 2000. *It Didn't Happen Here: Why Socialism Failed in the United States* (Norton).

Lipset, S. M. and Stein Rokkan 1967. "Cleavage Structures, Party Systems and Voter Alignments: An Introduction," in Lipset and Rokkan, 1-64.

Lipset, S. M. and Stein Rokkan, eds. 1967. *Party Systems and voter Alignments* (New York).

Lipset, Seymour M. 1970. "Political Cleavages in 'Developed' and 'Emerging' Polities," in Erik Allardt and S. M. Lipset, eds., *Mass Politics* (Free Press).

Luebbert, G., david Collier, and S. M. Lipset 1991. *Liberalism, Fascism, or Social Democracy: Social Classes and the Political Origins of Regime in Interwar Europe* (Oxford).

Luther, Kurt Richard and Kris Deschouwer 1999. *Party Elites in Divided Societies: Political parties in consociational democracy* (Routeldge).

Mahoney, James 2000. "Path Dependence in Historical Sociology," *Theory and Society*, 29, 507-48.

Mahoney, James and Rueschemeyer, Dietrich eds. 2003. *Comparative Historical Analysis in the Social Sciences* (Cambridge University Press).

Magraw, Roger 1989. "Socialism, Syndicalism and French Labour before 1914, in Geary, 48-100.

Maguire, Maria 1983. "Is There Still Persistence? Electoral Change in Western Europe," in Daalder and Mair, 67-94.

Mair, P and Gordon Smith, eds. 1990. *Understanding Party Systems Change in Western Europe* (Frank Cass).

Mair, P. 1983. "Adaptation and Control: Towards an Understanding of Party and Party System Change," in Daalder and Mair, 405-429.

_____ 1989. "The Problem of Party System Change," *Journal of Theoretical Politics* 1:3, 251-276.

_____ 1997. *Party System Change: Approaches and Interpretations* (Oxford).

_____ 1987. *The Changing Irish Party System: Organization, Ideology and Electoral Competition* (Frances Pinter).

Mair, Peter and Roberto D'Alimonte 1996. "Plurality competition and party realignment in Italy: The 1994 parliamentary elections," *European Journal of Political Research*, 29, 105-142.

Maki, D. R. 1982. "Political Parties and Trade Union Growthb in Canada," *Relations Industrielles*, 37:4, 876-885.

Mancke, R. B. 1971. "American Union Growth, 1900-1960: A Comment," *Quarterly Journal of Economics*, 85, 187-93.

Mares, Isabela 2005. *Taxation, Wage Bargaining, and Unemployment* (Cambridge).

_____ 2003. *The Politics of Social Risk* (Cambridge).

Markoff, John 1996. *Waves of Democracy: Social Movements and Political Change* (Pine Forge).

McCulumn, John and Blais B. 1987. "Government, special interest groups, and economic growth," *Public Choice*, 54, 3-18.

McKenzie, Richard B. and Dwight R. Lee 1991. *Quicksilver Capital: How the Rapid Movement of Wealth Has Changed the World* (Free Press).

Moene, K., M. Wallerstein, and M. Hoel. 1993. "Bargaining Structure and Economic Performance," in R.J. Flanagan, K.O. Moene, and M. Wallerstein, eds., *Trade Union Behaviour, Pay Bargaining and Economic Performance*, Oxford, Clarendon Press.

Moene, K. and Wallerstein, M. 2003. "Earnings Inequality and Welfare Spending: A Disaggregated Analysis," *World Politics*, 55, 485-516.

Mulvey, C. 1978. *The Economic Analysis of Trade Unions*, Oxford.

Newell A. and J. Symons 1985. "Wages and Unemployment in the OECD countries," Centre for Labor Economics, London School of Economics, Discussion Paper 219.

_____ 1986. "Corporatism, Laissez-faire and the Rise of Unemployment," *European Economic Review*, 31: 567-614.

_____ 1986. "The Phillips Curve is a Real Wage Equations," Centre for Labour Economics, LSE Discussion Paper no 246.

Nickell, S. J. 1987. "Why Wage Inflation in Britain so High?," *Oxford Bulletin of Economics an Statistics*, 49(1):103-28.

_____ 1990, "Unemployment: A survey," *The Economic Journal*, 100, 391-439.

Nickell, S. J., and M. Andrews 1983. "Trade Unions, Real Wages and Employment in Britain 1951-79," *Oxford Economic Review*, 35, Supplement.

Ng, I. 1987. "The economic and political determinants of trade union growth in selected OECD countries," *Journal of Industrial Relations*, 29: 233-41.

OECD, 2000. *Pushing Ahead with Reform in Korea: Labour Market and Social Safety-Net Policies* (OECD).

Olson, David M. 1998. "Party Consolidation in New Democracies," Richard Hofferstadt, ed., *Parties and Democracy* (Blackwell), 10-42.

Olson, Mancur 1965. *The Logic of Collective Action*, New Haven.

_____ 1982. *The Rise and Decline of Nations*, New Haven.

Oollier, Ruth Berlins and James Mahoney 1997. "Adding Collective Actors to Collective Outcomes: Labor and Recent Democratization in South America and Southern Europe," *Comparative Politics*, 29:3, 285-304.

Oswald, A. J. 1985. "The Economic Theory of Trade Unions: An Introductory Survey," *Scandinavian Journal of Economics*, 87.

Pahjola, and B. Rowthorn (eds.), 1992. "Corporatism and Economic Performance in Sweden, Norway, and Finland," in Pekkarinen, J., Pahjola, M., and B. Rowthorn (eds.) *Social Corporatism*, Oxford, OUP.

Prague, John and Adam Przeworski, 1970. "Paper Stones" (University of Chicago).
Paloheimo, H. 1990. "Microfoundations and Macro Practice of Centralized Industrial Relations," *European Journal of Political Research*, 18: 389-406.
Pederson, Morgen 1983. "Changing Patterns of Electoral Volatility in European Party Systems, 1948-1975: Explorations in Explanation," in Daalder and Mair, 29-66.
_____ 1976 "Institutionalization of Voting Patterns or is Mobilization the Source of Decay?," *APSR*, 69, 49-66.
_____ 1983 "Changing Patterns of Electoral Volatility in European Party Systems, 1948-1975: Explorations in Explanation," in Daalder and Mair, 29-66. Przeworski, A. 1997 "Minimalist Conception of Democracy: A Defense," 미발표 논문.
_____ 1979. "The Dynamics of European Party Systems: Changing Patterns of Electoral Volatility," *European Journal of Political Research*, 7, 7-26.
_____ 1983. "Changing Patterns of Electoral Volatility in European Party Systems, 1948-1975: Explorations in Explanation," in Daalder and Mair, 29-66.
Pederson, Peter J. "Union Growth in Denmark, 1911-39," *Scandinavian Journal of Economics* 84:4, 583-592.
Pekkarinen, J. 1992. "Corporatism and Wage Bargaining," in Pekkarinen, M., Pahjola, and B. Rowthorn (eds.), *Social Corporatism*, Oxford, OUP.
Pekkarinen, J., Pahjola, M.; and B. Rowthorn 1992. *Social Corporatism: A Superior Economic System?*, Oxford, OUP.
Pennings, Paul 1998. "The Triad of Party System Change: Votes, Office and Policy," in " in Paul Pennings and Jan-Erik Lane, eds., *Comparing Party System Change* (Routeldge), 79-100.
Phillips, Gordon 1989. "The British Labour Movement before 1914," , 11-47.
Pierson, Paul 2000a. "Three Worlds of Welfare State Research," *Comparative Political Research*, 33, 6/7, 791-821.
_____ 2000b. "Increasing Returns, Path Dependence, and the Study of Politics," *American Political Science Review*, 94, 251-67.
_____ 2002. "Big, Slow-Moving, and...Invisible," in James Mahoney and Dietrich Rueschemeyer, eds., *Comparative Historical Analysis in the Social Sciences* (Cambridge University Press), 177-207.
Polachek, S. W. and Siebert, W.S. 1993. *The Economics of Earnings* Cambridge.
Prezworski, Adam 1984. Union Growth. A Review of Literature mimeo.
_____ 1997. Minimalist Conception of Democracy: A Defense 미출판 논문.
Prezeworski, A. and John D. Sprague 1986. *Paper Stones: a History of Electoral Socialism* (University of Chicago Press).
Prezworski, Adam and Michael Wallerstein 1982. "The Structure of Class Conflict in Democratic Capitalist

Societies," *APSR* 76:2, 215-38.

_____ 1988. Structural Dependence of the State on Capital *American Political Science Review*, 82:11-31

Przeworski, A. 1976. "Institutionalization of Voting Patterns or is Mobilization the Source of Decay?," *APSR*, 69, 49-66.

_____ 1997. "Minimalist Conception of Democracy: A Defense," 미발표논문.

Rae, Douglas W. 1967. *The Political Consequences of Electoral Laws* (Yale University).

Regini, Marino 1984. "The Conditions for Political Exchange: How Concertation Emerged and Collapsed in Italy and Britain," in J.H. Goldthorpe, eds., *Order and Conflict in Contemporary Capitalism* (Oxford), 124-42.

Reynaud, E. ed. 2000. *Social Dialogue and Pension Reform: United Kingdom, United States, Germany, Japan, Sweden, Italy, Spain* (ILO).

Roche, W.K. and J. Larragy 1990. "Cyclical and institutional determinants of anual trade union growth and decline in Ireland: evidence from the DUES data series," *European Sociological Review*, 6:1, 49-72.

Rokkan, S. 1970. *Citizens, Elections, Parties* (Universitietsforlaget).

Rose, Richard and Derek Urwin 1970. "Persistence and Change in Western Party Systems Since 1945," *Political Studies*, 18, 287-210.

Rothstein, B. 1992. "Labor Market and Working Class Strength," in S. Steinmo, et. al., eds., *Structuring Politics: Historical Institutionalism in Comparative Analysis*, Cambridge, CUP, 33-56.

_____ 1992. Corporatism and Labour market Performance, in Pekkarinen, J., Pahjola, M. and B. Rowthorn(eds.), *Social Corporatism*, Oxford, OUP.

Sartori, Giovanni 1976. *Parties and Party Systems: A Framework for Analysis* (Cambridge University Press).

Sani, Giacomo and Giovanni Sartori 1983. "Polarization, Fragmentation and Competition in Western Democracies," in Daalder and Mair, 307-340.

Scharpf, Fritz 1991. *Crisis and Choice in European Social Democracy* (Cornell).

Schmidt, Vivien A. 2002. *The Futures of European Capitalism* (Oxford University Press).

Schmitter, P. 1981. "Interest Intermediation and Regime Governability in Contemporary Western Europe and North America," in Berger, ed., *Organizing Interests in Western Europe*, Cambridge.

Schmitter, P. and J. R. Grote 1997. "The Corporatist Sisyphus: Past, Present and Future," *EUI Working Papers*, no. 97/4.

Schnabel, Claus 1987. "Trade union growth and decline in the Federal Republic of Germany," *Empirical Economics*, 12: 107-127.

_____ 1989. "Determinants of trade union growth and decline in the Federal Republic of Germany," *European Sociological Review* 5:2, 133-46.

Schumpeter, J. A. 1950. *Capitalism, Socialism and Democracy* (Harper).

_____ 1942. *Capitalism, Socialism and Democracy* (Harper and Row).

Shalev, Michael 1983. "The Social Democratic Model and Beyond: Two Generations of Comparative Research on the Welfare State," *Comparative Social Research*, 6, 319-23.

Shamir, Michael 1984. "Are Western European Party Systems 'Frozen'?," *Comparative Political Studies*, 17, 35-79.

Sharpe, Ian G. 1971. "The Growth of Australian Trade Unions: 1907-1969," *Journal of Industrial Relations*, 13:2, 138-154.

Shfter, Martin 1994. *Political Parties and the State: The American Historical Experience (Princeton)*.

Shorter, Edward and C. Tilly 1974. *Strikes in France 1830-1968* (Cambridge).

Slomp, Hans 1996. *Between Bargaining and Politics* (Praeger),

Solow, R. M. 1987. *The Labor Market as a social institution*, Cambridge, Blackwell.

Sombart, Werner 1995. *Why is there no Socialism in the United States?* (The Macmillan)

Soskice, D. 1990. "Wage Determination: The Changing Role of Institutions in Advanced Industrial Countries," *Economic Policy*, 6:36-61.

Stephens, John A. 2000. "Is Swedish Corporatism Dead? Thoughts on its Supposed Demise in the Light of the Abortive Alliance for Growth in 1998," Paper, the 12th International Conference of Europeanists, March 30-April 1, 2000.

Streeck, W. and Yamamura, K. 2001. *The Origins of Nonliberal Capitalism: Germany and Japan in Comparison* (Cornell University Press).

Swenson, Peter 1989. *Fair Shares: Unions, Pay, and Politics in Sweden and West Germany* (Cornell University Press).

_____ 2002. *Capitalists Against Markets: The Making of Labor Markets and Welfare States in the United States and Sweden* (Oxford University Press).

Swank, Duane 2002. *Global Capital, Political Institutions, and Policy Change in Developed Welfare States* (Cambridge University Press).

Swindisky, R. 1974. "Trade Union Growth in Canada: 1911-1970," *Relations Industrialles*, 29:4, 435-450.

Tarantelli, E. 1986. "The Regulation of Inflation and Unemployment," *Industrial Relations*, 25: 1-25.

Theleen, T. 2004. *How Institutions Evolve: The Political Economy of Skills in Germany, Britain, the United States, and Japan* (Cambridge University Press).

Therborn, G. 1992. "Lessons from Corporatist theorizing" in Pekkarinen, M. Pahjola, and B. Rowthorn(eds.), *Social Corporatism*, Oxford, OUP.

Todosijevic, Bojan and Enyedi, Zsolt 2003. "Structure versus cultere again: Corporatism and the 'new politics' in 16 Western European countries," *European Journal of Political Research*, 42, 629-642.

Traxler, F. The Level and Coverage of Collective Bargaining: a cross-national study of Patterns and

Trends unpublished paper.

Traxler, F., Blaschke, Sabine, and Kittel, Bernhard 2001. *National Labour Relations in Internationalized Markets* (Oxford University Press).

Valenzuela, J. Samuel 1994. "Labor Movements and Political Systems: Some Variations," M. Regini, ed., *The Future of Labour Movements* (Sage), 53-1-01.

Visser, Jelle 1990. "The Strength of Union Movements in Advanced Capitalist Democracies", mimeo. 1991. "Union Organization: Why Countries Differ?" mimeo.

Visser,, Jelle 1994 "The Strength of Union Movements in Advanced Capital Democracies: Social and Organizational Variations," M. Regini, ed., *The Future of Labour Movements* (Sage), 17-52.

_____ 2004. "Varieties of Industrial Relations and Europe's Continued Quest for Corporatism," Paper prepared for the ECPR workshops in Uppsala, April 14-18 2004.

von Weizsacker, Carl Christian 1979. "The Employment Problem: A Systems Approach," *Structural determinants of employment and unemployment*, OECD.

Voss, Kim 1994. *The Making of American Exceptionalism: The Knights of Labor and Clas Formation in the Nineteenth Century* (Cornell University Press).

Wallerstein, Michael 1989. "Union Organization in Advanced Industrial Democracies," *American Political Science Review* 83:2, 481-501.

_____ 1999. "Wage-Setting Institutions and Pay Inequality in Advanced Industrial Societies," *American Journal of Political Science*, 43.

Wallerstein, M. and Moene, Karl O. 2003. "Does the Logic of Collective Action Explain the Logic of Corporatism?," *Journal of Theoretical Politics*, 15:3, 271-297.

Weingast, Barry R. 1998. "Political Stability and Civil War: Institutions, Commitment, and American Democracy," in Robert H. Bates, et. Al., Analytical Narratives (Princeton), pp.148-193.

Weingast,, Barry R. 1997. "The Political Foundations of Democracy and the Rule of Law," APSR, 91:2, 245-263.

Windmuller, J. P. 1987. "Origins and Nature of Collective Bargaining," in J. P. Windmuller, eds., *Collective Bargaining in industrialised market economies: a reappraisal*. Geneva, ILO.

Wolinetz, Steven B., ed. 1988. *Parties and Party Systems in Liberal Democracies* (Routledge).

Yamamura, K. and Streeck, W. 2003. *The End of Diversity? Prospects for German and Japapnese Capitalism* (Cornell University Press).

찾아보기

(ㄱ)

거시경제적 수행　97
겐트제도　17, 52, 55, 61
경영권모델　108, 133
계급블록　269
계급정당　269
고용안정　157
공공악　70
구조정당　309, 331
구조조정　137
권력구조　187
기업별 임금협상　103, 104
기업별노조　156, 260
기업퇴출　147

(ㄴ)

내각제　206
내부자효과　124
노노갈등　82, 137, 151
노동계급의 정치적 일체성　29
노동배제　240
노동시장　15, 166, 242
노동시장 유연화　143
노동시장구조　100
노동시장의 전국화　176
노동시장제도　111, 120
노동의 정치세력화　261
노동쟁의조정법　224
노동정당　25
노동정치　35
노동조직률　56, 72
노동조직화　50
노동조합　50
노동조합법　237
노동조합상품　78
노사정위원회　151
노사정협약　141
노조조직률　67, 74, 103

(ㄷ)

다수대표제　33, 182, 191
다원주의 사회　313
단체협정　66
당파이론　69
대의민주주의 제도　170
대체근로제　243, 250
대통령제　33, 202
대통령중심제　27, 189
독점적 노동조합 모델　109
두베르제의 법칙　27, 172

(ㅁ)

맥시멀리스트　178
미국의 예외주의　28
미니멀리스트　179
민족문제　14
민주노총　151, 228
민주주의　13
민주화과정　37, 218

(ㅂ)

바세나르협약　145
반신자유주의　177
변형근로제　144, 243, 250
보편선거　195
보편선거권　28, 174
복수노조　246
비구조정당　309, 331
비례대표제　29, 33, 45, 191, 205, 368
비정규직 노동자　157

(ㅅ)

사회균열　188, 325, 331
사회문제　14
산별노조　177
산업민주주의　219, 237, 255
산업민주화　35, 230
살쯔요바덴 협약　22
선거유동성　342
선거정당　350
선거제도　187, 211
세계화　137

스웨덴 전국노총(LO)　25
스웨덴모델　22
시민개혁운동　352
시민운동　184
시장제어력　128
실업　97, 119
실업률　94
실업률모델　108
실업보험금　61
실업이력　116
실질임금　124

(ㅇ)

여성고용촉진법　66
여성참정권　233
여야유동성　283, 287
의회제　33, 199
의회중심제　27, 189
이윤극대화　130
이중권력　205
일당 독점체제　350
임금 외부효과　68
임금인플레　97
임금자제　129
임금탄력성　119, 121
임금프리미엄　67
임금협정제도　119

(ㅈ)

전국노동조합대표자회의　228
전국노동조합협의회　228

전국적 협상   104
전국정당   349, 354
전국화지수   362
정경유착   259
정당경쟁   316
정리해고제   243, 250
정부형태   211
정치경기변동론   70
정치시장   13, 161, 166, 175, 230
정치시장 조직화   29
정치시장의 전국화   179
정치엘리트   34, 188, 196
정치제도   189
제3자 개입금지   224
제3자 개입허용   243
좌파정당   148
중위투표 이론   69
지역균열   187, 321, 354
지역균열지수   42, 333
지역정당   44, 347
지역정당체제   173, 312, 316, 325, 332, 334, 342, 347, 362
지역정치   213
지역정치체제   300
지역주의   43, 296, 347, 362
지역주의 정당   333

(ㅊ)

총유동성   283
최저임금법   66

(ㅋ)

카르텔 정당체제   168
케인즈적 경제정책   72
코포라티즘 체제   20, 55
코포라티즘   15, 101

(ㅌ)

탈산업화   137

(ㅍ)

평균실업률   92, 101
폴더모델   146
표준실업률   101

(ㅎ)

한국노총   151
한국정치체제   325
한국형 노사정모델   156
협상접근법   120

한국의 노동시장과 정치시장

제1쇄 찍은날: 2006년 10월 10일

지은이: 강 명 세
펴낸이: 김 철 미
펴낸곳: 백산서당

등록: 제10-42(1979.12.29)
주소: 서울 서대문구 홍제동 330-288

전화: 02) 2268-0012(代)
팩스: 02) 2268-0048
이메일: bshj@chol.com

값 22,000원

ISBN 89-7327-392-2 03340